西北地区合作社嵌入与村社组织联动治理机制研究

王　进　赵秋倩　著

科　学　出　版　社

北　京

内 容 简 介

  基于理论进路与现实结合的契合,本书将理论与实践两条线路按照理论先导与现实论证相互结合的思路,进行整个框架的设计,在安排上主要分为三个部分。第一部分是学理上的思考,包括第一章和第二章,点明了整个研究的研究动态、框架设计、理论来源与作者观点等内容。第二部分是全书的主体部分,包括第三章~第八章,既结合了西北地区社会发展的现实背景,也涵盖了研究的主要内容。第三部分是对未来趋势的展望,包括第九章和第十章,着重对合作社嵌入的方式和内容进行再认识,将合作社与其他形态的组织结合起来,说明合作社嵌入对农村经济和社会发展的整体影响。

  本书适合高等学校农业类本科生、研究生以及进行合作经济或农业经济管理研究的教师学习和参考,也可供农业行政管理部门或农机部门相关人员以及感兴趣的读者阅读。

图书在版编目(CIP)数据

西北地区合作社嵌入与村社组织联动治理机制研究 / 王进,赵秋倩著. —北京:科学出版社,2018.1
 ISBN 978-7-03-054859-7

 Ⅰ. ①西… Ⅱ. ①王… ②赵… Ⅲ. ①农业生产合作社-研究-西北地区 Ⅳ. ①F321.42 ②F327.4

中国版本图书馆 CIP 数据核字(2017)第 248331 号

责任编辑:祝 洁 张瑞涛 / 责任校对:郭瑞芝
责任印制:张 伟 / 封面设计:迷底书装

科学出版社 出版
北京东黄城根北街16号
邮政编码:100717
http://www.sciencep.com
北京教图印刷有限公司 印刷
科学出版社发行 各地新华书店经销
*
2018年1月第 一 版 开本:720×1000 B5
2018年1月第一次印刷 印张:16 3/4
字数:320 000
定价:98.00元
(如有印装质量问题,我社负责调换)

作者简介

王进(1977—),男,陕西清涧人,西北农林科技大学农业经济管理博士,延安大学经济与管理学院副教授,硕士生导师,主要从事农业产业组织与地方政府治理研究。先后在《经济学家》《农业现代化研究》《统计与信息论坛》《北京理工大学学报》等期刊发表学术研究论文40余篇。主持教育部项目1项,主持省级项目8项、厅级项目和横向项目8项。获得陕西省哲学社会科学二等奖1项。

本书系国家教育部人文社会科学研究项目《西北地区合作社嵌入与村社组织联动治理机制研究》(项目编号:16XJC630008)的最终研究成果。

序

在世界农业农村经济发展史上，合作社起着举足轻重的支撑作用。如果没有合作社这一经济实体，我们很难想象世界各国的农业是什么形态。中国社会科学院农村发展研究所杜吟棠研究员出版过一本专著，书名就叫《合作社：农业中的现代企业制度》。讨论的内容就是：农业产业由于其特殊性，不适合公司这样的企业制度，而是适合合作社这样的组织形态。在农业领域，合作社易于被人们接受，社会基础较广，生存能力强，最具竞争优势，因而具有广泛的适应性。在美国，合作社服务的领域已经由早期的耕作、植保、收获、销售等扩展到了深加工、旅游、休闲等领域，出现了葡萄酒合作社、奶酪合作社、旅游合作社等新类型，产业链不断延长，农民从中获益也不断增加。在欧洲，由于合作社在发展中不断重组与合并，一些国家的某一种产品可能只有1～2个合作社垄断性经营，集中度非常高。英国、瑞典、丹麦、爱尔兰等国90%以上的奶制品由合作社经营。在荷兰，奶制品和花卉等产业的绝大部分也是由合作社经营的。欧美国家的农业合作社是典型的专业合作社，一般只经营一种产品，甚至仅仅服务于某一领域，如植保合作社。

东亚国家和地区都是典型的小规模农户，因此，日本、韩国、中国台湾等国家和地区的合作社一开始就具有某种综合的性质，一些学者甚至称之为"综合农协"。在这些国家（地区），合作社尽管也是服务于区域主导产业，但政府在一开始就赋予其金融、保险、某些农村政策执行（如台湾地区的老农补贴发放）、部分乡村治理等职能。日本、韩国"六次产业"发展，农协就是核心主体之一。同为东亚小农国家，中国的合作社发展肇始于2007年7月1日《中华人民共和国农民专业合作社法》的实施。从名称上看，就是按照欧美国家的模式构建的，从十年来的发展历程看，事实上也是如此。截止到2017年7月底，到工商行政管理系统注册的农民专业合作社达到193.3万家，平均每个行政村有3家以上；入社农户11500万户，占家庭承包经营农户的46.8%。

尽管中国的合作社是按照欧美国家专业合作社的模式设计和运作的，但在发展过程中仍然对乡村治理起到了十分重要的推动作用，大体上可以概括为两大类型。一是村干部领办的合作社，在合作社总量中占13%左右，大约为25万家。一般而言，村干部都有为民服务的义务或情结，相当一部分村干部组建合作社的目的就是为本村村民服务。因此，这样的合作社即使不是本村村民全部参加，有了盈余后也会做较多的公益事业，如吸收孤寡老人加入合作社（一般表现为土地经营权入股）、维修村里的一些公共设施等。那些动员全体村民参加的合作社，其公共服务的职能更加突出。二是一般的合作社，由于领办人和核心成员大都是本村村民，合作社的经营活动与本村资源高度相关，因此，相当一部分合作社在做一些公益事业以获取本村村民的支持。可见，发源于欧美国家的专业合作社到中国后出现了"变异"，促进了农村社区的发展，归根结底，与中国农村包括土地在内的资源归村集体所有，并且具有典型的宗族社会和熟人社会特征高度相关。而且，中国人自古就有"衣锦还乡"的情结，合作社领办人及其核心成员大都在本村居住，当把合作社办得红红火火之后，回报本村父老乡亲，赢得父老乡亲的认可，也是这种传统情结的体现。近年来，越来越多的合作社领办人及核心成员当选村委会班子成员，为家乡经济发展和乡村治理作出了更大的贡献。可见，合作社不仅能够促进农业农村经济发展，对乡村治理和农村社会、政治发展都能起到积极的推动作用。近年来，扶贫部门把合作社当作反贫困的主体，民政部门把合作社当作乡村治理主体，凡是与农村相关联的部门都密切关注合作社，正是与合作社在乡村经济、社会、政治发展中所起的作用越来越大密切相关。

正是在这种背景下，延安大学经济与管理学院副教授王进博士在前期扎实研究的基础上，申请了教育部人文社会科学研究项目"西北地区合作社嵌入与村社组织联动治理机制研究"（项目编号：16XJC630008），该书即该项目的最终研究成果。通读全书，我认为至少具有三个特点：一是调研样本量大。课题组在西北地区共获得农民专业合作社社员调查问卷3788份、合作社领导人调查问卷949份、村干部调查问卷129份、普通农户调查问卷516份，以及社长访谈笔记936份、村两委干部访谈笔记120份、普通农户访谈记录485份。这样大的调查样本，不下一番苦功夫是做不到的。调查问题涉及面较广泛，主要有村两委的治理情况，非社员农户对合作社在村内情况的感知，合作社基本信息情况，合作社对村内经济发展、村民政治成长、村内文化建设、农村社会发展的影响等。其中经济发展方面分别从村集体经济、社员收入、带动农户数、农产品销售、农业服务、项目资金等方面，选取合作社与村委组织、村干部联动治理农村社会的指标；政治方面从合作社参与村内公共事务决策、村内选举以及村内纠纷处理等政治性活动方面，来选取其与村级治理主体联动治理的指标；文化建设方面主要从村风改善、农民安全感认知、满意度评价、自身维权意识变化等方面选取二级指标；社会发展方面主要从农村公共物品供给情况、村内秩序维持、人员交往沟通程度变化等方面选取指标。这既保证了调查的高度，又保证了调查的深度，从而使该书言之有物，结论可信度高。二是案例丰富。作者在分析时使用了大量案例，这些案例生动地展现了农民专业合作社在乡村治理中所发挥的重要作用，既可亲，又可信，当然也反映了作者脚踏实地的作风。三是各种逻辑关系梳理清晰。如把村委会和合作社之间的关系概括为"村强社强"型、"村弱社强"型、"村强社弱"型和"村弱社弱"型，并在此基础上讨论村社联动的机制。这在一定程度上反映了作者深厚的理论功底。

今天是中国人民大学建校80周年，这是从1937年在延安成立的陕北公学算起的。中国人民大学是从延安走出的新型大学，在历史上与延安大学有着千丝万缕的联系，本是同根生。正是由于这样的学缘关系，王进博士邀我为他的专著写序，我没有理由推脱。我很高兴能有机会先睹为快。写了上面这些文字，既是学习王进博士书稿的一点感受，也是对农民专业合作社发展及其对乡村治理作用的浅显认识。希望王进博士百尺竿头更进一步，在今后的学术生涯中取得更多成就。

是为序。

孔祥智

2017年10月3日于
中国人民大学明德楼

前　　言

计划经济时期农民合作运动作为工业化战略的有机组成部分，正是由其构造出的高度计划的农业微观经营机制，为国家实现快速经济发展、超常速的工业化提供必要条件。然而，新时期下城镇化与现代化力量不断冲击着西北地区农村社会，传统农业向现代农业转型、农村社会治理空心化、生产经营分散化的时代挑战不断展现在人们面前。当西北地区农村社会发展问题构成其实现现代化进程的突出问题时，对它的关注和寻求解题之道的现实需求，教促我们不得不从学理层面对其深入分析。面对这一发展议题，我们不得不全面考虑如何才能使西北地区农村摆脱滞后困境，朝现代农业产业结构调整，步入农村社会治理现代化，实现农民生产与生活的稳定发展。置身于西北地区农村社会当前背景，可以看到农业生产方式转换、社会治理结构转型、农民生计理性之间息息相关、密不可分，若是单纯地做某一方面的考察，无异于只见树木、不见森林，难以从根源上去真正化解社会治理之困。纵观西北地区农户的实践，其正在以自身之力不断将农业发展、社会治理与自身利益联系起来，组建了经济性与社会性并存的合作社，将自己纳入组织团体中，从而与市场和政府对接。如此一来，农村微观组织形态和农村经济运行体系、农村社会治理体系便自然而然融合起来。因此，无论是学习历史经验还是审视当前现状，群众的伟大实践便是最经得起考验的。

本书的特色主要有以下几个方面：第一，观察视角较为独特。我们在写作中跳出前人研究集中关注的合作社生产经营属性，将研究视角偏重于合作社的社会性，并着重强调其对农村社会治理困境化解的实践意义。在结合西北地区时代特征基础上，提出了具有新意的合作社与村级治理组织的联动治理机制，不只是对农村经济发展体系的新考察，更是站在更高的视角来观察农村社会整体发展，将组织之间的关系与互动形态进行深刻分析，大有开拓社会治理结构研究的壮志。其实，经济活动属于合作性行为的一种，其本身依赖于社会组织化进程，会跟随组织关系的改变而做出相应变动。仔细思考，我们在写作中以时间和空间为宏观视角来说明合作社嵌入与村社组织联动治理形成的必要性及其内在逻辑，并从中观层面总结出村社组织在整个联动治理行为发展历程的一般规律，且又从微观视角将村社组织联动治理机制运作发展阶段生动呈现出来，可谓是匠心独运，考虑全面。第二，研究方法运用适当。我们通过实证分析与规范分析相结合，将近几年的西北地区省份的村社组织治理绩效进行评价，以数据结果来证明这一治理形态的发展效果。这对于社会学和公共管理学科的研究来说无疑是一大亮点。同时，在写作中我们又兼顾社会现实情况，运用社会学质化研究的方式，总结出具有特色的西北地区样板，能够使读者更加清晰地认识到村社组织联动治理的具体形态，将已有理论与实践充分结合起来，使农村社会治理的研究更贴近实际，也更具有可实践性。

感谢写作过程中给予帮助的地方政府各位领导、延安大学各位领导以及科学出版社的各位编辑老师，感谢我的学生禹潇、王佳伟、孙金帅。西北农林科技大学农业经济管理专业赵秋倩博士完成了第二、第七、第十章初稿撰写，其余章节的撰写及统稿均由王进完成。

拙著虽已完成，但由于知识积累不足以及客观条件的限制，本书难免有不妥之处，在此希望学界前辈和关注相关研究领域的读者批评指正。

目　　录

第一章 导 论

第一节 研究背景与问题的提出

一、研究背景

从历史发展来看，我国一直是以农业为国民经济主导、农村为社会发展根基的农业型国家。然而，近年来"三农"问题的日益凸显，工业对农业的冲击之大已经不言而喻。随着工业化和城镇化建设中城市的迅速崛起，城乡发展两极化现象正在不断加剧。在城镇化发展战略规划中，农村无疑成为应该首先发展或反哺而事实上没有被及时重视和发展的对象，而是"沦落"为城市优先发展的资源供给者与支持者，在工业化坐标与市场竞争逻辑中"败"下阵来。现如今城市所拥有的便捷的交通设施、优质的公共服务等极具现代化色彩的公共物品，早已使乡村文明远远淡出人们的视野。繁华的商业街、高耸的大楼、整齐划一的街道，这些现代城市的标志，已改变了人们的社会审美观念。低矮的村舍、曲折蜿蜒的农家小道不再是现代文明的标志。人们难以忍受农村社会没有专门的垃圾场而天然自我净化的生活习惯，难以接受没有专门的娱乐场所而露天看电影的活动方式，更难以认同没有规范契约的要求而依靠人情往来的相处之道。在一系列的变化中，城市已经成为农村社会发展趋近的对象与目标，同时农民也愿意和自觉接受向城市趋近的结果。农村社会，尤其是西北地区的偏远村庄，经济基础脆弱，面临着资源与市场的双重约束，作为一个青壮劳力的流出地，正在逐渐步入人力空心化、人口老龄化的失衡状态。在很多人眼中，城市已发展成为现代文明的一张名片，其方方面面均优于农村，甚至是城里人的身份也是高于普通农民。伴随着城市愈加繁荣发展，农业收益低下的劣势更加凸显出来，进入城市便顺理成章地成为农民的理性选择。在城镇化浪潮不断冲刷下，人们越来越向往城市生活，希望自己可以获得一份可观的收入，希冀自己的孩子可以在大城市读书、出人头地。外出务工人员数量也在逐渐增加，留守农民多是上了年纪、无法从事城市快节奏工作的老人，以及在家门口搞副业的兼业农民。在农村社会主体——"人"的急剧流失中，西北地区农村的变化为其农业生产的可持续发展、农村基层治理的稳定性埋下了诸多隐患，留守也仿佛成了一种无奈之举。为了使自己能够更好地在农村这片土地上过上好日子，留村农民不得不联合起来共同应对各种社会问题以及抵抗大量的不确定性风险。于是，在现代化进程中，农村社会所面临的时序挑战和空间流变，均使得"组织起来、合作行动"成了单家独户应对自然危机和市场风险的最佳行为，也成为了实现农业经营规模化和生产现代化，促进农村向现代性转型的有效路径。

人类社会往往以非均衡的状态发展着，每一次结构性变革都会伴随着巨大的"阵痛"。从历史演进的视角看，工业化是大势所趋，但如何减轻农村的痛苦，让广大农民参与和分享到必然进程的成果，就需要我们将更多目光转向和进一步聚焦，来共同探讨如何解决农村社会治理这一带有全球普遍意义的难题[1]。根据木桶原理，一个木桶的盛水量取决于那根最短的木板，同样地，整个国家的经济发展是否真的如人所愿，那就先要问问农村经济社会发展较为贫瘠地区的人们。所以，我们经常说，要防止区域发展不平衡，统筹区域经济社会发展，实现城乡一体化发展。中国社会的发展和繁荣程度很大一部分取决于农村社会的发展，更取决于经济社会发展缓慢的西北地区农村是否实现了稳定和繁荣发展。新中国成立以来，西北地区的农村社会不似发展良好的中东部地区有着注重竞争、自主发展、追求现代商业文明的市场理念。当然，也不是完全封闭式、守旧的传统村落，也有主动追求开放之举并发展较好的地方，只是这些地方很少。虽然家庭联产承包责任制以及村民自治的改革是由民间群众首创的，但是对于地理区位没有明显优势的西北地区而言，其农村改革之路与全国大多数地区基本相同，一直是处于国家政策的强制性制度变迁的引导之中，缺乏需求主导型或内生性的制度创新行为，大体上因循我国整个农村建设和治理改革的发展路线。因此，从宏观视角上观察农村改革的历史轨迹，我们可以发现西北地区农村治理也大致经历了以下两个主要的发展阶段：新中国成立初期的乡建制、保甲制废除、基层党组织普遍发展、农业合作化以及人民公社制度；改革开放后基层党组织领导下的村民自治制度安排。早先的农业生产是按照土地改革后的合作化运动，以集体化形式进行生产活动；后来，在国家自上而下的农村改革中，也开始进行家庭联产承包责任制的分散式农业耕作。因此，其农村治理演变过程大体按照国家的农村改革路线自上而下地进行，并未出现如同江苏华西村、安徽凤阳县小岗村、河南南街村等发展例外的"明星村"。相较于发达的中东部，其农村社会治理状况对治理机制有着更广泛和深入的依赖性，体现出更多的服从性。自20世纪80年代村民自治制度正式确立以来，村党委与村委会便上承国家正式组织体系的领导，下触农村社会自治力量的末梢，既是国家权威的代表，也是农村社会治理系统的主心骨。然而，在经济社会这艘航船不断前行的过程中，村两委主政的权威在农业税费取消、农村人口流动、农村经济社会转型中不断消解，基本上处于一种瘫痪状态，农村治理陷入无序或差序困境。同时，经济能人、农民合作社、新乡贤等农业产业发展新型主体都以不同的形式改变着村容村貌，影响农村社会生活。农村社会治理体系中非正式力量在不断变换，治理手段也日益多样化，村庄权力的传承机制也在治理格局中被不断重塑。特别是最近几十年，农民合作社的发展可谓如日中天。其不仅仅是以一种新的组织形式改变农业生产、农村产业经营形式，更是提升了农民组织化和集中化程度，以第三维的非体制权力身份改变着基层干部的行为逻辑，扩大了村庄的社会治理框架，丰富了新时代下农村治理议题的意蕴。

二、问题的提出

从历史发展历程来看，"分久必合，合久必分"的周期规律也在农业生产和农村发展中不断重复显现。在统分结合的双层经营体制下，农民合作社将农户组织起来，兼具家庭基础与集体优势，为新农村建设增添无限生机。众所周知，农民合作社作为一个源于民间的自发组织，以农民利益为关注点，将留守于农业生产链底端的农户联结成一个利益团体，有助于西北地区空心化、分散化困境的改变。同时，相比于一般的私营企业，其并不是单纯的营利性组织，而是由农民组建，在传统文化的关联中塑造而成，汇集了宗亲、血缘、地缘等传统文化势能，正在构建利益联结机制，具备一定的利益共享特征。与其他的民间组织相比较，其以经济发展为组织属性，以社员利益和服务水平提升为发展准则，具有促进村庄经济发展的带动作用，同时也表现出经济发展上的合作性、组织上的自愿性和事务处理中的互助性。农村社会治理中，总体性的变化必然是以分散的单个事件来加以体现的，我们能够感受到具体事件的处理所带来的新路径。正是基于以上所论述的巨大组织优势，因此，在当前农村经济社会发展中农民合作社组织备受行政人员与科研工作者的青睐，其与村内原有治理力量如何联动治理农村基层社会也成为学术界应该高度重视和认真探讨的话题。基于此，本书聚焦和研究的问题是：农民合作社嵌入农村社会治理中的表现形式，以及农民合作社与村级治理组织联动治理机制的研究。本书正是基于合作社组织与农村社会治理主体的彼此作用和相互依赖的内在联系，把握农民合作社在农村社会治理中的特殊意义，从而可以明确促进农村社会治理效率提高和治理状况改善的前进方向和关键制约之处，为后续研究奠定分析问题的逻辑思路和切入点，为政府决策提供依据和参考。

第二节　研究目的和研究意义

一、研究目的

本书通过对农村治理问题尤其是具有特殊性的西北地区农村社会治理相关

问题的分析研究，多视角地分析了新时代下农民合作社作为一种新的利益博弈主体嵌入农村社会治理之中，从而创新了农村治理的组织形式，深刻地揭示了传统的农村治理模式所存在的种种弊端，为中国农村治理特别是西北地区农村治理探索出了一条符合地方特色的经济社会发展道路，进而推动西北地区农村社会可持续发展问题科学有效的解决，为解决中国的"三农"问题及实现国家治理体系和治理能力的现代化提供理论依据和实践经验借鉴。基于中国的基本国情和中、东、西部发展存在差异的特点，西北地区实现合作社嵌入与村社组织的联动治理，旨在完善农村治理研究体系的建设。在我国西北地区，绝大多数人口集中在农村地区，他们的生产与生活离不开农业和农村。本书选取合作社嵌入与村社组织联动治理作为研究对象，不仅具有一定的学术讨论价值，更是对中国乡土社会的现实关怀的体现。中、东、西部经济社会发展的非均衡性，客观地要求各地区要坚持具体问题具体分析，不能一味地照搬不合时宜的治理之道，只有这样，才能更好地体现地方特色与发展特点。在推进社会主义现代化进程中，农村治理问题的解决也旨在实现西北地区农村社会的安定、和谐和可持续发展，指导着西北地区农村现实问题的解决。此外，"三农"问题一直是党和国家工作的重中之重，而农村问题更是不可忽视的重要组成部分，农村治理问题作为农村问题解决的基础，此研究课题对于当前我国三农问题的解决具有重大的实践意义，尤其是农民组织发展和农村社会治理方面。具体目的如下：一是搭建一般理论分析框架，在理论层面揭示合作社嵌入农村社会治理、村社联动治理机制的形成，为理论深化和经验实证提供素材；二是在刻画西北地区农村社会治理新体系的同时，结合西北地区特点说明如何更好地促进农村社会治理机制的完善；三是对西北地区农村社会治理中农民合作社所带来的发展绩效进行实证分析，力求为政府决策提供参考依据。

二、研究意义

(一) 理论意义

1. 丰富转型视域下农村社会组织的理论体系

组织是人们致力于自身发展的集合。人类社会发展的演进史，同时也是一部组织形态变迁史，尤其是在现代化建设高速发展的今天，相较于个体，组织的力量更是不容小觑。农村基层组织众多，有国家力量推动建设的正式组织，也有民间社会力量自发组建的团体。它们都在农村社会发展的不同情境下开展相关的活动，进而解决农村社会治理中出现的具体问题，发挥着自身独有的功能。在正式组织与非正式组织的较量中，究竟是怎样的结果，我们难以一一列举。不过，本书通过选取当前在西北地区发展潜力较大的农民合作社与基层正式权威的代表者——村两委、村干部等农村组织力量，以实际调研资料为基础，将统计数据与调研对象的访谈记录进行归纳整理，借助实证分析模型与典型个案的发展经验，对当前西北地区农民合作社与村两委、村干部、农户之间的互动过程、联合治理绩效以及联动治理机制构建进行严谨而生动的论述。因为合作社的相关研究源于国外经验的总结，所以国内研究思想多受限于国外合作社相关思想，研究的侧重点也多是经济效率、组织规模等农业经济学方面，而非侧重合作社的社会组织性质。本书结合农村社会的基层自治制度、传统文化特性等，将合作社作为一个治理主体，重点研究了农民合作社参与农村社会治理中的组织功能发挥，而不仅仅聚焦于合作社的内部结构和运行状况。因此，在将合作社当作一个治理变量，与村级治理力量同时纳入农村社会治理体系的过程中，农村社会治理主体也日益多元化，农村社会治理的理论外延也随之扩展。同时，由经验上升到理论层面，也会给予西部欠发达地区更多实践层面的指导。

2. 重塑新时期农村社会治理的理论框架

农村社会治理的发展并不是一蹴而就的，从20世纪80年代我国村民自治制度的正式建立，到20世纪90年代末期华中师范大学农村政治研究的相关学者将治理理念与农村发展结合起来，首次提出农村治理的概念。经过近二十年的发展，农村社会从农业税取消、农村低保、精准扶贫等一系列国家政策中受益颇多。毫无例外，农村社会治理研究的侧重点、农村社会的治理方式和农民的行为逻辑也在政策变迁和资源变化中发生改变，农村基层治理的理论框架也在不断的社会变化中逐步完善起来。从之前的农业支持工业、农产品价格"剪刀差"等国家汲取农业农村资源的宏观调控手段，到如今的"工业反哺农业"等一系列惠农政策的变化，农村社会治理的结构在"国家——社会"互动的角色调换中亦有所变化。而今，我们通过对西北地区的地理环境、气候条件等自然因素的调研，了解不同地理范围内农业发展特色，并结合西北地区的人文特点，主要针对农村地区空心化、村级力量治理权威弱化等困境进行深入分析，使得农村治理理论不只局限于农村整体发展的宏观层面，而是更注重农村社会治理中的微观基础，从其社会组织发展和成长演进出发，将具有一般意义的客观规律具体化为可操作的本土理论。这不仅使得相关的治理理论更具区域特色，更有助于新时期农村社会组织建设与农村治理框架的重塑，有利于我们因地制宜地解决实际问题。当前对于农民合作社与其他村级组织之间的专门性著作还不多，多数是以学术论文形式对这一问题进行论述，缺乏专门性、系统性的论证。因此，我们通过对西北地区的部分省份进行调查，来总结农民合作社与村级组织和村级干部之间的互动问题，这对指导当前农村社会组织发展具有一定的理论意义。

(二) 现实意义

1. 充分挖掘农民合作社参与农村治理的实践价值

毫无疑问,理论价值的实现便是应用于实践,在实践中发挥实际作用。从总体上看,西北地区农村仍处于我国最不发达地区之列,西北地区的农民也是较为贫穷的群体。因此如何改变当前西北地区的现状,怎样走出经济发展困境依旧是西北地区农村所面临的首要难题。当然,研究西北地区农民合作社与村两委联动治理机制的真正价值也在于此。在统分结合的双层经营体制下,以家庭联产承包责任制为基础,家庭经济发展的优先序使得农民日益离散化,忽略了农村建设中农村集体经济发展、公共物品提供、基础设施建设和完善等集体性事务,村集体经济组织在很大程度上也已经矮化、形式化。同时,在现代化过程中,原子式的个人很难适应这个相互联系、彼此互动的经济社会,寻求合作是抵御风险的一种理性选择与切实之举;在农村社会治理中,联合起来亦是共建集体家园、共同繁荣的一种互惠行为。农民合作社的多重属性虽然仍未完全被学术界所认可,但是其经济发展功能和自治功能已经得到理论论证与实践检验。在西北地区五省农村的调查中,我们也看到许多成功经验,比如合作社党支部在管理社员事务、处理纠纷、号召社员开展工作等社会性事务所发挥出来的具体作用,十分有利于农村社会交易的内部化与治理成本的降低。因此,现实中应该大力发挥农民合作社在农村公共产品供给、村民权益维护等方面的正向作用,使其优于其他组织的独有功能得以充分施展,使得农民合作社在农村社会治理中的自治属性和社会属性更好地展现出来。

2. 构建西北地区村社联动治理机制及其保障体系

本书在阐述农民合作社与村级力量联动治理的关系行为的同时,也对不同形式的关系类型进行了比较和分析,在发现与思考问题的过程中,结合西北地区实地调查的结果,从资源依赖、经济能人带领、农村发展诉求角度论述了村社联动治理的条件与基础,同时从多个方面构建农民合作社与村级组织联动治理的运行机制,提出了政府、市场、历史、个人、集体、时间、空间等关键因素所构建的村社联动治理运行的动力机制,明确其治理机制的力量之所在。本书从农村组织建设中的农村治理准行政性组织与农民合作社入手,既涵盖了农村社会发展中的生产发展、规模经营等经济层次问题,又涉及村务政务管理、村民自治等政治层面问题。抓住了目前农村发展的关键,另外,对农民合作社组织以及相关人员的大量调研,能够全面、真实地反映农村基层组织建设的实际难题。我们可以针对问题提出具体可行的对策,来避免农民合作社与村两委组织的尴尬处境。此研究成果不仅会给村社联动治理机制的形成提供路径选择,而且可以为国家及政策部门提供参考性材料，同时为多元主体治理背景下的农村组织发展指引方向。最后，在完整阐述村社联动治理机制之后，又构建了保障这一机制发展的系统体系，以期可以促进二者良性互动，保证农村社会治理的活力四射和持续发展。村社联动治理机制及其运行的保障体系均是从实践案例与调查数据中得来，是对实践经验的理论升华，也是为了更好地指导农村社会治理的实践。其中，保障体系是具体的战略措施，也是理论对实践的反馈，从资金、政策、组织、人才、科技、信息等方面，论述了具体该怎么去行动，具有很强的实用性。

第三节 国内外研究综述

概而言之，本书主要的研究内容为农民合作社、村两委、村干部、宗族派系力量、村集体经济组织等村级治理主体以及农村治理，同时，这也是当前"三农"研究中的热点话题。其中，合作社关涉整个农村经济的发展走向，村级原有治理体系则与村民自治和基层善治紧密相关，在此，将多元主体结合起来进行农村治理问题的研究，有助于农村经济和社会的协同发展，亦可统筹安排当前农村社会结构的调整，对构建新型农村社会治理体系具有一定的理论新意和实践意义。因此，此书的国内外文献综述主要以合作社、村级治理组织和农村治理这几个方面为主。

一、合作社研究现状

(一) 国外合作社理论与实践

合作思想在原始社会时期便已存在，可谓是源远流长，与人类社会发展历史密切相关。不过学界公认的起源是 19 世纪初期西欧国家中盛行的、以罗伯特·欧文为主导者的乌托邦社会主义，其认为必须根据合作原则进行生产。伴随着后续经济发展，合作制度也逐渐确立起来。在市场经济发展中，合作制度逐步确立。在当前社会发展中，合作不只是出现在生产经济领域，而是延伸至社会生活的方方面面。自从 19 世纪中期第一个合作社诞生，关于合作社的研究就从未停止。从合作到合作社，这不仅是由普遍的联合行为到专门的组织形式，也是研究具体化的表现。目前学界对于合作社的研究集中表现在合作社理论论证与实践特征方面。

1. 合作社理论研究

国外对于合作社的研究主要是从经济学视角出发，强调合作社的规模经营带来的效率提高、农产品安全保障、社员收益所得。合作社作为对分散农户生产经营的一种组织替代形式,能够扩大农业生产规模,提高农业产业诸多环节的效率,带来一定的经济效益或效果[2]。与家庭农场相比,合作社在交易成本与规模经济上均具有很大优势,其能够克服家庭农场在上下游交易中的市场缺陷以及在规模扩大上的能力限制所带来的弊端,抵御市场固有风险,统一农户在市场体系中的产品质量和品牌,做好质量控制和名牌创建工作,弥补家庭低效率的生产劣势[3]。从交易成本理论来看,合作社的价值与原则在于其对交易成本的降低。其中,成员合作的价值在于通过彼此交流,减少商业环境中的不确定性,包括社会价值与个人价值。同样地,合作原则的特征是在成员合作和交往中减少交易成本,包括商业原则与社会原则。商业原则强调合作组织的规范性,社会原则强调在成员相处中交易费用的节省[4]。与其他商业性组织对照来看,合作社具有一定的特殊性,虽没有严格统一的定义,但却是一个实际运行着的经济实体组织。一般来说,合作社遵循着使用者收益、使用者所有、民主控制的原则,区别于其他组织的特征,能够本着公平分配利益的理念来行事,既是一种服务性组织也兼具商业性质,与农民利益息息相关[5]。伴随着合作社理论的不断发展,也有学者提出,合作社是一种混合组织模式,其将组织内部要素与外部市场利率对接起来,在内外对接中获取利益[6]。作为一种具备多重属性的组织,合作社兼具市场结构与组织内部的科层制结构,但又不同于二者中的任何一种,表现出很大的复杂多样性特点[7]。作为提升成员在市场经济中的竞争地位而逐步发展起来的新一代合作社,已经不同于传统合作社中对民主、弱势群体联合等最初优势的强调,开始为适应外部市场变化而做出改变[8]。从产权模糊到产权清晰、从一人一票到按照股权和交易量配置投票权利,这些都说明新一代合作社在不断修改传统合作社原则,以更好地在当前经济发展背景下做出适应性变换。总之,在现代经济发展环境持续变化的过程中,合作社已经不同于完全传统意义上的合作社组织,正在不断朝向对自身有利的方向而做出适当改变。我们也可以看到,西方研究者对于合作社的研究深度,也在历史发展的指引下不断延伸。

2. 合作社实践特征

从最早的罗虚代尔公平先锋社至今,合作社的发展已有二百年历史。从国外的主要实践来分析,较为典型的当属德国、荷兰、美国的合作社组织。其中,德国合作社发展历史悠久,从初创期的安森豪信贷协会和信贷服务建设,到普遍发展阶段的为抵制商业欺诈而剧增的销售合作社,再到现代发展阶段中地区中心银行建立以及农业、手工业、商业的联合,形成了独具特色的赖夫艾森体制联盟(DGRV)[9]。结合外部经济环境的变化,德国合作社也在与时俱进地发生改变,在经济活动自由化趋势中进行组织变革,形成了规模不断扩大的横向一体化的联合社，以及产业链不断增长的纵向一体化的综合社。值得一提的是，2015 年德国《合作社法》进行了新的修正，主要变化有：将经济目标扩展到社会和环境目标，强化合作社的社会功能；降低合作社组建门槛，加大成员开放力度，允许投资者加入合作社组织；增强社员出资灵活性，允许实物出资认购股份；对社员身份选择给予更大弹性。同时，在合作社治理结构中，强化合作社审计工作的中立性，抬高审计起点，在坚持人和组织属性的前提下，区别对待使用者导向和资本导向的不同类型的合作社[10]。荷兰土地虽少，却是一个农业大国，其农民收入中有 60%以上是通过合作社获得的。由于其农场家庭式经营较为普遍，合作社的组织建设是建立在家庭基础之上的，在社内发展意见贯彻中也是以家庭为单位，因此，可以称之为家庭之间的合作。同时，其合作社单一目的性较强，在最早组建时便是针对某一特定市场，为了某种直接的经济目的[11]。当然，在相对崇尚经典原则的同时，荷兰合作社也在近些年的发展中逐渐从传统走向现代化，通过经营业务变更与治理结构的调整来增强市场竞争力，扩大国际影响力，增加其花卉、马铃薯、奶制品等优势产业的出口量[12]。就美国合作社而言，其是农民由下而上自发组建而成的，涉及面较为广泛，主要功能表现为生产销售的集中化，由于其以农场主为主要成员，因此也被叫做农场主合作社[13]。与传统模式相比，在一体化与商业化的不断影响下，其经营模式与治理实践均在市场力量刺激下发生了很大变化。尤其是 20 世纪末期新一代合作社的兴起，不论是在组织资金筹集上，还是管理机构设置上，其引入了较多的公司制形式，更加强调组织的利润导向与纵向一体化发展，可以说，是对传统合作社运行机制的全面革新[14]。纵观国外合作社发展路径，其大都在传统合作社原则的指导下根据时代发展要求进行了调整。美国新一代合作社以"农工综合企业"的形式，将收购、储存、加工、销售一体化，并返给农村社区和农民一定收益的做法，也为我国合作社发展提供了经验借鉴[15]。

(二) 国内合作社理论与实践

1. 合作社相关理论及其本质特征

在农民合作社的蓬勃发展态势中，合作水平在日益提升，但是也乱象纷呈，合作意识、政策落实和运行规范问题频出。在保持传统合作社"硬核原则"的同时，结合我国的农村发展背景，合作社在我国的本土化实践中的理想类型应有三大特征：治理结构的耦合性、成员资格的同质性、成员角色的同一性[16]。但是由于实际环境的不断变化，合作社的本质也不可避免地发生漂移。作为一个"环境适应性组织"，在经济社会结构的多重现实约束中，合作社的发展也表现出合宜性。从经典原则到现今真假合作社之辨，质性底线虽缺乏共识，但大体保持着自愿、民主、民办、民管的基本特质[17]。作为市场经济中的实体组织形式，其要想生存和发展下去，就需要接受消费者的检验，因此当前合作社与公司联合的趋势也较为明显。虽然合作社的新时期特征表现出很大的公司经营特点，但是其与企业组织还是有很大不同的。不管是组织运行的目标或运行规则，还是公司和合作社组织产生的社会基础均有着本质的差异，其各自承担的社会责任也有很大的区别[18]。故而，在深刻认识合作社与其他组织的差异与联系的同时，在不同的产业链、发展环境中要理性看待合作社的属性，尽量做到灵活权变。由于合作社的组建基于个人意愿，在为社员提供产品和服务外，其兼具一定的社会性，承担了一些社会责任，显现出自愿互助特色，区别于单纯营利性的组织[19]。在农村社会治理过程中，合作社的社会属性也开始不断凸显。由于合作社社会效应的外部性，其对于村庄权力格局和利益关系的重塑有一定的影响，在多主体博弈中表现出附属的整合功能，以及对治理资源调控的优化功能[20]。基层社会治理实践中合法权力来源多样，不局限于政府部门的单一认定，更多地源于村民们的内心认同。在多元治理格局中，任何一个主体都不可能成为整个社会治理过程的权力垄断者，而要依赖于其他组织的行动做出反应，合作社作为治理主体中的一员，具备一定的群众认同基础，有助于多主体共治格局的形成[21]。同时，国家政策也比较看重合作社独有的带动弱势群体发展的社会功能，乐于扶持那些益贫性突出、能够促进整个社会发展的合作社组织，有意强化合作社的社会属性特征[22]。

2. 合作社发展实践与具体行为

作为一种特殊形态的实体经济组织，合作社并非政府设计或源于思想家的想象，而是农村市场经济发展的创新。因为合作社出现是为改善弱势群体的市场竞争力、减少交易成本、促进规模经营，所以，在其诞生至今便备受关注，拥有政府政策的关怀和群众的积极响应[23]。随着经济发展环境的变化，农业生产领域的中心逐渐从注重生产转变为市场导向型，农业收入越来越依赖于规模效应和交易环节。根据不同市场结构中的博弈论模型结果，可以看到合作社的出现有助于农户收益增加，在资金成本、单位产品净收益和产品价格方面，合作社社员都显著高于非社员农户[24]。在合作社的具体实践中，其对内表现为服务纵向加深，对外则是从单一功能向多功能业务扩展，在多产业融合趋势中正朝着纵向一体化路径演进，有助于扩大合作社的服务面，使产前、产中、产后环节规划更趋于合理化[25]。在将微观经济主体与市场对接的过程中，合作社展现出无法比拟的组织化与现代化优势。但是其固有的产权模糊缺陷以及信息不对称弊端，使得实践中的合作社以一种"核心—外围"式的圈层结构存在，表现出"强者牵头"与"弱者参与"的特点，并非完全秉承了理论上的合作社运行原则[26]。合作社作为规模经营中的一种主要形式，国内对其较早的研究多是以经济学思维从规模经济、合作经济、效率与产出方面来论述的。不过，从合作社的实践活动可以看出其不仅是经济性合作组织，也是一种农村社会组织。在单纯研究其经济发展功能之时，我们也要从多维度出发，更多地以"社会组织"而非纯粹以"理性的经济组织"来关注其成员合作意愿、集体行动能力、合作基础等社会性功能。人们的社会存在依赖于社会关系，合作社的结构也不例外，其成长于我国传统农村文化土壤之上，以信任为基础，呈现出亲缘关系与市场规则并存的一种混合状态[27]。农村社会是一个熟人社会，人与人之间共享风俗习惯与价值观念等资源，并且农村社会中的信任是建立在人际交往之上的，依靠人与人之间持续的互动，不同于制度型信任，带有很大的自发色彩，有助于农民之间的天然合作行为的形成[28]。在农村社会精准扶贫工作中，合作社属于典型的草根组织，具有造血功能，天然具备益贫性质，能够帮助农民凭借自身力量来实现富裕[29]。作为农户的集合，合作社自身的自治性和益贫性，有助于农村社会治理中社会组织建设工作的开展。进而言之，农民基于地缘和血缘建立信任并促成合作，在现代语境中经济理性的影响日益扩大，农民更愿意相信或者依赖规模宏大、管理规范、运营科学、能够为农民带来利益的组织[30]。

二、村级治理组织研究现状

(一) 国外相关研究

国外学者对于村两委等村级治理组织的研究并不多见，较具代表性的当属早期研究者杜赞奇编写的《文化、权力与国家》一书，其中提出了村级治理组织的双重角色观点，当国家权力向下与农村社会交汇时，保护型经纪人与赢利型经纪人的冲突便开始显现，从而使得村级治理代表者陷入矛盾状态，或者与村民形成利益共同体成为保护型代理人，抑或是与国家权力形成利益联结体系，充当赢利型经纪人[31]。20 世纪末期戴幕珍(Jean Oi)运用实证分析方法选取了一些衡量经济发展和村民自治程度发展水平的指标，得出农村社会经济发展水平与村民自治之间的反比关系。他认为在农村社会独特的治理机构中，经济发展与民主并不一定会有联系，但是经济发展与村庄领导有关[32]。尽管她对这一研究成果的适用性也持怀疑态度，但她也经过进一步的研究说明，竞争性选举与收入增加之间并未存在正比关系。不过，在具体实践中，我们也能真实地了解到农村社会中对于自治制度的理解与践行，是与村委班子的资源拥有、能力水平等紧密相关的。由于农村社会中非正式团体力量的存在，熟人关系不管怎样都会反映到村庄政治行为中来，对村内权力结构的形成带来一定影响。在村委会的选举中，村民选举候选人与村民的相近程度会影响到其当选的概率。尽管乡镇党委在候选人提名中起着重要作用，但是候选人能否当选为村干部还是要看村民的判断[33]。此外，欧博文(Kevin J. O'Brien)也指出，经济业绩也会帮助村干部实现村民选举的成功，而且其也能够凭借经济发展能力得到村民更多的认同。同时，他按照村委会治理效果将村委会分为治理效果较好的达标村、村委虚置的瘫痪村、过度行政化的专制村、完全自由化的失控村等四种类型，充分地将治理效果与村委角色联系起来[34]。日本田原史起先生通过在中国农村的田野调查资料，以农村精英为主线，研究了中国农村社会经济发展水平与农村精英及社会资本的关联。其提出"公、共、私"的原则来说明不同治理活动中社会资源运作的不同原则，并对"共"重点讨论，深入分析这一"互惠原则"，同时还说明了村级正式精英更替过于频繁会使得关系资本受损、发展思路中断，对农村社会产生负面影响[35]。

(二) 国内相关研究

1. 村级治理组织之间关系的研究

村级治理组织的内涵较为丰富，既有国家正式力量规定的村党支部和村民自治委员会，也有一些宗族派系、乡贤理事会等非正式组织。从理论层面上看，村民自治是由党委领导、村委会自治的一种制度设计，但是具体到现实中却是千差万别，经常会出现村党委书记与村主任之间的冲突，或者是村民对于党支书的不满现象。由于党支部的权力来源于政府，是由上到下的，属于一种行政权力；而村委会的权力源于民间选举，是自下而上的，属于一种自治权力。不管两委关系陷入怎样的紧张状态，都无法改变由政府主导设计的党一村二的位次排列。虽然当时的政策设计者也预见到可能会出现的摩擦，以宏观文本进行了规范说明，但是依然遗留下许多弊端[36]。根据近些年来的自治制度实践，许多地区创新了村民自治形式，形成了能够普遍适用的规范机制，比较常见的有一肩挑、两推一选、四议两公开。其中，一肩挑是为了解决党委与村委之间的矛盾，而由一人兼任党支部书记与村主任的治理形式，在某种意义上缓解了自治中村级正式组织之间的冲突，将党务、村务进行适当合并，这在广东、海南、山东威海等地均得到一定范围的推广[37]。目前在农村基层党组织换届选举中一种较为广泛的方式莫过于"两推一选"。其中，"两推"是党内推荐和党外推荐，"一选"是由党组织内有选举权的党员来投票，具体实践途径有座谈推荐和投票推荐，不过在一些地方，会出现村民和党员谁先推荐的争议，引发选举中的不公与投票游戏[38]。"四议两公开"工作法最先源于河南邓州市的实践，强调了党组织的领导地位，以党支部提议、两委商议、党员大会审议、村民代表会议决议的决策形式，推进农村党建工作，保证基层民主，并做到程序公开、结果公开来展现农村社会治理的透明与公平[39]。当然，不管怎样的机制创新，始终无法逃出体制设计的鸟笼型村治模式的基本框架，而只能是做出一些适当改变去弥补这一缺陷，而非打破这一条框。就村级治理中的非正式团体组织而言，从人民公社解体到第一个村委会的诞生的空白期，宗亲力量在农村社会治理中发挥着不容置喙的作用，同时，宗族作为农村社会格局中天然的自我组织形式，在无形中培植了村委会生长的土壤，为其合法性形成带来一定的文化网络基础。因此，当前社会中的宗族派系仍是村级治理组织中的一份子，与村两委不断互动或是宗族大姓与村干部身份交叉，是治理格局中的一种重要的制衡性力量[40]。如果说宗族是一种旧有组织，那么村民理事会、乡贤理事会可以说是新时期下村民自治制度的一种创新性的自我表达产物。广东云浮、清远等地在自然村基础上，以当地有名望的务工经商人士、老党员、老干部为主要成员成立了较具民间性的社会自治组织——村民理事会，表现出对自治传统的复归，与村两委主政的村治实践形成一种张力[41]。由"长老+房头"的组织架构来对村民进行全力动员工作，此种"私与私"的直接对接，对村民与村两委的"公私"对接提出了挑战。这不但是非正式组织与村委正式组织之间关系的一种具体表现，也激活了主体性参与的自治形式，实现了村民利益的深度整合[42]。

2. 组织建设

伴随着新农村建设的不断发展，党委工作与村委会组织功能也在外部挑战增多的境遇中进行重新定位。从组织功能来看，村级治理组织包括的内容极为丰富，既要保证上级乡镇任务的完成，也要调整好农村社会治理中的村民相处事宜，更要做好农村社会经济发展、资源整合等工作，可谓是事无巨细。从建党初期以土地为重心提供服务再到社会主义革命时期以农业发展为主，最后到改革开放时期以改善民生为中心，党组织功能也在与时俱进，实现其服务重心的合理嬗变，不断发挥其经济服务功能[43]。在新农村建设中，党组织也面临着角色模糊、角色冲突、角色失调、角色异化的困境，但是为应对外部环境挑战，其必须发挥四大基本功能：保持领导核心地位，继续做好战斗堡垒工作；凝聚人心，服务农民群众；发展现代农业，带领村民发家致富；维护社会稳定，促进村风文明建设[44]。具体来看，新时期中国农村正在面临着一系列社会转型，农村劳动力不断外移，农村家庭结构也发生了很大的改变，家庭功能有所弱化。在扶养教育、赡养老人、经济发展方面，都出现不同程度的功能弱化，为满足家庭成员心理需求，改善当前农村社会发展态势，基层党组织就应该及时调整组织设置，创新活动内容，承担起更多新时期下的重任[45]。与此同时，在现代农业不断发展的过程中，农民合作社、龙头企业、家庭农场等新型规模经营形式在农村发展中的作用越来越凸显出来，相应地村委会的功能也要伴随新主体的崛起而有所改变。农村土地确权、土地整合、农地流转都明确了村委会的土地调控权、农业资源配置权等事权的扩大，那么就需要村委组织不断加强自身建设，强化中介服务职能，削减权力使用范围，减少寻租空间，以便更好地处理新事务[46, 47]。当然，在乡村社会治理变迁中，社会组织功能也开始发挥重要的中介作用，将国家力量与社会生活领域完美对接起来。甘肃省 Z 县 X 村为了更好地执行扶贫政策，成立了扶贫互助合作组织，通过此中间组织来管理扶贫资金，为本村农户提供小额贷款支持，大力倡导发展种养产业、餐饮业等可持续产业来保证农民生计。同时，在扶贫资金来源方面，互助组不仅涵盖了政府财政资金，还积极吸纳捐赠资金和村民入股资金等民间资本，促进国家—社会二元互动活动的有序进行[48]。

三、农村社会治理研究现状

(一) 国外农村治理

1. 国外农村治理理论

纵观全球发展情况，自 20 世纪 90 年代以来，治理以及善治等词汇逐渐变成公共管理领域的流行语。其中，《新治理：没有政府的治理》中认为治理方式适用于任何活动的调节，能够容纳多主体的参与，而非仅限于政府组织[49]。伴随治理理论的不断发展，多中心治理、网络化治理、协同治理、合作治理等各类理论也开始活跃起来，逐步应用于农村社会领域中来。其中，多中心理论认为随着社会的不断发展，各种社会组织趋向于多元化，传统的以政府为主导的单中心治理模式是无效的。因此，为了满足民众的需求，提高服务质量，多中心治理是较为理想的治理模式。尽管如此，多中心治理模式并没有否定政府在治理过程中的作用，该理论认为在决策方面存在多个决策中心，它们彼此在形式上存在独立性。有学者认为这种多中心治理更多地是在公共事务领域发挥作用。近年来，不少学者开始逐渐将该理论广泛应用于城市治理、公共危机管理、食品安全问题研究等领域并取得了丰富的研究成果，如在城市基层治理中借助多中心治理理论，纽约形成了自治的社区治理模式，新加坡发展了政府主导社区治理模式，日本东京体现了一种介于二者之间的"中间模式"[50]。关于协同治理理论，已经成为西方学者关注的焦点之一。他们将协同治理理论应用于经济学、政治学、公共管理学等众多学科领域进行相关分析研究，如在经济学领域，借助于经济学相关理论，以 Oliver Williamson 为代表的研究新制度经济学下的概念和分析模型，解释了跨部门生产行为的结构、功能及弱点等相关问题[51]。尽管协同治理理论被广泛应用于多学科进行实证分析和制度设计分析，但是对于协同治理在理论视角的研究却很少涉及。西方学者更多是从公共政策、组织理论和政治学三个视角加以分析，这种以不同的理论视角应用协同治理只能说明协同治理当中的个别问题，而无法做到全面综合分析。此外，西方学者对于协同治理的研究仅仅局限于某一具体的领域,并没有做出一个具有普遍性的基础理论分析模型。随着公民社会和第三部门的发展推动了政府部门的变革,而全球化与地方化以及信息技术的发展又加速推动了政府变革的脚步,促使网络化的治理公共事务的模式得以应运而生。网络化的治理模式改变了政府传统角色由公共服务的直接提供者转变为公共价值的促成者,这种治理模式通过引入合作机制来促进公共事务问题的合理有效解决。作为一种新的治理模式,网络化治理理论的应用对于公共决策效率的提高和公共事务问题的解决产生了深远的影响。国外学者分别从不同的视角对该理论进行了相关的分析研究,格里·斯托克通过运用资源依赖视角分析治理理论来引导更多学者关注网络化治理主体间的合作;对于从结构主义视角分析网络化治理主体间的结构和功能,索伦森等人在对民主政治的意义进行探讨时就借助于网络化治理理论进行相关研究;瓦赫豪斯以无政府主义视角来讨论网络化治理,改变了人们对传统的认知[52]。合作治理俨然已经成为西方后现代社会中公共行政问题研究的一个常见词语,Taehyon 指出,合作治理是多个利益相关的组织为了解决一个复杂多变、涉及范围广泛的公共难题,而协作制定相关方案、解决问题的过程[53]。Chris 等认为真正意义上的合作治理不仅仅是一个多部门共同参与的过程,还要求对方案制定、执行结果负责,也即是从程序到结果都做到共享合作权力、共担决策责任,区别于其他松散式的治理[54]。综上所述,网络化治理、协同治理、多中心治理、合作治理等具体理论已经较为成熟,并且其内涵的治理思想早已不止于政府与社会领域的互动,而是扩展到各类组织之间的合作与协同,在社会科学的许多领域均有应用,能够为我国治理实践提供有效指导。

2. 国外农村治理实践

纵观国际上诸多发达国家农村现代化与城市化的历史经验,不论是西方的欧美地区还是东亚的日韩等国,其农村现代化体系的建立都大致经历了以工业反哺农业、政府大力扶持农村建设、资金项目大量投入农村的发展过程。20 世纪中期城市的快速发展伴随着农村人口的激减,日本农村过疏化严重,地区间差异不断拉大。同时,农业生产、农村生活活动衰落趋势明显、农村自然环境日益恶劣,甚至部分山区村落大量消亡,引发了农村社会基础设施供给体系、基本公共服务体系瘫痪、地区经济活力衰退等一系列社会问题[55]。在空心化不断加剧的背景下,日本开始了支持农村建设的运动。首先是以法律作保障,针对特定对象和特定地区,制定了《特定农山村法》《山村振兴法》来遏止农村人口减少;其次是以工业化战略为指导,将工商企业引入农村,为农村劳动力创造工作机会;再者是大力发展农村公用事业建设,保障农村基础设施完善,改善人居环境;最后是以特色产业来保证农村经济的持续发展,提高人口生活质量[56]。在政府的引导、支持和鼓励下,日本大分县形成了具有地方特色的"一村一品"产业化实践形式，为国际上许多国家寻求脱贫致富之路带来了启示。与此相类似的是，优先发展工业的非均衡战略使得韩国农村陷入经济落后、农民生活艰难的困境中。在工业化和服务业发展的基础上，韩国也在 20 世纪 70 年代发起"新村运动"，初期阶段根据不同地方的条件，将全国村落分成基础村、自助村和自立村，免费为村庄发放一定数量的钢筋和水泥，开展建桥修路、修建河堤等活动。同时，在新村运动中，韩国政府注重改善农民的伦理思想，支持创建各类农协组织，培养自主与合作精神，激发农民活力。在经历了基础建设、全面发展、提高、自发运动、自我发展五个阶段后，韩国农村已经呈现出稳定发展的良好状态[57]。此外，韩国政府在推动经济发展方面做了大量的电气化建设、通信服务普及、医疗完善等的公共性工作，吸引社会各阶层力量参与新村建设，形成了"勤勉、自助、协同"的新村精神，确立了"共同体意识"。素有"欧洲中国"之称的法国，也曾在 20 世纪 50 年代开启农村改革。19 世纪中叶前法国农业一直是保守稳固型的生产结构，家庭农场占比较大，农民思想观念也必将传统和守旧。伴随着一系列经济变革，以交通业的突破性改革为基点，法国农业生产方式发生重大转变，形成了极富法国特色的一体化农业，实现了农村基层设施建设和农业产业化经营[58, 59]。美国在农业起步阶段，也曾提出"乡村发展计划"，从市场与社会两方面出建设试图缩小城乡差距。从自由放任的市场政策到以补贴等手段直接干预农产品销售，同时将乡村医疗、保险、养老等服务通过适时立法与城市保持一个标准，进而保障农村社会均衡发展[60]。

(二) 国内农村治理

1. 农村社会治理的基本形式

从现有文献来看，农村社会治理基本形式样态复杂，不同学者研究结论以及对农村社会治理的提法也各有不同。在此，作者根据治理主体的不同，将最为常见的治理形式划分为村委主政、能人主导、宗族派系发力、新乡贤参与等不同类别。同时，依照治理方式的差异，我们也可以将治理形式分为协商民主式、嵌入式和参与式三种基本形式。20 世纪 80 年代以来，伴随农村社会结构不断嬗变，能人治村现象在各地频频出现。作为一种对传统自治形式的挑战，其是由先富精英或者有能力者当选为村干部，突破了人民公社时期的一元集权形式，也是一种"民主—权威"政治类型，是"精英—群众"有机结合的自治形式，生命力旺盛。同时，山西、山东、浙江、甘肃等多地实践也表明，期望富裕是农民最大的愿望，谁能带领大家致富，谁就会赢得大家认可。当然，此种将经济发展与社会治理权集于一人的形式，也会带来利益私有化、一言堂等治理难题[61, 62]。在我国传统社会治理历史中，乡贤曾作为重要角色而参与农村经济社会发展、政治决策和公共事务。时至今日，在农村原有伦理根基上，新乡贤和乡贤理事会也在积极参与农村社会治理。在西北某些地区农村社会秩序错乱、社会结构失衡的尴尬处境中，有知识、有资财、有情怀的贤能人士是凝聚乡邻、发展现代农村价值规范体系的关键人物。同时，新乡贤生活在农村，已经深深嵌入社会网络之中，加之乡贤文化出自乡土，与农村社会规范同出一源，贴近性强，有利于引导社会自组织事务的有序进行[63, 64]。此外，不同的治理方式也会形成不同的治理模式。在农村基层民主制度基础上，农村社会各方治理力量在党组织的领导框架下大胆探索各具特色的多主体协商共治形式，形成了民主恳谈、民主听证、协商自治等治理方式，不仅节约制度成本，且易于被群众接受。作为一个新鲜词汇，嵌入式治理行为事实上早已在农村社会治理中发生。从双边联系到复杂的网络联系，嵌入性从早期的强调社会对经济行为的影响，不断扩展为环境嵌入、结构与关系嵌入、资源嵌入等多种类别的嵌入式治理。作为治道变革的新趋向，参与式治理也在全球治理中风靡起来，其强调社会力量对国家权力的制约与平衡。

2. 合作社作用下的农村社会治理

从农村社会整体发展视角来看，合作社背景下的农村社会治理活动会发生系统变化。新型农业经营主体的发展逐步改变着家庭联产承包责任制的农业生产方式，对农业、农村、农民均有很大影响，导致社会基础发生深刻变化。这不仅有助于农村人才回流、村级组织重塑、治理议题更新，也冲击着原有的乡村治理体系，带来群体分化与冲突、农业资源分配非均衡等诸多挑战[65]。基于农业持续发展维度的考量，合作社作为农业适度规模化经营的中坚力量，其扎根农村，能有效集结农户，为农村建设提供物质性资源和社会化服务项目，促进乡村治理良性运行，进一步改良现有村治模式[66]。同时，合作社作为一种新型主体，会参与到农村社会经济、文化、政治等多领域事务中来，致使整个农村社会治理结构中利益分层有所改变。在农村社会治理中，合作社内部的信任机制、社员关系网络和准市场关系网络伴随着合作社规模经济的形成，开始嵌入农村社会网络之中，以一种潜在秩序形式影响农村社会结构，演变为一种网络化治理形式，实现熟人社会关系网的建立[67]。合作社所拥有的策动农村经济发展的潜在能力，不论是对于村集体经济空壳化、村治权威衰退的村级治理组织，还是迫切希望借助合作经济形式来改善自身经济情况的普通农户而言，都具有强大的吸引力。村社重叠背景下，农业现代化工作得到进一步推进、集体经济也被盘活、村庄自主空间扩大、农村公用事业得到发展，这些经济、社会、公共空间的变化使得村庄治理发生很大改观[68]。在扶贫行动中合作社的参与，既体现出作为市场主体的经济理性，也表现出置身于农村社会的价值理性，是对利益的追逐，也是对社会责任的担当。农户通过参加此种产业扶贫组织形式，可以在一定程度上实现利益共享，改善社会生活状况[69]。从更深层次来看，合作社是双重性质的，表达着农民的私人性与社会公共性两种利益诉求，其自身是农村私人领域和公共空间的结合体，是促进农村公民社会转型的典型载体，具备将社会与个人连接起来的特殊价值。总的来说，其兴起与发展反映着农村公共领域的崛起与社会结构的调整[70]。

西北地区地形复杂、生物种类繁多，且污染程度较低，具备发展特色农业的良好条件。但是其水资源贫乏，农村社会服务体系不健全，市场化程度低。合作社作为一种经济组织，能够一定程度上弥补自然条件或市场劣势的缺陷，提升产业化水平，加强科技服务能力建设[71]。在我国农村中，农民合作社的发展状况有着显著的地区差异，东部地区在工业化、城镇化的作用下合作社的发展条件优良，成长迅速，产业化水平较高；而西部地区农业企业不多，市场接触度低，起步较晚，发展普遍滞后[72]。因此，在西部还是应强调政府支持，充分发挥政府"第一推动力"的作用，协调好各方面关系，创造良好的制度氛围[73]。近几年西部的调研数据显示，在村委会选举中农民合作社对村委会的影响效力高于宗族势力，已经成为影响村庄选举和农村治理的重要新兴力量，具备一定的政治认同度和社会基础，对村庄政治权力结构影响较为显著[74]。在城镇化进程中，西北地区明显处于弱势，大量人力外流，缺乏基础设施建设。在时空背景客观条件的限制下，合作社与企业、村委会、农户、村庄能人等联结成多种模式，进而来发展农村经济[75]。当然，在不同的合作社生成模式中，企业、农户、党支部对于合作社的影响各有差异，借用社会学家布迪厄所提出的场域概念，通过经济资本与政治资本的分化程度来度量合作社场域结构，我们可以得出"支部+合作社"结构模式是经济资本弱分化、政治资本强集中的一种结果[76]。

3. 合作社与其他村级治理组织的关系

从微观情境来看，合作社与其他村级治理组织互动明显，且关系表现形式多样。首先，根据关系互动结果来看，在转型时期，农村社会利益诉求趋向多元化，村庄治理理念在由单一主控型向多元交互共治和协商治理转变，治理生态系统也从简单走向复杂。合作社借助其"利益诱导"的组织优势，充分调动农村资源，并与村两委进行"相当的联合"，分享农村社会治理话语权，形成了一种有限主导模式[77]。在新型治理体系的形成过程中，合作社与村级治理组织应该在明晰产权基础上，加强以村党组织为核心领导地位的组织建设，使得各组织搭配得当，分工合理，走向优化组合的现实图景[78]。当然，现实图景也是复杂难测的，未必完全会呈现出应然的理论设计。作为新增利益主体，合作社不同于村两委，其以争取经济发展权为主要目的，扮演着权利拓展型参与者角色，进一步增大自主活动空间。村两委本就是村级治理体系中的正统象征，作为权力垄断型参与者，其会让渡部分权力。但是，在有限资源的竞争中，二者之间的利益分化与权力制衡在其他组织因素影响下就变得愈加复杂，甚至会关系整合失败[79]。其次，根据合作社与村级治理组织主体交叉情况来看，合作社类型可以分为村干部领办和非村干部领办，在由村干部领办的合作社中，其与村两委融为一体，既具备合作社的经营效能，又可以以村两委身份发挥政治动员力；非村干部领办的合作社一般由大户和企业组织，在实际运作中会与村两委发展成依托型、监管型、合作共赢型、博弈制约型等不同行为关系[80]。也有学者从合作社资源获取角度将其分为干部型和能人型合作社。其中，干部型合作社一般是由村两委干部、涉农服务组织负责人担任领导者，主要依赖于国家体制性资源和政府的庇护关系获取生产资金和销售渠道，从而促进合作社发展；而能人型合作社多是由种养大户和企业组织者来领办，对政府依赖较弱，大部分是依靠血缘或亲缘网络在村内组织活动，凭借自身能力和资源来进行生产和销售[81]。最后，是农民合作社与村集体经济组织的关系。由于村集体经济组织是村庄内部的正式经济性组织，承担着发展整个农村社会的责任。但是作为村委会的一个功能性下属组织，其发展早就虚空化，几乎完全丧失了人民公社时期的生命力。由合到分，再从分到合的飞跃中，高度分散的小农力量单薄，如果不实行组织化、规模化、合作化的经济活动，难以走向现代化道路，也很难实现集体经济发展[82]。在谈到村集体经济组织是否冠名合作社的问题时，各地做法不一，判定标准也不统一，应该看集体经济是否遵循了合作社原则。不过，在合作社名不副实、管理虚空的地方，最好还是应该在村民自治条件下，由村委会负责资产管理，减少不必要的机构设置成本，以防止合作社只是为了迎合集体之名，而无真实内容[83]。同时，我们也看到新时期新型集体经济以成员自愿联合与合作为原则，是各种形式合作经济的统称，内涵丰富，与合作经济组织特征有交叉之处，而且实际发展路径中的产业发展型、为农服务型与合作社发展实践也十分相似[84]。

四、国内外研究评价

纵观学术界的现有研究成果，我们可以发现，国外关于治理的研究起步早于我国，已经形成了较为完善的治理理论体系，提倡多元主体协同、公共服务导向、公开透明化的治理思想。这些对我国农村治理问题的解决提供了理论指导，有利于我国农村治理中对多中心、自治、他治、服务等理念的理解与应用。此外，西方合作社经历百余年的发展历程，已经相当成熟，其运作水平也远远高于我们国家的农民合作社。与之相关的研究文献可谓是汗牛充栋，而且这些研究成果提出了许多具有实践意义的理论模型。但是国外学者多将合作社视为企业性质的经济性组织，更多地是以经济学的思维来论证合作社的经济效率、产权交易、交易成本、不完全契约等内容，完全照搬地将其应用于我国农村实践中，其仍具有一定的局限性。因此，在中西方社会性质区别与体制差异的多重作用下，我们能做的是有选择的借鉴应用，比如西方合作社发展的契约思想、合同制等理论内容，以及其先进的合作经济发展实践模式、合作社公司制与股份制等成功的管理经验。

通过对国内研究成果的梳理，我们看到，目前西部地区合作社与村级组织力量在农村治理的相关研究表现出以下特点：第一，在研究学科分类上，涉及了政治学、社会学、经济学、历史学、管理学等多个领域，以社会学与政治学的研究成果为主，多是农村社会发展及农村治理方面。就西北地区的合作社发展与农村治理的相关研究而言，虽然数量不多，但是基本上都围绕西北地区的发展背景，区域代表性强，可借鉴价值大；第二，在研究方法的使用上，规范分析与实证分析均有使用。在研究过程中，经济学方面的研究学者多使用调查数据或统计资料对合作社内部、农民合作意愿或村级治理的民主、经济发展程度等指标进行实证分析。社会学与政治学的研究多是通过实地调查形式，以当地案例或事件的归纳与总结来说明合作社嵌入农村社会对样本村的发展所带来的变化；第三，从研究内容上来看，合作社嵌入农村社会治理的相关研究，已经形成了以东部发达地区为借鉴的良好思维，并逐渐认识到合作社对农村治理的影响，对合作社与村级组织的关系、多组织联合治理态势发展的研究在步步深入。

总的来说，学术界对于西北地区农村社会治理及农民合作社嵌入农村社会治理问题的研究成果是相当丰富的。这些研究为我们深入了解相关问题提供了思想上的指导，深化了问题的认识程度。但缺陷与不足也较为明显，有继续研究的必要。我们认为，主要问题有以下几个方面：其一，关于合作社嵌入农村社会治理的深入研究有待进一步提高。农村社会治理是一个动态演变的过程，其相关概念与特征也随着时间变化在不断丰富。从目前的研究成果看，研究者对合作社嵌入农村治理格局的定位仍是存在模糊之处，只是说明合作社嵌入对于治理格局的整体变化、生态效应及多元化优势，但具体是怎样的一种多元状态还是需要落到实处来进行深入探讨。与此同时，在西北地区的诸多基本治理形式中，诸多学者从宏观视野说明合作社嵌入农村治理的意义及其行为理路，但是对于合作社嵌入式治理中的嵌入方式及嵌入程度的具体分析仍是较少的。在研究合作社与村级治理组织的联动治理方面，很多学者在强调互动关系，虽是抓住了村社关系特征，但是研究触及面有限，缺乏对二者整体性的研究视野与一般治理过程的总结，并未得出村社运作过程的发展规律与内在行为逻辑的完整理论框架，为此，还需对此方面研究进一步充实与完善。其二，西部地区农民合作社与村两委联动治理的价值定位不清楚。二者的联合多是发生在村集体经济组织薄弱、村级治理能力有限的西北地区，合作社具有组织农户联合行动、弥补村域经济发展不足的重要优势，但是在二者的联动演进过程中，合作社与村级治理组织功能的重叠交叉，在一定程度上会模糊治理边界，引致二者陷入相处原则混沌的窘境之中。然而，在合作社的急速发展中，其与村级治理组织、村干部等农村社会政治力量的互动研究仍是较为匮乏的。在互动中的村社关系界定与发展趋势，以及有关村集体经济组织和合作社组织的价值定位及未来走向的专门探讨几乎是空白的。同时，东西部农村资源禀赋和自然条件各有不同，农村社会治理水平差异较大，相关的区域专门性研究有待补充。为此，在农村社会治理方面，深入西北地区农民合作社嵌入农村社会治理、与村两委联动治理农村社会的相关研究不但颇为必要，而且亟待加强。其三，在研究方法上，已有研究的实证检验多用在了合作社内部的结构与绩效方面，偏向于经济学理路。规范性的分析又偏向于个案文本式的文字性描述，代表性与研究范围具有一定局限性。不仅如此，目前尚缺乏对农民合作社在农村治理中的绩效评价的实证研究，尤其是社会治理方面的计量分析更是少之又少。在相关的治理研究中，如何衡量村社组织联动治理的绩效，本就是农村治理研究的一个难点。因此，我们基于研究内容与行文逻辑的考量，查阅了大量的实证分析文献，结合研究对象的特殊性，运用模糊数学评价与目标层次分析方法来说明村社的现实情况。在本书的内容安排上，作者特别单列出一个章节对村社联动治理绩效进行评价，选取了最直接的几个测量指标，设计出能够评价村社效果的调查问卷，采取实证分析方法，对调查数据进行处理，来说明村社联动治理所带来的经济效益及社会效益等实际价值，以期弥补相关成果中研究方法上的不足。

第四节　研究思路、研究方法和技术路线

一、研究思路

在西北地区经济社会发展机遇与挑战并存的背景下，本书通过西北地区合作社与村级治理组织的发展情况与互动过程，深入分析合作社嵌入农村社会治理与村社联动治理行为的内在逻辑，通过对西北地区各类治理形式进行比较选择，抽象出农民合作社与村级治理组织联动治理农村社会的行动机制，并结合西北地区客观情况提出了相应的保障体系，确保这一联动治理机制的广泛而深入的应用。至此，按照"分析西北现状，引出研究对象→把握研究重点，理清内在逻辑→对比现实形式，论证实践效果→剖析主体内容，构建核心机制→得出结论，展望未来"的写作逻辑，来完成整本书目的章节安排。具体写作思路

如下：首先，本书对研究背景、研究意义、相关文献等内容进行说明，然后对所涉及的相关概念与理论进行了总结和比较；其次，结合西北地区的经济现状，系统地分析了合作社嵌入与村社联动治理的必要性与内在逻辑，并在西北地区基本治理形式的比较与选择中，通过案例与数据来检验村社联动治理的绩效；再者，根据村社关系行为、村社联动治理农村社会的发生条件，构建出村社联动治理的动力机制及运作机制，阐明这一行为的具体过程，并对这一机制的运行提出保障措施；最后，结合西北地区发展的实际情况，对合作社嵌入与村社联动治理机制的未来形态做出基本判断。

二、研究方法

(一) 文献研究法

文献研究法是通过整理和阅读前人研究成果，了解相关研究历程，洞悉目前研究动态，把握课题走向的重要研究方法。大量的文献阅读可以使得我们洞察前人的观点与结论，让我们在进行相关研究过程中带着问题去进入研究课题，而不至于在研究中不知深浅。我们通过对国内外农民合作社、村两委、农村能人、农村治理、农村社会组织等文献的查阅，发现在农村社会治理领域中农民合作社的自治属性、农民合作社与村两委组织和村级干部联合治理相关研究才刚刚起步，仍有诸多空白需要填补。简而言之，资料查阅结果显示，农民合作社在西北地区的发展是有一定成效的，但是仍存在许多不足之处，亟待完善。许多学者在集中批判合作社的规模效应与"空壳子"现象的同时，却在一定程度上对其在农村社会治理中的社会效应有所忽略。近几年来的国家"三农"政策文件中，对于农民合作社的关注有不减反增之势，同时，政府对合作社的扶持力度较大，并逐步将其作为新时期下的重要社会组织，进而纳入农村社会治理体制创新之中。可见，农村社会组织体系的格局在新力量的不断介入下在逐步发生变化。传统的农村社会治理中，村两委一贯主政农村社会，学术界对此的专门性研究成果已经十分丰富，可谓是汗牛充栋。但是在面对农民合作社这一新兴组织的挑战时，村委力量、村级干部会如何应对，该怎样行动，农村社会利益分化会走向什么局面，农民主体地位又将会如何变化。虽然西北地区已经有部分实践成果，但是理论层面的归纳总结仍需要人们不断努力完善之。

(二) 实地调查法

实地调查法是人文社会科学中较为常用的调查方法，能够帮助收集数据，获得第一手资料，同时通过与被访者的交流，可以近距离地了解其心理状态，反证研究问题设计的合理性。此种方法既可以使得研究人员深入农村基层与调查对象进行开放式的交流，也能够让我们更加深入地了解地方文化，获得许多理性假设之外的新材料，便于有效地探知问题发生的真实情况。其中，调查主要是以发放调查问卷与深度访谈相结合的形式，调查的内容包括了与课题相关的结构化与非结构化问题。调查对象主要是当地的村委干部、农民合作社领导成员、合作社内的普通社员以及非社员农户等四类群体，通过对这四类群体的感受与问卷填写情况进行分析，来对西北地区农村社会治理状况、农民合作社与村两委联动治理情况进行总结归纳与比较分析。调查主要内容如下：村两委的治理情况，非社员农户对合作社在村内情况的感知，合作社基本信息情况，合作社对村内经济发展、村民政治成长、村内文化建设、农村社会发展的影响。其中经济发展方面分别从村集体经济、社员收入、带动农户数、农产品销售、农业服务、项目资金等方面，选取合作社与村委组织、村干部联动治理农村社会的指标；政治方面从合作社参与村内公共事务决策、村内选举以及村内纠纷处理等政治性活动方面来选取其与村级治理主体联动治理的指标；文化建设方面主要从村风改善、农民安全感认知、满意度评价、自身维权意识变化等方面选取二级指标；社会发展方面主要从农村公共物品供给情况、村内秩序维持、人员交往沟通程度变化等方面选取指标。

为了保证调研质量，在调研前、调研过程中以及调研后我们均在进行不断的信息反馈与收集确认工作。实际调研流程是：第一步，问卷的设计阶段。在收集了有关课题问卷 30 多套以后，经过他人问卷与我们研究问题的反复比较与总结，调研课题组最终设计了一套针对四类群体的问卷。在问卷设计工作完成之后，我们先从事先计划好的调研地点中选定了五处预调研地点，作为问卷初步调查的试验地。第二步，预调研与正式问卷形成阶段。结合课题的研究内容与研究问题设计，我们在预调研中进行了为期两周的问卷调查与深度访谈工作，并且将深度访谈作为重点，以更好地将研究目的与现实问题统一起来。在将新问题总结后，经过论证和修正，最后形成了正式问卷。第三步，正式调研阶段。首先，我们将调研成员分为四个小组，并对每组组长和成员提出要求，以保证问卷质量。每个示范社需要完成 1 份村干部调查问卷、1 份合作社领导人员问卷、4 份社员问卷、4 份普通农户问卷，以及 1 份社长访谈记录、1 份村干部的访谈记录和 2 份普通农户访谈记录。然后，根据调查资料收集整理分析研究情况，选定调研信息不全、具有代表性的合作社进行二次回访或致电当地合作社与村干部，以完善调研资料，保证调研数据和资料收集的真实有效性。最后，经过大约半年的时间，我们共获得社员调查问卷 3788 份、合作社领导人调查问卷 949 份、村干部调查问卷 129 份、普通农户调查问卷 516 份，以及社长访谈笔记 936 份、村两委干部访谈笔记 120 份、普通农户访谈记录 485 份。此外，还有调查地各县市农业局、农经站提供的大量统计材料。最终，我们经过甄别和对比，剔除无效问卷71份，剩余问卷有效率为98.68%。

(三) 案例研究法

案例研究法是公共部门组织研究和公共管理研究中较为常用的方法。此种方法主要是对已经发生的经典案例进行客观公正的观察，探寻其原因、背景、影响因素、结果等，不依赖于抽象推理和细节刻画，是一种理性客观的分析方法。根据调查结果，我们选取了不同地域范围内多个较具代表性的相关案例来论证农民合作社与村两委、村干部等村级力量联动治理的不同表现形式，通过治理主体之间关系分化、资源禀赋等差异，将合作社嵌入农村社会治理的行为逻辑详尽地展示出来，让读者能够身临其境，清楚地知道合作社与村级力量联动治理的始末。这样不仅能够给予读者更多的感性认识与思考空间，而且可以全面地概括农民合作社与村级组织的地位高低、治理效力等，具有普遍的适用性。

星星之火，可以燎原。事实上，能够燎原的星星之火并非来自于我们学术工作者的理论设想，也不是出自于调查数据的收集与整理，而是来源于脚踏实地的劳苦大众，也即是在农业生产一线忙碌的农民朋友们。通过与他们的深入交谈，我们更能体会到面朝黄土背朝天的不易，也更能了解其真实需求；通过与他们的相处，我们深刻地感受到农村人的勤劳朴实。在面对现实难题时，不同方法和路子的各种尝试就成了生活的必要，经过多方实践，成功的经验被保留下来，具备了后续的研究价值、再实践、再发展价值。我们很难真正地置身于当地农民的生活情境之中，只能说是深入访谈、田野调查。最真实的东西莫过于他们自己的所思所想所求，当然，田野调查也正是力求抓住研究对象最真实的东西。诸多案例的整理与分析，也让我们更加坚信：群众的首创是对现实问题的最好回应，也是我们人文社会科学最重要的研究来源。因此，群众的首创精神值得我们尊重，尤其是我们这些每天埋头于书本的理论工作者。我们的思想和结论正是来自于这些最普通最可亲的人们。

三、技术路线

图 1-1 列出了本书研究的技术路线。在研究路线的实施中，首先，本书对所涉及的国内外文献、相关概念与基础理论进行了总结与比较。其次，结合榆林市的农村发展状态，本书通过大量的文献总结与实地调查，系统地研究了农民合作社与村两委联动治理农村社会的必要性与基本模式，并对当前的治理模式进行比较和评价。最后，根据榆林农村实际情况，本书对农民合作社与村两委联动治理模式的运行加以详细论证，并从组织保障、制度保障、资金基础、人力资源、信

息平台等多个方面提出了如何保障治理模式的运行，并希望能够在相同条件和环境允许时推而广之。

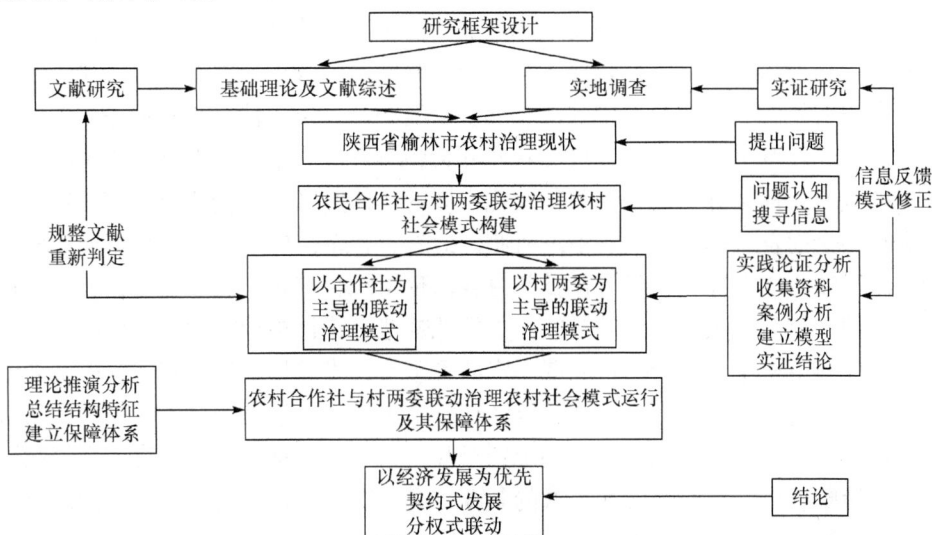

图 1-1　本书研究的技术路线

第五节　研究内容和创新之处

一、研究的重要内容

关于农村治理的研究，政治学、社会学、管理学、历史学等人文社会科学的诸多学者均有着非常理性和非常高的关注度。新时代下农民合作社以一种新的组织形式嵌入农村治理中，为农村社会发展带来巨大活力，也为相关的农村研究提供新的学术导向。本书对于西北地区合作社嵌入农村治理分析将主要从两个方面入手：一是农村治理基本形式与合作社嵌入式治理；二是村社组织联动治理机制及其保障体系。

二、研究的创新之处

(一) 研究视角创新

国内对合作社的研究虽已从合作社的经济属性跃进合作社的组织社会性，但是在探究合作社参与农村社会治理中与其他组织尤其是村两委的关系时，多是从二者关系互动的行为表象来行文，对于二者如何联动治理农村社会的一般规律总结仍是比较少的。甚至有些文献只是看到了利益分化和精英力量使得农民合作社在农村社会治理的负面效应，鲜有提及积极效果。但笔者在实际调研中亲身体验到合作社参与农村社会治理中的功能发挥对村民生活的积极影响,以及其与村两委联动治理过程中二者在共谋利益时对整个农村社会发展的带动效应也是不容忽视的。根据合作社对村域经济发展不足缺陷的弥补,笔者根据宏观体制框架提出在农村中积极探索村党支部领导、村委会主管自治、合作社帮助或主导村集体组织发展农村经济的形式,形成政治、社会、经济"三位一体"相互促进的发展思路。因此,在本书的写作中,根据农村社会整体发展的结构,综合分析不同治理主体的效能,提出分权式联动与契约化发展的具体路径,并构建出适宜于农村经济和社会全面发展的村社联动治理机制。此外,在调研的过程中,根据当地农民的实践反馈,本书提出在将合作社与村级治理组织合理定位的基础上,建立合作社党支部、村党总支等具体的措施,更好地规范合作社组织行为,减少组织间冲突。或借鉴由村集体向合作社收取一定的管理费,维护村集体的利益,以此来保障村民自治组织的合法权益,增强集体在整个农村社会治理的效力。当然,从目前的农村社会发展效果来看,这些个别经验还只是在探索阶段,具有一定的地域性与发展阶段性,还未上升为正式的制度方案。因此,这也是本书根据调研与理论探讨而得出的一个创新点。

(二) 研究内容创新

纵观近年来关于合作社的研究,可以看到合作社对农业生产效率的提高还是有一定积极意义的,尤其是在政策扶持力度大、经营完善的地区,合作社对村域经济发展的影响力作用巨大。至于农村社会治理及村级治理体系建设方面的研究,相关文献资料也是极为丰富的,尤其是农业税费制度改革后,多数学者的视角集中于村级组织权威转变研究方面。经过分析两类组织的有关研究成果,我们将目光聚焦于组织间的联动治理。一方面,随着合作社社会性功能的不断展现,农村治理多样性特征趋向日渐明显。但国内对于多中心治理理论与结构功能分析范式的应用,多局限于政府组织与非政府组织、农村公共物品供给或是社会学视野中宏观层面上的结构与功能研究。对于农村社会组织,尤其是新生的合作社组织与原有治理组织体系的互动、生发联动治理行为、社会组织演进过程机理等方面的研究屈指可数。另一方面,由于多数学者依循国外对规模经营的研究,对合作社的研究起先多集中于经济属性方面,容易忽视中国农村社会文化的独特性。本书综合考虑当前西北地区农村社会现代化与城镇化的转型背景,总结出农村社会的嵌入式治理形式,以及合作社与村级治理组织间的联合行动。同时,笔者在分析合作社功能发挥的过程中,从西北地区实际出发,对调查材料反复思考,充分考虑了乡土文化中的血缘、地缘、宗族派系、能人等对于合作社参与农村社会治理的影响。因此，从研究内容来看，不管是对村社问题的剖析还是村社实践事例的总结，均是源于西北地区农村的现实情况，具有重要的应用价值。

(三) 研究方法创新

纵观学术界对农民合作社参与农村社会治理、与村两委组织和村干部之间的互动效果的质性研究尚不多见，更不用说以数据调查去实证分析这一治理效果，而这恰恰是本研究所期望填补的。本书既使用了社会学中最常用的质性研究方法，从原始资料中得出结论，而且在对村社联动治理机制的绩效评价上，使用了模糊数学综合评价与 AHP 层次分析法两种实证分析方法，通过对统计数据的整体分析得出这一联动行为效果显著，进而说明构建合作社与村两委联动治理机制是必要的且可行的。具体做法如下：在质性研究方面，我们在深入访谈中不仅积极参与到所设问题情境中与合作社社员、村民真实相处，同时也对所观察到的社会行动的现实情况进行详细记录，最后整理出书中所描述的案例以及相关被访者的真实遭遇。在实证分析中，我们对西北地区五个省(自治区)的相关地市、县的农业局、农经站、合作社、村委组织的横截面数据进行分析，得出村社联动治理的实际情况。不管是深度访谈还是数据处理，我们都力求保证所得到的材料是最真实、最切合农村治理实际的。所以，综合质性研究方法与实证分析方法的双重运用，我们力求创新，做出了许多有益的探索，希望能够对相关研究人员有所启发。因此，这是本书的第三个创新之处。

参 考 文 献

[1] 徐勇. "根"与"飘": 城乡中国的失衡与均衡[J]. 武汉大学学报(人文科学版), 2016(4): 5-8.

[2] RICHARD J, SEXTON. The formation of cooperatives: a game-theoretic approach with implications for cooperative finance, decision making, and stability[J]. American Journal of Agricultural Economics, 1986, 86(2): 214-225.

[3] VLADISLAV V. Why are cooperatives important in agriculture? An organizational economics perceptive[J]. Journal of Institutional Economics, 2007, 3(1): 55-69.

[4] JERKER N. The nature of cooperative values and principles: Transaction cost theoretical explanations[J]. Annals of Public and Cooperative Economics, 1996, 67(4): 633-653.

[5] DONALD A F. Co-ops101: An introduction to cooperatives[J]. Washington, D. C.: USDA, ACS Cooperative Information Report, No. 55, 1997.

[6] HOLGER B. The cooperative association as a business enterprise: a study in the economics of transactions[J]. Journal of Institutional and Theoretical Economics, 1986, 142(2): 310-339.

[7] FABIO C. Advancing the theory of the cooperative organization: the cooperative as a true hybrid[J]. Annals of Public and Cooperative Economics, 2012, 83(4): 445-461.

[8] COOK M. The future of U.S. agricultural cooperatives: a neo-institutional approach[J]. American Journal of Agricultural

Economics, 1995(77): 1144-1152.

[9] 孙春, 孙婷, 孔祥智. 德国农业合作社发展历程及经验借鉴[J]. 世界农业, 2010(8): 54-58.

[10] 苑鹏. 德国最新《合作社法》的修订变化及其对我国的启示[J]. 学习与实践, 2016(7): 74-80.

[11] 逢玉静, 任大鹏. 欧美农业合作社的演进及其对我国农业合作社发展的启示[J]. 经济问题, 2005(12): 46-48.

[12] 胡伟斌, 黄祖辉, 梁巧. 合作社生命周期: 荷兰案例及其对中国的启示[J]. 农村经济, 2015(10): 117-124.

[13] 孙亮. 美国、韩国、印度的农业合作社发展研究[J]. 世界农业, 2013(2): 22-25.

[14] 王爱芝. 国外农业合作社的发展趋势及对我国的启示[J]. 开发研究, 2010(1): 96-101.

[15] 陈杉, 王平达. 美国新一代合作社对我国农民合作社发展的启示[J]. 学术交流, 2016(3): 115-122.

[16] 黄祖辉, 等. 合作社的"理想类型"及其实践逻辑[J]. 农业经济问题, 2014(10): 8-16.

[17] 徐旭初. 农民专业合作社发展辨析: 一个基于国内文献的讨论[J]. 中国农村观察, 2012(5): 2-12, 94.

[18] 苑鹏. 试论合作社与股份公司的本质区别与相互联系[J]. 农村经营管理, 2007(2): 32-34, 46.

[19] 张颖, 等. 农民专业合作社社会责任范畴及其评价[J]. 西北农林科技大学(社会科学版), 2017(2): 142-151.

[20] 黄付增. 农民合作社村庄整合的实践与反思[J]. 农业经济问题, 2014(7): 59-67.

[21] 刘晓华. 农民专业合作社与农村社会治理机制创新[D]. 桂林: 广西师范大学硕士学位论文, 2014.

[22] 任大鹏, 王敬培. 法律与政策对合作社益贫性的引导价值[J]. 中国行政管理, 2015(5): 120-124.

[23] 苑鹏. 试论合作社的本质属性及中国农民专业合作经济组织发展的基本条件[J]. 农村经营管理, 2006(8): 17-21.

[24] 梁巧. 合作社对农户生产效益和规模效率的影响[D]. 杭州: 浙江大学博士学位论文, 2010.

[25] 张学会, 王礼力. 农民专业合作社纵向一体化水平测度: 模型与实证分析[J]. 中国人口·资源与环境, 2014(6): 37-44.

[26] 蔡荣. 合作社内部交易合约安排及对农户生产行为的影响[D]. 杭州: 浙江大学博士学位论文, 2011.

[27] 黄祖辉, 徐旭初. 基于能力和关系的合作治理——对浙江省农民专业合作社治理结构的解释[J]. 浙江社会科学, 2006(1): 60-66.

[28] 朱启臻. 论农民专业合作社产生的基础和条件[J]. 华南农业大学学报(社会科学版), 2008(3): 16-19.

[29] 徐旭初, 吴彬. 减贫视阈中农村合作组织发展的益贫价值[J]. 农业经济与管理, 2012(5): 18-24.

[30] 万江红, 耿玉芳. 合作社的人际信任和系统信任研究[J]. 农业经济问题, 2015(7): 80-87.

[31] 杜赞奇. 文化、权力与国家——1900—1942 年的华北农村[M]. 南京: 江苏人民出版社, 1996: 225.

[32] 董红. 当代村民自治问题研究[D]. 杨凌: 西北农林科技大学博士学位论文, 2012.

[33] MANION M. The electoral connection in the Chinese countryside[J]. American Political Science Review, 1996, 90(4): 736-748.

[34] KEVIN J, O'BRIEN. Implementing political reform in China's villages[J]. The Australian Journal of Chinese Affairs, 1994(32): 33-59.

[35] 贺雪峰. 农村精英与中国乡村治理——评田原史起著《日本视野中的中国农村精英: 关系、团结、三农政治》[J]. 人民论坛·学术前沿, 2012(12): 90-94.

[36] 陈洪生. 村民自治: 农村两委关系的解析视角[J]. 求实, 2005(12): 99-102.

[37] 唐鸣, 张昆. 论农村村级组织负责人党政"一肩挑"[J]. 当代世界社会主义问题, 2015(1): 3-26.

[38] 董江爱. "两票制"、"两推一选"与"一肩挑"的创新性[J]. 社会主义研究, 2007(6): 73-76.

[39] 李玉华, 张国献. "四议两公开"工作法的研究谱系: 现实境遇、理论旨趣与实践创新[J]. 学习论坛, 2014(10): 27-31.

[40] 杨沛艳. 城镇化进程中的农村基层治理格局重构[J]. 贵州社会科学, 2011(7): 17-20.

[41] 徐勇, 吴记峰. 重达自治: 连结传统的尝试与困境[J]. 探索与争鸣, 2014(4): 50-53.

[42] 孙敏. 乡贤理事会的组织特征及其治理机制[J]. 湖南农业大学学报(社会科学版), 2016(6): 49-55.

[43] 赵美玲, 马明冲. 中国共产党农村基层组织发挥经济服务功能的历史考察与现实启示[J]. 学术交流, 2013(1): 42-46.

[44] 陈宇宙. 农村基层党组织角色、功能定位及其实现途径[J]. 长白学刊, 2012(2): 53-56.

[45] 王冠中. 转型期中国农村家庭功能弱化与农村基层党建创新[J]. 探索, 2006(5): 35-38.

[46] 蔡瑞林, 陈万明, 叶琳. 从农村土地确权看新时期村委会的地位和功能[J]. 经济体制改革, 2015(4): 90-95.

[47] 孔祥智, 刘同山, 郑力文. 土地流转中村委会的角色及其成因探析[J]. 东岳论丛, 2013(5): 103-108.

[48] 蔡斯敏. 乡村治理变迁下的农村社会组织功能研究[J]. 华中农业大学学报(社会科学版), 2012(3): 67-73.

[49] RHODES R A W. The new governance: governing without government[J]. Political Studies, 1996: 652-667.

[50] 徐培备. 城市社区公共环境治理困境与多元治理模式探索[D]. 上海: 华东政法大学硕士学位论文, 2014.

[51] 田培杰. 协同治理: 理论研究框架与分析模型[D]. 上海: 上海交通大学博士学位论文, 2013.

[52] 张健, 张智瀛. 网络化治理: 研究视角及进路[J]. 中国行政管理, 2014(8): 72-75.

[53] TAEHYON C. Information sharing, deliberation, and collecting decision-making: a computational model of colla-borative governance[M]. Doctoral Dissertation of University of Southern California, 2011: 4.

[54] CHRIS A, ALISON G. Collaborative governance in theory and practice[J]. Journal of Public Administration Research and Theory, 2008: 23.

[55] 饶传坤. 日本农村过疏化的动力机制、政策措施及其对我国农村建设的启示[J]. 浙江大学学报(人文社会科学版), 2007(6): 147-156.

[56] 王国华. 日本农村空心化治理特征分析[J]. 世界农业, 2015(9): 53-57.

[57] 张薇. 韩国新村运动研究[D]. 吉林大学博士学位论文, 2014.

[58] 李丽纯. 法国农村社会转型对我国社会主义新农村建设的启示[J]. 广西大学学报(哲学社会科学版), 2006(2): 19-27.

[59] 周建华, 贺正楚. 法国农村改革对我国新农村建设的启示[J]. 求索, 2007(3): 17-19.

[60] 唐珂, 刘祖云, 何艺兵. 美丽乡村国际经验及其启示[M]. 北京: 中国环境出版社, 2014: 10.

[61] 卢福营. 经济能人治村: 中国乡村政治的新模式[J]. 学术月刊, 2011(10): 23-29.

[62] 刘炳香, 韩宏亮. 能人治村: 新农村建设的战略选择[J]. 理论学刊, 2007(8): 32-34, 41.

[63] 颜德如. 以新乡贤推进当代中国乡村治理[J]. 理论探讨, 2016(1): 17-21.

[64] 胡鹏辉, 高继波. 新乡贤: 内涵、作用与偏误规避[J]. 南京农业大学学报(社会科学版), 2017(1): 20-29.

[65] 孙运宏, 宋林飞. 新型农业经营主体发展与乡村治理创新[J]. 南京社会科学, 2016(12): 59-63.

[66] 张益丰, 陈莹钰, 潘晓飞. 农民合作社功能"嵌入"与村治模式改良[J]. 西北农林科技大学(社会科学版), 2016(6): 50-58.

[67] 管珊, 万江红, 钟涨宝. 农民专业合作社的网络化治理[J]. 中国农村观察, 2015(5): 31-38.

[68] 李兵园. "村社重叠"视野下的乡村治理研究[D]. 武汉: 华中师范大学硕士学位论文, 2013.

[69] 陈琦, 何静. 专业合作社与扶贫开发行动分析[J]. 中共福建省委党校学报, 2015(3): 46-51.

[70] 张健. 农民合作组织与乡村公民社会转型[J]. 江苏社会科学, 2006(6): 81-85.

[71] 袁久和. 西部特色农业产业化背景下农民专业合作社成长研究[J]. 西藏大学学报(社会科学版), 2012(1): 47-51, 101.

[72] 韩国明, 张佩. 西北地区与东部地区农民合作社生成条件的比较分析[J]. 农村经济, 2012(5): 120-123.

[73] 张永丽. 合作与不合作的政治经济学分析[M]. 北京: 中国社会科学出版社, 2003: 24.

[74] 韩国明, 张恒铭. 农民合作社在村庄选举中的影响效力研究[J]. 中国农业大学学报(社会科学版), 2015(2): 61-72.

[75] 王进, 赵秋倩. 合作社嵌入乡村社会治理的模式与动力问题研究[J]. 理论导刊, 2016(6): 63-66.

[76] 钟守松. 行动者、利益与西北地区农民专业合作社的模式选择[D]. 兰州: 兰州大学硕士学位论文, 2012.

[77] 赵泉民, 井世洁. 合作经济组织嵌入与村庄治理结构重构[J]. 贵州社会科学, 2016(7): 137-144.

[78] 王进. 中国农村新型治理体系转型与村社一体化融合发展研究[J]. 经济学家, 2016(10): 82-88.

[79] 赵晓峰, 刘成良. 利益分化与精英参与: 转型期新型农民合作社与村两委关系研究[J]. 人文杂志, 2013(9): 113-120.

[80] 潘劲. 合作社与村两委的关系探究[J]. 中国农村观察, 2014(2): 26-39.

[81] 杨灿君. 关系运作对合作社获取外部资源的影响分析[J]. 中国农村观察, 2014(2): 9-17.

[82] 刘兆征. 农民合作社: 特点、效应、困难及对策[J]. 国家行政学院学报, 2017(1): 109-113, 129.

[83] 于金富, 王保海. 农民合作社是我国现阶段农村集体经济的崭新形式[J]. 经济纵横, 2011(10): 51-53.

[84] 郑有贵. 村社区集体经济组织是否冠名合作社[J]. 管理世界, 2003(5): 96-100.

第二章 基本概念界定和基础理论

第一节 基本概念界定

一、村社组织

中国农村历史悠久，以邻里为主的地缘和以宗族为主的亲缘促成了聚族而居的格局。从西周时期的乡里萌生到秦汉时期的乡、亭、里制度的正式确定，再到后来的保甲制、乡都制、社制、里甲制，农村社会治理制度也伴随着朝代更替不断发生变换。时至今日，我们将村作为一个基本治理单元，进而以行政村、自然村为单位来实行农村村民自治制度。其中，自然村包含自然聚落的意思，行政村则是国家行政区划中基层单位中的最低一级，设有村党支部、村民委员会等机构，来与上下管理对接。一般根据人口数量及土地面积的大小，几个自然村会组成一个行政村，或是一个自然村被划分为几个行政村。汉语中"村"的出现算是比较晚的，经查询经史子集并无"村"字。《说文解字》中写道，邨，地名[1]。其字从邑、声从屯，具有野外聚落、屯田之义。但是，论及村的历史渊源与发展历程，可谓是由来已久、错综复杂。作为自然聚落的基本组织形式，早在远古时期村落便已经出现，且分布在中国大部分地区。三皇五帝时代村落大多数是封闭型的农耕村落，发展至夏商周时期，村落多由血缘、宗族结构而联系起来，甚至形成了宗族联邦制度。因此，村落可以说是地缘关系的载体，为血缘、宗族势力的形成提供了空间条件。据史料记载，村的前身有"庐、丘、聚"多种形态，萌芽于先秦时期。"聚"之名本不多见，常与"落"字组词为"聚落"。一般意义上看，"落"泛指空间集聚地，与"聚"含义相通，"人所聚居之处即曰落"[2]。秦汉时期，乡里制度从属于郡县制度，是基层政权组织的一部分。相较于乡里制，聚落则是正式制度之外的自然居民点。发展于"聚"的村和战乱中顺时而生的"堡、垒、坞"，均不是国家行政体系的正式组织形式，而是在民间自发基础上形成的。日本考古学家那波利贞在其《坞主考》中提出"村"是山野之间的一种新居住形态，临时者是为"坞"，恒久者则为"村"[3]。魏晋南北朝时期，战乱纷争不断，百姓居无定所、人户分离，编户齐民的户籍制度已然衰败，旧有的郡县乡里无法发挥管控作用。村落逐渐取代里伍，成为乡治的基本组织形式。但是聚坞、豪族庄园形式的村与乡里制度大不相同，它们内部的社会结构与国家正式体系规定有着千差万别[4]。其中，不少名家诗句中对村也有记载，陶渊明在《桃花源记》有言，"村中闻有此人，咸来问讯"。陆游有"僵卧孤村不自哀""山重水复疑无路，柳暗花明又一村"，孟浩然有"绿树村边合"。当然，村也有俗气、村民之义，比如乡野村夫、村俗之称。应该说，村作为一个特殊概念，不同于乡、亭、里这些正式治理基本单位，但其也是一种地域组织，呈现出自发、血缘聚居的特点。在和平时期，其稳定社会的功能或许并不明显，但是在战乱中此种存在于国家正式力量之外的聚落就显得尤为重要，是百姓自发集聚的一种重要组织形式。

从整个农村社会制度发展史来看，隋唐时期是封建制度趋于成熟的重要阶段，也可以称之为社会治理结构转变的关键节点。宗族势力衰落、士族力量崛起，乡官制度转向职役制便是始于此。经历前朝几百年间的南北分裂、连年战争，隋唐一统天下，然而初建期地方积弊已深，社会治理陷入困局。有鉴于此，唐朝初期开始对各州县的治理混乱现象进行重新规划，于是"村"作为一种正式制度，成为其统治者行政整治活动中的一个重要内容。唐高祖武德七年令云：在邑居者为坊，在田野者为村[5]。此律令将坊与村进行了明确划分，并对村的制度设置正式的法律进行支持和保护。开元年间有史记载，"百户为里，五里为乡，两京及州县之郭内分为坊，郊外为村，里及坊村皆有正，以司督察。四家为邻，五邻为保，保有长，以相禁约"[6]。

村、社二字本是独立的汉字，但随着历史文化演变，我们也可以将村直接称为村社、里社。作为一个特定的词语，其主要解释有三：旧时祭祀社神的时间，村落，社会经济组织。由于历史上的村社也与农业生产活动密切相关，所以在新中国成立后村社的称呼与人民公社等生产队和生产性活动等又紧密联结在一起。具体说到村、社的丰富涵义，从村社的演变历程，再到如今农民合作社、社区等词汇，皆是一脉相承，与古代村社意蕴实为一体。在西北农村地区的调查中，部分地区仍然依照本地习俗，将自然村或村小组直接称呼为"社"，比如菜子村四社、高崖下社、二十里铺村上社等，根据当地人们的介绍，由于受人民公社、大队和生产队的影响，对于一个行政村内的村子由于分布地域的原因，他们会习惯性地将几个自然村联合称为"上社"或"下社"，或者将一个自然村内不同地方的村组称为社，这与传统村社组织的概念是十分相似的。村社理性与农业生产活动和农村生活密切相关，主要表现在单个家庭无法达成、需集结团体之力方能做成事的公共性空间，如治安、水利、道路建设等[7]。虽然村与社在字面意思上有很大不同，但是在村民眼中，村与社的表达含义几乎是一样的，只是一个称呼的改变而已。诚然，村与社可谓是不分家，但是这与本书中提到的村社还是有很大不同之处的。

当前农村社会治理已不同于新中国成立初期，经济能人、农民合作社、村两委、宗族派系、普通农民多种力量相互交织，已经形成多元化治理的格局。在本书的写作中，由于研究范围涉及有限，所以将研究重点主要放在了农民合作社与村两委、村级干部等这两个关键的村内自治组织体系身上。相比于古代依靠血缘关系或地缘关系自发而成的村社组织，合作社具有严格的规章制度，是一个按照一定的规则开展行政管理事务的正式组织。而且古代所说的村社基本上是一个整体概念，多为村落的意思，此处所说的村社联动是两个不同组织的联合，具有特定含义。关于农民合作社的说法，有合作社、农民合作经济组织等，其中我们所说的农民合作社不同于新中国成立早期的人民公社，主要是指 20 世纪 80 年代农村改革后的新型农民合作组织，其是基于农民自愿合作诉求、互惠互利原则而建立的发展农村经济的一种特殊的组织。其中，合作社主要有两个特征，一是合作特性，二是经济逐利特性。合作社根据其生产环节分为生产、流通、信用、服务合作社，根据其自身功能也可分为生产类、服务类的合作社，其中服务类合作社中比较常见的有供销社、消费社等。从综合合作社的属性特征与行为目标可以看到其最大的特点在于"服务"。2017 年中央一号文件特别指出，有条件的农村地区可以发展以合作社为主要组织形式、休闲农业为主要产业形式的农业产业，促进农村产业持续发展、农民富裕。关于村两委的说法，很显然是村党委与村委会二者的简称。其中村党委接受乡镇党委的领导，执行乡镇命令。村委会多是处理村内纠纷，维护村内自治秩序。不过在现实生活中，因为村支部与村委会在处理村内事务与执行乡镇命令时，多是合作起来共同管理本村村民，甚至在许多地方是村两委兼职或一肩挑的形式。鉴于其二者发挥效力时对普通村民而言均属正式权威，所以在谈及其与合作社之间的联动时，不对它们做过多区分。不过要特别说明的是，人民公社时期生产队并未对生产与管理职能进行明确细分，所以在改革开放后村集体经济承担着生产经济功能，但是归属于村委会的管理。故而，在书中说到村两委弱化，村委与合作社的职能交叉，以及村委与合作社联动治理领域的重叠，不仅仅是出于农民合作社作为社会组织的自治性、社会性，同时也包括经济发展特性。本应是村委来带动村内经济，但是现实中由于农村发育迟缓，这一任务并未完成。所以，不论是经济发展还是村民自治方面，农民合作社均与村两委组织存在交汇点。

农民合作社作为一种非体制性组织，虽缺乏农村社会的权威性资源，但其承担着惠农资源项目且具备村内村民的认可度，在农村资源配置与村民生活调节中具有一定的合法性地位。其出现不仅昭示着村域范围内公共空间的重建，同时打破了村两委"公权力"主导治理的结构体系。由于地域范围的相近、组织人员与当地村民的交叉，合作社内部非正式群体与村内的人际交往圈子也存在重叠。在多重因素共同作用下，从配置农村资源到参与社会公共事务治理，农民合作社经济自主权与社会治理功能都在不断扩张，是对当前农村经济发展缓慢、治理失序的一种理性回应。针对当下整个农村社会发展状况，经过一定的市场经济的洗礼与城镇化的冲刷，农村社会原有的治理结构已经发生了很大改变。村两委作为农村社会自治中最具发言权的代表人，其身份特征已经或隐或现地发生着转变，不再是掌控着整个农村社会发展权的"老大"，而是在新治理议题中开始显得疲于应对，管理权不断消解。加上农民流出数量不断增加，传统农业向现代农业转型的步伐已经跨出。那么，以规模经营为主、以市场经济为导向，致力于带动农民致富的农民合作社就成了村两委和村干部最好的合作伙伴。它们各有所求，且有合作意愿。与此同时，治理主体多元化的加强与农村社会结构的分化，无疑释放出越来越多的能动性资源，为自主性行为的发生提供了越来越广阔的场域。农民合作社作为一种嵌入农村经济社会变迁的新型组织，与根植于村庄场域内的村级力量相互作用，不仅演绎出组织之间关系行为的深层逻辑，也呈现出农村社会治理转型中村民偏好结构的差异。显而易见，农民合作社与村级治理权威组织的联动，旨在使当前西北农村回归到一个积极发展的、能够自我主导治理活动的和谐社会。

二、嵌入与嵌入式治理

嵌入原本是指一个系统与另一个系统的结合方式，或者一种事物内生于其他事物的现象，内涵较为广泛，多出现于机械设计方面。不过，伴随着人文学科的不断发展，嵌入在社会学、经济学等领域的使用也愈发频繁。从嵌入的发展过程可以看到，其从早期的关注经济体系与社会体系之间的双边联系，到组织经济行为与社会体系之间的多边关系，再到目前经济行为与社会系统的复杂交织，其理论体系已经日臻成熟。20世纪40年代，由波兰尼首次提出这一概念开始，嵌入理论便一直备受关注。从《大转型》一书中，我们可以看到嵌入的提法，主要是用于分析人类经济行为与非经济的社会关系和结构之间的互动关系[8]。其所表达的核心理念在于，经济并不是如同纯粹的经济理论所讲的那样是自足的、独立的存在，它从属于政治、宗教和社会关系等诸种社会因素之中，依赖于社会系统。随后，嵌入的提法经格兰诺维特创造性地重塑，而被称为新经济社会学的纲领性术语，将嵌入性研究推向新的阶段。他认为，尽管市场及其相关利益主体会受到社会复杂因素等的诸多影响，但仍是社会的一个组成部分，而且在市场中存在一个不会被社会因素影响的"硬核"部分，即虽然市场及相关利益主体是社会的一部分，但其内核部分运转有着固定的制度或组织的成分，不会受到社会其他因素的影响，具备部分"脱嵌"的性质。从二者概念的比较可以看出，波兰尼将嵌入理解为一种实质性嵌入，而格兰诺维特更多地把嵌入理解为形式嵌入，并且他还将这种嵌入区分为关系嵌入和结构嵌入两种形式的嵌入[9]。从组织嵌入性的角度来观察，组织行为与其所处的国家政策环境、产业发展背景、社会网络均有着密切联系，同时组织行为也与其他组织之间有着双边联系。从宏观、中观、微观的联系层次，我们可以将组织嵌入性分为环境嵌入性、组织间嵌入性以及双边嵌入性[10]。随着经济与社会发展之间的互动加深，学术界更加认识到市场及经济问题与其所处的社会结构及组织内部关系是难以脱离的，有诸多学者将嵌入这一概念延伸到企业创新、社会服务、政府管理等不同领域，分别从各个不同的学科视角来展开研究。在经济全球化的今天，资本和技术在全球范围内进行流动和配置，发展中国家的企业以嵌入的方式参与到经济全球化中，进行全球的价值分工，不仅能够降低学习、模仿和吸收发达国家先进技术的成本，更重要的一点是，通过发达国家提出的高要求和高标准能够促使自身技术水平和管理水平的提高。在政府管理方面，地方政府运用嵌入理论来对社会组织进行监管，使得对社会组织的吸纳能力、社会组织管理重点的分化、社会组织管理的制度化水平以及管理手段多元化的监管水平都有所提升。政府组织将嵌入理论用于对社会组织的管理，即重点分析国家如何运用特有的机制与策略来营造一种特有的组织环境，从而能够实现对社会组织进行嵌入性的干预和调控，相反地，这种干预和调控也会使社会组织对政府职能起到反作用，从而使社会组织与政府处于一种合作的关系状态。这种政府监管模式对于创新政府管理体制、正确处理国家与社会的关系具有重要的意义。从早先经济基础与社会的宏观抽象论述，到现今经济行为与社会组织之间的具体交互研究，可以说，嵌入为我们重新认识经济与社会关系提供了一种新的视角，使得经济与社会研究进一步深化。经济行为的发生有赖于各类资源要素、组织结构等，而组织要素的配置与社会内部的结构又紧密相关。从经济行为的具体表现我们可以看到其背后社会体系的状态；反之，从社会体系中的各类要素的配置情况也可窥探出经济行为的发展情况。

治理理论源于西方，在市场和政府不断失灵的情况下，其出现是对一切不可治理问题的理性回应。随着时代的发展，治理理论也在不断地被创新，其涵义也越来越准确。在20世纪90年代治理理论引入中国之后，就被赋予了具有中国特色的新内涵，意义也更为深远。作为一种治理方式，嵌入式治理扩展了治理理论的实践路径，有助于理论更好地应用于现实。合作社作为一个重要的社会组织，拥有具体的经营规章、运作资金及一定数量的社员，具备经济与社会二元属性。在其嵌入农村社会治理的过程中，作为一个以经济性逐利为主要目的的组织，其与村集体经济发生互动，不断影响着村庄视阈下的经济发展结构；身为一个社会性组织，其又具备一定的自治特征，会与村委会和村党支部在村内公共事务决策、村民自治纠纷处理等治理事项存有交叉之处。当其经济行为发生时，其需要村内土地进行规模化经营，需要村内人员来务工，也亟需村级治理组织给予其权威帮助来增强其合法性。那么，其经济行为就不可避免地会与原有社会体系发生有机结合，形成一种组织嵌入式的治理方式。在这个嵌入过程中，合作社作为嵌入主体，农村社会原有治理体系为嵌入客体，嵌入式为其联结方式。从其嵌入式治理的整体效应来看，合作社的嵌入带来了互惠效果与合法性效应。在自然条件影响下西北地区农业发展本就落后，加之城乡建设中农业人口大量流入城镇，使得其产业发展更加艰难。在如此处境下，合作社组织应运而生，为农村社会经济发展带来蓬勃生机。从组织生产、农业人员劳动，再到产品加工、统一销售这一连串的产业环节，其都发挥出规模效应，旨在为农业转型找寻出路。带领村庄经济进步本是原有治理组织的政治任务和职责所在，但是这一工作并未很好地完成。在合作社协助下，农村经济开始逐渐迈向进步和正规，原有治理体系的带动权威也逐步在村民心中得到认同。当然，在合作社为农村社会治理体系带来经济发展和治理能力提升的同时，村级治理体系也为合作社的嵌入提供了条件。根据西北地区的调查情况发现，合作社组织发展所需的土地和劳力资源，有六成以上需要村两委组织助力动员。同时，合作社组织在村民间树立信任和参与公共事务治理的过程中，村两委也随其嵌入过程的深入让渡一定的权力空间，使其组织功能充分发挥。综上所述，从嵌入主体、嵌入客体和嵌入效应这几个关键因子来分析，我们可以看到西北地区合作社嵌入农村社会治理的具体过程，是一种相互嵌入的双向交流过程。合作社与村级治理结构体系二者彼此之间存在一定的渗透性与反作用力，在这样的互动下，进而产生了经济、社会互构以及互惠效果。

嵌入式治理有时候难以为人通透理解，其带来的效应也只是从输入资源到产出的结果。换言之，要想弄清楚这一治理形式，我们就不能仅仅从宏观上看合作社嵌入农村社会的过程和结果，以及与其他治理主体之间的关系状态，而更应该聚焦于其嵌入过程中组织内部复杂微妙的变化情况。从不同组织之间的权力结构与互动过程来看，合作社嵌入主要内容体现在资源嵌入、结构嵌入和关系嵌入方面。资源作为一个组织发展最核心的资本，关系到组织能否生存下去。其中，经济资源是组织得以存续的来源，包括人、财、物等；社会资源则是合作社嵌入农村社中为对象所接受和认可的基础。根据其互惠效应，可以看出合作社的嵌入为村民自治注入了一定的经济资本，同时村级治理力量也回馈其部分社会资本。在资源的相互交换中，合作社与村级治理组织也在此间相互嵌入。调查实践中发现西北地区涌现出诸多"合作社+党支部""合作社+村干部"的合作治理模式，既表现出组织之间协作互补的积极效果，也可能会出现组织界限模糊、职能错位等不良现象。合作互动其实也是不同组织之间在相互博弈，从经济势力到政治权力、社会治理权力，各种社会资源在交换中便无形地改变了组织原本的位置，转换治理结构。经济组织也会在一定限度内发挥出治理效力，同时村级治理组织也会发挥出其经济功能。当然，此种结构变化也体现了一种包容性治理理念，呈现出多元主体共治的局面。再者，由于合作社成员与村民身份的重叠，使得关系嵌入成了此种嵌入式治理的一种重要表现形式。在农村社会中，人际互动所产生的文化和信任也在无形中影响着个体与组织的经济活动，使得社员行为或村民之间的交流互动发生变化，增进社员农户在农业生产中的沟通。反之，经济活动中所产生的关系也作用于原有的社会关系，社员内部也会伴随生产合作行为的增加而形成非正式关系或是利益团体。随着社会分工的不断细化，个人和组织的经济活动并非独立进行的，而是发生在农村社会网络体系之中，伴有各类交换行为的发生，此间的关系也愈益紧密缠绕起来。

事实上，嵌入并不是一种简单的联合。在合作社与村级治理组织联动治理农村社会的具体实践中，二者既不可能脱离所在的农村社会环境孤立活动，也不会缺乏双边联系，但是它们也不会完全受制于外部环境，而是在动态的社会关系结构中追求联动治理目标的达成，从而呈现出一种复杂的互动关系。综合以上不同类型的嵌入式治理方式的具体分析与实践应用，本书将嵌入式治理应用于合作社嵌入农村社会治理中，并进一步对农民合作社组织与村级组织相互合作的结构关系进行梳理，从而能够有效地解决当前农村社会中所遭遇的一些关键问题。从西北地区的诸多实践中，我们可以看到，在这片地广人稀的黄土地上，作为一种新的利益博弈主体，合作社正以嵌入的方式参与到农村的治理过程中，通过对农村经济活动的参与，进而去弥补村两委、村集体经济组织在农村经济治理方面的不足，以此来满足农民的经济利益需求，从而实现农村的有序健康与可持续发展。结合理论界的现有文献以及大量示范社和示范村的调研结果，在著作的后续写作中，不论是对嵌入式治理模式的观察与分析，还是村社联动治理机制的构建，均是以嵌入式治理为底板、以农村社会治理中各类组织与人群为主体，进而展开全书中对组织之间关系构建和联动运作的描述。

三、联动与联动治理机制

"联动"二字最早并不是出现在人文社科领域，而是来源于工业设计，本身描述的是计算机学科和数控机床方面的专业用语，多取联合行动之意。其主要说明事物运动过程中的跟进与带动关系，即一个事物变化时，与之相关联的其他事物也会跟随其变化而做出相应的反应。由于其形象生动地表达出事物之间的变化关系，因此，社科领域也开始普遍使用这一词汇，来表达出事物之间相互反应和作用的关系状态。伴随这一词汇概念外延的不断扩大，其对组织之间关系的描述极为活灵活现，于是联动与治理也开始联系起来。联动治理这一固定用语也开始在社会学、公共管理学等多学科中较为频繁地出现，如同合作治理、协同治理、网络化治理等时髦话语一般，被诸多研究人员赋予了现代化治理的新意蕴。不过，我国人文领域内对于联动治理的论述多见于城市社区治理中"三社联动"，或者是用于说明地方政府共同应对某一问题时的"府际联动治理"等。但是在农村社会治理研究中这一词汇的使用还不广泛，甚至是屈指可数的。当然，相比于城市社区自治，农村社会虽早一步实施了自治，但是其治理主体之间的关系互动仍是不协调的，组织发育还未成熟，各主体之间缺乏一定的系统关联性。所以说，在新时期，将农民合作社与村级治理组织联动起来显得十分必要。

　　人类社会治理的整体目标是由秩序、公平等多元价值取向交互组成的。然而，有效的治理形式会根据特定情境的不同及目标重要性的差异程度而有所调试。从农村社会转型中西北地区的社会发展情况来看，落后的经济状况、虚化的村级组织及衰败的传统文化限定了农村社会治理形式的变革。因此，农村社会治理更需要超越自治思维的单一性，创造适宜农村发展的治理方式，丰富农村社会治理的表现形式。实际上，联动治理衍生于治理，多体现为一种双赢的结果状态，是组织之间在资源依赖的基本前提下，根据各自的效用函数，彼此借力发力，来最大化自身效益，从而实现组织目标的一种治理方式。如今，国内外学术界对联动治理的合理性证明很多，但却很少去深入剖析其概念框架，最终的结果是，联动治理只是停滞在"理论上很美好"的一种万能药的理解层面。显然，联动治理的发生也是需要一定基础的，并不是所有的组织都会与其他组织发生联动行为，也并不是任意的组织都愿意与别的组织开启联合行动。所以说，组织之间的联动不仅要具备一定的条件，更要具备联动的意愿，也即是组织的行为不仅要与自身的资源和目标联系起来，也要考虑其他组织的情况。在农村社会治理中，农民合作社代表着经济实体利益，村两委以及其他治理力量象征着村内政治性话语权。基于治理系统中各种因素的变化，村两委在经济发展方面有很多不足之处，而合作社经济逐利属性显著；村两委拥有着村内治理权，合作社希冀村民支持。简而言之，二者各有所长，这也是二者联动治理的基础——资源之间的相互依赖。从另一方面看，合作社在长久发展中依赖于村内权威的大小，同时其如果在村内拥有一定的发言权力，也会增加其农业项目资源的获得。毫不例外的是，村两委这类治理主体也有一定理性诉求，发展经济本就是其职责所在，结果却不尽人意，但是其重获村民认可的心理意愿却是丝毫不减的。所以，此二者愿意达成一致，以他力来满足自己所愿。于是，联动治理的意愿便理所当然地形成了。西北地区的社会调查结果显示，农村社会治理中的困境恰是因为治理主体之间的联动不充足，从而导致农村资源流动性不强。反之，在村社联动治理较为成功的地方，在农村社会治理中，农民合作社与其他村级治理主体之间是一种互构博弈的状态，而非分离、互不相关的对立状态。西北农村地区的实践表明，此种联动结果不仅是经济效益的扩大，同时也使得村内社会风气随之改善。

很长时间以来，专家发言、政府文件、各种研讨会都频频使用机制一词，那么"机制"二字究竟是什么含义呢？其实，我们通常所引用的机制一般有三种含义：第一，机器的结构与工作原理，这是对客观物件的工作运行的概括；第二，有机体的构造、功能及相互关系，这是对有机系统的结构要素与功能关系的描述；第三，一些自然现象的物化规律，这是对自然现象的解释；第四，一个工作系统的组成部分及相互作用方式与过程，这是对抽象物运行的总结。经过以上概念的说明，可以看到"机制"与结构、关系、机理、过程等词眼紧密相关。然而，这些词汇均是对客观事物、组织系统等发展和运行规律的关键总结。所以说，机制这一概念使用频率较高正是因为其是事物的"重点"和"本质"。在农村社会治理中，经济、政治、社会发展是整个农村持续向前的三大关键，所以说，经济组织、政治组织和社会组织是构建农村社会三位一体的主力，其组织之间的相互作用方式与过程也就自然而然地成为了我们研究的重点。故而，在分析西北地区的农村社会治理现状、问题以及多种治理模式之后，我们对农村社会治理中农民合作社与村两委、村干部等村级组织的两大主体之间的结构与功能进行深入分析，同时，根据西北地区的发展实际，构建了村社联动治理的运行机制。在本书中，我们所谓的村社联动治理机制可以说是普遍机制的一种，也可以说是一种治理过程，与治理结构的主体和组成部分的功能密切相关，也可以理解为治理机制中不同组成部分之间的关系与作用方式和机理。

第二节　基础理论

一、治理理论

长期以来"治理"与"统治"一直交叉使用于国家公共事务的相关管理活动中，取"控制、操纵与引导"之意。自20世纪末期世界银行提出治理危机之说，治理(governance)一词便开始深受政界人士、政治学者以及其他社会学界研究者的喜爱，变得流行起来。由于其概念的提出是对"不可治理性"问题的回应，对当前社会问题的解决具有更大的适用性。因此，其发展十分迅速，相关的治理理论也包罗万象，有协商民主治理、协同治理、多中心治理、善治、自治与他治、网络化治理、合作治理等。从系统论角度看，这些理论都有着多元平等、交流互动、民主等共同的理念，表现为有别于一种传统的、开放包容的姿态。关于"农村社会治理"，大部分学者认为农村社会的活动是以"治理"为思想而开展的，应该说是对治理概念应用范围的一种扩展与延伸，也可以说农村社会治理的定义属于"属加种差"。由于村民自治早早地在农村社会开展,我国农村社会治理的土壤相对来说是比较肥沃的,具有与现代治理思想衔接的良好基础。所以,当前我国农村社会在引入治理这一概念的时候,更多地体现为对村民自治的一种修正,多主体、善治等现代治理思想进一步凸显自治思想,使得村民自治的实现路径更为具体化。农村改革近40年来,纵观整个西北地区社会结构的变迁,当前的农村社会深处于现代化力量与传统力量相互交织的大背景下,不管是治理主体趋向多元化,还是农村公共事务处理的复杂化,均与多中心治理和合作治理密切相关。因此,在本书中,尤其要提到的是多中心治理与合作治理理论。

(一) 多中心治理

作为"朝圣山学会"的重要人物之一,迈克尔·博兰尼一直崇尚自由、开放,1951年,博兰尼在其著作《自由的逻辑》中首次提出了"多中心"的概念,并以几何图形举例说明在不同顶点移动过程中负重框架的变化,进而提出多中心秩序、多中心任务等名词,开创了多中心理论研究的先河。他认为解决多中心问题是生物机体特有的能力,需要相互调整来寻找一致性,依赖任何外力的干预都是不适当的。同时,多中心秩序是依靠内力来自发形成的,个人主动性的集聚也会促进自发秩序的建立[11]。不过,"多中心"作为其自由逻辑理论的一部分内容,博兰尼更多地是运用逻辑推理与理论描述来阐述这一新名词,并未真正利用相关的实验来进行专门检验。20世纪中期,随着人们对哈丁"公地悲剧"以及奥尔森"集体行动的两难困境"的认识不断深化,众多分析家认为要么私有化,要么借助强权控制,除此以外,公共事物的良好配置别无他法。纵观诸多社会实践,自主地摆脱公共性困境、自发解决公共问题的成功事例却是普遍存在的。面对理论与社会现实的矛盾,美国的奥斯特罗姆夫妇通过对已有经典理论模型背后博弈结构的分析,通过小规模的公共池塘问题研究,从博弈论视角下提出了市场与政府之外的治理之道存在的可能性。由此,多中心概念从秩序涵义逐步扩大到经济学与社会学领域中,从一种秩序思想发展为社会治理理论。在几十年案例总结的基础上,奥斯特罗姆夫妇出版了《公共事物的治理之道》一书,提出在私有化与平均主义大锅饭式社会之外自主治理是有效的,互惠和信任行为可以减少搭便车行为,社会问题的内部化可以减少成本等观点[12]。虽有不少批评者对这一研究提出质疑,但是此理论的正式确立为传统理论的发展提供了新方向,具有重要的研究和应用价值。

传统的治理理念普遍认为单一权威的治理是高效的,早已习惯了以单中心治理的行为模式。在近几年的全球治理变革中,我们可以看到高效率并非真的让人满意,极权事件和寻租行为不断上演,传统的单中心治理模式为人们诟病。治理一词是与统治相对的,并非控制、单一权威等的代名词,而是更多地包含了协作与共治的话语成分。多中心作为社会治理的重要理念,富含自主性、多元化、合作化等行为色彩。在现代治理语境下,多中心治理可谓是既体现出合作互惠性质,又有自主自治之意。由于其对政府与市场机制治理的失败提出了挑战,将多元主体的沟通交流、信任规则、互惠行为放到更重要的位置。结合我国农村社会发展历史,自封建时期便是"皇权不下县",由乡绅士族和宗族力量来主管农村社会大部分事务。毫不夸张地说,从古至今村民之间的行为一直是依赖于农村社会中天然形成的相处原则,许多公共性难题都被自发秩序消解了。同时,在现在农村社会中,村民的惯性思维和熟人之间的交往加剧了乡里乡亲的互动,使得资源分配等公共性困局的化解很大程度上也是以内部化形式来完成。这与奥斯特罗姆夫妇社区资源实验的假设条件十分相似。根据我国农村社会治理实践,不管是村民自治中权威多样化、农村公共物品中的多元协同,还是社会治理结构的变革、治理规则的改换,整个农村社会无疑都充斥着多中心安排。在人文社科领域的研究中,多中心治理理论已被诸多学者引入"三农"发展之中,用于多元主体权力配置、农村社会组织培育、自主治理结构等具体方面,为农村基层治理问题的破解提供了新路径。

一般地讲,"多中心"对应着"单中心"。单一主体情况下,集中化程度高、政令易于统一,也很容易导致一种"致命的自负"。多中心虽然可以避免自负和极权问题,但是在多中心下,混乱也会与竞争相伴相随,稍有不慎也会导致巨大的损失。尽管多中心治理理论在公共领域的发展仍不成熟,但是其大体理论框架已经形成。在小范围的公共问题上,人们并非如同"囚徒困境"中假设的完全不交流,也不是集体行动中完全只顾自己利益的理性人角色的设定。人的社会属性决定了人们不可能完全抽身于社会公共生活之外,对身边的事物不管不问。进一步思考可以发现,天然而生的公意认识也是背离社会实践的。在价值观念的多元化和利益格局的复杂化进程中,正是存在多元混乱思想的不断碰撞和磨合,才促成人们达成共识,进而产生互惠互利的结果。但是一致的认同又不是一下子就形成的,而是需要人们不断沟通、交换意见、共同商议,最后达成一种共识性权威,也即是公共性的生产过程。当然,此种公共性生产的结果是基于自愿基础之上的,反映了人们价值认同观念的转向,培育了公共精神。就长远来看,共识权威不仅能够减少治理成本、增加收益,也能促进村民之间积极发言,形成自发稳定的公共空间。在自愿的坚实根基上,不仅经济利益可以成长为参天大树的主干,其他效益也会如同旁枝末节奋力生长、跟进上来,最终实现社会整体效益的发展。奥斯特罗姆夫妇在大量实验研究中发现,交流的增进与居住的稳定均会帮助人们建立互惠行为模式,在更好的小范围语境下做到趋利避害[12]。特别需要说明的是，多中心理论中地域上小范围的限定、集体选择制度的安排等假设，与我国农村社会治理的自治情景有很大相似之处。在地域限制与长期的交往过程中，农村社会的地缘、亲缘、宗族观念已经成为整个社会基础的骨干部分。如此之氛围，为一致的认同、非正式规范、自主治理网络的快速形成提供了温床。合作社虽与村组织治理力量存在很大异质性，但是在农村社会组织行为推动下，多样化的利益诉求跨越了组织差异，交织、融合成整个社会的利益与共同需要。村社组织的活动不仅源于自我认知，也有赖于他方组织行为的方向，在多中心思想指导下，原有村委治理的结构已经不再唯一。在多元利益主体的逐日博弈中，规则、契约、自主、合作成了农村公共事务的主要特征。在合作社的快速发展过程中，多中心治理格局在不断互动交流中趋于稳定，多中心态势也逐渐显现，例如，多样化的农业生产合作、多渠道的融资形式、多中心的公共决策机制等。书中后续章节中谈到的村社联动治理的基础条件、合作社与村力量的关系行为也正是借助多中心理论思想。此外，进一步反思此理论在可信承诺、监督体系方面的局限性，我们结合我国农村社会的实际情况，在村社联动治理保障体系中提出契约式发展、分权式监督的具体措施，来对组织之间的行为进行约束与引导，以规避多中心带来的无序和自主失败陷阱。总之，治理理论为本书中合作社与村两委、村干部共同作用于农村资源、联动治理农村社会、调整农村社会治理结构提供了全新的分析视角。

(二) 合作治理

合作治理作为公共管理现代发展的新趋势，其内含的合作思想和价值理性有着重要的应用意义，是近几十年来社会治理领域的热门话题。合作治理的出现是社会力量成长的必然结果，也是对社会自治与参与治理模式的扬弃。国外合作治理的研究始于公共服务民营化、市场与社会对权力的共享、公私合作提供公共服务等问题，国内合作治理的研究多集中于大气污染、水资源污染治理中的府际合作、政府组织与非政府组织之间的政社合作，既有公私合作，也有公与公的合作，但是其合作目的均指向公共利益和公共问题。伴随着工业化进程中社会进步的速度日益增加，而社会个体的主体性不足也在急遽的社会发展中突显出来。对于社会成员来说，在浩大的社会长河中，其行为目标的实现与任务的达成越来越多地依赖于他者的资源和行为，人们的共生和合作也在相互的不足中得到前所未有的加强。在多元并存的社会运行机制和社会构成方式中，合作是必然的行事原则。人们之间的交往行为只有在合作原则引导下才不会是矛盾和冲突的[13]。就一般的社会行为而言，其行动目标都是与其他组织相互依赖的，依靠自身的资源禀赋是难以实现其存在价值的。处于现代化与城镇化浪潮中的西北农村，在加速递增的工业社会中却呈现出不进则退的发展状态。显然，农民也不得不以合作姿态来应对大量人口入城的尴尬境况，以求公共空间萎缩和公共治理失序态势的改善。

在农业规模经营和农村社会治理转型双重并进的背景下，合作社与村级治理组织的合作治理行为不断发生。尽管现代化力量在不断冲刷农村原有的文化根基，但是在农村社会治理中，血缘、地缘、亲缘观念依然是普遍存在的。在非正式规则的浸润下，信任仍旧是人们相互沟通的重要媒介，特别是生活在同一个村子里的人们，"抬头不见低头见"的频繁互动让他们彼此熟悉得不能再熟悉了。也正是这种内生力量的天然存在，使得合作治理行为更易于发生。基于农村场域的独特优势，农民合作社与村级治理组织的合作行动从一开始就比较牢固，不仅在地理区位上相近，而且在人员配备上也存在相同之处，甚至可以说两个组织的相互信任与合作意愿是与生俱来的。基于以上的前提条件，在合作社嵌入农村社会治理的过程中，不管是组织结构、制度规则，还是个体行为对原有治理体系的负面影响、结构破坏力度都较小，显现出组织之间的合作默契。毋庸置疑，合作行为古已有之，且遍及我们生活各处。但正是这一现象的普遍性，导致我们司空见惯，往往忽略了其存在的重要性。其实，我们之所以看重合作，无非是因为其能为人类经济社会发展创造价值。但是如何才能使得这一常见的价值创造行为延续下去，就值得我们进一步深思。合作社组织与村级治理组织纷纷根植于农村社会的土壤，本身具备相通的合作基础，所以其合作行为的顺利进行具备一定的先赋资源作支撑。再者，借鉴经济学中的合作博弈的思想，我们可以更好地认识到合作治理主体的行为理性。合作博弈是一种正和博弈，双方的利益都不会受损害，也即是至少一方的利益不会减少。因而，当二者叠加或整合起来，整个社会的利益是增加的。在现实生活中，合作博弈的重点不只是合作收益的增加，而是博弈者的收益分配问题。正如合作博弈模型研究的重点内容是合作社与村级治理组织的合作是建立在二者对收益分配比例的确定都满意的基础上。在合作动机的诱导下，合作治理现象虽已发生，但是其能否持续下去的关键则在于合作剩余的分配问题。这也是我们在书中对合作社与村级治理组织可能会发生利益分化的缘由的一个考虑，所以在防止合作剩余分配模糊问题上，有必要专门对农民合作社与村级治理组织联动治理机制中的核心要素——组织做一详细分析，并且侧重在保障体系中对二者合作收益的分配进行细致说明，将经济和社会治理收益区别对待，根据合作社的经济属性及村级治理组织的社会责任对利益分配有所偏倚，以便激励其后期更好地发挥各自优势，做到合作社搞好经济、村级治理组织管好社会事务，促进不同组织功能发挥的科学合理化。

当然，在合作理念的引导下，随着合作程度的不断加深，治理主体之间不再是泾渭分明，而是呈现出相互渗透的趋势，组织之间的边界也开始变得模糊，但是模糊的边界并不代表完全失去了组织自身的特征，自身特质也可以说是彼此之分的独特性标志，并不会因为模糊的边界而消失不见。所以，无边界的组织内部分工仍是必要的。在必要的分工下，组织灵活度和柔韧度也会跟着提高，在某一较为擅长的领域中发挥作用会更大程度地降低合作成本，提高共同利益[14]。在农村社会治理中，合作社与村级治理组织的本质属性，决定了其主功能与附加功能的发挥效力是不同的，尽管在合作中二者会形成一定程度的融合，但特定分工依然是有必要的。值得说明的是，组织之间融合为一个统一的治理体系，并不代表二者是同一个治理组织，也不意味着是职能毫无区分的合作。同时，模糊的组织关系会为组织行为带来更多灵活与便利之处，但是也会带来权属划分的不当，引发村民纠纷。在西北地区的调研中"合作社+党支部""合作社+村干部"的运营模式可谓是两方面兼具，一方面能体现出基层党建和干部带动农村经济发展的优势，另一方面又表现出组织边界不清中的权责混乱。我们暂且不说合作社与党支部的矛盾，仅凭村委会与村党组织的旧有纷争，就可以看到合作治理中负面效应的危害。故而，在合作社与村级治理组织的联动治理过程中，在汲取合作思想的精华基础上，也要注意避免可能会出现的问题。

二、社会资本理论

社会资本(social capital)，融社会学与经济学理念于一体，是 20 世纪 70 年代后期发展起来的一个重要概念，其与人力资本和物质资本相对照，建立在社会网络基础之上，属资本的一种。早期马克思曾在资本论中对资本进行了界定，并提出资本本质上是人与人之间关系的反映，具有价值增殖特性[15]。具体到社会资本，其价值主要体现为社会结构中的诸多资源对人们活动的提升、非正式规范与关系对人们行为的影响。由于不同研究人员对社会资本概念的认知不同，致使在社会资本的具体研究取向和研究方法方面差异较大。根据社会资本的本质，可以将社会资本分为结构资源说、网络关系说、主体能力说、社会信任说、文化规范说和要素综合说等六种社会资本学说，其中结构资源是指附着于社会结构中的资源，主要代表人物有社会学家布迪厄；网络关系说是社会资源等同于社会网络，不过许多学者认为社会网络只是社会资本的一部分，随着关系网络研究的精细化，此方面研究日渐式微；主体能力说更多地关注点在于行动者获取资源的能力，在某些时候混淆了社会资本的个体和群体性；社会信任说是将信任当作最重要的要素来说明社会资本的本质；文化规范说是将社会资本归纳为促使人们合作的主观规范或文化秩序；要素综合说是对信任、规范、能力、关系等多种要素的综合，是将社会资本的本质做一个统一的概括性总结[16]。同时，研究视野的差异也会使人们对社会资本的内容有迥然不同的认识。从群体与个体区别，可以将社会资本分为个体运用社会资本获取收益与群体社会资本的再生产，显然，对社会资本的研究也可以从其涵盖的内容类别，将其分为微观、中观与宏观层次[17]。从分析范式上看，相关研究人员提出了测量分析范式、行动嵌入分析范式、结构分析范式、功能分析范式来对社会资本的具体应用加以说明，拓展了社会资本的研究方向[18]。援引诸多相关文献我们可以发现，正是因为社会资本理论的包罗万象、有待商榷，才保持其理论魅力不减，在丰富了人们对其内涵认识的同时，更增加了诸多学者对其理论深度的纵向延伸。

社会资本理论本是应对西方市民社会消极效应而出现的一种理论思潮，强调社会关系网络、价值规范和人的社会性，来消弭现实情况与理论层面之间的差距。从大范围来看，社会资本使得人们感觉自己属于一个更加广泛的社群，培养了交际，增加影响，一定意义上实现了其组织目标[19]。抛开各类定义不论，在不同学者的辩论中，我们可以感受到社会资本理论在社会学研究中正在以空前的影响力占据主导地位，进而言之，概念差异的背后蕴含着此理论体系的生命力。自其兴起至今，不管是从理论上的逻辑自洽性，还是实践中的具体适用性来说，社会资本理论对中国农村社会情景的话语权，伴随着相关研究的深入在不断扩大。中国传统文化自古讲求个人对群体的服从、社会利益的优先、人际关系、非正式规范等，这些都与社会资本理论的解释有不谋而合之处[20]。同时，社会关系在资源配置和社会共同体构建中均发挥着重要功能，是研究农村社会治理不可或缺的一部分。社会资本虽然具备了资本属性，重视理性选择的意义，但是在具体现实情况中也会对传统理性做出必要改良，比如，科尔曼在《社会理论的基础》一书中主张在理性选择视角下修正完全理性人的假设，彰显个体的社会性，同样地，奥斯特罗姆主张非正式规则对于合作行为、集体困境化解的正向作用不容置疑[21]，有利于社会行动者的资源往往镶嵌于具体事务人际和社会规范之中。同时，在社会场域中关系互动与社会结构网络化作为社会资本的表现形式，使得场域能动性和过程性色彩十足，有助于组织个人更有效地配置资源，提升效率[22]。在社会组织的发展中，从传统的理性人前提设定到更多关注人的属性，这不仅是实践问题对理论层次提升的必然要求，更是理论解释对现实问题的有力回馈，增进了理论与现实的统一性。当前西北地区农村社会在城镇化转型与现代化袭来的双重背景下以弱势姿态曲折前进，面对众多人员流出和公共秩序虚无的困境，其仍然在与转型发展所带来的困境不断博弈，争取实现基层社会的有效治理。因此，结合我国具体实践，在摒弃或防止了西方限制性条件的约束后，应该充分挖掘社会资本理论在关系、资源、信任、规范等方面的解释力，引导此种资本正确发展，激发其在社会治理中的巨大潜力，为农村社会结构调整发挥积极作用。与此同时，在农村社会组织的培育中，也要注重社会资本中软性变量对于组织结构和组织嵌入农村社会的适应性的作用，凭借乡土社会这一肥沃土壤的历史文化优势，运用熟人社会的相处规则来增强社会自主治理能力，充分将社会资本理论与农村社会治理现代化建设的宏伟蓝图联系起来。

农民合作社作为新型农业经营主体系统中的特殊存在，有着组织化和互助性的本质特征，从其嵌入农村社会治理的过程来看，实质上是合作社的结构资源、关系网络与原有农村社会资源、关系之间的互嵌。在不同的社会组织网络关系变化中，西北农村地区社会实践中出现了多种嵌入式治理的模式，但是由于缺乏内在基础，适应性不够，持续力不强，很多都失败了。不过根据调查可以看到，合作社与村两委的"亲和力"，使得合作社作为一种重要因子，在农村社会治理中尤为显眼。或者不如说，合作社组织之所以使得当前农村社会治理有所改善，恰恰是因为其也是社会关系的集合体，不仅与村级治理主体具备的外在资本保有一致性，而且二者的内在基础均根源于农村社会结构、资源要素、关系网络等。这些社会资本也是农村社会处于失衡状态时刻能够维持良好社会秩序的深层要素与根基所在。在村社联动治理农村社会的过程中，不仅农村经济在资源交换中得到发展，同时在组织关系网络的构建中，农民的心理感受也发生了很大改变，犹如失去根基的"浮萍"再次感受到集体力量的安全感。显而易见，社会资本不仅表现在个人和组织之间相互联系的广度上，而且也体现为不同类型关系之间的延展与稳定。在看到社会资本对于农村社会利益结构共同体的积极影响的同时，我们也要看清资本的适用性，以规避社会资本被不良运用的恶性循环现象的发生。那么，在农村社会转型中，我们就要在传统血缘基础上，转变地域利益的保护观念，来发展农业规模经济，摒弃旧文化中的不恰当因素，削减宗族和家庭力量对农村社会的过度控制，将不同社会组织之间的发展定位于契约式和分权式的一种现代意义上的社会资本。在此书的第五章西北地区农村治理的基本形式和有效模式中，论及合作社的嵌入，笔者主要是从结构资源和网络关系方面来说明合作社组织是如何嵌入农村社会治理的，并通过调研中的典型案例，来说明实际生活中合作社嵌入农村治理的具体做法、最终效果以及启示。第七章中关于村社关系类型的探讨也是基于合作社与村两委、村干部等村级力量之间的同源基础，来比较二者因发展所需和资源禀赋差异而产生的强弱关系行为，进而明晰村社联动治理的行为逻辑。同时，在合作社与村级力量联动治理农村社会的生发条件及资源转移的链条中，社会资本对二者联合行动的内在影响极为深刻。此外，后续章节中的村社联动治理机制的保障体系、发展趋势与展望部分，也充分肯定了社会资本对于村社联动治理机制未来发展的重要意义。

三、结构功能理论

在农村社会治理方面，国内外学者比较喜欢借用经济分析、新制度主义分析以及"国家—社会"二元互动分析的研究路径。这些分析方法为我们深入了解农村社会的经济、制度、文化提供了新的研究视角，但在专门分析事物某一方面的时候，难免具有一定的局限性，容易犯"只见树木，不见森林"的弊病。所以，本书在借鉴相关文献研究成果的同时，重点从整个社会系统的研究视角出发，来全面分析农村社会治理机制，既从一定程度上包括了农村文化、制度等关键要素，也从社会发展全局分析了各要素彼此之间的联系。在我国的农村社会研究中，我们能够找寻到许多有关结构功能理论的具体应用。著名的社会学家费孝通先生在早期著述中就较多地使用了结构功能主义的分析方法。他曾师从马林诺夫斯基，系统地学习了功能主义理论，并对《花摇篮社会组织》与《江村经济》进行比较，来探讨社会组织和家庭功能的重要作用。在英国留学期间，其又深受布朗的结构功能主义影响，反思其导师的功能论、生物需要等观点，将社会看成一个独立的实体，创作了《禄村农田》《生育制度》等代表作，既分析了分工合作体系，又提出"社会继替"的新陈代谢机制[23]。虽然他身处战乱不断、社会结构严重失调的乱世，但是其学术研究思想却与当前转型期农村社会发展中所提出的诉求不谋而合，仍适用于如今失序的农村社会。就目前西北地区的发展现状来看，农村社会权威空心、人才空心、合作空心加重，如此的村社空心化现象，其根源在于结构与功能转变中不适应所引发的农村整体运转错乱的一种失序状态[24]。要想解决当前的失序困境，那么就需要我们从根源上来找寻出路。在农村社会治理现代化背景下，宏观稳定的社会秩序可谓是保障农村社会治理体系顺畅运行的基石。在治理结构与主体功能互适性的调整过程中，结构与功能的一致不仅能够调和那些表面上不相容、对立的利益冲突，也可以帮助控制转型中那些隐秘的随机现象出现的概率大小，减少不必要行动的多重选择性，促进现代公共秩序的建立。

"二战"后至 20 世纪 60 年代，结构功能理论一度成为社会科学中的主流共识，引领着整个社会学领域，甚至是整个时代的思潮发展。但是今天，结构和功能已经被泛化使用，概念内涵也变得有些混乱。人们会用制度、整合、社会系统等相似术语来表征社会结构，也会用目的、结果、效用来说明功能的涵义。其中，功能主义的广泛应用可以追溯到 19 世纪，著名的生物学家达尔文借鉴相关知识来解释生物学中的物种进化，推动了生物学的空前发展。随着社会学的不断发展，早期思想家孔德、斯宾塞通过引申生物科学中功能的概念，对比分析人类社会与生命有机体的相似之处，将功能主义引入社会学领域。孔德认为社会是有规律的结构，与生物体有很大相似性，并用人体的细胞、组织、器官来说明社会中的要素、种族、城市和社区，运用有机体来说明社会组成中的关系状态。随后，斯宾塞沿着其研究方向进行了更细致的分析，并在区分结构与功能的基础上，引入需求这一概念，来解释各种组织存在的原因。涂尔干作为其后的研究者，将结构—功能观念发挥得更加彻底，不仅强调人的思想结构与社会结构的关系，而且在关于分工的研究中，将社会结构划分为低度分工与高度分工。同时，其还将对社会结构的分析当作一切社会现象的出发点，提升了结构研究的地位，开拓了结构功能研究的各个方面[25]。此后，帕森斯对结构功能理论做出系统研究，并将其发展成为一种庞大的理论体系，旨在解释一切人类行动。在前人各种社会理论的影响下，其致力于将不同的思想流派融合为一个系统有序、恢弘的理论体系，不只是去解释他们各自所处时代的社会现象，而是能够为社会发展和人类行动作出具体贡献。其理论曾一度开启了帕森斯时代，在社会科学领域中占据主导地位。在《社会行动的结构》一书中，我们也能看到其对涂尔干等人的理论进行整合与总结，从中找出不同理论研究的内在联系。他也在序言中指出，"不同的思想家在不同时期不同领域对这个单一又自成体系的理论做出贡献" [26]，这些分散的理论虽然方法论起点不同，表面看是杂乱无序的，实则都是趋向自主意志的行动理论。在具体的行动中，都包含行动者、行动目的和行动情景。同时，单位行动也正是在目的、手段、条件等要素中达成的。20 世纪 40 年代其正式提出结构功能主义的分析方法，主要包括社会行动论、宏观功能论、一般系统论。其认为，社会系统是一个互动过程，行动者之间的关系结构就是社会结构的一种。社会系统为保持其持续发展，必须具备 AGIL 功能，也即是适应、目标、整合、潜在模式维护，并且这四种功能又与经济系统、政治系统、社会系统、文化系统相对应起来。这一宏大理论体系的建立，不但是对早期社会学家研究的超越，同时也为社会学的后续发展奠定了新的理论基础。

在帕森斯的宏观理论风靡一时之后，西方社会学界逐渐开始显现出批判声音，对帕森斯的假设与古典社会学界定提出质疑，也即是进入反帕森斯时代。在批判基础上，将结构功能主义得以修正发展的莫过于政治学家默顿等人。通过对帕森斯的抽象化倾向的批判，其提出了更具实践意义的中层理论，进一步完善了帕森斯的结构功能主义的社会学方法，并建立起经验功能主义。随后，其结合社会发展背景提出了负功能、替代功能、显功能、隐功能等概念，着重从方法层次对功能进行分析，进一步扩展了结构功能主义的理论范围，使其更具经验性，变得更加实用[27]。在整合了帕森斯与反帕森斯思想潮流的观点之后，安东尼·吉登斯开始对社会学研究方法进行重建，并在反思涂尔干、马克思等经典社会学家思想的基础上，又进一步发展了结构功能的相关理论，提出了富有创见的结构理论。这一理论尝试超越西方社会学历史中宏微观、主客观二元对立的思维方式，试图打破帕森斯、默顿等人的功能主义神话，在主要探讨个人与社会的关系的基础上来把握真实的社会结构，寻求二元对立的统一[28]。安东尼·吉登斯的代表作《社会的构成》一书大量引用了社会互动及场景理论，而非帕森斯的宏观理论。其认为运用社会互动理论更能揭示出个人与社会的关系，在社会的结构化过程中，人具有能动性但也深受客观场景的约束，也可以说，人们在制约中创造了一个制约自己的世界，也可称其为著名的"结构二重性"[29]。在个体的行动中，个体的理性化会与社会系统的特征发生相互作用，这包含着一种自觉意识，同时这种自觉意识又会受到系统内诸多因素的影响，进而形成一种个人与社会的反馈式联系。在谈及结构化的连续性时，其特别注意到了自主能力所带来的无意识后果。在稳定与变迁中行动者是既定规则的生产者，同时又在这一规则下再进行其自身的实践活动。这时，行动者是意识清晰的，其知晓自己的所作所为，但是与其行为相伴的是，有很多未知的事情是难以预料的，那便是其行动的限制与行为后果将是怎样的，而这个不知晓也会影响到整个的发展过程[30]。当然，在有关自主行为与无意结果、连续的插曲与插曲的连续论述中，我们也能看到社会历程发展中的内在缘由。同时，其还以权力将"能动"与"结构"联系起来，用社会结构意指社会再生产过程中的规则与资源，以"结构化"来说明规则与资源在日常生活惯例中是如何交织地将社会整合起来，并将资源分为配置性资源和权威性资源，来说明人与物、人与人向度的不同。这些都为我们理解社会变迁与结构调整提供了强有力的理论支撑。

　　"结构"与"功能"，两个普遍存在于我们的认知世界的惯用词汇，看似平常但是内涵却极为丰富。虽然在近期的社会学领域内结构功能理论的发展势头有所减缓，但是其对于当前农村社会治理的适用性仍是存在的，尤其是在农村社会变迁和结构转型方面，具有很大的扩展空间。帕森斯的结构功能理论，可以说为我们了解社会中的诸多问题提供了一个系统的理论框架，可以用来解释社会转型和社会情境，帮助我们了解当前社会现象和社会治理秩序变化的内在逻辑。在社会发展历史中，结构的调整不仅是社会系统根源性改变，而且往往是变革整个社会的巨大力量。我们在观察浅层次变化的同时，也要去洞悉其背后的原因，在明确了结构调整与功能变化的张力之后，治理目标会变得更加明确。作为一个均衡有序的社会系统，其内部的组成要素结合是有机搭配地来发挥着各自的功能。但是，一旦当社会系统的结构被打破，其内部组成部分的功能也会相应地跟着变化。置身于当前西北地区的大环境下来看其农村社会治理问题，当前的村级治理组织能力弱化、合作社组织嵌入社会治理体系的一连串现象，无不昭示着社会结构的失调和社会治理组织功能转型有着密切关系。事实上，社会主体的行动作为结构与功能的一个中介，在治理主体的行为实践中，治理结构与组织功能表现出内在统一的特征。此外，默顿的结构功能论也曾专门对社会变迁中的社会冲突与偏差行为进行过分析，试图从社会结构上寻找冲突的根源。其认为，结构的消除与功能替代是一致的，现存结构消除中原有的组织功能不能为新替换结构中的新组织功能所实现都是失败的。面对城镇化洗礼带来的农村结构的变化，社会组织的自我涅槃也是为了使紊乱结构回位；反之，社会治理结构的调整也是对社会治理主体功能失调的一种积极回应。

从安东尼·吉登斯结构化理论中的资源和规则的论述中我们也能看到，农民合作社与村级治理组织之间的资源享有权不同，一个具备较多资金、农技、社会服务等配置性资源，一个具备较多的人际网络、活动协调等权威性资源，它们之间的资源差异势必导致二者在具体行动中行为导向的不同。那么，在此种差异中，就表现出不同类型的强弱关系、村社互动、不同阶段的村社分歧与资源诉求。再者，安东尼·吉登斯的结构化理论致力于为个体行动与社会制约之间不可调和的矛盾找寻出路。深入观察当前西北地区农村社会的结构形成与发展轨迹，我们也能感受到，其并不是一个缺乏主体主义、预先给定的客体世界，而是城乡发展进程中现代化与城镇化意外创造的后果。在这一意料之外的后果为前提的条件下，我们进入下一个行动阶段。按照其对个体主动性的引入，我们完全可以通过治理主体的能动性反应来改变这一意外后果，使其在意外插曲之后继续走向正规道路。正如现在农业经营规模化和农村发展组织化的趋势均是意外后果下主体的再生产和再实践。但是在说到具体应对路径之时，韦伯认为由于现代理性原则中人的物化、人性的萎缩和自由的丧失，所以在行动后果应对中应该强化"责任伦理"和"心志伦理"，以道德标准来衡量行动意图与动机。然而，安东尼·吉登斯认为，这种意外后果的出现是一种不合人意的效应，是人的理性有限所致，因此应该提高风险意识和对理性行为的弥补[31]。纵观转型期我国整个社会的发展过程，西北地区农村社会发展的滞后与凋敝虽有个体理性的影响，但是在国家全面发展规划的客观条件下，这种现象的出现又表现为一种无意识活动的结果。诚然，结构化理论有很多缺陷之处，其理论解释力仍有待提高，但是作为对帕森斯、默顿功能主义模式的修正，其强调了个体行动的重要性，将个人理性与宏观结构联系起来，以新的视角来看待社会变迁的出现，这些都为我们改善当前西北地区农村经济、社会和文化结构状况提供了新思考。

现代农村社会治理模式中，合作社嵌入式治理具有发展的多阶段性和有条件的差异性，我们不能因某些典型分析就遮蔽了村社联动治理的真实面貌。在承认了治理模式差异性和层次性之后，我们通过对普遍问题的把握，从治理结构与功能这一关键点出发，进而总结出村社联动治理的发展规律，使得村社联动治理机制阐释更加一般化和宏观化，进而形成无法逾越的鸿沟。如果结构与功能不对称，那么在它们的相互对抗中，无法逾越的鸿沟与组织功能便没有整合的可能性。在现实的研究中，我们可以看到，社会治理结构与治理主体功能二者之间的内在深度有着较强的关联性。当结构与功能不相适应时，会表现出社会结构的滞后性；同样地，当治理主体功能不满足社会发展需要时，就会出现主体行为错乱的现象。随着农村社会发展诉求的复杂多变，功能需求对于治理结构的形塑也在不断深入。根据"结构—功能"互适性理论，转型社会的混乱与失序正是因为当前农村社会系统主体的失位与错位难以满足社会发展的新功能，所以，极为需要新的主体来代替错位主体的功能，或者是弥补失位主体的缺陷。在本书中，结构功能理论不仅为整本书的写作思路提供了很好的思想指导，也为分析合作社嵌入农村社会治理的内在逻辑、村社联动治理机制的构建提供了理论范式。在农民合作社与村级治理组织联动治理机制的运行过程中，通过对治理结构和主体功能在不同时段的对照，可以看到，两者是贯穿于整个机制运行始末的关键内容，所以，怎么定位治理结构与主体功能是理清整个机制的关键。只有清楚了各主体在社会系统中的结构位置、明晰主体功能所在，才会出现各要素搭配完美、各主体和谐发展的稳定状态，进而由失序走向有序，由危机走向可持续发展。

"结构影响功能，功能影响结构"[32]。农村社会的结构变迁表明，组织功能动态适应的实现是一个亟待解决的难题。根据调研事实可以看到，农民合作社的多重属性在农村社会治理中具体表现为其与村级治理组织在经济事务和社会事务多领域的作用交叉。此种交叉或是出于村两委和村干部支持合作社发展的初衷，亦或是因为合作社为了攫取更多资源，而不断加深其在农村社会的影响，将势力发展到整个农村社会的各个方面。根据西北地区一些地方的创新实践，按照治理结构与主体功能互适的一般规律，村社之间应该发展为一种具备可实践意义的新型治理体系，即是在党组织领导框架下的村委会主管村民自治工作、合作社或以一种新型经济组织形态来承担经济发展责任。此种治理结构与组织之间的功能一一对应，不仅是农村经济组织功能、政治组织功能、社会组织功能发挥的一种具体表现形式，而且与当前西北农村社会结构和组织发展现状十分契合。实质而论，当前农村社会的治理机制创新就是要在保障农民利益、实现农村全面发展的基础上，调整农村社会结构系统，重塑农村组织功能，解决社会结构与组织功能的张力问题，从而实现农村社会秩序的维护、各主体协调发展。基于以上分析，此书中所构建的西北地区村社联动治理机制正是当前农村社会治理机制创新的一种，我们说其创新，也正是因其实现了结构—功能的互适，是一种具体的现实操作路径。在这种具体路径的应用中，我们看到西北地区农村社会经济的规模化发展，也看到分散农户走向联合、农村基层组织功能得以完善等欣欣向荣的景象，这些均是农村治理主体结构调整变化的结果，也是结构—功能相互调适的成功实践。

四、集体行动理论

集体行动是研究社会变迁和组织行为的一个重要话题，凡是涉及群体行为的现象几乎都离不开集体行动这一范畴，毫不夸张地说，有群体或集体的地方就会有集体行动。集体行动现象的存在可以追溯至原始社会时期，但是目前对集体行动的认识最具代表性、最深刻的莫过于经济学家曼瑟尔·奥尔森。20世纪70年代《集体行动的逻辑》一书的正式出版，为公共选择理论的发展奠定了基础，其以理性人假设作为集体行动研究的逻辑起点，运用成本—收益分析方法来科学地分析了一个集体中存在的利益矛盾，深入分析了在集体行动中"搭便车"现象产生的原因是如何导致集体行动的困境的。我们知道，亚当·斯密在其经济人假设中把每一个个体都视为"经济人"来对待，认为他们是自利的，他们的行为都是为了追求自身利益的最大化。而在团体活动中，为了自身利益的实现，每一个个体都为此做出努力来促进共同利益的达成。与斯密所不同的是，奥尔森认为，理性人不仅自利，在小团体中其行为还具有一定的凝聚力，特别是在小集团中更容易达成集体的一致。他假设集体中的理性人处于一种强理性的状态，因为他们拥有充分的信息能够进行成本—收益分析，通过将自己的行动与所获得的收益进行对比分析，来做出相应的行为调整。当个体所获得的最大利益没有遭到损失时，在某些方面可能会做出利他的行为。在集体行动理论中，奥尔森将集团中的集体行动作为研究对象，通过对集团中理性成员追求共同利益的行动进行分析，他认为，集团所要达到的共同利益并不能促使理性的成员做出一致的行为，而且理性的成员在集体行动中也并非全部都能实现自身利益的最大化。由于在集团中作为共同利益的集团利益是一种公共产品（我们知道，公共产品具有一定的非竞争性和非排他性的特点），因此，集团中的任何个体消费这种公共物品时并不会对其他个体的消费构成相应的威胁。正是由于公共物品的非排他性的特点，使得一些不自愿付费的个体也可以享受到公共产品，这就产生了"搭便车"现象。此外，个体在参与集体行动的过程中是由自身负担参与成本的，根据成本—收益的理性分析，最终从集体利益中所获取的个体利益与所承担的成本不一致，面对这种全员共享的利益和个体承担成本的局面，必然会在某种程度上加剧理性个体做出非理性行为，即对集体利益无偿瓜分，最终导致集体行动的困境。

要解决这种集体行动的困境，奥尔森认为，首先就要解决集团规模的问题。他曾鲜明地指出，除非集团中人数很少，或者存在强制性或其他某些特殊手段使个人按照他们自身共同的利益行事，否则有理性的个人不会采取行动以实现他们共同的或集团的利益[33]。为此，他将集团分为小规模集团和大规模集团，不论理性的个体成员处于哪一种集团中，都会理性地进行个体的成本—收益分析来确定自己的行为结果，由此而知，在进行成本—收益分析时，会存在一个衡量个体行为的值，即集体利益是否与个体收益趋于平衡，若二者不平衡，就会形成集体行动的困境。他认为，小集团会比大集团更好地获取集团利益，消除集体行动的困境。因为小集团人数少，文化认同度高，不易产生搭便车现象，而且个体所付出的成本低于集体行动的总收益，这就在某种程度上减少了集体行动的阻碍。其次，对于大集团中搭便车现象引起的集体行动困境，奥尔森认为可以通过选择性激励的方式来解决。选择性激励是通过外力来发生作用的机制，既包含正激励也包含负激励，既存在经济激励又存在社会激励。奥尔森的相关研究更加注重经济激励的作用，在他将工会作为研究对象的过程中，认为可以通过为工会工人提供福利、保险、介绍工作、提供私人物品、保护工人免受企业主侵犯等来实施正面手段、达到正面激励的作用，当然，负面激励手段如"纠察队收费"强制会导致个体利益受损，减损工人的积极性[34]。在集体行动中，社会激励在某种程度上会比经济激励具有更好的效果。人作为一个复杂的个体，在社会网络体系中并不是孤立存在的，具有相应的社会属性、社会价值和社会责任感，是一个有情感和心理需求的社会人，并不仅仅是一个只追求经济需求的理性个体。正如马斯洛需求层次理论所言，人不仅注重基本的生存需求，当生存需求获得满足之后，就会追求更高层级的社会价值。因此，在将个体成员看成一个理性人追求经济利益的同时，我们也不应该忘记个体所具有的社会人的属性，这种属性会促使个体在追求经济利益的同时，也会考虑自身的社会价值需求，这正是社会激励作用对于解决集体行动困境好于经济激励的价值所在。

随着社会经济的发展与国家文明程度的不断提高，集体行动理论不仅在经济学领域得以发展，而且也广泛延伸到了社会的其他领域。在农村公共产品供给和公共事务处理中，村庄的规模、村庄密度、宗族结构分别与农村参与公共产品供给呈现负影响、正影响、影响不显著的状况[35]。这也说明了在集体行动作用下，团体组织的小规模、村庄集聚度高对农村发展具有一定的积极作用。当前在农村社会中出现的"微自治"现象，也说明自治单元小、文化认同度高的农村社会与集体行动理论较为契合，易于形成利益联结紧密的微自治治理模式，以实现自治的有效性[36]。伴随集体行动理论研究不断深入，也有学者提出了意识形态理论、社会资本理论等来反驳奥尔森的理性选择理论。其中意识形态理论对理性人假设提出挑战，认为道德因素和家庭教育灌输的价值观念会限制人们的搭便车行为，而且现实中的确有些集团通过社会习俗和道德规劝获得了成功。社会资本理论则是借助制度分析，认为社会交换博弈和社会联系都会促成合作性规范，使集体困境迎刃而解[37]。综合以上不同视角对集体行动理论的运用，本书将集体行动理论应用于农民合作社与村两委、村干部等联动治理农村社会问题中，旨在探索一种新的村社治理方式。农民合作社作为农村社会治理中新的利益博弈主体，是农村劳动者实现共同目标的利益联合形式，对农村社会的经济发展具有不可替代的推动作用。合作社能够使村民以社员身份参与本村的经济建设，从而形成一定的群体合作规模，使得社员致力于实现经济发展的共同利益，进而达致自身利益。这种群体规模的形成有助于促使达成规模经济，从而实现农村社会经济的可持续健康发展，解决农村社会治理中的经济难题。农民合作社作为一种利益性群体组织，虽可以在熟人思想的作用下减少一部分"搭便车"的成本，促进相互监督，但其内部仍面临着集体行动的困境，"大农吃小农""农民集体违约"的事件也在现实中不断上演，甚至这些问题直接导致了农民联合的失败。所以，运用集体行动理论的同时，我们更应该认识到其在农民合作社参与社会治理中的两面性，应该说，自发于民间的社会性组织更利于激发农民合作的意愿，也会使得农村社会中的分散化局面有所改观，有助于农村社会中集体观念的培养。当然，从另一方面来思考，集体行动困境遍布于各种联合性组织中，更深深存在于农民合作社与其他组织的联动治理中。

其实，集体自身主体性与个人自身主体性的意义仍是不同的，分析个人自身主体性传动到集体自身主体性结果的同时，也要考虑整个集体自身的主体性。合作社与村级治理组织均是由当地村民组成的团体组织，在合作社内部社员有着自身理性，当然社员的理性并不代表合作社组织的集体理性；反观之，村级治理组织是当地村民的利益代表，不可避免的是村干部有着自身利益的考虑，村民有着自己的行动理性，这种多重理性也不同于村级治理组织体系的整体理性。显而易见，各类理性复杂交织，我们很难甄别出究竟哪种理性代表着整个农村社会发展的综合理性。但是，当我们跳出各自组织的立场来深入思考时，可以得出，西北地区农村社会发展的理性在不同利益团体和个人的得失交汇中，表现为经济发展和农村社会善治的目标理性。在集体行动理论思想的运用中，在认识到合作社与村级组织自身内部集体行动难题的同时，本书也对不同组织联合之间的内外困境进行分析，并以村社关系和村社联合为村社联动治理机制的核心，进行村社联动治理机制的设计。特别是在第八章的村社联动治理机制中，专门对村社组织的运转规则作出界限划分，明确其各自职责所在，防止村社联动中利益团体"搭便车"行为的频发，同时也根据组织的联动规模发展提出一定的激励约束措施，来确保合作效益的增加。同时，在第七章的村社联动治理机制构建中，我们借鉴奥尔森利益排他性集团与利益相容性集团的概念，假如将合作社与村级治理组织分别作为一个个体变量来看，那么，二者之间的联合可以看作是两个个体联合成为一个组织的合作行为。在他们两个的联合中也会出现村社组织的利益排他或是利益相容的阶段。根据二者联动的逻辑起点，我们可以看到，当二者处于联合初期，由于各方起点并不是已经达到一定的高度，那么二者希望规模越大越好，希望有更多的主体可以参与进来一起壮大村域经济，把蛋糕做大，进而增加整个农村社会经济的容量。在联动治理的初始点，由于合作社与村级治理组织的目标是一致的，所以它们的行为理性是保持相容性利益，使得共同价值最大。随着联动治理行为的演变，在二者联合到一定程度，双方组织在联合之中各自逐渐强大起来以后，二者都希望分利者越少越好，而不愿意再有新的主体介入，甚至二者之间也会走向分离，希望彼此不要再存在来分利，开始表现出排他性利益的特征。所以，在后续章节的写作中，在构建村社联动治理机制的考量中，我们对不同阶段的利益诉求进行细分，同时考虑到不同主体的反应函数，来做出尽可能全面的结果判断，以涵盖村社联动治理中可能出现的各种情况，进一步加深对这一治理机制的规律性认识。

五、新公共服务理论

新公共服务理论是从经济学和市场的角度来重塑公共行政价值，从而改善公共治理的一套全新的理论体系，其主要代表人物是美国著名的公共行政学家罗伯特·登哈特夫妇等学者。20 世纪中后期，由于石油危机、财政赤字等各种经济、政治、社会问题频出，福利国家不堪重负，西方政府普遍掀起了一场以市场化、绩效管理、顾客为导向的新公共管理变革，其中尤以英美地区的雷纳评审、企业家政府、市场化政府为主流。在绩效和市场化的影响下，政府治理的目标在于构建"少花钱多办事"的政府。虽然政府负担在一定程度上有所缓解，但是新公共管理运动中的企业经营与公民参与价值、私人化的高效与公共性的平等之间的价值冲突却为人们不断诟病。面对公共协商精神、公共利益力量式微、公共协商精神丧失、公共价值阙如等诸多难题，公共行政家试图寻求新的治理方式来超越新公共管理模式，改变经济效率至上的发展危局。随着罗伯特·登哈特夫妇《新公共服务：服务，而不是掌舵》一书的出版，新公共服务理论为旧有思路的转变指明了一个新方向，指明了日益私有化的企业家式的政府对"掌舵"的重视及"划桨"的缺位。同时，公共服务的公共性、多元化以及服务于民、追求公共利益、重视人的价值的理论思想成了弥补新公共管理运动缺陷的一剂良药。从理论传承的视角来看，这一重视公民价值的公共服务理论是对重视效率的新公共管理运动的一种扬弃，尝试将公共精神召回人们的生活世界。值得肯定的是，与传统公共行政的效率至上原则相比，新公共服务理论更注重人的价值，尤其是公民参与的意义。从某种意义上说，新公共服务理论中公共利益、服务导向、民主性的内质是新公共服务理论发展过程中的重要成果，不仅拓展了公共管理学的研究维度，也说明公共行政学正在反思与超越中走向成熟，助推了公共哲学话语的转换[38]。

新公共服务理念并不只是一种为了取代新公共管理和旧有公共行政理论的管

理技巧。更确切地说，它是对我们自身价值的定位，也是对价值观的一种改造。当我们身处于社会组织之中，我们自己要清楚我们是谁以及我们为他人和组织服务的原因。我们之所以信奉这些价值观，并非只是因为它们可以增加满足感、效益和改进决策，而是因为它是这个社会持久发展的必要组成部分[39]。显而易见，新公共服务的价值取向与服务紧密相关，是帮助其间的成员表达并满足他们的公共利益，而不是试图以权威式的管控方式使社会朝向他们自身有利的方向发展。在城镇化的牵引下，西北地区农村社会剩余人口要么是受缚于家庭影响而没有外出务工，要么是被大城市产业所淘汰而无法胜任城市工作。身处于碎片化的农村地区，产业精英弱智化是较为普遍的"常态"，其不得不面临着生计脆弱性困境。鉴于当前农业生产的低效率及村级组织治理能力不断下滑的发展状况，从农村发展结构理性来看，目前最急需的是将农业生产资源和农村社会治理体系进行重新整合，充分调动留守于农业生产一线的剩余人口的积极性，实现农业生产规模化、农村社会治理现代化，进而使得农业和农村稳步发展。合作社的出现可谓是一个合作经济性组织在调整农村经济经营体系，但其实更应该说是一个服务性组织在如何更好地服务于农户。从生产环节的种子、化肥、农药、牲畜幼仔等种养材料的购置，到加工流动环节的机器、包装设计，再到销售环节的品牌建设、顾客来源以及后期的食品安全保障，这期间的自然风险和市场风险远远超出了单个农户的应对能力。所以说，产销一体的大型规模式发展不得不依赖于组织团体，也即是一个专门服务于农业生产和农村经济发展的服务性组织，帮助农业生产向着现代化转换。在组织中，农户能够享受到集体安排带来的统一服务，也可以在民主参与中扩大其利益诉求表达的声音。与此同时，规模经济的形成也会有利于实现农产品的品牌竞争力，改善农业弱质性的窘况。

从西北农村地区调研的实际情况看，整个农村社会建设的内容不单单是包括经济繁荣一项指标。农民家庭更是处于一个互动频繁的复杂场域，相互之间的交流沟通状况反映着村内风气的和谐程度，也影响着村庄治理的整体绩效。就单个农户而言，作为一个普通人，其不仅只是思考日常温饱问题，同样有着追求全面发展的目标。所以，从农民发展理性来看，其对农村社会组织的需求不仅仅是经济发展功能，还有着其自身发展权的实现。也正是基于对农户个人发展权利的考虑，我们在村社联动治理实践的目标导向中，更强调人本主义思想。个人不应被简单看作外部环境的结果，也是社会发展中的积极参与者，具有强大的创造力，能够根据自身行为能力对外部环境做出回应。西北地区资源条件有限，多数地区的发展依靠当地能人的精英特质的带动作用，这充分说明了人们在面临困境时会积极参与、有效应对。在能人和组织带动下，普通农户在农业生产中组成利益联盟，共同应对社会治理的难题。新公共服务理论提出，组织人本主义能够实现创造性的改变和感情的共鸣，不仅会使得组织团体可以更加有效地应对复杂环境，而且也有益于个人的成长[40]。同时，组织在人本主义导向下，试图将自身组织改变为主动的、自我实现的、自我满足的组织。在合作社与村级治理组织联动治理农村社会的过程中，农村社会不同于行政力量充斥的政治场域，其社会治理更多地是依赖于村民自主行动和村风文明的活跃，而不只是国家掌控与市场刺激。在自治力量的作用下，村社联动治理行为的发生从侧面也能说明组织具备一定的自我实现能力，会在农业经营低利润中寻求规模经济，重建农村社会秩序。

　　当然，很多经验主义者也对新公共服务理论进行批判，认为其缺乏具体可执行的事实经验的支持，只是价值规范意义上的理论指导。尽管这些批判忽略了新公共服务理论的兴起初衷，但是也切中了这一理论的要害。对于农村社会治理研究而言，我们当然不能过度地迷恋于建立一个抽象的理论体系，而疏忽了如何将抽象原则运用于具体实践。从基层现实来看，新公共管理所追求的效率和绩效为人们寻求致富之路提供了知识之援，并且会告诉人们如何去做到"少花钱多办事"，做好收益成本比较分析，给人们带来显性的实惠。虽然其理论思想总是处于上风，但是置身于乡土社会的大环境下，效率和私有化并不是一个稳定持久的发展追求。历史经验显示，农村社会是一个集农民生产和生活于一体的大场所，并不同于只是交易媒介的市场，其偏重的是整个社会治理的有序而非生产系统的改进。所以，二者的价值追求和治理制度安排有着天壤之别。就新公共服务的价值取向来看，其以农民合作自组织的具体形式，将服务融进农村社会治理之中，不仅契合了当前农户需求，也为农村发展道路指明了具体方向。在村社联动治理机制形成过程中，合作社与村级治理组织在经济发展和社会治理领域的多重博弈，形成了一个合作社服务于农村经济发展、村级治理组织做好本职公共治理事务的合理安排。同时，这一安排既保持着公共服务和公共利益的价值理性，也是合作社发展经济、村级治理组织自治能力提升的重要路径。在民主自治社会中，当我们思考具体行为安排时，对公共利益价值观和民主价值观的关注也是极为重要的。村社组织将经济效率与社会治理联结起来，这也是在农村社会发展中找寻一个经济效率与公共利益之间的平衡点。

参 考 文 献

[1] 许慎. 说文解字注[M]. 上海: 上海古籍出版社, 1983: 300.

[2] 安作璋. 秦汉官制史稿[M]. 济南: 齐鲁书社, 1985: 221.

[3] 那波利贞. 坞主考[J]. 东亚人文学报, 1999(4): 110-118.

[4] 沈延生. 村政的兴衰与重建[J]. 战略与管理, 1998(6): 1-34.

[5] 解缙. 永乐大典[M]. 中华书局, 1986: 2077.

[6] 杜佑. 通典(卷33), 职官十五州郡乡官[M]. 北京: 中华书局, 1998: 221-228.

[7] 温铁军, 董筱丹. 村社理性: 破解"三农"与"三治"困境的一个新视角[J]. 中共中央党校学报, 2010(4): 20-23.

[8] 卡尔·波兰尼. 大转型: 我们时代的政治与经济起源[M]. 浙江: 浙江人民出版社, 2006: 15-17.

[9] 李婵娟, 左婷. "嵌入性"视角下合作社制度生存空间的塑造[J]. 农业经济问题, 2013(6): 30-31.

[10] HAGEDOOM J. Understanding the cross-level embeddedness of inter-firm partnership formation[J]. Academy of Management Review, 2006 (3): 670-680.

[11] 博兰尼. 自由的逻辑[M]. 长春: 吉林人民出版社, 2002: 186.

[12] 埃莉诺·奥斯特罗姆. 公共事物的治理之道[M]. 上海: 上海三联书店, 2000: 3, 258.

[13] 张康之. 走向合作治理的历史进程[J]. 湖南社会科学, 2006(4): 31-36.

[14] 王锋. 合作治理中的组织边界[J]. 公共管理与政策评论, 2015, 4(3): 29-34.

[15] 钟涨宝, 黄甲寅, 万江红. 社会资本理论对农村社会结构变迁的解释功能[J]. 华中农业大学学报(社会科学版), 2002(1): 65-68.

[16] 龙欢, 王翠绒. 社会资本的本质之辩[J]. 广西社会科学, 2015(8): 139-144.

[17] 张文宏. 社会资本: 理论争辩与经验研究[J]. 社会学研究, 2003(4): 23-35.

[18] 童潇. 社会资本范式使用及其理论研究的贡献与局限[J]. 甘肃社会科学, 2015(3): 129-134.

[19] 安东尼·吉登斯. 社会学[M]. 北京: 北京大学出版社, 2009: 555.

[20] 杨雪冬. 社会资本: 对一种新解释范式的探索[J]. 马克思主义与现实, 1999(3): 52-60.

[21] 朱天义. 社会资本理论及其在中国的适用性研究[D]. 武汉: 华中师范大学硕士学位论文, 2014.

[22] 郭毅, 朱扬帆, 朱熹. 人际关系互动与社会网络结构化[J]. 社会科学, 2003(8): 64-74.

[23] 费孝通. 费孝通全集: 第5卷[M]. 呼和浩特: 内蒙古人民出版社, 2009: 221.

[24] 武小龙, 刘祖云. 村社空心化的形成及其治理逻辑[J]. 西北农林科技大学学报(社会科学版), 2014(4): 108-113.

[25] 周怡. 社会结构: 由"形构"到"解构"——结构功能主义、结构主义和后结构主义理论之走向[J]. 社会学研究, 2000(3): 55-66.

[26] 帕森斯. 社会行动的结构[M]. 江苏: 译林出版社, 2012: 13.

[27] 王翔林. 结构功能主义的历史追溯[J]. 四川大学学报(哲学社会科学版), 1993(1): 37-42.

[28] 张云鹏. 试论吉登斯结构化理论[J]. 社会科学战线, 2005(4): 274-277.

[29] 安东尼·吉登斯. 社会的构成: 结构化理论大纲[M]. 北京: 生活·读书·新知三联书店, 1998: 9.

[30] 赵旭东. 连续的插曲与插曲的连续——吉登斯对一般功能论关于社会变迁看法的批判[J]. 江海学刊, 2012(4): 54-62.

[31] 张广利, 王登峰. 社会行动: 韦伯和吉登斯行动理论之比较[J]. 学术交流, 2010(7): 135-139.

[32] 罗伯特·默顿. 社会理论和社会结构[M]. 南京: 译林出版社, 2015: 195.

[33] 曼瑟尔·奥尔森. 集体行动的逻辑[M]. 上海: 上海三联书店, 1995: 2.

[34] 沈荣华, 何瑞文. 奥尔森的集体行动理论逻辑[J]. 黑龙江社会科学, 2014(2): 49-53.

[35] 卫龙宝, 凌玲, 阮建青. 村庄特征对村民参与农村公共产品供给的影响研究——基于集体行动理论[J]. 农村经济问题, 2011(5): 48-53.

[36] 谢正富. 集体行动理论视角下的"微自治"有效性分析[J]. 云南行政学院学报, 2015(6): 112-118.

[37] 冯巨章. 西方集体行动理论的演化与进展[J]. 财经问题研究, 2006(8): 24-29.

[38] 林修果, 陈建平. 新公共服务理论视野下公共哲学的话语指向——一种对"新公共服务"的解读[J]. 上海行政学院学报, 2005(5): 12-17.

[39] 罗伯特·登哈特. 新公共服务: 服务, 而不是掌舵[M]. 北京: 中国人民大学出版社, 2004: 167.

[40] 曾保根. 价值取向、理论基础、制度安排与研究方法——新公共服务与新公共管理的四维辨析[J]. 上海行政学院学报, 2010(2): 29-40.

第三章 西北地区农村经济社会发展现状

纵观西北农村地区历史演变、资源禀赋、地理区位等固有基因，可窥探出其在我国经济发展中的重要地位。因此，在统筹城乡发展，农村社会治理转型，以及习近平总书记"五大发展理念"引领下，我们对西北农村地区的经济社会发展的组织现状和经济社会发展现状进行描述，分析得出农业产业发展主体缺失或者弱化的地区应该通过综合发展，培育科学可行的产业发展主体，发展农业产业，构建长效发展机制，是实现西北地区这个特殊地区经济社会发展和繁荣稳定的根本出路。

第一节 西北地区农村经济社会的特殊地位

鉴于西北地区的特殊性，我们从西北地区农村经济社会的特殊地位、社会发展历程以及后发优势三个方面，对西北地区农村经济社会发展现状加以介绍，将西北地区农村经济社会的特殊性质从地缘政治、中国现代化的背景、西北地区丰富的自然资源、历史发展以及国家的重大决策等几个方面进行阐述。最后，结合林毅夫先生的后发优势(劣势)理论，专门探讨了西北地区农村经济社会的未来方向和动力。

一、特殊地位

西北地区主要包括陕西、甘肃、青海、宁夏和新疆。西北地区东西跨度约 38 度，五省(自治区)总面积达到 310.83 万平方公里，占全国总面积的 1/3，人口总量达 1 亿人，占全国人口的 8%左右，人口密度较低，每平方公里不到 30 人[1]。广阔的西北地区在我国地缘政治上拥有特殊的战略地位。仅新疆长达 5400 多公里的边境线上就拥有 8 个接壤国，陕西、甘肃、宁夏、青海也在国防安全和社会稳定方面意义非凡。在实施"一带一路"倡议以来，陕西省的自贸试验区突出了打造内陆改革开放的排头兵和新高地，代表着整个西北地区发展的重大历史新机遇。首先，西北地区农村经济社会的特殊性体现为，在全国现代化进程迅速推进的背景下，西北地区农村的现代化进展却十分缓慢，这主要表现在：相较于中东部，其农村人口城镇化滞后。当前西北地区农村人口依然占据着较大比例，而且农村人口虽有流动，但多是作为农民工身份流向他地，而非是真正过上现代化生活。在农村社会中，基于物质财富的占有迅速分化，但这种分化并没有促进农民真正富裕、共享繁荣成果，反而是矛盾越来越多，贫富差距显著。农村的企业和个体工商户并没有随着市场经济的快速发展而大量增加，农业人口数量比重较大；农业产业发展主体缺失、缺乏活力导致农业产业发展乏力，农村居民仍然较为贫苦。这与习近平总书记提出的"两个一百年"国家大计还有着较大的距离。与此同时，农业产业化和规模化推进缓慢，而且农业现代化管理技术和管理方法较为落后，这在西北地区农村表现得尤为突出，严重制约着经济发展水平。毫无疑问，现代化归根到底是人的现代化，从调研中可以看到，生活在西北地区的农民，其教育和医疗设施普遍跟不上社会发展需求。这也导致教育和医疗水平的低下，进而引发农村现代化人才的缺失。作为全国农村发展中的一部分，没有西北地区农村经济社会的现代化，就不可能有整个中国的现代化。从宏观数据可以看到，西北地区农村以及整个西北地区的发展在全国的发展梯队中处于相对落后的序列中。因而，如何发展西北地区农村经济，有利于实现西北这一特殊地区农民富裕和社会稳定，有利于实现"一带一路"倡议的落地生根，有利于国家和平稳定发展。

其次，西北地区农村经济社会的特殊性，体现在其具备丰厚的自然资源而又表现出很强的生态脆弱性。无论是西电东输还是西气东送，都反映了西北地区能源资源的巨大潜力，正是这种便利的自然资源条件，使得西北地区成为中国经济发展的能源基地。丰厚的自然资源主要体现在以下几个方面：第一，能源资源的储量居全国前列，主要有煤、石油、天然气、盐类、石棉、石灰岩、石英岩、铅、锌、铍、锂、钴、铜、镍、钼、金、铬等多种矿产[1]。从国家统计局数据可以看到，西北五省区的自然资源分布状况是，新疆的石油储量达到 58878 万吨，占全国的 17.15%，而陕西 36300 万吨，甘肃 21878 万吨，五省区石油储量占全国的 36.92%；天然气保有量占全国的 19.71%，陕西 8047.88 亿立方米，青海 1457.94 亿立方米，五省区天然气储量占全国的 40%；煤炭储量较大，新疆的煤炭储量达到 177.88 亿吨，陕西达到 95.48 亿吨，宁夏 38.04 亿吨，五省区煤炭储量占全国的 14.84%；而从锌矿储量来看，甘肃最多，有 312.75 万吨，其次是青海，拥有 109.74 万吨，五省区锌矿的储量占到全国的 13.33%。第二，从自然资源和旅游生态看，西北地区自然资源得天独厚，地形地貌复杂多变，其旅游业的探索和开发将会成为西北地区农村经济社会发展的强大动力。然而，从生态方面来看，旅游资源丰富和生态的脆弱构成了西北地区经济社会发展的两个重要方面。如此脆弱的生态不仅限制了对其旅游资源的开发，同时也大大制约了西北地区农村经济社会的发展，让其具有不同于全国其他地方的独特性。但是，西北地区的脆弱生态也在迫使西北农村寻找适合其生态发展的农业，在这种既有的自然生态下，现代农业发展模式选择、生态农业发展路径探索成为题中应有之义，而恶劣环境下催生了较为明显的宗教信仰的独立性，就会形成截然不同的群体，会产生自然而然的分崩离析特性，这需要通过经济发展来解决，尤其是农村地区经济发展、教育水平提高、文明程度提升，进而有可能促进民族融合、社会繁荣稳定发展。

最后，无论是新中国成立之初基于安全考虑，还是 21 世纪初的西部大开发以及当今现实的"一带一路"倡议，都对西北地区农村经济社会的发展产生巨大影响。从 1949 年新中国成立到 20 世纪 70 年代，面对国际局势的波谲云诡，出于国家安全的考虑，国家决定对西北地区进行重点建设，也促进了西北地区重工业的快速发展，但随着改革开放后东部的迅速崛起，西北地区，尤其是西北农村地区被远远甩在了后面。从国家统计局的数据来看，2014 年西北五省区 GDP 总和为 38855.64 亿元，其中陕西 17689.94 亿元、新疆 9273.46 亿元、甘肃 6836.82 亿元、宁夏 2752.10 亿元、青海 2303.32 亿元，而东部地区诸如山东、浙江以及安徽的 GDP 分别为 59426.59 亿元、40173.03 亿元和 20848.75 亿元，纵向上看，相较于 2002 年的 5466.06 亿元，2014 年西北五省区的 GDP 确实取得了长足的进步。21 世纪初的西部大开发，把东部沿海地区经济发展能力输入西部地区，从而带动西部地区的经济社会发展水平。

二、后发优势

后发优势一词来源于"后发效应"，后发效应既包括好的一面也包括不好的一面，这种效应一般由发达地区对欠发达地区的影响所致。学术界认为，但凡对后进地区产生积极影响的发展经验称为后发优势，而可能产生的不好方面则被称为后发劣势。当前"一带一路"倡议的实施所带来的发展机遇属于明显的区域后发优势和政策后发优势的叠加。外国的发展经验也应学习，学习发达城市的工业化、城镇化和信息化建设经验，因地制宜地利用这些经验，能够为西北未来走向提供风向标。而招商引资则是经济发展的重要动力，引入创新性企业及具有组织发展优势的企业，发展适应需求的农业产业，能够有效带动农村剩余劳动力就业，促进农民致富。因此，后发优势成为西北地区农村社会经济发展转型和加速的有利条件。

第二节　西北地区农村经济社会发展情况

一、西北地区农业发展状况

(一) 农业基础设施建设有了较好的建设和发展

陕甘宁等地区在农业面积扩展、农田改造、水利工程建设方面现代化、高效化十足。陕西以渭河流域为重点水源工程建设，大力建设小型水利设施，仅 2015 年一年便建设了 400 处，新增灌溉面积 2.78 万亩。在水土保持方面，其根据省情，对水土流失严重的延安、榆林等地展开重点治理，建立了 707 平方公里的黄土高原水土保持与生态建设示范区，专门针对陕北黄土高原丘陵沟壑区。甘肃省不仅提前完成了石羊河流域重点治理项目，而且以陇中东南部特色农业产业高效节水灌溉和河西走廊高效节水灌溉"两个示范区"建设，既发展了现代农业，也节约了资源，还实现了农民富裕的目标。在 2015 年，其新修梯田 8.48 万公顷，完成高效节水灌溉面积 7.33 万公顷，治理水土流失面积 2057 平方公里，为扩大农业可耕地面积、促进农业产业发展打下了基础。享有"塞北江南"之称的宁夏，不仅草地面积丰足，而且是我国四大自流灌区与七大商品粮基地之一，拥有着良好的农业发展条件。2014 年其投资 10.8 亿元用于抗旱应急水源项目，续建配套中型灌区、小农水、中小河流灌溉多项，已全面完成了银北百万亩盐碱地改良 20 万亩建设任务。与此同时，青海在设施农业发展中，也根据当地人需求，以"菜篮子"工程为重点，2014 年新建日光节能温室 1.47 万栋，5 万亩无公害蔬菜生产基地，并在全国首次建立露地蔬菜种植补贴制度，以自我之力满足农户基本的食用需求。总体来看，不管是农田改造还是农田水利兴修，西北地区农业经济发展相较于东南部的温湿气候，总是显得较为被动，不得不依赖于人力。

(二) 农业生产机械化程度快速提高

在传统农业向现代农业转型的不断发展中，农业机械化程度是反映农业现代化的一个重要指标。西北地域产业结构复杂，果业、种植业和畜牧业并存发展。其中，陕西多以苹果等果业发展为主，山地、半山地苹果、猕猴桃、核桃、红枣种植广泛，农业机械化程度日益提升。甘肃的耕种收综合机械化水平达到 48.4%，基本实现农业经济发展耕作大规模化和高效化的过半。青海 2014 年耕种收综合机械化水平达到了 53.1%，实现机耕 450 万亩，机播 400 万亩，机收 300 万亩，也在机械化程度上实现了超五成的好成绩。农业机械化对农民劳力替代作用十分明显，机械化、信息化、规模化种养殖的不断发展，优化了农业产业结构，实现了有效的产销对接，提高了农产品的附加值，既使得大量劳力从单一、低效、传统农业中解放出来，进而转向多元、高效、现代产业。这不仅会帮助提升农业生产和加工的效率，也有利于农业劳力资源的合理流动与均衡配置，是西北农业发展的一大趋势。

(三) 农业产业组织日渐规模化

近年来，合作社的发展呈现出不断增加的趋势，且各省区合作社在现代农业经营体系中的组织作用越来越明显。这在一定程度上反映出农民组织规模化的发展走向，以及农民渴求组织化的愿望。根据西北地区的农业发展情况，从合作社的发展数量以及政府政策的扶持力度来看，农民合作社无疑是整个新型农业经营主体系统中发展较为迅猛的产业发展主体之一，但是在大量农民合作社中，有相当一部分是属于名存实亡的"空壳社"、家族式或个体户式"套利社"，这些合作社在发展中多是依靠个人能力。2014 年，青海农牧部门登记的合作社有 6000 多家，进入规范化运作的有 2286 家，接近总量的 1/3。在合作社的规范化建设中，其专门扶持 257 家合作社进行规范化建设，并且支持 200 多名大学生村官领办合作社，组织观摩会，在创建之初，就对合作社的规范化运作提出要求，从根源上防止虚假合作社的诞生。

在新型农业经营主体的不断发展中，结合本书的研究主题以及各省区合作社的发展现状，统计出 2012～2015 年西北地区合作社数量，如表 3-1 所示。一部分合作社已经偏离合作社本质，与农业规模经营的整体性规划存在偏差，存在着诸多的经营结构不规范、内部人控制等问题。当然，空壳子的盛行在西北地区也是难以避免的。2014 年在青海省农牧部门登记的合作社有 6000 多家，进入规范化运作的有 2286 家，接近总量的 1/3。在合作社的规范化建设中，其专门扶持 257 家合作社进行规范化建设，并且支持 200 多名大学生村官领办合作社，组织观摩会，在创建之初，就对合作社的规范化运作提出要求，从根源上以防虚假合作社的诞生。面对合作社发展难题，其他省区也在做出相应回应。在农民组织化过程中，2015 年陕西省对国家级示范社和百强示范社进行了全面的检测，并对不符合规定标准的合作社取消认定资格，对合作社的质量要求愈加严格。这充分说明合作社自身正在走向转型，朝着优质方向发展。

表 3-1　2012～2015 年西北地区合作社统计表　　　　　（单位：个）

地区	2012 年	2013 年	2014 年	2015 年
陕西	18898	24260	31263	36000
甘肃	2717	25540	39266	57000
宁夏	2760	2924	—	—
青海	1200	5591	6719	—

数据来源：陕甘宁青等各省区统计年鉴。

二、西北地区农村社会发展概况

(一)不同地区农民收入和农业经济发展对比

我们随机选取了中东部的四个省份与西北地区的陕甘宁进行比较,通过考察中东部地区农村居民人均可支配收入和生活消费支出状况,可以清晰地看出区域间差异,如表 3-2 和表 3-3 所示。

表 3-2　农村居民人均可支配收入　　　　(单位:元)

组别	2013 年	2014 年	2015 年
东部	11856.8	13144.6	14297.4
中部	8983.2	10011.1	10919.0
西部	7436.6	8295.0	9093.4
东北部	9761.5	10802.1	11490.1

数据来源:中国经济与社会发展统计数据库。

表 3-2 呈现了我国不同地区农村居民人均可支配收入状况,显然不同区域内农村居民人均可支配收入随着时间序列变化在逐步增多,但是与其他区域进行横向比较时,差异明显。

表 3-3　农村居民生活消费支出对比　　　　(单位:元)

地区	2011 年	2012 年	2013 年	2014 年
浙江省	12371	13723	15458	17281
山东省	7063	8212	9224	11215
安徽省	5356	5648	6114	6994
山西省	5627	6485	7476	7692
陕西省	4697	5783	6620	7552
新疆维吾尔自治区	4495	5410	5942	6859
宁夏回族自治区	4709	5958	7062	8454
青海省	4905	6116	6954	8007

数据来源:中国经济与社会发展统计数据库。

从表 3-3 中数据可以看出,在 2011 年时,西北地区农村居民生活消费支出要低于东、中部省份,特别是新疆的农村居民生活消费支出要远低于东中部的省份。但是到 2014 年,西北五省区有了较大跃升,农村居民生活消费支出大幅提高,最低的甘肃也达到 5661 元。2014 年,陕西的农村居民生活消费支出已超中部安徽省,宁夏和青海的农村居民消费支出已超过中部的安徽和山西两省,不过与东部省份差距依然较大。而新疆和甘肃的农村居民消费支出仍然低于中部,就甘肃与宁夏的对比而言，甘肃 5661 元，宁夏 8454 元，两省区差距明显而且巨大，反映了在西北五省区内部发展的不平衡。总体来说，东中西部差距较大，西部尤其是西北地区还需要进一步激发内部力量，借助外部的翅膀，不断加快产业结构的调整和优化步伐，以实现结构优化、附加值提高、农民增收的目的。

(二) 社会治理目标模糊，且治理方式不一而足

在当前人力不断外流的农村社会背景下，农村社会治理目标显得难以通透地呈现于人们面前。首先，大多数外流的劳力是青壮年，他们不仅是每个家庭的顶梁柱，也是建设农村社会的中流砥柱。在精英和潜力分子的流失中，农村社会治理主体不仅面临缺失困境，更是会陷入无优质主体主导的泥潭之中。在缺乏有激情的年轻一代的农村社会中去发展农村经济，毫无疑问就显得心有余而力不足。调研也可以看到，村内的支书和主任平均年龄几乎在 45 岁之上，更有甚者，七八十岁依旧主政村内公共事务发展。在管理人员如此的年龄结构下，农村社会治理在老一代人们的头脑之中不断延续着传统，也难以真正有所突破。其次，在农民的生产生活中，其在农业生产中的分散化，不仅是难以施行大规模机器统一耕作弊端的直接体现，也是其人际交流陷入冷漠的开始，不利于农村社会治理共识的达成。最后，在主体缺乏与生产发展缓慢的劣势中，农村对社会治理的关注度在不断下降，集体意识逐渐消弭。在凋敝的社会发展背景内，个体未富裕又何必上升到集体呢？所以，农村社会治理的公共性目标就变得极为模糊，更难以被真正去落实。

伴随现代化力量的袭来，农村社会虽然面临诸多困境，但依然具备很大的上升空间。外力流动的过程中，传统治理方式也不再局限于行政力量认定的单一主体，宗族派系旧势力、新乡贤组织、经济能人、合作社组织也在经济和社会因素的错杂复杂中不断崛起。深层次来看，流动性固然难以消除，但其并不是全无益处的。首先，在城镇化作用下，农村社会注入了许多现代精神文明因子，比方说契约意识的增强，无形中改变了传统村规民约中难以克服的熟人困境，激发人们的规则认知潜力。其次，人员流动并不是一个完全零和或是负和的过程，旧一代农民工在接受大城市的洗礼之后，在返乡创业中将许多外界的信息带给农村。同时，许多地方涌现的新乡贤治村，多是由外出经商后荣归故里的人们所主导。在流动中，人们的物质财富借助于非农领域的工作有所增加。这不仅使得个人家庭收入渠道扩宽、生活质量不断提升，也在一定意义上助推了农村社会治理在现代化中渐渐向前发展，为社会治理方式改换提供了具体路径。最后，留守在村的农民并非完全不劳作、不行动。西北地区涌现出诸多经济能人、合作社+党支部的样板，均是在村精英及农户对实现社会治理目标的具体探索。面对生计困境，有

能力、有资源的精英们会在所处环境中充分发挥自身能力，来做出积极反应。同时，在村农户也会面对大自然和大市场风险，集结为一个大的组织群体进行行动，进而做到趋利避害。

(三) 国家资源不断下放，而社会福利日益虚化

在工业基础坚实的发展阶段，"工业反哺农业、以城带乡"的政策方针正在不断作用于农村社会。从农业税费取消到各类惠农资源下放、精准扶贫政策实施，国家力量与工业力量都在不断注入农村社会发展中来。2015 年，陕西省根据各县市的发展情况，按照陕南和陕北以移民搬迁推动城镇化、关中以城镇化和美丽乡村建设带动移民搬迁的总体思路，以安居扶贫、产业扶贫等重要措施，从上至下来部署其农村社会福利改善路径。就秦巴山区、六盘山区以及吕梁山区而言，总投资 25 亿元，其中，村级道路项目 55 个，饮水安全项目 34 个，特色产业项目 183 个，农村信息化项目 16 个，卫生和计划生育项目 16 个[2]。近几年来，甘肃省双联行动与精准扶贫有机结合起来，深入推进联村联户、为民富民的建设工程，累计投入 1741.11 万元，为联系村硬化道路 14.7 公里，建设互助老人院 5 个。在产业发展中，双联政策助力联系村新建苹果园 6900 亩、中药材基地 1100 亩、核桃园 1700 亩，为农户自主致富提供了大量支持[3]。在大力发展农村社会的国家政策浪潮推动下，宁夏也根据自己的情况提出"1269"扶贫开发战略决策，集中社会和政府各类力量从基础设施建设、公共服务、产业发展等各方面投入 118.6 亿元，向中南部贫困地区倾斜。其已对 854 个行政村和 8 处生态移民安置区实施环境综合整治，覆盖人口达到 120 万[4]。当然，在农村社会建设中，青海省也不甘示弱，抽调 5000 名干部组建了 1600 多个驻村工作队，确定 7 万余名党员干部联户帮扶 7 万余户贫困户，确保项目到户、资金到户。同时，全省 600 多家单位与 300 多个村庄结对开展"高原美丽乡村"活动建设，投入帮扶专项资金 7.8 亿元，涉及农户 2.4 万户，可谓是创历史之最[5]。

毋庸置疑，纵览西北各省区宏观数据，农村社会发展前景美好。但是在深入农户中调查后，我们从微观层面的调查却不似宏观统计数据令人欣慰。资源的下放和政策的扶持看似是惠及广大农户的好事情，然而政策执行总是会出现扭曲，使得目标与行动难以一致。在咸阳的调研中，村民们普遍有现在的社会没有扶贫只有脱贫的话语，不免使人深思宏微观错位的社会现象。调研结果显示，农民对于村内整体社会风气的价值判断是比较和谐融洽的，但是对于村干部行为、村内惠农资源、低保、精准扶贫等资源再分配的认知，则多认为当前的配置是不好的，有限资源并未得到合理分配。在陕西省咸阳市 H 镇的访谈中，一位村干部告诉我们，国家资源虽然在不断流向农村建设，但是在流向的过程中农民感受不

到此种实惠。H 镇本是 C 县的郊区，地理位置优越，正在大力建设工业园区，在农业用地与工业用地冲突中，H 镇政府本着以工业化发展带动农民致富的原则，征收附近村里村民的大量土地。然而，在农业用地的统一规划中，签订合同之后的两年时间里农民不能种植任何作物，而大量土地变成荒地未被开发。农民虽然拿到了一定的土地租金，但是也就此很难在失地之后顺利找到工作。纵然有国家政策资金的补贴与就业安排，但是就单个农户来说，其考虑自身土地价值的同时依旧不公感十足，社会福利难以弥补其所失去的潜在价值。因此，在国家资源不断下放的背景下，整体发展数据带来的直观结果与我们在调研中却难见普通农户的福利大幅度提升的对比，无不显示出当前农村社会发展现状中的宏微观悖论。

三、西北地区农村经济社会发展趋势

(一)要素结构调整：多产业融合趋势明显

当前西北地区农村治理中，如何使得农民富裕起来依然是尚未解决的重大历史课题，特别是在自然环境恶劣、工业发展落后、资源禀赋较差的贫瘠地区，构建一个合适的模板，走可持续的农村产业发展之路，是一个急需解决又极难解决的问题。随着农产品市场供给侧结构调整的变化，农产品质量和农业资源的优质开发正在不断取代数量取胜的生产发展之道。当前农村社会发展中，"六次产业"已经成为一个热门词汇。其以简单明了的四个汉字，形象地将农业与二三产业之间的融合概括起来，也即是鼓励农户搞多样式经营，注重延长产业链，不仅搞种养产业（第一产业），也从事农产品加工（第二产业）以及产品销售和流通（第三产业），从而形成"1×2×3=6"的乘数效应或者"1+2+3=6"的加总求和效应。2015 年，陕西省在"一村一品"建设中，以村庄为单位整合资源要素，打造区域特色优势产业集约板块，创建国家级示范村镇 81 个。在村庄资源的规划中，S 镇 S 村将蔬菜种植、时令水果、休闲农业集于一体，将农户的生产基地与顾客的需求直接联系起来，以便做到供需一致。不论是农产品的生产到产品的深加工、还是流通至客户手里，其产业链的完成者均是当地普通农户。因此，在产业调整和产业链延伸的过程中，原先很少涉及加工和销售的普通农户，通过产销要素体系的优化，将土地、人力、资金要素创造的价值无一例外地流向自己手中，一定程度上增加了家庭收入。

从整个经济发展历史来看，农业文明孕育了整个社会的文明，农业资源支撑着整个人类的发展。然而，在文明演进和新旧资源更替的发展过程中，农业文明逐渐被其他文明甩在身后，农业资源也被附加值更高的其他资源排挤到劣势地位。在多要素之间结构调整与不同产业融合的过程中，二三产业对于农业的支持能够有效弥补农业竞争力不足的缺陷，增加农产品的附加值，提高农业的商业价

值，帮助农民实现可持续发展。同时，在多要素的调整中，合作与互动会在一定程度上促进要素资源的流动与分享，使得产业之间的结合带来一种正和效应，有助于提升农民的整体素质[6]。现代农业发展愈加走向多产业融合的方向，以在农村实现更高程度的规模经营，壮大整个农村经济，使得农村治理在经济保障上得以顺利延续，最终实现农村社会治理多方面、全方位的改进。

(二) 二元互动显著：社会治理自主性衍生

尽管以家庭联产承包责任制为核心的农村改革取得了不同凡响的制度实施效果，但是在工业化和现代化的不断推进中，弱者种地与农村发展边缘化问题依然令人担忧。基于以上背景，国家行政力量与社会自主发展力量都在不断进行政策性转变与自我调适性转变，进而推进农业经营方式和农村社会治理转型。新制度经济学派认为，制度是人类一切活动的框架，是促进经济增长至关重要的变量。现实生活中，有效的激励制度措施会刺激经济增长和社会发展，反之，无效的制度也会成为经济前进和社会自我发展的阻碍因子。如今，现代农业转型与农村社会治理现代化不断推进，无不是在国家元治理制度安排下展开的，根据国家规划作出相应的规范性调整。农村社会处于宏观政策引导之中，尤其是西北地区，不似中东部地区经济开拓能力强、自主发展机会多，更需要依赖于行政指导。在转型期，国家力量为之提供了一定的保障功能与激励措施。在农村社会治理实践不断发展过程中，虽然村级治理组织能力有所钝化，但是其仍旧是国家力量的象征。具体到实践，农村社会结构调整与治理组织功能发挥，均需要依赖于国家正式权威在基层的代表即一村两委。

在国家—社会二元互动中，国家治理的目标主体与社会治理的对象其实是一致的，都是广大的农民群众。纵然扶贫资源、惠农补贴等各类福利政策在农村基层的执行效果差强人意，然而，目标与行为的偏离并不代表国家与社会互动的完全失败，也不代表国家对农村社会判断的失误。相反，在非对称发展过程中，社会自主性也在不断从隐匿走向复苏。自农村改革以来，资源要素流动性不断增强，强大的经济利益引诱着农户行为向理性收敛，社会主体都对自我发展具有强烈的冲动，试图借助主动选择性扩张来最大限度地实现自身利益要求，并达到组织在非公有制经济和民间组织的发展契机，个体对集体的依附性渐渐趋于弱化[7]。在农村社会实践中，农村治理自主性的衍生似乎已经成了当下社会发展的主流趋势。经济能人、合作社、乡贤组织等各类组织在经济发展权自主的背景下，不断发挥自我利用资源的能力来实现利益的最大化。根据调研实践可以看到，这种自我发展的持续，在西北地区农村资源有限的限制下，并非依赖于国家力量"让出来"或"给出来",而是以社会自主性的内生动力为支撑的。当然,在自我利益最大化中,其辐射效应也无形中带动了周边的农户。总之,社会治理中农村社会经济的持续与优良效果,只有掌握在农村社会主体自己手中,通过自我寻找和自主性发展,才能真正实现农村经济社会发展,而不至于毫无生机或半路夭折。

(三) 多重力量交叉:中间组织不断崛起

在现代化农业中科学技术发展、生产手段改进,以及城镇化作用力下农户家庭结构的变异,都在助推单个家庭经营向家庭联合性经营过渡。一方面,在城镇力量的引诱下,大量农户主力选择入城工作,使得留守在家的妇女老人不得不联合生产、加工、销售,形成规模效应,进而在农产品市场中获得一席之地;另一方面,现代农业耕作技术要求农村土地细碎化向整合化不断转变,使得农户之间横向分工加剧、规模化经营凸显。2015年陕西省新建省级现代农业园区35个,在政府搭台、多元投入、市场运作、产业兴园的建设思路指导下,全省省级园区入驻企业2430家,其中农业产业化龙头企业165家,合作社1971家,家庭农场445个。

一般情况下,政府与基层社会力量的对接是通过宏观政策或是统一的项目制,以实现帮助农村居民致富的政策目标。在国家资源项目的下放中,农民个体接手惠农资源项目,明显弱于规模化组织对于项目资源的充分利用。因而,庞大的资源项目与惠农补贴越来越以一种公共性和规模性的形式作用至基层社会,从而实现农业生产规模化发展、农村公共物品供给统一、农村公共事务处理的共意性。此外,就农村社会内外来看,对内来说,其是普通农户之间的利益联合体;对外而言,其则是与市场经济相接的一个经济实体。在市场风险与自然条件限制下,普通农户作为一个单一变量,与外部市场和自然环境的对接就显得极为羸弱,犹如"小巫见大巫"般能力悬殊。在上下、内外对接中,农村社会中间力量在不断崛起,以此弥补组织之间在经济发展、政策接洽、项目实施中力量、规模、权力大小的不匹配。农村社会发展力量朝着规模不断壮大的方向发展,以中间性力量为利益传导联结点。在组织效应的扩张中,作为一个具备社会基础而又兼具个体不具备的集体优势,中间性力量愈发以其个体的不可替代性将农户利益诉求表达与政府目标衔接起来,使得单家独户的经济发展与市场经济中的统一标准、品牌建设、营销策略有效结合起来。特别是农民合作社,在当下农村经济社会发展中,其在政府与普通农户、市场与小农户的对话中扮演者不可忽视的重要作用。

第三节　合作社在西北地区农村经济社会发展中的重要性

农业产业对于西北地区农村经济发展的意义不言而喻，但是在农村社会治理结构调整中，只有经济的发展还尚且不足，西北地区不仅需要一种新的生产方式和组织形式，更需要将现代农业经营与农村现代化治理、农民现代性发展综合起来。也即是，既可以在经济上改善农业发展、改善农民生活，又可以在政治上促进西北地区农村的治理建设，而我们在此节所要论述的主体——合作社，便是这样一种生产方式和组织形式。这种新的组织生产方式在西北地区的广泛应用和发展不仅含有经济的意义，还带有政治的意义，不仅会改变人们的思维，还会发展农村社会的治理方式，重塑现有落后的治理结构。

一、合作社助力西北地区农村社会经济发展

(一) 产业结构优化

合作社在西北地区农村经济社会发展中有着极为重要的作用和地位。我们通过调研把合作社在经济社会中的作用归纳到一个对于西北地区农村社会影响极为重大的方面——促进产业结构优化。首先，在合作社的发展中，国家政策扶持力度较大，将其作为现代农业经营体系中的重要主体。在政策指引下，合作社作为中介组织，能够引导农民集中力量办大事，引导产业结构有序调整。其次，从国内外发展经验看，农民合作社使得农村产业化成为可能。合作社吸引农户加入，做到利益共享、共同发展，助推农民利益共同体形成。合作社嵌入后，能够使得农村产业逐步走向规模化、产业化发展，引导在村村民生产集中化和销售统一化。在西北许多地方，合作社的发展壮大对于促进就业和增加收入有着重要作用，人们可以在家门口就业，不仅减少了外出成本，也增强了农业产业的竞争力。就西北地区农村劳动力而言，其由于多产业发展的融合度相较于中西部仍有待提高，剩余劳动力存量相对较大，特别是全国经济发展进入新常态后，伴随着产能过剩，各地相继出现建筑停建、工厂减产减员的现象，这些导致了大量农村劳动力的无处就业。而农民合作社作为家门口的就近经济组织形式，正是缓解产业结构不合理、激发剩余劳力潜力的重要媒介。同时，这种致力于通过合作来扩大生产规模以提高土地收入的农业经营方式，对不发达的西北地区农村较为适合。众所周知，土地对于农村农民的重要性不言而喻，土地资源的流动和交易能够在某种程度上增加社会财富，为此，促进土地资源流转是农村发展的一大动力，合作社可以在土地流转中规范土地经营权转让制度，提高土地的经营效益。作为土地流转的主体，合作社在土地流转中能够使得土地经营权有序转让、土地

充分利用。更为利好的消息是,中央出台了农村土地三权分离、土地承包经营权长期不变的政策,即所有权归集体,承包权归农户,经营权可以自由出租转让,有利于盘活农地的经营权。这一政策对于发挥土地集中经营规模优势,增加农业中长期和规模化经营的资金投入,促进农民增收致富,加快发展农业现代化是极为有利的。

案例一:宁夏回族自治区 HL 县 G 镇稻麦合作社由 G 镇农机大户 Y 某等七人于 2005 年牵头组建,现在是综合社。伴随着农业机械化和粮食加工产业发展优势不断凸显,合作社依托现代农业机械优势,对当地农业产业结构进行科学调整。对外,其与加工企业合作,延长稻麦产业链,提升稻麦附加值;对内,其开创土地托管机制,大量种植并负责收购优质水稻。不仅使得在外务工农户能够安心工作,也使得农业生产劳作者可以规避一定的市场风险,获得稳定的收入。

在发展初期,合作社主要业务局限于农机耕作方面,2006 年,在县乡政府的大力扶持下,其开始以合同制形式大量托管本村的土地,对生产基地实行统一管理和统一经营,从而将大量农户从繁重、微利的耕作劳动中解放出来,便于人力资源向其他产业流动。土地托管中,农户仅需向合作社缴纳 100 多元的机械作业费,由合作社负责统一品种、秧苗、收割等生产性活动,在收获时期,合作社以每公斤高出市场价 0.05 元的价格对水稻进行统一收购。在托管的当年,合作社生产的优质水稻亩产就高出往年普通农户种植的 250 公斤,实现了开门红。目前,该社土地托管效应良好,生产基地面积已达到 8000 亩。在农业技术的统一规划下,优质水稻质量不再是良莠不齐,已经形成一定的品牌效应,比普通水稻口碑更佳。在产品加工出售过程中,其与当地的精品农业服务公司达成契约,由其负责水稻的精细加工与营销。综合来看,该农机合作社通过托管机制和机械化手段,改变了传统经营中小型农机具的购置,提高了农业生产效率,促进第一产业人员从事其他经济活动,流向其他产业结构中去。作为一个中介性组织,从生产、加工到出售,该合作社将一二三产业有效衔接起来,不仅使得人力资源规划合理,也将现代农业技术力量充分发挥出来。

(二) 转向现代农业

从西北地区的调研结果可以看到,农业经营规模日益庞大,生产方式逐渐走向集约化和产业化,营销活动逐渐走向信息化和商业化。现代化力量正在不断注入农村经济社会发展的各个领域,从产业规模、产业经营方式、产品营销到整个农村社会治理格局。我们不得不说,农村整个经济社会体系正深处于现代化体系之中。不论是农村经济发展趋势还是调研结果均显示,传统农业向现代农业转型的过程中，离不开可以依傍的现代农业经营主体。在集约化经营中，农产品质量的提高需要产业结构优化、产品种养标准规范化。在市场化进程中，农业生产要素市场和销售市场体系的完善，有赖于连接大市场与小农户的重要媒介组织。在科学化经营中，现代农业技术的推广过程、先进管理经验的传播和劳动者素质的提高需要借助于一个组织平台充当传导机制。在农产品商品化过程中，瞄准目标群体需求更不是单个小农户就能做到的容易事，需要有组织、有规模、有经验、有信息的专门载体。然而，如此集约化、市场化、科学化、商品化的现代农业均需要农民合作起来，才能从产业结构、市场体系、农机农艺、买卖销售等方面系统地完成。尤其是当前农业现代化水平逐步提高和供给侧结构性改革不断深入，更需要农民团体合作互助起来，共同完成产业结构调整、市场体系优化、农技推广、营销网络建设等活动。

案例二：陕西省 B 镇是全国闻名的葡萄生产基地，2005 年当地葡萄种植面积达 15 万亩，总产量达 15 万吨，建有大、中、小型恒温贮藏库 2000 多座，贮藏容量可达 10 万吨以上，实现了本地农户增收致富的目标。20 世纪 80 年代末期，为了解决单家独户种植难问题，以"科技示范户""种植技术能手"为核心的农业技术协会在农户的期盼中成立了。其中，B 镇 B 研究协会是其中发展较好的一个技术协会。该协会从农民生产的各个环节入手，提供全程的技术指导服务，使得当地的鲜葡萄处于卖方市场地位，提高农民在产品销售中的地位。然而，在 2000 年左右，葡萄市场竞争加剧，B 协会只提供技术上的指导难以适应大市场对于葡萄的综合需求，当地葡萄销售陷入卖难境地。经过深入反思，B 协会联合其他协会，成立了 B 葡萄产销联合社，引入红提葡萄等品种，将普通的技术指导扩大到农户栽培标准统一、市场营销网络建设等各个方面。为了创建品牌，该社申请注册了青岩商标，并根据不同客户需求，将葡萄色泽、口感和甜度进行分类。同时，在联合社内部，该社为便于管理，积极利用现代信息技术，创建专门的信息平台，对会议通知、病虫害防治、市场信息、收购计划安排等进行共享，以便将实用信息发放至每个社员手中。当然，在技术指导方面，该联合社更是不甘示弱，依托附近农业院校和科研基地，建立专门的示范基地，与葡萄研究专家达成专门协议，为新技术开发设立试验田。经过三年多的努力，当地重回葡萄经营盛世，实现了农户收入比入社前翻一番的良好效益，无形中助推葡萄这一产业全面走向现代化。综合各方面发展效果来看，该联合社针对当地的实际情况，从农业技术、信息化手段、市场品牌多方位构建联合社的管理机制不只是局限于某一领域。此举不但缓解了葡萄销售难的困境，而且在现代化力量作用下更是帮助 B 镇建设了产销一体的现代农业经营体系。

二、合作社成为西北地区农村治理的重要一极

(一) 自治属性: 组织社会性发挥

合作社不仅会组织农户进行公共活动, 也可以引发农村社会管理体制的创新。社会不断发展, 历史要求变革。在人民公社之后的政社合一权力框架被打破之后, 乡村治理的概念在乡政村治上进行了实践。合作社参与到乡政村治, 其外部特点表现为从组织集中到公众多极参与。换句话说, 合作社加入乡村治理的过程, 在打破村治固化和村治无力的状况下, 勾勒出中国乡村治理的主要样态: 多极参与下的合作及多组织参与式的治理。当然, 在此我们所述的多极参与下的合作是包括了村两委和合作社组织的多极。前者是多年来一直存在于乡政村治格局中的重要力量, 承担着农村基层民主建设的根本目标, 后者是随着社会经济发展和历史条件变迁而促使农村社会治理结构转型的新型力量。农村最近几年的治理实践告诉我们, 村民自治是一种村民之间和村委与政府之间的合作, 虽然这种自治的动力来源归结于农村内部的合作, 但现实告诉我们乡政村治是多么的无力, 它从诞生之日起就受制于政府与乡村的权力分配格局, 政府力量从来都是重要的一极, 并且一定程度上制约着村民自治的发展。往深层次讲, 在这种两极治理格局下, 国家与农民的关系始终是隐藏在农村治理背后的主线, 并贯穿在一定的控制与反控制过程之中。合作社在农村的兴起, 随着它发展壮大, 逐渐以第三极角色出现在农村治理之中, 并且排除了传统的国家到社会的二元视角, 立足于农民积极参政、积极表达利益诉求的社会人特点, 创新着农村社会治理体制。事实上, 合作社对于农村治理的进入, 就是在寻求国家基层治理力量与社会经济发展权利的界点, 使得人们以组织化方式参与到乡村治理, 综合提升社会治理素质。

根据自治制度的实施情况来看, 村民自治历经几十年, 但还是不甚理想。我们在调研中发现, 乡村依然是人情较浓的关系社会, 加上传统宗族的影响, 更有甚者, 干部素质较低、拉帮结派现象也屡见不鲜, 这些都制约了村民自治的发展。而合作社在此背景下加入乡村治理之中, 首先可以平衡宗族势力影响, 对其他治理主体的权力发挥进行一定的制约。其次是以经济利益诉求代以人情纽带, 以经济组织的身份整合农民利益诉求, 以乡村治理第三极的身份重塑乡村政治格局创新社会管理体制, 能够不断改变农村社会的相处标准, 实现多极下的合作治理。

案例三: 惠民桑蚕专业合作社位于陕西省南部的 H 镇 T 村, 与当地村支部关系紧密。T 村距国道约 20 公里, 土地资源贫瘠, 种粮收益较差, 农民不得不另求生计。1998 年春天, 村支部书记徐某成立了 H 镇养蚕专业技术协会, 吸纳会员 100 多户, 桑园面积达到 300 余亩。由于家庭承包经营制度下农户集体经营

概念缺失，导致村内整体经济聚合效应难以发挥，农民迫切希望联合起来共同应对市场经济。鉴于农民联合愿望以及当地养蚕传统的优势，2007 年根据合作社的相关政策文件，该协会经在工商部门登记后转为惠民桑蚕专业合作社，由徐某担任理事长。然而，由于销路不佳，丰收的蚕茧卖不出去，只能被浪费，害得社员们纷纷退社，甚至想要毁掉桑树。随后，在桑蚕技术的不断学习以及销售渠道的逐步扩展中，养蚕产业逐渐走向正轨。为确保合作社的运转有序，村内开展了"支部帮扶合作社"的工作机制，并且为避免合作社与村支部的冲突，设立了联席会议制度，定期讨论合作社发展问题以及村内建设问题。

伴随着合作社的发展壮大，社员农户的平均收入高于非社员农户 2500 多元，大批农户在合作社带动下建新房、配手机，大大提升了生活水平。合作社在当地已经是一个极具竞争力的经济实体组织。在合作社的发展壮大中，其作为农村基层党组织发展经济的重要抓手，在养蚕产业扩张中流转了大量村集体土地，同时吸纳了由党组织介绍的周边村的诸多村民。反之，其经营效益的良好一定程度上增强了党组织的经济发展领导力，加大了 T 村党支部在 H 镇的影响力。在经济优势与政治势力的联结中，党组织在村域经济薄弱的背景下逐渐具备了一定的经济性基础，帮助周边村民实现家门口就业，同时，合作社在发展壮大中依赖于村委会的担保与扶持，才不至于在困难时期失信于社员农户。在村民自治中，经济发展与政治发展的彼此支持，不仅激发了合作社组织的自治性与社会性，而且实现了农村基层党组织建设与经济工作的和谐共振。

(二) 组织功能：培育农民合作意识

谈及农民，关于农民的行为判断，有"善分不善合"等。值得指出的是，农民由于长期生活于较为封闭的农业生活圈子内部，自给自足能力充足，因此上述所说的农户特征不仅具有一定的合理性，也是在实践中真实存在的。纵观各类经济发展行为现实，经济行为与社会关系是一种相互渗透的状态，彼此影响。当前农村发展中，农民合作社作为农村社会组织力量的担当，既是农民集体行动的中介，也是农民联合行动的结果。然而，此种中介组织和结果与人们的意识是分不开的，是人们意识行为的具体表现。在西北地区的调研中，农民对于一项新的社会事物或集体活动的普遍表示，是别人做我也做的一种从众状态。在自然风险与市场风险并存的农业生产中，普通农户积极行动的主动性并不充足。就普通农户来看，其入社目的很简单，只是为了利润获得或是迫于周围压力保持与身边人行动一致而加入合作社组织。或许个体利润最大化与盲目随波逐流，对于整体的合作社发展而言，是较为负面的。然而，不管是盲目从众、追求利润，还是积极追求加入合作社，在合作社组织的作用下，普通农户与社内成员之间的利益均紧密联系起来。起初普通农户合作意识并不强烈，并非出自于本心，然而在合作互动中，利益共享和风险共担的机制，能够有效避免其孤军奋战，给予其更多安全保障。因此，不论是积极主动性的加入抑或是被动跟随式的带入，在组织内农户的生产和交流均会发生一定的变化。所以说，当前农村经济发展中合作社正是培育农民合作意识的大舞台。在合作社内部的交流中，普通农户在合作互助中与村民之间的联系从之前的帮工或是不交流转向利益共同体。在村庄单位内，村民之间的个体利益经由合作组织变得更为紧密。故而，在不断的合作互动中，即便是无意识的普通农户也会循序渐进，逐渐变成推动村域经济发展的内生积极力量。

　　案例四：甘肃 M 县自古以来便有"当归之乡""千年药乡"之称，盛产当归、黄芪、柴胡、大黄等中药材 200 多种。中药材虽然成本低、利润大，但是多数钱财却被药贩子或中间商赚取，并未直接流入种植户手中。由于地处偏远、市场不发达，甘肃省 M 县 X 村虽然种植中药材的农户很多，但均是在农药丰收后被动等待药材批发商来低价收购。种植户 Y 某告诉我们，"由于种植的药材并未经过加工，是直接从地里挖出来的原材料，所以收购价很低，一斤仅十几元或是不到十元。但是这些原材料一旦进入加工环节，经由买卖商优质包装，就会在市场上成为抢手货，一斤价格可以卖到上百元不等。"如此差异令人唏嘘不已。鉴于当地的种植传统，2003 年 X 村村支书在当地规模经营号召下，牵头领办当地的合作社，开始农户不愿意入社，认为合作社只是空有其名。经过村支书与村干部的不断工作，在合作社成立之初，其入社农户达到 50 户，是全村家庭个数的 1/3。在药材丰收之时，合作社将社员农户的中药材通过简单的粗加工，第一年其药材收入就比非社员农户每斤高出 5 元。普通村民看到合作社带来的好处，也开始纷纷跟随身边人加入合作社。在初具规模之后，村支书根据当地种植条件，对村内农户的种植面积、种植标准、农药种植种类进行了合理规划，在随后的药材收购中，农户根据不同种类和质量开始与货商讨价还价，具有一定的市场竞争能力。2014 年，合作社拥有固定资产 50 万元，流转土地面积达到 300 多亩，拥有专门的暂存库、净料库、成品库等，购置了中药材加工机器 10 台，其中中草药切片机、洋参切片机 3 台，烘干设备 2 台，药材粉碎机 3 台等。经过多年的经营，其社员内部已经形成明确的生产章程和管理规则，社内农户在面对市场收购价格时也从之前的摇摆不定或毁约变得团结合作起来，联合一致地面对市场风险与自然困境。现在村内农户收入与十几年前的简单种植相较已经翻了两番。在合作利润和合作交流的不断增加中，社员农户对于合作社的认同度也与日俱增。从之前的不确定到现在的非常信任，可以说，其互帮互惠意识已经十分稳定。

三、合作社是西北地区农村社会发展的必然要求

(一) 组织行为方式：资源要素重组

每个地区的时空要素组合都对该地区的农村社会发展起着极为重大的影响，这种影响甚至是决定性的。但是在社会治理选择上，任何治理结构的选择都应以制度成本最小化为原则，具体来说，就是人们在社会生活中可以不必耗费过多的成本来追求自己的生活目的，用经济学的交易费用来讲，就是人与人之间在社会关系中存在着交易费用，而这些交易是存在于不完全契约治理之下，亦即每一种行为都暗含着一定的交易，每一种行为都是一种契约[8]。契约的交易费用是由身处其中的人们生活的交易环境和人们的品性和具体行为决定的。从经济学上讲，人是经济人，是具有理性的人，每个人都试图寻找利益最大化的行为方式和契约形式。但是人的认知和能力是有限的，在有限理性的制约之下，在机会主义的思维下，人们之间不可能存在完全契约[9]。社会的发展却一再证明了市场的失灵和政府的缺陷。因而，需要寻求第三股力量以弥合补救缺陷。我们认为合作社正是这种状况下的必然要求。

案例五：青海省 M 县 M 镇牛羊合作联合社是农牧业资源要素重新配置的一个典范。M 镇经济结构发生很大变化，逐步由耕作为主型向种养结合型过渡。然而，在信息不对称和种养规模效应不足的情况下，单家独户的养殖与市场需求对接经常出现脱节现象，使得农户难以从中获利。加之农户长期在以家庭为单元的养殖圈子里，销售渠道单一，养殖收入微薄，逐渐怀疑自己的产业调整决策，不得不放弃这一新兴产业。如此一来，大量退耕还草所带来的秸秆饲料严重被浪费，得不到有效利用。在产业调整的失败经历中，全镇经济发展面临着前所未有的困难。M 镇政府通过对各地合作社以及种养家庭的调研，在这一产业转换背景下，提出由 M 镇的 7 家合作社牵头组建合作社联合社，将分散经营的养殖户集中起来，带领农民走向规范化、统一化养殖，以应对市场需求。该联合社成立初期有农户 72 家，涉及大约 5 个行政村。五年来，在县乡镇政府的大力扶持下，M 镇联合社获得较大发展。现已经包括全镇 19 个行政村的 10 家合作社，农户 800 多户，并辐射带动周边乡镇 4000 多个牛羊养殖户，实现人均收入 5000 元的可观成绩。

综合来看，合作社对于贫困地区农户有一定的益贫性，能够为处于市场环境的弱者提供维护权益的平台及种养销售等环节的互助媒介。在资源禀赋不利于农业发展的前提条件下，M 镇根据自身所有资源，不断对种养结构进行调整，实现了农户经济结构与市场经济结构的对接匹配。要改变这种贫困境况，走出贫困，除了难以改变的客观性自然条件外，最好的做法莫过于对产业结构的调整，

从要素组合与产业规模化中实现农业产业结构的合理优化。

(二) 组织行为价值：对人的关怀

从西北多省区的调查来看，合作社虽有异化，趋向于与企业公司合作，或是直接由企业公司挂名，但是其作为农户的利益联合体，扎根于乡土，仍未完全演变为商业公司。既然冠名合作，那么合作社就一定程度上脱离不了合作主义精神，即强调社会整合与团结互助。一般来说，严格意义上的合作社组建应本着民管、民办、民自愿的原则。这不仅是对合作社自由合作特征的说明，也是出于对农户自主发展意志的考虑。细看农村社会文化基础，合作社体现出来的"对人的终极关怀"是农民合作社得以存在和延续的重要文化因素。在农村社会这片熟人土壤中，农户对于利润的追求往往置于生活圈子规则之中，难以脱离其生活空间对于人际与人情的关注。人们生活于乡间，在经济富足之后，追求的便是一种持续的终极价值。农民合作社是典型的人合组织，最大特点便是以"人"为本，是普通农户之间的集合，也是其利益关系与社会交往的集合。在社会发展中，合作社作为一个社会性与经济性兼具的合作组织，其成员便是合作社的主体，同时其也是为成员服务的社会性组织。事实上，真正去生产劳动的广大农户，在当前的现代化与机械化进程中，其所需要的更多的是组织行为所带来的服务。具体来说，在农业生产中，农户需要合作社为农户生产提供一系列生产性服务，如种子、化肥、农药购置、农机使用；在销售加工中，需要组织提供一定的技术性指导、统一品牌等。根据西北地区社会化服务体系建设的现实，在合作社发展经济的同时，我们应该看到这种盈利仅只是一种致富手段而不是目的。合作社作为社会性组织，有别于企业化经营，其终极目标指向更在于对人类全面发展的追求。

案例六：新疆维吾尔自治区的 MNS 县 H 村是一个典型的农业村，村内农户习惯于传统种植业，但是由于产业结构单一，一直以来增收途径狭窄，农民生活苦不堪言。在精准扶贫政策与党员能人带动示范作用下，县政府办通过走访村两委与贫困户情况，提议村两委通过合作社形式，形成"支部+合作社+精准扶贫户"的模式，借助合作社的益贫和造血功能，充分发挥合作社对于农户的服务和帮扶作用，将合作互助精神带至贫困户。在农业生产中，茂通合作社与贫困户结对开展帮扶服务，社内拿出专项资金承包 H 村集体 300 多亩土地，并对承包地进行统一的平整和播种，打造专门的精准扶贫田，由困难群众统一进行日常田间管理。从生产到产品销售，合作社与扶贫户各司其责，合作社扮演着服务者角色，农民扮演着生产者角色。社长杨某介绍，通过合作社对群众的帮扶，我们在实现农民增产的同时，还着重将村子里缺乏劳力、技术、管理经验的贫困户吸纳进来，从各方面来增强其全面发展，传授其更多生产管理技术,使得农业生产投入效益最大化,实现脱贫致富双赢目标。目前,该社已经发展社员 500 多户,其中种植能手 60 多户、贫困户 30 多户。在种植大户的带动下,能力不足者也跟随合作社的关怀不断进步,学习现代种植技术,增强自己的生产能力,创造更多价值。

在现代性浪潮推动下,西北地区农村经济结构和发展方式均在因时而动,其社会治理结构也在不断自我调适。本章通过宏观数据与入户调研结果分析,从其农业产业、农村经济社会发展等方面展示出当前西北地区农村经济社会现状。结合现实案例分析,从农业现代化和农村社会治理结构优化可以得见,农民合作社组织在三农问题解决中扮演着举足轻重的角色,既发挥经济属性,又涉足社会层面。因此,西北地区农村实际中,有必要深入展开其农业经营主体与社会治理体系之间的互动和交叉研究,进而系统地解决当前三农发展困境。

参 考 文 献

[1] 刘科伟. 西北地区农村城镇化发展模式研究[D]. 杨凌: 西北农林科技大学博士学位论文, 2004: 1-7.

[2] 陕西年鉴社. 陕西统计年鉴[J]. 西安: 陕西年鉴社, 2016: 78-90.

[3] 甘肃省地方史志办公室. 甘肃统计年鉴[J]. 北京: 中国文史出版社, 2016.

[4] 宁夏地方志编审委员会. 宁夏统计年鉴[J]. 银川: 黄河出版传媒集团宁夏人民出版社, 2015: 18-61.

[5] 青海年鉴社. 青海统计年鉴[J]. 西宁: 青海年鉴社, 2015: 77-90.

[6] 肖卫. 有限理性、契约与集体行动: 中国农民合作的产生与效率研究[D]. 长沙: 湖南农业大学博士学位论文, 2011: 34-44.

[7] 付建龙. 我国农民合作社制度研究[D]. 南京: 南京师范大学博士学位论文, 2013: 13-22.

[8] 曹文娟. 我国农民合作社法律制度研究[D]. 北京: 中央民族大学博士学位论文, 2011: 66-74.

[9] 周连云. 当代国际合作社运动的新背景、新优势、新特点[J]. 中国合作经济, 2005(2): 55-59.

第四章　合作社嵌入与村社联动治理的必要性及内在逻辑

第一节　农民合作社嵌入农村治理的必要性

"嵌入"一词本意是指一个系统能够有机地与另外一个目标或者对象体系相结合，亦指某种事物内生于其他事物的客观现象[1]。新型农民合作社组织作为农村村域中农民的联合体，通过一种受资本控制的嵌入式治理方式，参与到农村社会治理的过程中[2]。农民合作社嵌入农村治理是一个双向的过程，一方面，通过向村域社会嵌入，农民合作社组织可以不断拓展自身的发展空间，获得其生存发展所需要的各种资源；另一方面，现有的农村治理体系也将因为农民合作社组织的嵌入而得到进一步丰富与完善。因此，农民合作社的嵌入无论是对其自身还是对其所嵌入的村域社会都将产生质的影响。总体来看，农民合作社嵌入农村治理的必要性表现为四个方面。

一、农民合作社的角色定位混乱

农民合作社作为一种经济组织而存在，但是当前各国农民合作社制度基本都处于组织结构的变革中，我国农民合作社也有相同的发展趋势。当农民合作社发展到一定程度时候就会出现分化，也就是说，农民合作社的角色和功能将不再单一地集中在经济领域，而是向其他领域拓展和延伸，世界各国农民合作社发展的实践和历程基本都印证了这一点。合作社是逐利的组织，组织的目的是为了减少交易费用、创造更多的盈余，当盈余较多时，合作社将其中的一部分拿出来解决共同体的公共服务供给的问题，这将使得合作社的经济功能和公共服务供给功能有机结合[3]。这是因为，处于村域社会中的农民合作社出于自身运行和发展的需要，会不可避免地与村域社会中的各种人和事发生直接或者间接的关联，从而在村域社会中扮演起其他角色。大到参与农村各类公共事务，如架桥修路、出资建校等，小到婚丧嫁娶，调解社员之间、社员与村民之间鸡毛蒜皮的琐事，农民合作社都可以发挥作用，可以说无处不在。事实上，不少国外农民合作社也都承担着类似的社会功能。如日本农协除了进行农产品生产、加工、储藏、运输、委托贩运以及生产资料供应，还为社会提供生活指导、信用保险、婚丧嫁娶、文化娱乐和教育培训等活动，能够包罗从技术、生产到服务的大部分社会服务功能[4]。可以看出，农民合作社已经不再单一地局限为经济组织，其角色和功能逐渐多样化，开始向社区组织方向发展并逐步参与到社区和农村治理中来，呈现出村社一体化发展的趋势。农民合作社在其最初的经济功能的基础上，衍生出比其他市场经济组织更广泛的社会功能，是一个兼具经济与社会双重属性的农村社会组织[5]。但是，对于西北地区的农民合作社来说，经济属性要求其以经济利益最大化为价值追求，社会属性又要求它必须将村社利益和社会效益放在首要位置，对村社和农村治理担负一定的责任与义务。当然，很多情况下，这种双重身份或角色会导致农民合作社无所适从、效率低下。角色混乱造成农民合作社在运行中会产生目标冲突，从而不利于其健康、长远发展。

二、"无主体熟人社会"中的社会关系网络亟待重塑

著名社会学家费孝通先生在《乡土中国》一书中谈到，"传统的中国乡土社会是一个熟人社会，在小范围地域的限制下，交通不便、高度协调内在需要以及同一的文化影响，使得乡土社会成了生于斯死于斯的社会……这个社会是讲信用的熟人社会，彼此直接非常熟悉，方便交易，但市场较小"[6]。在熟人社会中，由于自给自足的生产方式和相对封闭的生活方式占据主导地位，人与人之间的关系因而往往建立在血缘与地缘的基础上，在由相互熟悉而产生的信任与彼此共同遵守的伦理道德的双重影响下，农村社会中的人与人之间形成了一张张牢靠、密集的社会关系网络。基于这种朴素、自发的关系网络，乡土社会中的人们相互之间保持着一种经常性的密切联系。村民们的迎来送往、婚丧嫁娶、人情往来等都需要通过这个网络加以维持，这种关系网络也可以说是农村社会中的重要社会资本。然而，随着传统农村向现代农村转变，各种现代因素开始不断流入相对封闭的农村社会，从村庄的空间形态到人们的价值观和文化心理，都产生了显著变化，村域社会中的熟人社会形态也逐渐弱化。随着开放社会的到来，各种文化的交融，各类新知识、新观念、新思想的碰撞和彼此吸纳，加之改革开放以来农村劳动力的大量异地转移，导致了我国农村社会信用体系崩塌，熟人社会属性弱化，或者说已日渐呈现出帕森斯所谓的"病态"，我们可以将这种"病态"的熟人社会称为"无主体熟人社会"[7]。由熟人社会向无主体熟人社会转变是转型时期我国农村社会呈现出的重要特点，这种变化对于农村社会的影响是极其深远的。

农村人口的不断外流是由熟人社会转变为无主体熟人社会的根本原因。在城镇化背景下，大批青壮年劳动力纷纷外流到城市和沿海发达地区，常年在外打工和居住，逢年过节才回家一两次，有的甚至经年不归。农村人员的大量流失对村

域社会内熟人社会的关系网络破坏是极大的，在熟人社会中，村域内人与人的关系是复杂而又密切的，为了主动获得社会资本或者由于文化内在需要，使得各种情感因素的影响占据了主体部分，其他理性因素在"亲情"或者"道德"绑架下几乎失去了任何作用。在不断的日常交往中，人与人之间、户与户之间构成了一张张复杂的关系网络，彼此的关系和感情由于频繁的交往和联系得到了强化，这种关系网络对于维系村民个体的生存和发展，对于整个村域社会的良性运转都是至关重要而又不可或缺的。而在"无主体熟人社会"中，这种社会关系网络则变得松弛和微弱，在一些地方，甚至已经不复存在，这对于千百年来以血缘与地缘为纽带加以维系的乡村社会来说，是一种残酷的制度缺失。

三、个体利益与集体利益分化严重

自然人之间的相互关系已经不能够精准描述现代社会的基本特征与结构，对现代社会的理解必须扩展到自然人与集体行动者之间的关系，以及两个或多个集体行动者之间的关系[8]。实行家庭联产承包责任制后，不排斥协作，但农民以户为单位进行生产经营成为了常态，这一效率优先原则被逐渐坚持下来。"包产到户"使得村域社会内原有的团体利益的组织基础遭到严重的破坏，农村社会的发展因此呈现出"原子化"状态。与计划经济时代注重集体利益不同，乡村社会对个人利益的重视，使村民们的价值观念由先前的重集体主义逐渐向重个人主义转变，村民们在珍惜个人利益的时候，往往夸大了个人利益的重要性，而不再重视公共利益的维护，致使农田水利灌溉系统等涉及农村半公共产品供给严重不足，导致了很多地方粮食减产。有报道称，某地区出现了村干部组织开会，村里如果不提供误工费或者管饭，村民们到会者便寥寥无几的状况。

组织团体利益观念的弱化和淡化对于农村社会生态的影响是巨大的，它会使农村发展愈加地碎片化，利益分化的现象更加严重，各种力量难以集聚而形成合力。当"守望相助""共生共荣"的社会风气和价值观念不再为村民所推崇，那么农村社会的发展便会呈现出一盘散沙的状态，甚至造成发展程度越高、利益越加分化的严重后果。

四、农村多元治理主体间冲突不断

村域社会是农村中各种力量相互作用而形成的一个共同体。实行家庭联产承包责任制后，农村也在经历着变动和分化，演变出各种利益主体、公共产品供给主体、社会秩序影响主体，这些不同的主体都有着巨大的作用和影响力。由单一主体向多元主体的转变是当前西北农村发展呈现出的重要特点，它重塑了多元化主体治理农村的新格局，适应农村社会结构的巨大变化及社会治理的新要求，应该说是农村治理的一个发展趋势。

当农民合作社发展到一定阶段后，农村治理将会产生多种治理主体共同治理的局面，也即"多元共治"。多元共治作为协调当前农村社会治理中权力矛盾与利益冲突的有效路径，也将是农村治理在受到多方制衡条件下实现良性发展的重要保证。但是，农村治理主体多元化可能会造成多主体之间的摩擦与冲突，最终影响社会普遍期待的"善治"目标的达成。因此，必须要正视村两委对合作社的排斥、村委会恶意侵占合作社的利益，以及多元主体共同治理农村社会在运行中可能出现的其他诸多问题。

众所周知，税费改革后，以村两委为代表的村级组织出现了组织结构涣散等不良现象，因此多主体治理格局缺乏一个有力的"元治理"角色进行引导和协调，以协调各方、统筹全局。与此同时，由于各个治理主体的组织差异性，导致彼此之间的价值取向存在离散倾向，使其行为取向和价值准则不一致甚至冲突，从而弱化了多元主体共同治理的基础，制约了整体治理功能的发挥。因此，农村多元治理之间存在主体冲突，塑造多主体合作治村、科学统一的价值导向与组织功能，是一个亟需探讨和解决的重大现实问题。

第二节　西北地区村社联动治理的必要性

在不同时期，由于受到政治、经济、自然地理、历史文化与自身发展条件等多种因素的影响，我国农村社会曾经产生过多种形态各异的治理模式。从新中国成立伊始的村队和村组模式，到实行家庭联产承包责任制后的乡镇村治模式，再到当前的农村社区建设、乡贤治村、能人治村等多种治理模式，农村治理不会有其发展的最终模式。探索农村治理模式的发展与创新，要从其是否促进当地农村生产力发展、改革或完善当前农村治理现状出发，以促进农村经济社会全面发展、充分调动农民积极性为目标，以切实保障农民基本利益、改善农民生产生活状况为目的，结合不同地区的实际情况，因地制宜地进行农村治理体制和治理机制创新。当前，随着农村经济和社会结构的日益分化以及农民从业结构、收入结构、服务需求的愈加多元化，农村社会治理的方式亟需创新[9]。

2016年中央一号文件指出"如何在城镇化深入发展的背景下加快新农村建设步伐、实现城乡共同繁荣，是必须解决的一个重大问题"，2017年中央一号文件依然重视农村城镇化，寻找到有效的能够实现农村城镇化的、符合农村发展实际的农村治理模式的关键是发展多种形式的合作社，以合作社为产业发展主体之一，发展特色产业，实现农村居民致富及社会稳定繁荣发展。因此，农民合作社参与到农村治理中不仅是农村经济社会发展的现实需要，也是国家政策的明确要求。农民合作社作为农村产业发展主体之一，在承担农村经济发展过程中，与农业产业化龙头企业、产业园区、家庭农场、种养大户有联系也有区别，在产供销方面有独特作用，是目前农村经济发展尤其是西北地区农村经济发展中一支关键的组织力量。

近几年，西北地区农民合作社的快速发展正在逐步改变着原有的落后、分散的小农生产组织方式，对农业发展、农民生活和农村社会都产生了一系列的重大影响，导致了西北地区农村治理的社会基础发生了深刻的变化，在现有农村治理基础上，逐渐形成了村社联动治理这一新型治理模式。西北地区深居内陆，区位优势不足，自然条件较为恶劣，资源禀赋较东中部地区较差，属于我国在政治、经济、文化等方面相对比较落后的地区。多年来，国家所推行的西部大开发战略虽已愈显成效，西部地区的社会经济发展水平上了一个新的台阶，然而就目前的情况来看，西北地区仍然远远落后于东中部地区，甚至还有进一步拉大差距的趋势。特殊的自然条件和社会环境决定了西北地区要结合自身的地域特点，走出一条独具特色的发展道路。在西北地区推行村社联动治理有其特殊的必然性，归结起来，主要有以下四点。

一、农村经济发展落后，农民处于贫困状态

(一) 还需要从传统农业向现代农业快速转型

农业是整个国民经济的基础，是稳民心、安天下的重要战略性产业，农业强则国兴，农业弱则国衰。推动现代农业的发展关系到农业生产的稳定、农民收入的增长以及农村经济的发展，没有农业的现代化就没有农村的现代化，就没有整个国家的现代化。

西北地区经济发展普遍较为落后，时至今日，在一些极困地区，靠天吃饭的基本生存状态仍旧没有得到根本改善。长期以来，单家独户的农户生产经营方式成为西北农村地区主要的组织模式，这种效率低下、不搞协作的生产经营方式有着很多弊端。在社会生产力水平低下、抵御市场风险能力较弱、缺乏市场竞争力以及规模经济的条件下，小农经济几乎没有任何优势可言[10]。一方面，较差的自然生产条件与落后的经济发展水平使得农业产出效率较低、农业积累不足；另一方面，由于现有的农产品加工体系大多以初级产品加工为主，因而附加值低、增值程度小，制约了农产品市场化发展。

当前，西北地区农业仍处于传统农业向现代农业的过渡阶段，还没有实现传统农业向现代农业的有效转变。西北地区农村公共基础设施服务供给较差，农业机械化覆盖率较低，甚至有些地区农业发展基础资金还远远达不到基本需求，离现代农业发展的基本目标差距较大。目前的西北地区农村距离现代农业发展的总目标和基本现实差距较大，要满足现代农业发展的基本条件，就需要在农业机械

化水平、生产资料投入等方面继续努力，还需要在农业生产模式改革、农业经营管理体制改革、农业技术创新及投入方面继续努力，最终建立起生产、经营、管理的现代农业发展体系和发展模式。改革开放后，虽然家庭联产承包责任制的实行极大地调动了农民从事农业生产的积极性，农业生产取得了极大地进步和发展，在农业发展组织形式上也需要进行改革创新，因为，单家独户的生产经营方式在目前经济形势较差、经济低位运行，甚至产品品牌竞争阶段、产销对接阶段有着天然的缺陷，不利于西北地区农业发展快速现代化。因此，必须通过农民合作社等合作经济组织来为现代农业的发展提供足够的发展动力和组织支撑，通过组织动力的补充及组织发展支撑，极大地推进西北地区农业现代化的进程，使西北地区农业逐步稳定持续现代化发展。

(二) 农村集体经济发展缺乏重要的抓手

集体经济是发展农村经济、提高农村基层组织的治理能力以及实现农民共同富裕的重要物质基础，集体经济发展是农村事业发展的保障性基础。集体经济发达，农村事业的发展就有可靠的保障；否则，集体经济弱化，三农问题解决将会面临较大的困难。在刚刚实行家庭联产承包责任制的十年左右时间里，集体经济弱化还不很明显，十年后，农村集体经济日渐式微，对农村经济发展的制约非常明显，这在发展条件更差的西北农村地区尤为明显，这种状况在 2006 年农村税费改革后进一步恶化，集体经济收入为零、收支不抵的"空壳村"比比皆是，不在少数，甚至大部分农村出现了农业发展倒退，即农业发展还不如改革开放初期的水平。

与其他地方相类似，西北农村地区的"空壳村"也普遍存在。集体经济空壳的现状不仅使村庄的正常运转面临困难，更制约其进一步发展。由于身处亚欧大陆腹地，西北大部分地区从事农业生产，经济发展速度缓慢，远远落后于东部沿海地区，同时由于受到自然地理环境的限制，山区较多，土地较为贫瘠、碎片化较严重，不利于大型机械作业，难以实现农业现代化。所以，这样的场景就常常出现：农业机械化程度较低、农业规模化程度低、农业现代化程度低，村集体经济薄弱、村域发展较慢、农户较分散、组织化程度低、农业发展缓慢的景象。

(三) 农民有非常强烈的脱贫愿望，但缺乏脱贫致富的产业发展的有效主体

发展缓慢、落后往往是西北地区农村的代名词，贫困、低端也常常成为西北地区农民、农产品的代名词，造成这种现象的原因较为复杂、影响因素较多，但发展主体缺失、现代化程度低，甚至由于农村发展落后、基础设施较差导致人才流失，这些都是导致西北地区这个贫困的农村地区发展的真实现状。大片的贫困

人口制约了农业的发展，农业发展落后进一步制约了农民的脱贫，所以说，先从贫困状态转变为小康社会，是西北地区农村经济社会发展的基本诉求，目前来看，这个地区还很难有致富的能力和条件。在西北 N 省调研时，某国家级贫困县的一位 40 多岁的村支书告诉笔者：发展条件和发展环境，尤其是发展条件的制约作用在他们村表现非常突出，缺水、无电是常态，而这种常态，还有更多其他影响因素导致了他们村的大量青年劳力的流失，他想组织起来，但没有人能够组织起来，村子里的年轻人都出去打工了，留下来的大多都是老人和小孩，没有人才能够承担起农业机械改造、农业技术创新应用、农村现代经营体系建立的重担，所以，他们无法发展。现在通电了，水也不用去五公里外驮了，有了电视、电话，但是没人，没法组织起来，没有产业，村里还是穷，大家日子过得都挺不容易。贫困之状况与生存之艰难，非一朝一夕能够改变。

这个地区的情况可能是西北地区农村贫困的缩影，有着复杂的经济社会和自然地理因素。就社会经济因素来讲，其中一个重要原因就是缺乏产业支撑，没有产业支撑，农业就不会做大做强，农村经济就不会快速发展，农民收入也不会持续增长。产业扶贫作为一种有效的、可持续发展的重要扶贫方式，调研中笔者发现，虽然村民们都普遍具有较强的脱贫意愿，希望改变落后的面貌，但是由于缺乏脱贫致富的产业发展的有效主体，多年来贫困问题一直没有较大改观。多数贫困地区并没有具有优势的产业主体，除了务农、零星种植与养殖、外出打工外，村民们基本没有其他收入来源。而从发达地区的经验来看，龙头企业、农民合作社、家庭农场以及种植大户等农业生产和经营主体是农村地区迅速实现脱贫致富的有效主体，将培育和规范新型农业经营主体与实现农民脱贫致富有机结合起来，通过鼓励引导龙头企业、农民合作社、家庭农场等农业经营主体广泛深入地参与到农村经济社会发展中来，既能够带动就业，实现农民脱贫，也能够配与持续发展的农业产业，从而吸引外出务工农民回乡创业，形成强大的发展动力，快速推进西北地区农村经济社会的发展，实现农民致富、农村现代化、农业持续发展的良性互动、协同发展。

二、村民自治缺乏有效实现形式，村级组织涣散

(一) 村民自治缺乏有效实现形式

从治理依靠的力量不同，可以把治理分为自治和他治两种不同的形态。在相当长的历史时期内，我国基层乡村社会一直都是一个自治体，在"皇权不下县"的统治理念支配下，广大乡村社会主要是依靠乡绅阶层来治理的，是一个相对独立的自治体。现代国家建立后，随着国家力量向基层农村社会的不断渗入，这种自我治理的局面才开始打破，传统自治日渐枯萎直至消亡。人民公社体制解体

后，村民自治制度逐渐兴起，村民们依靠自治来实现自我发展经济、社会文化、自我提供公共服务，自主性与自治性是其重要特征。有学者甚至认为，村民自治是中国民主政治发展的新突破点。

但是令人遗憾的是，随着村民自治实践的不断发展，一些负面问题也逐渐暴露出来，部分地区的农村治理实践令人相当失望。伴随村民自治制度进入乡村社会，"三农问题"愈发严峻突出，农民负担日益加重，村民自治不仅难以维护农民的切身利益，而且其自身的成长空间也愈发狭小。具体表现在：基层乡镇政府利用行政权力公开干预村民选举；插手农村公共事务治理；对村级财务实行"村财镇管"；更有甚者，有些乡镇对村干部直接进行任免，严重破坏了村民自治，致使村民自治有名无实，沦为形式。当前，以村委会为自治主体的村民自治正处于发展的瓶颈阶段，基层农村治理面临着内力不足等问题。凡此种种，都意味着改善当前农村治理的迫切性和紧要性。

(二) 税费改革后村级组织日益涣散

1. 经济发展功能弱化

随着农村改革的不断推进，家庭联产承包责任制下统分结合的经营主体出现了严重分化，一方面由于农民生产积极性的极大释放，农户家庭经营得到了迅猛发展；另一方面由于发展因素制约，集体统一经营面临困难，集体经济严重萎缩，一些地方村集体经济发展面临严重困难。作为农村发展的重要主体，村级组织在经济发展中动力和能力不足，不少村级组织存在着"等""靠""要"心理，自我发展意识不强，不能很好地推动农村经济的快速发展，难以实现农民脱贫致富。

2. 公共服务有效供给不足

作为村级事务的管理主体，村级组织特别是村民委员会承担着向村民提供道路硬化、供水、村庄绿化、卫生、照明、治安等多种公共服务的功能。然而，不合理的机制造成公共服务数量不足、种类单一和质量不高等问题，难以满足村民的物质文化需求，阻隔着农村经济社会的持续发展。

3. 村组织管理人员素质偏低、能力不足

人员外流是西北地区的一个普遍情况，大批青壮年劳动力纷纷外出打工，留下老人和小孩留守乡村，形成了吴重庆所说的"无主体熟人社会"的状况。更有甚者，还有一些村子的村干部常年外出打工，基本不在村里，不能很好地履行自身职责，造成村组织基本处于瘫痪状态。村干部不仅是村级事务的管理者，同时也应该是农村经济发展的引路人。村组织干部观念陈旧、私心重，开拓创新能力不佳，就无法在市场经济条件下审时度势抓机遇，带领农民实现脱贫致富。

4.行政化倾向严重

村民自治制度是在人民公社制度被废后的替代性制度安排，残存组织低效后遗症。村两委组织作为村民自治制度的重要载体，或多或少也携带了人民公社的行政恶习。村委会等村级组织属于群众性自治组织，和乡镇政府性质不同，随着村民自治的发展和农业税的取消，原来的支配性地位发生了变化。然而处于压力型行政体制末端的乡镇政府，仍习惯性地运用强制性的行政力量去完成上级下达的各项指标和任务，通过各种考核机制对村组织及其管理人员进行控制，从而弱化了村级组织的自治功能，使村组织沦为基层政府的准下属机构。在现实生活中，村民选举受乡镇政府的影响很大，村民选举很难反映出村民的本意。乡级权力过大，这样由乡镇政府承担的经济和政府管理职能必然会延伸到村一级，这就使得村民委员会的任务由协助政府工作变成替政府工作，这就逐步导致了村民委员会的行政化。

5.村组织选举的异化

农村基层民主自治制度是通过村民直选来表现村民政治权利的，村民通过选举组成自治组织管理本村的公共事务。然而，由于人们公共精神的缺乏，民主、法律意识淡薄和相关监督机制的不健全，农村选举产生了异化现象。一些地区"贿选"之风盛行，更有甚者，一些黑恶势力通过选举进入村级组织，无恶不作，严重危害了村民的切身利益。村组织成为个体谋取私利的工具，违法现象层出不穷，村组织功能难以正常发挥。

三、农村公共基础设施落后，公共产品严重短缺

基础设施建设与公共产品供给是农村建设的重要内容，是农村经济社会发展的物质基础。加强农村基础设施建设是提升农村生产力、实现城乡一体化发展和全面建设小康社会重要目标的基础内容。随着农村经济社会的发展，广大农民对公共产品的需求日益迫切，而当前我国农村公共产品供给远远不能满足农民的生产、生活及农村经济社会发展的现实需要。

长期以来，由于城乡二元格局的客观存在，使得政府对农村基础设施等公共产品的投入和产出不足，造成了农村地区基础设施建设普遍落后于城市地区经济发展水平的状况。农村税费改革后，这种情况进一步加剧，由于缺少必要经费，农村基础设施和公共产品普遍存在着有效供给不足的问题。与供给不足相对比，农业生产、农村发展、农民生活等诸如水利、通信、道路、电力、教育、自来水等之类的公共产品需求则一直在持续增加，供给与需求之间形成了巨大的缺口，这影响和制约了农村经济社会的全面发展。在传统观念中，人们往往将政府作为农村公共物品提供的唯一主体，强调政府要加大财政投入，为农村发展提供必要

的公共物品，在这种观念的影响下，不少村民对基础设施和公共物品的需求形成了一种"等拿要"的依赖心理。农村基础设施建设和公共物品提供面临着内生动力不足和外生支持不够的双重困境。

从理论上讲，政府对农村公共产品供给有着不可推卸的责任，但是，政府绝不是农村公共产品的唯一供给主体。新公共管理理论认为，公共产品又可以分为纯公共产品和准公共物产品，其中纯公共产品必须由政府来提供，而对于准公共产品、俱乐部产品等，可以充分利用市场的力量加以提供。从世界各国的情况来看，没有任何一个国家的政府能够独立承担社会的全部公共物品。如果单纯地依靠政府作为单一主体，很难在短时期内有效改善农村公共产品的供给不足等的现状。因此，必须努力构建以政府为主体，以市场和社会力量为辅助的农村公共物品供给体系，充分将市场与社会力量结合，形成农村公共产品供给主体多元化的格局。

四、农村发展缺乏统一规划，难以实现协调发展

西北地区身处内陆，大部分地区从事农业生产，经济发展速度比较缓慢，远远落后于东部沿海地区，同时由于受到自然地理环境的限制，山区较多，土地较为贫瘠、琐碎，不利于大规模机械化作业。全面建设小康社会有六个重要指标，分别是：经济发展指标、社会发展指标、农业科技人员数、生活质量指标、民主法制指标、可持续发展指标。在调研中笔者发现，各个指标在农村地区的实现程度是不一致的，多数农村地区过于强调经济发展指标，弱化甚至忽视了其他指标，从而使农村发展面临着诸多短板。事实上，农村发展是涵盖多个命题的全面、综合发展，因此农村发展需要进行统一规划，否则就难以实现协调发展。

第三节　农民合作社嵌入农村治理的作用

农民合作社组织作为农业产业化经营的重要组织形式，对提高广大农民的组织化程度，对发展现代农业、繁荣农村经济、增加农民收入都发挥着重要作用，它是社会主义新农村建设中不可缺少的重要力量。以笔者调研的甘肃省陇西县为例，2016年在该县的108个贫困村中，已有93个村子建立了农民合作社；在贫困村建立的290家农民合作社中，有6家为省级以上示范社；在16753名贫困户中，有11964名村民加入了农民合作社，入社率达到71.4%，发展可谓十分迅猛。农民合作社的不断发展壮大为村域社会资源不断地注入了新的生机和活力。当前，西北地区农民合作社已经成为农村经济社会发展中的一股举足轻重的力量，它促进了村域社会中各种力量的不断分化、组合。尤其是当农民合作社的作

用和功能开始向外部村域社会延伸，逐渐从单一的组织内部治理向参与村域公共治理拓展时，它的存在对于农村社会就有了新的意义。因此可以说，随着农民合作社的兴起和嵌入，正在逐渐改变着农村现有的治理体系和治理格局，重塑着农村治理的"生态系统"。

一、让农民人尽其才，让农户适得其所

根据嵌入理论可知，当作为经济合作组织的农民合作社嵌入农村治理中后，农民合作社系统将会有机地与另外一个系统即村级组织的目标相结合，这使得农民合作社不再单纯地作为经济合作性组织而存在，经济利益只是成了它众多组织目标中的一个，除此之外，它还必须扮演公共事务的参与者、社会关系的调节者以及集体利益的维护者等其他角色。合作社组织嵌入农村治理中去，实现了与村级组织的深度融合，因此农民合作社与村级组织的组织边界逐渐变得模糊起来，村级组织不再将农民合作社的发展壮大视为威胁，不再将其视为利益的争夺者。反之，农民合作社成了农村治理中村两委组织治理乡村事务的合作者与资源的共享者。在组织边界被打破后，农民合作社"名正言顺"地参与到农村治理中去，为农村经济社会的发展做出应有的贡献。农民合作社在不断拓展自身的发展空间的同时，也将逐渐协调自身担负多重角色，提升其参与农村治理的广度与深度。这无论对村级组织还是对农民合作社组织都将是一个很好的促进，而农村的各个层面也将因此而获益。

二、重塑"无主体熟人社会"中的社会关系网络

农民合作社发展的另一个重要意义就是对"无主体熟人社会"中关系网络的重塑，这种关系网络是农村中的重要社会资本。一方面，农民合作社的产生与发展依托于关系网络和信任等社会资本，另一方面农民合作社的发展也在不断地壮大与重新建构着社会资本。在农民合作社蓬勃发展的背景下，一大批常年在外的能人纷纷向农村回流，许多在外务工的普通农民也开始陆续回到农村，纷纷加入农民合作社。人员的回流极大地丰富和充实了农村社会发展的主体力量。农民合作社成立后，处于村域社会中的农民合作社必须与村民产生各种联系和农业上的交流合作，从而形成一张更为复杂的关系网络，而农民合作社组织在这一场域内，通过生产和经营中的各种协作和日常频繁的交往与走动，社员与村民、社员与社员等不同主体之间的关系网络也得到修复乃至重新发育，这对于农村社会的健康发展是不言而喻的。

三、实现个体利益向组织团体利益的制度化转型

随着农民合作社在西北农村地区快速发展，个人利益与集体利益严重分化的状况得到了很大改观。通过加入农民合作社，村民之间建立起了良好的利益联结机制，组成了很好的利益共同体，使农村社会实现了从个体利益向组织团体利益的制度化转型。这是继家庭联产承包责任制推行以来农村社会的又一次重大变革，对于农村社会乃至中国社会的积极影响将会在以后的日子里逐渐显现。

四、形成多主体共治的良好局面

现代治理强调治理主体的多元化，主张通过多元治理主体的互动和协商来达到善治的目的，它否定单一的治理主体和治理权威，要求按照现代化治理标准来构建一个由多元主体共同参与的治理机制。多元化是社会发展的一种趋势。社会转型时期，由于利益分化与多中心力量的崛起，农村社会的多元化趋势愈加明显。多元化的现实要求给农村社会带来的积极影响之一在于新的治理主体的迅速崛起。传统农村治理的一大特点是单一的线性治理结构，是一种单中心的治理模式，其突出特征就是公共权力运用的单向性和公共权力资源配置的单极化。无论是改革开放前的人民公社体制，还是后来逐渐兴起的村民自治，其实质都是依靠行政化倾向严重的村级组织来进行治理。随着农村社会现实的变化，原有的治理体制越来越不适应农村发展的现实需要，农村治理体制呈现出滞后性的特点。尤其在税费改革后，村级组织出现了涣散无力的状况，而以农民合作社为代表的新兴组织却蓬勃发展，作为一种地缘组织，显示出了极强的生机与活力，逐渐演化成农村多种力量中的一极，进而在农村多元治理中扮演起重要角色。若从可持续发展的视角来看，随着农民组织化程度提高、合作社组织规模扩大、社会对其信任度提升以及村民自治制度的健全完善，村两委与合作社、精英群体及农民等多元主体的"合作共治"模式将会是村域治理的必然选择[11]。因此可以说，农民合作社的嵌入农村治理不仅促进了村民参与网络的构建与村庄社会资本的成长，而且还推动了现有农村治理体系向多元主体共同参与的复合结构转变。

第四节 西北地区村社联动治理的作用

一、提升村域经济发展水平，实现农民脱贫致富

(一) 构建现代农业发展的主体和动力，促进农业持续发展

农民合作社是发展现代农业的重要组织依托，是农业实现产业化的重要抓手。农业产业化经营之所以离不开农民合作社，是因为分散、落后的小农经济在

面对瞬息万变、错综复杂的外部市场环境时总是处于被动、弱势地位，其把握市场走向、获取市场信息、防范市场风险的能力都相当薄弱。因此，只有通过组织化、规模化的手段将分散的个体农户联合起来，形成合力，因地制宜地发展当地的主导产业、特色产业或优势产业，才能壮大自身的力量，实现由落后传统农业向先进现代农业的有效转变。农民合作社对外连接市场，对内联系农户，通过不断完善自身的经营管理，提高经营水平，可以很好地服务于农户，取得最佳的经济和社会效益；同时有效降低农业生产成本和交易费用，提高农民的谈判能力和抵御市场风险的能力；可以降低龙头企业的交易成本，加快农产品的市场化和规模化；可以反映农民的意愿或建议，落实国家的农业产业政策等。与此同时，一直以来，依靠传统的行政渠道，政府对三农领域的投入不仅成本很高而且效率低下，农业领域的"最后一公里"问题普遍存在。而农民合作社的发展可以为落实国家对农业和农民的扶持政策提供一个新的有效渠道，尤其是政府对特定地区或特定行业的产业扶持政策，实现农业生产要素的合理配置，极大地提高农业生产的效率，从而推动传统农业朝着集约化、规模化、产业化的现代农业方向发展。

(二) 集体经济发展的重要抓手

农民合作社是新时期发展农村集体经济的有效组织方式。在农民合作社蓬勃发展的背景下，通过联动实现村社的高度融合，将会使农民合作社成为发展集体经济的重要抓手。村级组织是具有公共性和公益性的组织，它的价值在于处理农村公共事务，为村庄内的所有成员提供必要的公共服务，进而实现村庄内部的公平正义，是从国家行政手段方面的组织表现。相比之下，农民合作社作为经济合作组织的一种，其性质是经济组织，决定了它以效率为价值追求，以追求经济利益的最大化为目的。但是，当两者联动一体化发展时，两种组织的功能便会开始融合，村社联动治理的特殊意义便会凸显出来，那就是实现集体经济的快速发展。

由于各地实际条件差异，农民合作社的生成方式和表现形式也有所不同。我们将农民合作社分为政府推动扶持型、龙头企业带动型、村干部或村级组织带动型和专业大户带动型四种。政府推动型农民合作社模式是自下而上成立的，是一种官民合办的经济组织，这种合作社的优势是可以获得政府的大力支持，获得较多的政府资源，缺点是行政介入严重违背了农民合作社"民办、民管、民受益"的基本原则。由于行政色彩浓厚，农民合作社的发展很有可能受到政府行政力量的干预和影响，倘若建成后政府无暇顾及或置之不理，农民合作社的进一步发展就会受到很大影响。龙头企业带动型农民合作社模式是由农业生产、加工、运销等领域的龙头企业组织农民建立农民合作社而形成的，其优点是提高了个体农户的市场地位，降低了农户经营的风险，有利于实现农产品的市场化发展，提高农民和农产品经济效益。其缺点是作为两个独立的利益主体，龙头企业的利润最大化动机与农民合作社保护社员利益的宗旨存在着一定程度的矛盾性，在占据强势地位的工商业资本的主导和控制下，所谓的"利益共享"最终很可能成为一张空头支票。专业大户带动型农民合作社是以经济能人为核心的较为松散的协会式组织，这种农民合作社往往规模不大，经济实力较弱，服务带动能力也有限，而且容易形成能人"一言堂"的局面，名为"合作"社，实为"一人"社，经济能人的全面控制与主导，不利于农民合作社治理结构的民主化和社员利益的切实保障。

从目前各地的实践经验来看，如果将农民合作社完全交给政府或市场来主导，其结果要么是低效的行政管理式，难以有效对接农户的需求；要么是营利的市场竞争式，无法切实维护农户的利益。事实上，若完全依靠外生力量来推动，很难实现农业产业化的持续、健康发展。从这一点上来讲，村干部或村级组织带动型农民合作社具有明显的优越性。主要表现在：农民合作社可以在村党支部和村委会的基础上，充分利用村域社会内的各种资源，从而降低组织建设及运行成本。有利于实现农业产业化、集约化和规模化经营，发展和壮大本村集体经济。

西北某县 Z 村村社发展具有典型的意义，不仅增加了农民的收入，还增强了农村集体经济的实力。靠着支部领办农民合作社，Z 村集体收入从先前的一年3000 多元一下子达到 30 多万元，极大地增强了村民的信心。"以前村里穷得叮当响，想给村里弄点什么总是有心无力，现在好了，村里有钱了，为群众办起事腰杆子也变得硬起来了。"去年，村党支部书记刘某用集体收入为全村一千多名村民每人缴纳了 10 元的合作医疗费。Z 村给村里考上大学的孩子发放了奖学金，给村里的贫困户也进行了救助扶持等。调研时笔者发现，到目前为止，Z 村支部一共领办了谷物、养猪、养羊 3 个农民合作社，村集体经济收益已经超过了70 多万元。老百姓从中得到了真真正正的实惠，因此与村党组织的关系更加密切了，农村社会的向心力和凝聚力也因此大大增强。由此可见，农民合作社的发展为推动农村集体经济发展提供了良好的契机，是推动集体经济发展的重要抓手。有了雄厚的集体经济，村里就有了"家底"，才能为农村各项事业的发展提供充足的物质基础。

二、实现农民脱贫致富可靠保障

一直以来，西北地区经济发展普遍落后，贫困村、贫困县大量存在，区域性整体贫困问题比较突出，这些地方是国家扶贫战略的难点和重点。除了生态环境脆弱的客观因素外，历史、政策、思想观念以及制度变迁等都是造成西北农村地区贫困的重要原因。在中央打响扶贫攻坚战、发出全面建成小康社会号召的紧要关头，如何才能提高农民收入水平，实现贫困农民脱贫致富，是摆在西北地区各级政府面前的一道难题。村社联动、一体化发展的实践表明，在自然条件较差、集体经济薄弱的西北农村地区，实行村社协作、共谋发展的联动治理机制，可以有效增强村级组织与合作社的互助协作，集中力量发展优势产业，可以实现较快实现农民增收致富和贫困地区整体脱贫的目标。

案例一：截止到 2016 年底，Q 县共成立农村农民合作社 1060 个，注册资金 35.73 亿元，其中，种植业 241 个、林果业 203 个、养殖业 411 个、其他 205 个。农民合作社入社农户 2.96 万户，带动农户 2.74 万户，其中贫困户 3400 多户，全县 51 个贫困村已全部建立了农民合作社，实现了农民合作社的全面覆盖。农民合作社的成立极大地调动和激发了群众发展产业的活力，拓宽了农村发展路子，增强了贫困群众依靠产业实现脱贫致富的信心。

案例二：D 村是一个因种植土豆而远近闻名的村子。2014 年以前，该村的土豆种植以农户个体种植为主，由于成本较高、种植分散、销路困难等原因，导致经济效益不高，村里农民收入水平普遍较低。2014 年，D 村党支部抓住当地政府支持建设农民合作社示范社的良机，组织并发动本村村民成立了土豆种植合作社。

由此可见，在贫困人口占多数的落后地区，通过建立农民合作社将贫困人口重新组织起来，可以带领他们迅速提高收入，实现脱贫致富的目标。这对于推动西北落后地区早日实现区域性整体脱贫和全面建成小康社会的伟大战略目标具有重大的现实意义。

三、为村民自治注入活力，改善村级组织涣散的现状

(一) 助力村民自治的乡村实践形式多元化

农民合作社组织嵌入乡村社会治理中，可以有效实现村民自治形式与内容的有效统一，促进村民自治的健康发展，需要依靠一定的载体或形式。村民自治需要有效的实现形式，如果缺乏有效的自治实现形式，村民自治的内在价值无从反映，只能被"悬空"[12]。在现实中，村民自治有多种实现形式，如"能人治村""乡贤治村"等，这些实现形式对于发挥村民自治作用、实现村民自治的内在价值起到了重要作用。与之相比，村社联动治理作为村民自治的一种有效实现形式，它以农民合作社和村级组织(主要是指村两委)为共同的组织依托，通过凝聚两类组织的力量形成合力，以此来促进村民自治的发展。村社联动治理的新模式可以对现有农村治理体制起到很好的补充和完善作用。实践证明，村社联动治理是村民自治的一种有效实现形式，农民合作社成为农村治理中一股重要组织力量。

(二) 改善村级组织涣散的现状

随着农民合作社对农村影响力的不断加强，其对农村治理的积极意义日益凸显，不少地区已经形成农民合作社与村两委协同治理的局面，一些农民合作社的负责人都已陆续成为农村自治组织的领导者，有效地改善了村级组织涣散、治理能力不足等状况。因此，村社联动治理充实了现阶段以村级组织为主体的农村治理力量，对现有的农村治理体制起到了很好的补充与完善作用。改变了当前以村级组织为单一主体的治理体制，提升了农村的治理水平。

(三) 改善基础设施滞后、公共产品短缺的状况

自组织理论表明，在一定情况下，农民为了应对普遍的公共需求，能够自发组织与联合起来，通过合理的制度设计或者直接创立一种机制，用一种机制去购买或者提供某种公共服务和商品来解决他们共同面对的农业公共服务供给短缺的问题[13]。当前，为了解决本地区公共服务短缺的问题，一些地区已经成立了公共服务型农民合作社，这是一种很好的创新实践。如云南禄丰县供销农民合作社依托公共服务基础较好的村集体和个体户，在 10 个乡镇相继成立了禄丰县舍资华都宴贺园综合服务农民合作社等 10 个公共服务型农民合作社。这是禄丰县首批公共服务型农民合作社，它们以"为民、便民、利民"的服务宗旨管理、服务辖区内全体群众，是村民自我服务、自主管理、互助共赢的合作组织。牵头领办农村公共管理型农民合作社是禄丰县社今年的工作重点之一，是供销农民合作社主动承担社会公共事业管理服务的义务，参与乡村和社区公共事务管理服务职能的体现，旨在缩小农村与城区的公共服务发展差距，促进乡村社会经济和谐发展；服务内容涵盖文化娱乐、婚丧嫁娶、托老托幼、代理收费、水电路网维护等群众生活中喜闻乐见的多个方面。

当前，西北地区的农民合作社在发展壮大后已经开始投身于村庄基础设施建设和公共物品提供。在村办农民合作社成立后，西北某省 Z 村的面貌发生了极大的改变，如今的 Z 村不仅修筑了宽敞的柏油路和漂亮的村广场，还建了老年幸福院，为村民安装了安全饮水工程。农民村居环境和生活状况都得到了较大改善，这些变化都是农民合作社成立后带来的。调研中 Z 村村支书告诉笔者："村里有钱了，才能提升服务村民的能力。以前村集体没钱，想为老少爷们干点事都难，现在村集体的'腰包'鼓了，才能变着花样为村民办实事。"通过村党组织创办、领办农民合作社，不仅有效扩大了农民合作社规模，增强农民合作社的市场竞争力，还极大地促进了集体经济的发展。有了集体收入后，村两委便可以与农民合作社实行工作联动，农民合作社开始承担起村委会的一部分职能，村内修路、环境卫生、"五保"供养等公益事业等许多都由农民合作社负责。

村社联动治理机制形成后，农民合作社将成为农村基础设施建设与公共产品供给的重要主体，村两委与农民合作社之间形成的职能交叉、人员交叉、工作交叉将极大地改善西北地区农村的公共物品的供给现状。

(四) 解决发展中的不协调问题，助力全面建成小康社会

在发展较为滞后、"空心村""空壳村"普遍存在、村集体经济实力较弱的情况下，农民合作社所承担的社会功能、文化功能等满足了人们的休闲娱乐、社会交往以及参与农村公共生活的需求。从长远看，农民合作社将会有效解决西北农村发展中存在的不协调，有力推动农村地区的全面发展，助力该地区全面建成小康社会。

1. 调节矛盾纠纷，促进社会和谐

随着社会结构的分化重组和利益关系的日趋复杂，各种矛盾纠纷也频频产生。近年来，围绕土地征用、农业生产及人际交往等，农村社会中的矛盾和纠纷日益增多。有些矛盾纠纷由于未能得到及时有效解决，进而演化成群体性冲突或村民上访事件，严重影响了农村社会的和谐稳定。相比于村级组织，农民合作社与社员和村民之间有着更加紧密的利益联结机制，因此在化解村庄冲突、矛盾纠纷和邻里纷争方面有着独特的优势。这对于基层农村社会的稳定有着重要意义。

2. 提高农民素质，推动文化建设

积极倡导者、资助者乃至参与者通过举办多种多样、丰富多彩的文化活动，大大丰富了农民的精神文化生活，推动了当地农村的文化建设。如通过编演相声、小品等艺术形式进行普法宣传，提高广大村民的法律意识；举办道德讲堂，提升村民道德水平，以此促进和谐村庄建设。有的农民合作社还定期出版黑板报来宣传农民合作社的基本常识、农业科技知识以及国家对农村的各项方针及优惠政策等。还有些规模较大的农民合作社设有秧歌队、腰鼓队等表演团体，在节日或过年进行定期演出。这种共同组织起来的文化娱乐活动，使社员与社员之间、社员与村民之间、农村合作社与村域社会之间加强了联系，实现了相互嵌入，形成了一个有机的整体，拓展了农民合作社和农村社会的公共生活空间，极大地丰富了社员和村民的精神文化生活。可以说，农民合作社卓有成效地开展一些文体活动等，对于提高西北地区农村村民素质，推动当地文化建设有着不可忽视的重要意义。

第五节　西北地区村社联动治理机制生成的内在逻辑

农民合作社在村域的产生与发展不仅突破了自身原有的角色定位，迅速成

为后税费时代农村社会中的重要一极，而且改变甚至重塑了村庄的整体生态，它的存在对于村级组织和村民有了新的重要意义。对于村级组织来说，农民合作社是发展集体经济的重要抓手，有利于壮大村集体经济的实力，提升本村的经济发展水平；对于社员和村民来说，加入农民合作社，可以有效提升自身抵御市场风险的能力，提高自身的收入。同时对于农民合作社来说，可以依托村级组织，有效整合资源，降低自身的经营成本，最大限度地提升农民合作社的经济效益。这种关系和相互作用及影响是我们认识西北地区村社联动治理机制形成的前提和基础。

任何一种机制和模式的形成都有其特定的内在逻辑，它受到自然地理、社会经济状况等众多因素的影响。在考察和理解村社联动治理机制的内在逻辑时可以有多个维度。如从经济理性维度出发的成本—收益逻辑，从村庄政治维度出发的权利—权力逻辑乃至基于村域社会的规则—秩序逻辑，这些维度和逻辑都可以很好地解释西北地区村社联动机制的形成逻辑。但是从另一方面来看，这些维度都过于宏观，无法具体地揭示这种独具特色的治理机制的生成逻辑及演进规律。因此，鉴于西北地区联动治理的特殊性，我们便倾向于从过程逻辑的角度来理解和分析西北地区村社联动治理的生成逻辑，这样不仅有助于我们去观察不同的发展阶段村社联动的具体形态，还将有利于我们去分析各个阶段的联动治理机制的要素构成，从而可以将村社联动治理机制的生成进行系统总结和理论上的推演。

西北地区村社联动治理机制的逻辑生成过程大致可以分为村社分立、机械融合、有机融合与联动治理四个阶段。其中，村社分立是联动治理机制形成前的原生阶段，在分立状态下，无论是农民合作社还是村级组织都面临着发展困境，这种困境迫使两种组织逐渐走向联合，继而进入了机械融合阶段。在该阶段，由于受到原有组织惯性的影响，两种组织之间难免会出现一些摩擦，产生冲突与张力。而经过一段时间的磨合后，两者之间逐渐实现了目标一致和利益平衡，农民合作社与村级组织都从村社融合中获取了想要的资源。为了使这种良性的"共赢"局面能够长久存在下去，实现村社联动就成了一种必然的结果。

一、村社分立——农村场域内的分散、孤立状态

农民合作社的产生对于村域社会的首要意义是一种新型的农业经济组织的诞生，它不但提高了农民的组织化程度，而且为发展现代农业提供了重要支持与保障。但是，可能是因为目前农村经济发展中，农民合作社与村两委在经济社会的发展过程中目标不一致、利益冲突、村民认同度低等原因，使得这两个组织基本上没有什么协作，更谈不上协同发展了。在村社分立的状态下，农民合作社面临着缺乏体制内力量的有效支持以及来自村两委博弈的双重压力。这种状态严重制

约了农民合作社的发展壮大，造成了村域经济发展的停滞，对农村社会的发展资源造成了伤害，甚至导致恶性循环。

作为村域社会中新增的体制外利益主体，农民合作社在与以基层政府和村两委为代表的体制内力量博弈时往往处于弱势地位。这种弱势地位使农民合作社只能采取两种策略。一种是抱着"井水不犯河水"的心态，作为一种独立的经营主体自主开展生产和经营活动，最大限度地维护自己的组织利益，不触及、不介入村庄公共事务中来。另一种是为了实现自身在一定地域内生存与发展的需要，不得不出让部分组织利益并努力与村两委村庄治理目的保持一致，用这种策略来获得村两委乃至基层政府对其发展的各种支持。主要表现在农民合作社对村域公益事业建设的参与上，如修建敬老院与学校校舍、为本村考上大学的贫困学生设立奖学金、为村里硬化道路出钱出力等。在村社分立的状态下，这两种策略都是农民合作社在经济人理性的支配下做出的现实选择。可以看到，这两个主体在发展过程中的两张皮现状较明显，这种状况的好处是相安无事，但弊端更为明显。作为村域内的具有影响力的组织，农民合作社是不可能"独善其身"的，由于生产和经营的需要，它必然要与周围的环境发生作用，产生这样或者那样的关联。因此，这种策略实质上回避了问题而不是解决了问题，这对农民合作社的进一步发展壮大是弊大于利的。后一种"出让利益"策略虽然在客观上增强了农民合作社生存、发展的民意基础和合法性，但是由于经常性地让渡组织利益，可能会引起组织内部的不满，影响农民合作社的正常运营。尤其对一些盈余不多、积累资金较少的农民合作社来说，这种出让无异于"杀鸡取卵"。

由此可见，村社分立带来的分散和孤立状态，对于农民合作社的长远发展是极其不利的。笔者在西北地区调研的数据也证实了这一点。村社分立型的农民合作社要么规模较小、发展无力，要么在经营中遭遇种种困难，问题缠身，不仅难以拓展自身业务，甚至难以在村庄内站稳脚跟。C村某农民合作社就是一个很典型的例子，由于该农民合作社的主要负责人对村干部不买账，双方不和睦、不合作，导致了两个发展主体相互拆台、发生冲突，真正受损的是农村经济的发展。村两委不但对该农民合作社的建设不支持、不配合，甚至在土地置换、办理土地入股手续、贷款申请以及政策宣传等方面给该农民合作社设置了重重困难。由于面临着很大阻力，该农民合作社迟迟无法开展经营活动，最终只能倒闭。分离型农民合作社除了在农村公共资源的使用上容易与村级组织产生矛盾外，更糟糕的是，由于村干部的个人意志与情感态度很大程度上影响甚至主导着村两委对合作社的行为选择，倘若农民合作社与村级组织及村干部关系处理不当，就基本等于被"判了死刑"，在生存无望的情况下，发展也只能沦为一种奢望。

二、村社机械融合——组织间的冲突与张力

农民合作社的产生及其发展虽然将有可能潜在地改变中国乡村治理秩序，但是这同时也意味着作为新生利益主体的农民合作社也许将与村级组织存在着功能上或利益上的冲突[14]。在村社分立状态下，两种组织之间的功能和利益冲突基本是一种常态。无论对农民合作社还是村级组织，在运行中都面临着这种困境。

村社分立是村社联动治理形成前的一种状态，这种状态必然会使农民合作社和村级组织成为博弈双方。彼此不合作或者协调度低，使得很长时间都难以建立起双方都满意的利益协调机制，而利益的联结机制是西北地区农村发展中非常重要的机制。因此，农民合作社与村级组织之间的博弈属于一种带有很大的不确定性的零和博弈。为了克服这种不可调和的矛盾与冲突，减少村域资源的内耗，实现共同发展，农民合作社与村两委便逐渐开始以合作者的面貌出现在村域社会中。经过不断地合作后，两种组织日益摆脱了分散和孤立的状态，进而呈现出组织融合的趋势。

理论上讲，当农民合作社与村级组织开始逐渐融合时，两者之间便结束了分立的状态，从而有了目标和功能上的交叉或重合。这与先前的两不相干、相互独立截然不同，在共同利益的影响和推动下，两种组织会自觉地打破壁垒，进而实现一致与融合。但是，农民合作社与村级组织的融合并不是一蹴而就的，它有一个由弱到强、由浅入深的变化过程。这个过程可以大致分为两个阶段，分别是村社机械融合阶段和村社有机融合阶段。

在村社机械融合阶段，虽然村级组织与农民合作社已经有了共同目标和利益，但是由于两者本质上属于两种性质不同的组织，所以两种组织之间必然会存在某种冲突与张力。我们看到，农民合作社与村两委在农村经济和公共事务中分别发挥着领导核心与治理核心作用，这种相对的独立运行是必要的，但长期来看，需要合作协调。合作社的经济属性与村党支部的政治属性和村民委员会的公共、自治属性之间是存在张力的。这种张力的存在会使得在实际运行中合作社与村级组织可能会产生一定的冲突和矛盾。如村级组织会认为农民合作社给自身带来了"权力挤出"效应，农民合作社则会认为村级组织过于强势等。在这种情况下，一方面新的社会角色为了谋求发展，需要不断拓展与延伸自身的活动空间；另一方面旧的社会角色也需要重新调整自身的角色定位。在这一过程中，关键在于农村社会中权力获致者的体制内精英与权力谋求者的体制外精英能否构建一套有效的民主协商机制，并通过民主协商或博弈的方式确立新的规则或契约，以此来削弱两者之间的冲突与张力，减少双方的差异性并最终达成对村域社会中稀缺资源的共享目标，实现融合式共同发展。

此外，需要强调的是，在村级组织与农民合作社协商或博弈的过程中，处于强势地位的村级组织，一些村干部认为合作社的发展会对村"两委"构成了严重的威胁，因此主张限制农民合作社的发展。由此可见，在村社机械融合阶段，村级组织与农民合作社两种组织之间的冲突与张力是一个不得不面对的大问题，必须引起高度重视并要努力化解。村级组织与农民合作社二者的关系如果处理不好，不但双方都会受到影响，而且还将进一步影响农村治理的基本面和农村经济社会的全面发展。

三、村社有机融合——行为及目标的趋同性

村社有机融合是联动治理的第三个阶段，在经历村社机械融合阶段的不断磨合后，村级组织与农民合作社之间建立起了良好的互补合作关系，村域内各种资源开始逐渐汇聚，村社的共同发展目标也不断趋向一致并日渐清晰，无论是村级组织还是农民合作社都从村社融合中获取了彼此需要的资源。由于发展目标的一致性和资源的互通与共享性，村级组织和农民合作社之间不存在或很少存在机械融合下可能产生的冲突或抗衡关系，只存在高度的互补性合作关系。家庭联产承包责任制推行以来，尤其是税费改革后，原有的村级组织+村民小组+农户的农村社会治理网络解体，因此对于村级组织来说，寻求一种既能适应市场经济发展的要求，又可以把农民有效组织起来的平台和渠道就成了当务之急，这种需求促使村级组织和农民合作社建立合作关系，实现有机融合。而对于农民合作社来讲，其进一步发展会受到资源要素配置能力、组织动员能力以及谈判协调能力的制约，需要村级组织在多方面给予支持，因此农民合作社也会积极谋求与村组织建立合作关系。

村社有机融合达成后，村级组织与农民合作社之间的互补性合作关系的内容将涵盖政治、经济和社会各个层面，已经具备了"村社联动"的某些治理特征，其结果是双方的互利共赢。在实际中，农民合作社的发展离不开当地村级组织的帮助与支持，因为它的发展不仅需要土地、林地、道路等生产资源和生产条件，还依赖于良好的社会环境，如果离开了村级组织的支持，农民合作社扩大生产所需要的资源就无法得到满足，更不用谈进一步发展壮大。虽然在实际中出现了一些跨界性的多功能合作社与跨地区的联合社，但必须指出的是，无论身处何地，农民合作社都会与当地的村级组织发生密切联系。与此同时，村级组织也在多方面依赖于农民合作社，如为了自身利益，村级组织就可能在村民选举、资源调配、经济利益分配上对农民合作社进行干涉等。

总而言之，在实现村社有机融合后，村社的发展目标进一步得到明确与强化，在实现现代农业发展、群众增收致富的同时，也给农村社会的精神文化建设

带来了积极影响，促进了农村社会的和谐稳定，使得农村经济社会发展机制更加完善和成型。

四、村社联动——农村场域内的共治关系确定

为了将村社融合带来了"共赢"局面巩固下来，实现村社联动就成了一种必然结果。村社联动是在村级组织与农民合作社的共治关系完全确定后实现的。村社联动治理模式最显著的特征在于迎合了普通村民对于自身利益的追求以及对公共利益的偏好，这种农村治理模式对于村民来说是一种新的"关系组合"。农民合作社可以通过"利益诱导"等方式获得较高的公信力和较广泛的村民认同度，从而使自身获得参与农村治理合法性的社会经济基础与进行治理可以凭借的"社会性资源"。

村社联动机制的形成依赖于相关机制的建立与完善。一是村级组织和农民合作社要确立共同的发展目标。在共同目标和利益的驱动下，两种组织将会实现高度合作，充分发挥各自的作用，实现优势互补，达到"1+1>2"的效果。二是村级组织与农民合作社之间实现组织融合，通过建立"一体化"的合作关系，实现高效协作。如可以依托或结合各地区的产业优势，通过"村社合一"的方式，盘活各种资源，将土地、山林、资金、集体资产等融资、入股，创办"村级组织+农民合作社+农户"或"村集体经济组织+农民合作社+土地流转农户"等多种新型合作模式，丰富合作形式，创新发展路子。应该指出，村级组织与农民合作社的班子成员实行交叉任职、双向进入后，要重点推进农村治理的程序化、规范化和制度化建设。否则，权力与资源的集中极有可能诱发村干部腐败等不良后果。三是积极探索成立农民合作社党组织。对于具备一定条件的农民合作社，可以单独成立党小组，隶属于本村党支部或乡镇党组织，村党组织同时挂农民合作社党组织牌子，农民合作社党支部书记由村党支部书记"一肩挑"，实行两个党组织一套班子，党员参加所在村党支部和农民合作社党支部的活动。只有这样，才能构筑坚实的联动治理机制，充分发挥村级组织和农民合作社的双强双带作用，从而促进西北地区经济社会的快速发展，为实现精准脱贫、整体脱贫开拓出一条新路。

解决"三农"问题的根本途径在于农村社会经济体制的整体突破，应该大力发展协同效应明显的、以合作社为主体的农业产业发展主体，同时尽可能创造宽松合适的发展条件和发展环境，实现农民合作社与村两委的协同，应该建构现代化的农村治理体系，以新的农村治理模式取代传统的村治模式。西部地区处于内陆，经济发展比较落后，是"三农"问题中聚焦的重点和难点。促进西北地区农村发展要从变革阻碍生产力发展的社会经济体制入手，尤其是具有先导意义和战略意义的治理体制。研究西部新农村治理问题，对我国农村治理模式创新具有重

大的历史意义，对促进落后地区农村发展有重要的启示和现实意义。应该指出，以农民合作社为代表的新型农业经营主体的培育，为农村经济社会发展和农村治理的改善提供了支撑和契机。但是，如何使村级组织和农民合作社相互促进，相得益彰，共谋农村发展，作为农村社会中的重要地缘性组织，村社必然将在相当长的一段时期内继续存在。尽管在向现代农村转型的过程中，传统自然村落共同体的农业生产、生活和社会规则由于外来观念和力量的影响而受到冲击，但是村域内农民基于地缘因素影响所形成的共同价值信仰并没有完全被打破，彼此之间的社会关系网络依然还存在。因此，广大村民就可以通过不同的形式，在建立利益共同体的基础上通过村社合作发展集体经济，以农民合作社的形式将农户之间联系起来进行分工协作，解决"小农户"与"大市场"之间的困境，从而有效促进现代农业的发展，更好地实现和维护农民利益。农民合作社的蓬勃发展加快了农业现代化、产业化发展的步伐，同时也为塑造现代农村治理提供了崭新的契机。充分发挥农民合作社的治理功能，实现村社联动治理及村社一体化发展，是实现西北地区农村快速、健康、有序发展的现实选择。

参 考 文 献

[1] 李婵娟, 左停. "嵌入性"视角下农民合作社制度生存空间的塑造——以宁夏盐池农民种养殖农民合作社为例[J]. 农业经济问题, 2013 (6): 30-36.

[2] 邵兴全. 新型农民专业农民合作社治理结构研究[M]. 成都: 西南财经大学出版社, 2014: 110-135.

[3] 唐宗焜. 农民合作社功能和社会主义市场经济[J]. 经济研究, 2007(12): 11-23.

[4] 王进, 张亚飞, 王海洋. "传统、裂变、融合"式农民合作社模式的比较研究[J]. 内蒙古农业大学学报, 2016(6).

[5] 姜裕富. 农村社会管理中的农民专业农民合作社[J]. 湖北社会科学, 2011 (9): 50-52.

[6] 费孝通. 乡土中国[M]. 上海: 上海人民出版社, 2006.

[7] 吴重庆. 无主体熟人社会[J]. 开放时代, 2002(1): 121-129.

[8] W. 理查德. 斯科特, 杰拉尔德. F. 戴维斯. 组织理论——理性、自然与开放系统的视角[M]. 北京: 中国人民大学出版社, 2011: 6.

[9] 崔建平. 社会管理创新与农村社区建设——以潍坊市农村社区建设为例[J]. 山东社会科学, 2012(3): 130-133.

[10] 张晨阳. 欠发达地区农民专业合作社承载的功能研究——以甘肃省张家川高山村草畜产业开发合作社为案例[D]. 兰州: 兰州大学硕士学位论文, 2010.

[11] 赵泉民, 井世洁. 合作经济组织嵌入与村庄治理结构重构——村社共治中合作社"有限主导型"治理模式剖析[J]. 贵州社会科学, 2016(7): 137-144.

[12] 徐勇, 赵德健. 找回自治: 对村民自治有效实现形式的探索[J]. 华中师范大学学报(人文社会科学版), 2014(4): 1-8.

[13] OSTROM, ELINOR. Governing the commons: the evolution of institutions for collective action [M]. New York: Cambridge University Press, 1990:118-135.

[14] 黄祖辉, 徐旭初. 中国的农民专业合作社与制度安排[J]. 山东农业大学学报, 2005(4): 15-20.

第五章　西北地区农村治理的基本形式和有效模式

基层政府治理经历了从"管理"到"治理"的长期探索和发展阶段，顺应新农村发展要求和现代治理理论发展的大趋势，力求实现新农村治理从"力治"向"善治"治理形式的转型。本章旨在从治理理念、治理方式、治理成效等方面对当前农村多种治理模式深入分析，在对其治理模式优缺点分析的基础上，发现合作社在经济、社会、组织规模方面优势明显，适宜于当前西北地区农村实际情况，有助于推动西北地区农村社会发展。

第一节　西北地区农村治理形式的发展及比较

一、农村社会治理的基本形式

乡村社会治理模式是指农村社会在既定的历史背景下，为实现农村社会发展的特定目标而选择的由基层政府或其他治理主体管理社会的权力与权利结构以及运行机制[1]。根据这一概念，我们可以清楚地认识到治理模式所包含的三个方面的基本要素，分别为既定的历史背景、特定的目标以及权力与权利结构以及运行机制。针对农村社会来说，这三种要素构成决定了各种治理模式的基本目标、基本维度等。对于农村社会治理来说，自改革开放之后大多以"乡政村治"为主要特征来构建其治理模式，可以看到，当前农村社会治理模式主要表现为以下三大类：传统型治理模式，包括行政主导型治理模式和村落权威型治理模式；能人型治理模式，具体表现为乡村精英治理模式、新乡贤治村模式以及经济能人治理模式；中间型治理模式，主要指的是合作社及社会性组织参与社会治理的形式。

(一) 传统型治理

这里我们所说的传统型治理方式，并不单纯指传统社会时期的治理方式，而是一种能够适应当前社会发展并对传统社会时期乡村社会治理方式的继承和发展。行政主导型治理模式和村落权威型治理模式从本质上来看都是当代乡村治理在继承传统社会时期治理模式的基础上顺应现代社会发展的创新性转变。通过我们的实地调研，我们发现部分地区在坚持村民自治理念的基础上实行行政主导型治理和村落权威型治理是不可避免的现象。对乡村社会的现实状况进行分析我们认识到，首先，传统社会时期的乡村治理方式并未完全退出历史舞台，创新乡村社会治理模式对传统乡村治理资源的继承是其在当前社会时期获得农村社会力量有效支持的一种重要手段，同时，从传统农村社会力量的抗拒性和排他性来看，继承传统社会时期治理方式并对它进行创新都是必要的路径选择[2]。

1. 行政主导型治理模式

自古以来，我国都是一个以强大的行政力量管理国家事务的国家，弱化到乡村社会来看，基层政府行政主导治理模式则是乡村社会治理的根本方向。基层政府作为单一的治理主体来处理乡村社会公共事务已成为一种惯性。坚持以行政治理手段的行政主导型治理模式，积极发挥基层政府在农村社会组织发展中的关键作用，对此，行政主导型治理模式依靠政府的强力权威作用对乡村社会事务进行系统治理。

行政主导型治理模式是在传统社会时期"行政垄断"管理体制上的创新和改革，这一治理模式是农村社会当今社会体制和方式上的模式选择之一。主要是：从治理主体的角度来看，这种模式在其主体职能选择上坚持以基层行政机关为主导地位，同时由社会组织和公民提供辅助作用，总之，这种治理模式以政府和社会组织共同组成农村社会善治的主体；从其治理手段来分析，行政主导型治理模式以政府行政管理手段为主要方式，同时辅以市场调控的手段来对不同类型的社会事件和事务进行区别处理；从其治理理念来看，行政主导型治理模式坚持以行政法规、规章等组成的社会治理法律体系来解决农村社会事务，以推动农村社会发展，同时以私法、民法、社会法等法律为补充制度，以发挥行政法在农村社会治理中的重要作用[3]。

基层政府行政主导型治理是指农村社会在执政党的领导下，坚持由基层政府组织领导，吸纳社会组织、市场组织以及个人等多方面治理主体来对农村社会事务进行共同治理的总体活动。这种治理模式要求基层政府组织积极发挥其自身作用，为解决农村社会发展困境从而推动农村社会发展积极创造条件。

在当前治理理念的影响下，行政主导型治理模式不仅仅表现为政府权威管控社会，而应该呈现一种政府集合多方面力量治理社会的局面，清晰地认识到现行的行政主导型治理模式与传统的社会统治和管理在根本上的不同，应该认识到，尽管是以政府为主导，但应结合其他社会治理主体的共同力量和治理理念，基层政府处于多元主体的主导地位；从其治理方式来看，行政主导型治理坚持以行政法律、制度等为主要手段来约束和规定乡村社会治理中的政府职能和行为方式。对于行政主导型治理模式来说，政府通过提升自身能力、进行制度创新的方式来为乡村社会治理的实现创造各种制度和法律条件；从其治理职能来看，由于当前处于社会转型时期，政府和社会的关系也随之发生了重大改变，尽管是行政主导型治理模式，但政府并不是承担着单一的社会治理主体的作用，而是扮演着多元主导的角色，对此，为顺应农村社会发展和乡村社会治理的新要求，基层政府进行自我革命、简政放权、转变职能成为乡村社会治理的必然趋势，同时，对于行政主导型治理模式来说，基层政府、市场和社会组织构成了乡村治理社会领域的三大组织，对于推动农村社会发展有着重要的影响作用，政府作为多元主导的治理主体，对于推动农村社会市场经济和市场组织的发展有着举足轻重的作用。

案例一：S省Y市J县实施"JBB模式"作为以行政推动现代农业发展的典型模式。"JBB模式"通过以"行政推动+农技服务+协同运行"的运行机制，整体推行统一规划、集中连片、适度规模、多元经营、农机农艺融合等集成技术来推动农业发展。深入分析"JBB模式"，从其组织机构来看，建立以县委县政府为主导行政推动的县乡村三级联动机制，三级行政组织转变其行政职能，同时协调社会各方力量，整合资金的投入，以此来推动现代化农业的发展；从其政策引导层面来看，"JBB模式"主要还是以行政政策来引领农业产业、农业合作社组织等来推动乡村社会的发展和转型。以行政组织为主要治理组织来推动农业发展是一种将强化组织领导作为现代农业发展的有力保障，最终的目的是推动农业产业发展，培育新型农业产业主体和新型农民。

对于政府主导型治理模式来说，政府在推动基层社会治理和农村社会组织发展方面都起着关键作用，至此，在政府实际进行治理的过程中，往往会出现政府组织职能缺位、错位等现象的发生。目前，西北地区仍然存在着一些地区采用行政主导型治理模式对乡村社会进行管理。行政主导型治理模式作为由政府发挥主要作用的乡村治理模式，但在实际运行的过程中，行政主导型治理模式的制度设计和实践中都带有浓郁的计划经济的色彩，而在目前社会形势巨大转变和市场经济催生的双重影响之下，行政主导型治理模式在实际运行中会产生以下问题：第一，在市场经济体制的确立和市场经济的发展下，政府单纯的发挥行政引导和政策推动不能应对市场经济的威胁和挑战，导致行政主导型治理模式所能发挥的治理成效逐步下降；第二，以行政主导型治理模式所提倡的"自我管理、自我教育、自我服务"的村民自治模式，但这种治理模式在实际运行中对于村民自治的条件、自治环境、动力和保障等相关因素并不具备和完善，导致基层行政组织不能发挥其治理成效；第三，传统的行政主导型治理模式是在填补人民公社解体的空缺条件下产生的，制度设计和运行在市场经济的发展下，首先其制度运行层面的内生性缺陷就暴露出来了，因为如果存在着多层关系的行政治理主体机构，例如乡党委、乡镇长、村支书、村长、村民组成的五级治理结构，在乡村治理的实际运行过程中，多治理主体导致多层关系的冲突难以平衡，也会影响整体治理效果，同时，这种多层次的治理结构可能还会导致在治理过程中治理主体权责不清、村民社会参与力不足的问题。

2.村落权威型治理模式

尽管随着朝代更替、社会历史发展，以族权、绅权、政权为核心的传统乡村治理秩序有所瓦解，但农村社会由于其独特的历史人文情况，这种以血缘关系为纽带、宗族为主的乡村人员结构并未发生剧烈的改变，事实上，宗族组织依然作为一种社会权力或势力在农村社会法中发挥着重要的作用[4]。在农村社会治理中，村落权威力量来源于农民土地共有和村落传统道德伦理之中，中国社会从其基层社会来看，本质上就是乡土的，不但在外在上表现为以血缘和宗族关系为纽带的社会构成上，从其内在分析更是表现为土地共有[5]。对于农村社会秩序的维护来讲，维护乡村秩序主要依靠族老的权威、教化以及村民所熟悉的乡规民约等来进行管理和约束，但随着农村社会经历了巨大的社会转型期，农村社会中的村落权威结构也变得更加复杂，当前的村落治理中存在着多种权威力量并存的局面。

权威并不等同于权力，权力依靠其法律规定来对他人的社会行为进行约束，而权威则表现为在社会道德规范下，依靠一种令人信服的力量在社会事务的处理中获得民众的内心认同感。而村落权威经过多个社会时期的资源配置和重新组合，为适应当前的社会发展现状，形成了多种权威结构来维护乡村社会的秩序。村落权威型治理模式在此发展基础上呈现出一种多元权威结构共同治理的形式，这些权威结构主要表现为法理型权威、传统型权威和魅力感召型权威力量三种形式。

法理型权威力量在农村社会治理的实际运行过程中，表现为基层政府行政组织和村两委组织的意愿表达。政权组织在乡村社会治理中仍占主导权威地位，这种国家公共权力下的社会权威依靠法律所规定的合法权力对社会事务进行管理，因为政权权威力量对于乡村社会的人事、财务、政策执行等有着绝对的控制力量，同时，村两委组织作为村域的核心组织，对于村民自治下民意的表达和上级政权意愿的传递都起着重要的衔接作用。

农村社会由于其独特的乡土性和血缘宗族关系，产生了以"族长"的社会威望和权威来作为村域治理过程中的核心力量，他们作为农村社会中乡规民约的实际制定者和执行者，对于农村社会族群内部关系的调解有着重要的作用。通常来说，村落的形成以几个大姓为基础共同组成家族或者宗族，故此，对于农村社会来说，传统宗族的权威力量对于农村社会秩序的维护拥有绝对的决定权和处置权，主要表现为家族或宗族成员婚丧嫁娶等重大事件。同时，宗族社会中，族长由于年长的关系，对于宗族事务的处理、宗族"规矩"的制定和执行、宗族内外部纠纷的处理等有着重要的决策作用，在乡村社会治理中，宗族权威力量在农民心中的权威治理力量远超于村两委和法律。

魅力感召型权威力量是建立在相关人员个人魅力基础之上的一种权威力量，这种治理力量通常不是以组织的形式出现，而是通过村委干部、经济能人、士绅宗族等以个人力量来实现乡村社会治理能力的权威力量。拥有这一权威力量的个人通常具有丰富的政治资源和强烈的社会感召力，同时，除此之外，其中的一些经济能人还以其所拥有的独特的经济资源来推动农村社会经济的发展。

总而言之，这三种权威治理能力共同构建村落权威型治理模式，而这种村落权威共同推动乡村社会的资源发展，同时，村落权威治理力量对于农村社会维权的方方面面都有着重要的影响作用。村落宗族治理模式从均衡村落利益、运用传统文化和完善村民自治制度三个方面来对乡村社会治理资源进行整合，从而保证乡村社会秩序的持久性。

案例二：S省S县L村在乡村组织体制发展的不同历史时期经历了村落权威治理模式的逐步演变，从古代传统权威发展到近代宗族权威，目前在农村土地产权个人化的影响之下，L村的权威治理主体又发生了新的变化。由于土地产权个人化的影响，L村出现了一批先富起来的致富能手，致富能手作为新的村庄权威治理，不但是村落魅力型权威的代表，可以赢得村民的信任和支持，同时，作为本村大的宗族的本姓人，同时也获得村庄宗族权威的认可，这种新的采用致富能手作为治理主体的方式，是传统型权威治理走向魅力型权威治理的重要表现，魅力型权威主体依靠村干部的个人魅力或经济认同感，从而在乡村社会形成"感情共同体"，村民在这种魅力型权威领导下更具凝聚力和动力，这种新型权威型治理模式有利于村庄经济发展和农村社会稳定。

西北地区还有部分地区仍然沿用权威型治理模式管理乡村社会，大多集中在宗族文化深厚、宗族关系复杂、文化传统深远的区域，这类型地区在农村社会治理中仍采用村落权威治理型模式。但村落权威型治理模式在市场经济的影响之下，村庄权威在一定程度上受到了挑战，导致以村庄权威为治理方式的权威型治理模式也面临了威胁，主要表现在以下几点：第一，农村村民受到二、三产业的利益驱动，导致其放弃第一产业的耕作，而选择外出务工，这种选择导致村庄农耕利益基础的解体，从而导致村庄权威力量无法对外出务工村民进行利益约束和治理；第二，随着越来越多的农民选择外出务工，村庄的封闭性被打破，流动性大大增强，村庄权威力量作为权威主体，面对权威客体的流失，无法有效地发挥其治理成效；第三，村庄权威客体的流失，导致村庄权威与村民利益的分开，一方面使村庄自治无法有效施展，另一方面也是由于利益驱使导致村民对村庄权威体系持一种冷漠态度，使村庄权威体系难以维持下去。

(二) 能人型治理模式

村庄的治理模式很大程度地影响着村庄治理的成效，能人型治理模式的产生源自于农村社会村庄自主性的不断增强，产生了一大批"懂经营、善管理"的"经济能人"，同时还有一些在农村社会中有着强大社会认同感的"道德能人"。随着社会的发展，农村社会对于市场和经济的需求也在不断地增强，所以这种具有较强经济能力的人在乡村社会治理中的影响也越来越大，但由于在这里我们不单单考虑简单意义上的经济能人，在这里，我们对所谓的"能人"进行分类，故此，能人型治理模式具体表现为以下四种模式。

1. 乡村精英治理模式

农村社会在面临着社会转型时期和治理转型的双重要求下，乡村精英作为一种独特的政治力量，在乡村社会治理的过程中发挥着至关重要的作用。传统的精英理论认为只要在有组织、有人群的地方就有权力精英的存在，而目前，我国学者在对乡村社会治理理论和社会实情进行分析的基础上，对乡村精英进行了更加准确的治理。从乡村精英的治理能力和社会权威性来看，部分学者认为乡村精英指的是在乡村社会中那些在政治资源、经济资源、社会地位、民众信赖等方面具有极大优势的社会人群[6]；还有部分学者认为所谓的乡村精英就是那些依靠其自身的资源汲取能力、个人魅力等优势资源在社会中获得了一定的经济和政治成就，然后以社会赋予他们的权威力量来影响乡村社会及其社会成员[7]。而在此，我们所说的乡村精英是指在乡村社会中，那些通过自身政治、经济、社会等资源优势在社会中获得一定成就，并通过其社会成就所带来的社会权威和社会影响力处理乡村社会事务、推动乡村社会稳定发展的乡村权威。

乡村精英治理模式作为当前我国社会转型期一种独特的政治现象，对于乡村社会治理从政治、经济、社会的发展都有着重要的推动作用。按照乡村精英的影响领域不同，目前我们所谈到的乡土精英分别指的是政治精英、经济精英以及社会精英。乡村精英治理模式主要指的是由乡村社会中的乡村精英主导乡村社会村庄公共权力的配置和运作，依靠不同类型的乡村精英所能发挥的社会权威、意志等对乡村社会进行管控、组织和服务。同时，由于乡村精英治理模式是当前社会转型时期一种有效的过渡型治理模式，它依靠传统乡村社会的政治习惯和风俗文化，同时看中乡村精英在社会治理中所能发挥的经济作用，共同致力于乡村社会的发展。

目前，乡村精英治理模式在西北地区还是比较常见的，通常集中在以产业推动农村发展的区域，乡村精英作为产业带头人，对于乡村社会治理有着重要的影响，陕西省咸阳市部分地区表现出明显的乡村精英治理的特征。但在乡村精英治理模式下，乡村社会权力结构可能会出现一定的封闭性，对此，由于乡村精英以人治理的色彩比较突出，而在实际治理过程中，乡村精英群体的利益集团化、精英垄断行为都会对乡村社会治理产生负面影响，表现为：第一，很多体制外的乡村精英由于其社会地位和经济地位的影响，想要通过村民选举来实现其向体制内的转变，若竞选失败，他们对乡村事务大多采取漠视的态度，对村庄治理的兴趣也会下降；第二，乡村精英对于乡村社会事务的处理大多集中在与自身利益相关的事务上，从而导致他们对涉及大多数村民利益的重大村务的决策和社会管理能力不足；第三，乡村精英的权力过于集中导致乡村社会事务处理的透明性、公开性以及决策的公正性稍显不足；第四，目前乡村精英治理主要是依靠乡村精英的能力和品质，突出精英的个人意志和权威，这就导致乡村精英治理的制度缺位、管理缺乏稳定性和连续性。

2. "新乡贤"治理模式

自古以来，"乡贤"都是作为乡村社会治理中的特殊群体对乡村文化的建设、村庄秩序的维护等都有着重要的影响。传统的"乡贤"指的是在乡村社会中具有优良的德行、声望等而被当地民众所尊重的人，这一类的乡贤通常在乡村社会治理的过程中表现为在乡村社会内部以其政治、经济、文化、社会等优势地位而获得民众认同感的人群，也就是上面所提到的乡村精英。而在此，我们所讨论的"新乡贤"指的是从乡村走出去在外学习、经商成功、入仕途等之后回到乡村社会，根据其在外积累的社会资源、经济资源、政治资源等优势资源来参与乡村社会事务，他们以自己的实际行动回报乡民、回报社会，对于乡村社会本土凝聚力的积累有着积极推动作用。

"新乡贤"治理模式是当前社会转型时期农村社会治理的必然产物，新乡贤加入乡村社会治理的过程丰富了乡村社会的治理主体，同时增强了公众参与社会事务的自愿性和自治性。事实上，新乡贤治理模式的内涵就是在当前城乡一体化和治理现代化的时代大背景下，结合"乡政村治"和"村民自治"的体制安排，"新乡贤"以农村社会多元治理主体之一的身份等发挥其在政治、经济、文化等资源方面的优势。"新乡贤"以其独特的"走出去+引回来"的方式，根据自己在外的经验、学识、技艺以及文化修养等方面的优势来影响着乡村社会本土的风土人情，他们参与到新农村建设和治理的过程中，以其"走出去"的经验更能对乡村社会治理的方向和技术等起到积极的推动作用。

"新乡贤"回归到乡村社会治理的过程当中，由于其在外工作的经验有所不同，故此，在农村社会事务的管理过程中发挥着不同的作用。主要表现为以下三种：第一种是依靠其在外积累的社会资源和经济财富等方面的优势，通过乡村选举的方式成为村干部，通过给大家一种公开公平的进入方式，从制度显现层面调动农村居民的积极性，推动农村经济社会的持续发展；第二种是根据其社会资源，建立合作社组织等形式来吸引、刺激和鼓励大家创业和就业，同时，通过合作社组织帮助大家实现共同富裕，以带动当地经济的发展和乡村公共利益的获取；第三种是部分饱学之士，根据其在外获得的渊博学识及在乡村社会文化继承方面的优势，继承和发扬当地优秀文化，建构文化治村的形式结构来带动当地精神文明社会的发展。

总而言之，"新乡贤"治理模式是农村社会人才流出之后再回来产生的一种必然的社会治理趋势。这种治理的新模式从其治理主体的层面来看，加大了治理主体的多元建构，同时，"新乡贤"作为乡村社会新兴治理主体之一，和其他治理主体共同发挥对农村社会治理的善治作用，增强了村民积极参政议政的主人翁意识，同时"新乡贤"的回归对于乡村社会人才建设有着积极的推动作用，稳定了经济，促进了社会的发展。

而对于当前农村社会治理中的新乡贤治理来说，制约其治理成效的因素还是存在的。尽管仍然有部分地区坚持新乡贤治理模式，但从整体来看，新乡贤逐渐开始对部分乡村事务的处理表现出力不从心的状态。表现为：第一，农村社会发展自身的困境，随着城镇化的发展，农村逐渐"沦陷"，从事农耕的人逐渐减少，乡村社会氛围的缺失、人口的流动及价值观的缺失都导致新乡贤治理的空间越来越窄，发展到后期，新乡贤群体能否存在都是一个值得思考的问题；第二，从新乡贤群体自身来看，对于本地土生土长的新乡贤来说，他们不用再重新适应环境，而对于返乡、回乡的义人新乡贤来说，由于自幼生长在外，回乡后住宿、生活等条件都会制约和影响他们回乡的积极性和热情；第三，新乡贤和部分村民、村干部之间的社会矛盾，从村民的角度来看，由于新乡贤与农民村民的沟通联系较少，部分村民认为他们回乡的目的不纯，是为了获得利益，对此，部分村民对新乡贤的回归采取排斥的态度，从村干部的角度来看，部分村干部认为新乡贤的回归会削弱自己的权威、声望和话语权，甚至可能会阻碍自身利益，对此他们对新乡贤的回归不支持、不主动、不配合，导致新乡贤无法去发挥自身的作用，从新乡贤的角度来看，存在着部分新乡贤回乡的目的不纯，回乡可能只是为了借助农村社会的资源来实现自身经济利益的增长；第四，从新乡贤治理的制度机制来看，目前关于新乡贤的培育、壮大等缺少制度性的保障，制度的缺失导致新乡贤产生的经济条件和社会组织条件的薄弱和缺失，这些都导致新乡贤治理模式难以从本质上发挥其治理成效。

3. 富人治村模式

富人治村的社会治理模式是基于社会资本论的角度来分析的，是一个相对动态的概念。所谓的富人治村，从其自身出发，指的就是在农村社会经济发展和村民自治制度完善的基础之上，由富人引领经济发展，来在乡村社会治理的过程中获得村民的权威认可。

农村社会是以人际关系和人脉所构成的熟人社会，富人治村也是取得村民信任和支持后的一种必然的治理趋势，而由于富人治村中这批先富起来的人所拥有的独特的社会资本和经济利益机制造就富人治村，富人可以凭借其在农村社会中的社会资本为农村社会治理提供坚实的社会网络基础，同时，由于农村社会是由以传统血缘和亲缘关系为纽带的社会网络构成，对此，乡土社会中的富人凭借其强大的影响力和群众基础成为"村官"也是一种社会趋势，再加上富人在农村社会中有比普通村民更加明显的社会资源优势，这种优势具体表现为富人在乡村社会有着更为丰富的财力和更为复杂的社会关系，可以为乡村社会治理工作提供更好的帮助，因为在乡村社会事务的处理过程中，富人不但可以通过资本投入的方式来扶持和支撑乡村集体产业的蓬勃发展，同时还可以利用其自身的社会关系为乡村社会在日常治理中争取更多的上级政策支撑和资金支持。

对于富人治理的研究在此谈及较少，但是富人治理存在的问题还是比较严峻的。富人治村模式，从其本质上分析，是一种与公共治理相违背的"私人治理"的逻辑，这种治理模式以富人村干部使用私人资源进行村庄治理，在他们的治理理念中，私人利益远超社会公共利益，导致村庄治理公共性的萎缩。同时，对于富人治理来说，缺乏相应的配套制度去约束富人的治理权力，这种制度化的缺失导致富人治村失去公平性、公正性及透明性。

4.经济能人治理模式

当前农村社会村级治理采取的主要方式是村民自治，在农村社会物质基础、文化建设、社会结构的多因素影响下，经济能人治理模式则成为当前农村社会治理的新方式。在前面我们已经讨论了乡贤、富人等治理乡村社会的方式，可能这些社会构成从某种层面上来看也能归于经济能人的范畴之类，但在这里我们所提的经济能人治理模式指的是除去上述几种人之外的在农村社会尤其是农村经济发展和农业领域显示出超凡能力并卓有成效的一群人，主要有以下几种：农业私营业主、乡镇集体企业管理者和农业专业种养大户[8]。

经济能人治村的治理模式从其本质上来看，就是指个别或者少数经济能人在乡村社会治理的过程中对于乡村事务的处理和乡村社会秩序的维护有着主导作用，这种模式是在村民自治的大背景下，依靠其经济能人的超凡能力和特殊的经济引领作用，在农村社会动员、农业领域发展、农业产业化等方面有着积极的引领作用。而在乡村社会中的经济能人根据其是否在基层政府组织中担任职务分为体制外经济能人和体制内经济能人，体制内经济能人依靠其自身的经济地位结合政府权威发挥自己的治理作用，而体制外的经济能人虽然没有担任村干部，但依靠其自身的高收入在乡村社会中掌握着丰富的经济资源和社会资源，对乡村社会治理同样有着重要的推动作用。

经济能人参与乡村社会治理主要从以下方面来进行：第一类是经济引导，根据上文我们已知农村社会中的经济能人通常指的是乡村种养大户、乡镇企业家、私营企业老板等在乡村社会中有着丰厚经济地位的人群，他们对于乡村社会的治理有着重大作用，首先，这种推动作用来源于自身影响力，他们自身的经济实力和经济上的成功使得他们在人民群众中有着极高的认同感，所以在一些农村项目的推广上，他们对农民群众有着积极的引领作用，同时，经济能人由于其在农业发展和农村社会经济发展中的前瞻性，在农村社会的实际治理过程中可以对土地、资金、技术等要素重新进行优化配置，从而因地制宜地兴办种植业、运输业等新兴产业来推动农村社会的稳步发展；第二类是政治参与，由于部分经济能人强烈的社会参与感和认同感会促使他们成为村干部，而他们在社会事务中的直接或间接的政治参与都对农村社会的发展有着决策作用。

总之，经济能人治理模式在乡村社会中凭借其示范引导对农村社会经济的发展有着重大的推动作用，经济能人占主导地位的乡村治理模式，不仅是在本土资源和村庄传统上发展的一种降低社会治理成本的村庄内生型治理模式，同时，由于经济能人在乡村社会中极强的经济引导作用，通过村民的认同感和利益驱动机制，使得村庄经济能人和村民在乡村治理的过程中形成了一种"支配—从属""命令—服从"的社会关系，这是较为稳定的、适用于西北农村地区的、保证农村产业持续发展的适用型治理模式。

能人治村模式对西北农村地区来说，目前相对还是比较常见的。但能人治村模式在运行过程中同样会产生部分负面影响，不利于乡村社会的整体发展，表现为：第一，能人谋利的消极影响。对于乡村社会治理起作用的经济能人从其本质出发是典型的理性人。他们自身所具有的特殊的社会理性行为，促使他们在社会行为中以长远的经济利益和广泛的社会利益为其治理目标，他们在乡村治理的过程中，可能会把自己担任村干部或对乡村社会的决策行为看成是一种经营行为，也有可能看成是一种社会投资行为，为获取更多的经济收入或社会关系做准备的一种投资方式，这就导致他们在实际治理乡村事务的过程中可能会以追求和获得长远的、间接的社会经济利益为其出发点，某些时候可能会导致村民自身利益受到损害；第二，由于经济能人在经济发展中的贡献以及自身的习性，往往不愿意也很难得到有效的监督，目前也没有建立起来能够有效监督农村产业发展中经济能人引领型、领办合作社的有效合理监督机制，可能会导致经济能人领办合作社犯错，就像改革开放初期民营企业老总因为知识、眼界、冲动等原因容易在财务、人事、投资、外链方面犯错一样，这种错误往往对农村产业是致命的。

由于经济能人、新乡贤、富人及乡村精英治理模式从其本质上来看存在着相通性，都属于能人型治理模式，但这四个模式在农村经济发展中的所扮演的角色、发挥的功能以及在乡村社会治理过程中所发挥的作用侧重点不同，应该根据农村经济社会发展具体情况分别采用不同的治理模式。从我们对大多数案例的分析，这四种不同的治理主体从其身份构成上，在乡村社会中往往会出现重叠现象，经济能人往往就是农村先富起来的富人，也是农村社会精英的一种，更是作为新乡贤进入社会治理，因此通过对其进行案例分析来进行整体的研究。

案例三：能人型治理模式的治理主体相关的案例相对比较多，在此我们选取其中几个案例进行简单的研究。以 H 省 N 县 S 乡 P 村为案例，P 村地处 H 省西南部，作为有名的贫困县，村民有着极强的乡土意识，大多不愿离乡背井去外地发展，属于典型的内生式发展模式，对此，积极地寻找经济能人、乡村精英等的出现对村民起示范作用是非常重要的，通过这种方式凝聚民心、带领农民脱贫致富是乡村治理的有效方式。新乡贤治理的成功案例大多集中在华南地区，在此，我们选取绍兴市关于新乡贤治理的案例进行研究。2014 年开始，绍兴市针对农村社会发展相关问题，在借鉴"枫桥经验"的基础上，大力培育和发展新乡贤参事会，引导新乡贤作为农村社会治理主体发挥其组织引导的作用，通过健全乡贤组织，再以"一村一会"的方式，给每个村成立单独的乡贤理事会，同时选取产生理事会的会长、副会长、秘书等共同对乡村事务负责，同时引入"乡贤顾问"的模式，发挥乡贤顾问的参政、问政及辅政的作用，通过发挥"新乡贤理事会+村两委"的治理模式，保证了村两委组织和乡贤理事会之间的监督，从而对其组织职责进行明确，通过这种治理方式来化解邻里矛盾，维护乡村秩序，从而推动乡村社会发展。

(三) 中间嵌入型治理模式

中间嵌入型治理模式依托各自之间优势的功能互补、相互合作，共同去完成乡村社会治理的总目标。对这一治理模式，不同的学者会选取不同的社会组织、中间人、制度等以不同的方式嵌入来进行治理，对此，这一治理模式在部分资料中被称为中间型或嵌入型，在这里，我们为全面分析和解释这一治理模式，故以中间嵌入型治理模式对这一类型的治理模式进行总结。而合作社嵌入治理模式则是中间嵌入型治理模式最成功的实践。合作社中成员之间由于一种契约关系对合作社组织的发展共同产生推动作用。而合作社治理模式则是指在以村两委组织为主导治理主体的前提下，由合作社组织和农民等其他社会治理主体以市场经济体制为主要手段，依赖合作社组织独特的经济地位，通过公平合作、平等协商等方式在乡村社会治理中增加农民收入、积累社会资本、优化配置社会资源等[9]。

对合作社治理模式进行分析主要是从以下几个方面：从治理主体的角度来看，合作社治理模式在以基层政府组织为基础的条件下，引入种养大户、农民、合作社组织、其他社会组织进行多元共同治理；从治理方式来看，合作社治理模式摒弃了原始的单一的以行政手段强制性治理的社会局面，而是采用行政、法律、市场调控等多种手段共同治理的方式来保证乡村社会治理的各个治理主体的主体性和创造性；从治理内容看，嵌入式治理增加了公民利益诉求、社会关系、社会精神文明等，多方面全方位地实施乡村社会治理[10]。

农民合作社组织参与乡村社会治理，合作社组织对于乡村社会中的资金、土地、人力、技术等资源进行优化配置整合，从而达到增加农民收入、夯实乡村经济实力、引领乡村经济发展的治理目的，同时，合作社治理模式在文化建设方面通过合作社组织将有共同社会目标和社会需求的人聚集到一块，对于合作社组织内部社会关系的确立和发展有着积极作用，同时，合作社组织参与到乡村社会治理的过程当中，从乡村社会政治发展的角度看，这种方式不但可增强农民的社会责任感，同时可以拓宽农民参与乡村社会事务的渠道，最终促进乡村社会秩序的稳定和社会经济的发展。

合作社治理模式从其治理框架来分析，从其治理主体的角度来看，合作社组织参与乡村社会治理的过程实质上是治理多元主体形成的过程，合作社组织以其独特的经济主体地位加入乡村社会治理中是乡村社会多元治理格局的趋势，合作社治理模式建构一个以村两委组织为治理核心主体，农民合作社组织和农民作为重要的参与主体对乡村社会的发展共同发挥作用。村两委组织作为乡村社会的基层直接集体组织，对于乡村社会人文、科技、教育、卫生、农业等各个领域都起着政策引领和具体执行的作用，而合作社组织参与到乡村社会治理，实质上是市场经济条件下的必然产物，对于农村社会市场经济的产生和发展起着重要的推动作用；从其治理资源来看，乡村治理资源作为乡村社会发展的物质条件和有机组成部分，对于乡村社会秩序的稳定、经济的发展等都起着决定性作用，而合作社组织加入乡村社会治理，促使资源的配置从一元支配转向多元分配的新局面；从治理成效来看，合作社组织作为特殊的经济组织，对于乡村社会市场经济从其组织的性质和专业化程度为农业的发展提供市场新出路，提升了农户的生产和消费水平以及乡村社会的整体经济水平，同时，合作社参与到乡村社会治理亦是对乡村社会农业资源的再分配和利用阶段，合作社组织因其特殊的产业定位，对于农业资源的支配和利用有着绝对的优势，故此，在乡村治理的过程中，由经济能人和种养大户等建立的合作社组织可以扩大农民的农业生产资源并合理利用，提升农村社会的农产品竞争力和农业产业化、规模化发展[11]。总之，合作社组织参与到乡村社会治理的过程中，不仅仅是对合作社组织自身的发展，同时是对乡村社会治理模式的变革性举动，是乡村社会新型治理体系的确立。

案例四：以合作社带动农户发展笼养鸡的"YN 模式"为例，S 省 Y 市 YN 专业合作社为推动当地养殖户养殖产业的发展，以"合作社+基地+农户"共同治理的方式，以合作社组织为主体，通过"五统一分"的运作方式，走"小规模大群体"的发展路径，来实现合作社和农户在乡村经济中的共赢。"五统一分"的运作方式，指的是合作社组织在乡村治理过程中采用统一鸡苗、统一饲料、统一防疫、统一包装及统一销售，"一分"指的是实行分户饲养。从鸡苗到育成鸡的生长过程，实现养鸡的标准化、流程化，从而提高各环节的生产效率和质量，实现效益的最大化。YN 合作社组织在对乡村治理的过程中，从组织管理来看，YN 合作社建立组织管理机制，保证持续发展，通过合作社组织理事会、监事会、社员等不同的职能职责，在合作社组织的内部管理中实现财务管理规范、技术服务到位、市场销售得力的组织运行机制，来保障合作社的有效运转；从合作社和农户的利益分配来看，优化利益分配，紧密社农联结。合作社组织通过签订合约等方式和农户进行合作，设定产品保护价，保护农户的收益受市场价格波动较小，同时通过股权激励方式，采用利益联结机制将合作社与普通农户紧密地联系在了一起；从产品策略的角度看，首先通过"五统"的运作方式保证笼养鸡在品种和质量上的标准化，同时通过品牌建设，提高产品的附加值。

二、农村治理形式的综合比较

前一部分我们介绍了七种在农村社会比较多的治理模式，事实上，除这七种模式之外，还存在其他治理模式，例如"3Z+1"模式、产业集群模式等，但由于这类模式对于农村社会有着极强的地域限制，故此，我们在这里分析七种比较普遍的治理模式。上述的治理模式曾经为农村社会带来良好的治理成效，但是随着国家政府对现代化政府治理模式的提倡和治理体系与治理能力现代化的大要求，农民的政治诉求也开始被考虑进乡村治理模式的重新建构之中，这就不得不促使政府通过制度创新和制度设计，将一部分原来的乡镇政府权力让渡给村两委或合作社，实现乡镇政府与合作社共享公共产品供给、公共事务处理功能。对治理模式的这一新的要求，迫使政府不得不为寻求一种全新的治理格局来转变政府职能，从而使得政府公共性的回归。政府公共性的回归更是对我们提出更高层次的要求，基层政府治理从管理型转向服务型、自治转向善治，治理主体从乡政村治的二元结构转向多元主体共治。在此基础上，我们以当前治理新理念和治理体制机制创新为动力，在统筹城乡多元合作治理、多元主体融合共治的基础上去分析现行的不同类型的治理模式。通过对这些治理模式的深入了解和分析，为所选择的研究对象——西北地区根据其实际情况和当前治理要求建构适合西北地区农村治理的新格局。

在此，我们根据七种治理模式优缺点的分析，并对其治理主体、治理机制、治理理念等要素进行一个综合化的比较，从而判断在当前治理体系和治理能力现代化的治理大背景下，我们应该如何选取一个适应时代发展潮流并符合西北地区治理实际情况的治理模式，来推动西北地区农村经济的发展和社会秩序的稳定。

从治理主体的角度分析，行政主导型治理模式在治理过程中建立和维护政府的绝对权威，以社会组织和公民的参与来保证治理的公平，通过其政府权力的合法性来体现，因为政府权威对于乡村社会事务的处理有着强制力、影响力和规范力，同时，由于政府权威的强制性，在对乡村社会治理的过程中可以保证政策的直线式传递，这种命令式的治理方式对于乡村社会政治、经济等的发展有着积极的推动力；村落权威型治理也可以称为乡土权威，这种治理模式远于乡村社会内部土地共有和村落传统道德伦理，治理主体通常以宗族、族长等所谓的村落"长老"来实施管理职能，实质上是一种家长式的管理方法，宗族关系和血缘关系是维系社会结构稳定的最有效方式，族长对村落中的社会成员有着绝对的权威性；能人型治理模式的四种模式由于其在治理过程中的共同性，我们进行统一研究，分别以乡村精英、"新乡贤"、富人以及经济能人为治理主体，发挥这四种社会主体在乡村社会的约束和管理作用，事实上，这四种模式有着相似之处，都是依靠于所取得的社会、经济、政治等地位来促使其参加到治理的过程中，发挥其村民代表的作用；农民合作社组织加入乡村社会治理的过程中，和村两委组织与公民构成乡村治理的多元治理主体，各个治理主体分别以其主导、参与、执行等不同的职能定位对乡村社会从政治、经济、农村建设等方面起推动作用。

从治理方式的角度分析，行政主导型治理方式以其绝对的政府主导治理地位对于乡村社会采取双重负责、多方引导、民事合作、政府扶持、选择性限制以及行政处罚等六种手段维护乡村社会秩序和推动乡村社会发展；村落权威型治理模式由于特殊的社会性质并不是依靠政治、经济、法律等手段来实施管理，更重要的是宗族内部社会责任性的一种重要体现，通常在共同体内部的婚丧嫁娶、社会纠纷调节等方面有着重要的作用；能人型治理模式实质上对乡村社会的影响是基于自身社会地位和经济成就，主要还是以引导、扶持等政策手段来对乡村公民进行影响，同时，根据其成果的社会经验来对农村社会和农业发展进行改变；合作社治理模式以其政府政策支撑、合作社提供经济和市场发展的空间、农民的共同参与对农业现代化进程发挥其作用，合作社治理模式主要依靠于合作社组织的经济优势、市场机制等来促进农村的农业经济发展。

从治理工具的角度分析，行政主导型治理模式以法律作为其控制和管理乡村社会的重要工具，维护起解决乡村社会纠纷、维持乡村秩序、推动乡村社会变迁的有效工具，同时辅以政策法规、地方性法律规章等实现公法和私法共同治理，以确保治理措施的有序运行；村落权威型治理模式通常采用传统的伦理道德为主要的治理工具，依靠公民所认可的乡规民约、族规及一些有共识的社会规定来制约乡村公民的行为，以维护社会的稳定发展；能人型治理模式的治理工具主要依靠于社会地位、学识、经验等成功的社会实践和经济利益来引导农民群众，以公民的社会认同感和信任来推动农村社会治理；合作社治理模式通过为农民提供种子、化肥等资源来推动农业的发展，同时以其合作社对于乡村社会的技术支撑、经济扶持等来提升农业种植技术和农业经济的增收。

从治理功能的角度分析，行政主导型治理模式是打破传统的政府绝对权威，促使行政机构改革从"全能政府"到"有限政府"的过渡，同时，引入社会组织进入乡村治理的过程中，是政府权力的下放过程，通过各方面的共同努力对乡村社会事务进行管理来实现乡村社会公共利益的最大化；村落权威型治理模式通过宗族、祠堂等的治理地位来实施乡村管理，实质上是对公民参政议政意识的觉醒过程，其次，宗族权力和政府权力以其社会职能定位不同分工进行管理更有助于乡村事务职能性的划分，更重要的是，村落权威是对公民合法权益的一种保护措施，以其宗族关系来制约并保护公民的合法权利；能人型治理模式依靠其乡村精英、"新乡贤"、富人及经济能人的社会影响力对农村社会的发展、乡村社会的整合、乡村公共事业的发展都有着重要的推动力，由于他们通常是乡村社会中的种养大户、经济利益所得者等，所以以其自身影响力带动乡村居民，为他们提供市场帮助、经济支撑、技术扶持等；合作社治理模式不但是农村社会多元主体共同治理模式的一种发展，同时通过合作社组织特殊的经济地位对农村社会利益结构、社会关系、市场机制等的发展都有着重要的推动作用。

以上简单地从四个方面对这七种治理模式进行了比较，通过分析，我们发现这七种模式在当前治理体系和治理能力现代化的背景要求下，都存在着一定的问题来制约其治理成效。行政主导型模式从其本质出发，由于政府的绝对权威性导致政府的管理权限划分不明，政府不管是管理过多还是管理过少，都会导致政府治理模式的失败，同时，由于政府将经济职能、社会管理职能、文明建设等多项职能牢牢抓在手中，更加会阻碍农村精神文明社会的建设和农村社会经济的发展，我国行政主导型单一模式的法治政府建设依靠于行政组织内部自上而下的压力型管制模式，这种模式导致在实际操作过程中政府的法治执行力可能会遭遇官僚制的壁垒，同时，由于过分地强调政府主导，导致监督和动力不足；村落权威型治理由于其以宗族权力、血缘关系等为重要的关系维护方法，这就导致宗族权力在乡村社会实际治理的过程中会出现一些负面影响，例如以族规代替法律，可能由于宗族势力的权威性过大，又有农民的支持，导致其权威力干扰村民自治组织的产生；能人型治理模式不可避免地也存在着问题，能人型治理模式使得乡村精英权力过于集中，对于农村社会经济的现代化发展有着限制影响，同时，乡村精英、能人、"新乡贤"、富人在治理过程中在社会制度中存在着缺位现象，精英的个人意志和权威造成法律化制度水平较低，同时，由于这些治理主体既是乡村治理中的治理主体，但他们又是简单的个人，对于权力和利益的谋取方面可能会由于缺乏监督等产生滥用的可能；合作社治理模式在乡村社会治理中面临着产品市场风险、宏观经济政策和财务风险等一些重大问题，一些由于合作社制定的重大决策可能会由于市场经济条件、通货膨胀等因素对农村社会经济发展造成巨大打击，同时，由于目前的合作社组织缺乏高素质的会计人才，随着合作社组织的日益壮大，合作社内部的分红、股金等会由于账目不明产生消极影响，同时，由于普通成员对于财务知识的浅薄，可能缺乏社会监督，所以，如何保持合作社组织治理模式的透明和公正问题是当前治理模式的一大障碍。

通过不同的标准对于当前新农村建设中存在的多种治理模式进行了分析，在此基础之上，我们认识到在当前统筹城乡多元合作治理、县乡政府主导治理和乡村治理的多重形势要求之下，将根据我们对当前农村社会治理趋势的研究和分析，同时也从农村发展的要素构成和体制等方面入手，我们可以推测未来乡村社会治理模式势必是以多元主体协同治理为主。

三、西北农村治理新模式的选择

对于西北地区来说，由于在其西北地域范围内部存在着政治经济社会问题及特有的现代化因素，导致西北地区独特的社会治理状况。因为西北地区长期受特定的生产方式、生存条件和政治统治模式等因素的影响，西北地区自古以来就存在着许多制约其社会经济发展和农村社会治理发展的相关因素。由于西北地区新农村建设和乡村社会治理一直以来都是国家农村建设和治理战略的重点和难点，所以，要想实现西部农村社会的管理自主，必须在西北地区构建一个合理和良好的治理模式。对此，我们从治理现代化的必然趋势和西北农村治理的特殊情况来分析并作出治理模式的选择。

(一) 农村治理新趋势的选择

为发挥地方政府推动中央各项改革方案的发展，当前农村社会治理坚持"以人为本"和"小政府，大社会"的新型治理理念是一种必然趋势。在这一治理理念的指导下，需要发挥基层地方政府在社会治理推动中的前沿地位，所以对农村社会治理不但要加强其现代意识、民主意识和法治意识，健全完善治理运行机制，广泛发动群众和社会组织参与到社会治理的进程当中，努力做到当前农村社会治理的科学化、法治化和民本化。所以，在此基础上，结合当前城镇化和市场化发展的进程，农村基层治理需要通过建立一种更加开放、公平、多元的利益表达、沟通和反馈渠道。扩展农民和社会组织民主参与乡村社会治理的渠道，使之有足够的政治权力在乡村社会治理中达成积极、全面和有效的合作。总而言之，对于当前农村社会治理来说，将乡镇政权为代表的行政力量和村民自治为代表的社会力量相结合形成多元合作治理的新型乡村治理模式是其未来发展趋势。

多元合作治理作为当前农村治理新局面和新探索，治理主体的多样性要求对农村社会中存在的行为要素进行组织和整合，从而实现共同利益最大化，而治理方式的多元化就是以一种合作、协商、协调的方式共同作用于乡村社会治理之中。对此，我们基于两个大的治理背景来选择当前最适合农村社会治理的新模式。其一是农村社会治理现代化的有效路径是多元主体协同治理。现代治理理念和治理实践表明，尽管实现农村治理现代化需要一系列的条件，但治理主体的发育和构建是其中不可缺少的基础条件。基于以上解释，我们可以看出社会组织作为重要的社会主体参与到社会治理的大格局之中是实现社会有效治理的依托条件，而对各社会组织功能和权力的有效配置则是实现社会有效治理的关键之处；其二是农村社会治理现代化的未来趋势是嵌入型治理。在前面一部分，我们分析了在当前社会治理的创新和发展阶段，各地形成了多种多样的乡村社会治理的新机制和新模式，但各地的治理模式总归还是从个体角度来分析，这种方式不利于从总体上去理解和正确认识基层社会治理的发展逻辑。由于当前农村社会治理创新是国家转型时期治理现代化发展的客观要求，不论是对当前治理方式的选择，还是基于治理重点任务的要求，选择嵌入型治理机制都是顺应当前治理要求的基本治理模式。原因一是嵌入型治理模式是在嵌入基本理论的指导下所形成的一种具有时代性、本土性和系统性的治理运行机制，原因二是嵌入型社会治理的根本目标是实现乡村社会本土化的治理和善治，基于此，嵌入型治理对于当前农村社会治理有着重要的推动作用。

(二) 西北农村地区新的发展要求的选择

基于上述对当前社会治理趋势的发展研究，在嵌入型治理和多元治理主体社会组织的合作治理理念之下，结合西北地区的实际情况，我们分析当前社会转型阶段西北地区社会治理的模式。根据第三章对西北地区农村社会发展现状和社会经济支柱力量的分析，我们可以发现西北地区能够作为新的社会治理主体进入乡村社会合作中的社会组织是合作社组织，这是因为合作社组织是当前推动西北地区农村经济社会发展重要且必然存在的组织力量。从西北地区的实际情况来看，当前农村社会存在三种类型的社会组织：政治管理类社会组织(村委会、共青团等)、社会服务与文化公益类社会组织(老年协会、留守儿童组织等)、经济互助合作类社会组织(农民合作社组织)。而在当前农村社会经济发展状况和治理相关要求下,我们可以意识到经济互助合作类社会组织在西北地区农村社会治理中有着极大的推动作用。因为这类经济合作性组织不仅在经济、生产、经营上为农民服务,同时作为连接农民、企业和市场之间重要的桥梁纽带,有利于提高农民和农业的组织化程度[12]。

根据经济合作性组织在农村社会的农业经济中非常重要的经济和引导性管理作用,结合当前市场机制的发展,在嵌入型治理和多元协同治理的双重治理需求下,将农民经济合作组织嵌入乡村社会治理中是可行的,尤其是在西北地区,合作社组织在农村社会中扮演着至关重要的作用。在市场经济发展的过程中,作为农民参与市场活动的组织载体,发挥着其在农村社会治理中科技研发、合作创收、经济支柱等的重要作用,对于西北地区农村社会治理来说,嵌入式治理是其治理发展的必然趋势,合作社作为治理主体嵌入乡村治理是西北地区发展的模式选择。

(三) 西北地区农村现状转变的现实需求

西北地区受到自然和社会禀赋不足的现实条件的影响,农村社会治理发展相较落后。同时,由于西北地区展露出由于新型城镇化影响导致的征地补偿、失地农民社会保障等问题,导致西北农村社会中失地农民和政府的社会矛盾也比较严峻。

对于此,我们研究西北农村社会治理的路径选择,首先分析导致农村社会治理问题的原因,主要表现为,第一,乡镇政府治理职能的缺位现象,我国农村社会治理的动力来源基于农村社会自身力量和基层政府行政力量两个方面,而当前,在农村社会治理的过程中,由于基层政府强制性措施的影响,导致基层政府职能失位、缺位,效率下降等现象;第二,农村社会治理主体比较单一,随着村民自治制度和民主制度在农村社会的快速发展,基层政府作为单一的社会治理主体已不能满足农村社会发展的需要,农村社会治理多元化已经成为农村社会发展的必然趋势;第三,西北农村地区经济基础薄弱,一方面,西北农村地区自然条件、地理位置、社会资源条件等的不足和缺乏制约农村社会发展,另一方面,由于我国发展初期致力于东部开发而忽略了西北地区农村经济的发展,导致西北地区整体经济基础相对比较薄弱。

我们在对西北农村地区社会治理选择上,主要的影响或者主要的发展要素是:第一,协调发展是当前农村社会发展的必然趋势;第二,西北农村地区依靠"一带一路"倡议提供的机会为西北地区在经济全球化上提供聚会优势和经济成本；第三，农业现代化是农村社会治理路径选择的重要根基，而农业现代化对于农村社会农业的要求则具体体现在机械化和规模化生产方式；第四，农村社会经济发展的需求，当前农村社会治理考虑到农村社会发展的市场化和经济条件等因素，对农村社会的经济基础进行巩固和夯实是农村社会发展的重要落脚点；第五，治理主体多元化和社会参与程度日益加深的治理趋势。在考虑上述五种治理路径选择要求的基础上，对于西北地区来说，在进行治理路径选择的过程中需要考虑以上因素。

第二节　西北农村治理模式的选择：嵌入式治理

纵观学术界对嵌入式治理的研究，尽管"嵌入性"理论进入我国已有相对较长的时间，但这一理论与基层社会治理、善治等问题结合相对还是较少的。基于以下几点考虑：第一，当前西北地区农村社会转型的现实背景。社会转型时期，国家政权由全能型转向服务型，体制由压力型转向合作型，所以面对社会治理转型变革的新局势，乡村社会治理想要发展，就必须以协调当前农村社会中各社会组织来进行资源的有效整合和利用，故此社会组织的嵌入治理是解决之策。第二，治理现代化下，要求政府、社会和市场间的多元合作关系是选择嵌入式治理的内在动力，因为随着治理现代化发展和现代民主政治的推进，乡村社会想要提升其自治性和主动性，就必须在基层政府、社会和市场的良序沟通互动之下进行；第三，通过外在社会力量推动乡村社会内部的利益关系和社会关系的重组，来对农村社会内部结构进行重组和整合，从而推动乡村社会治理进程[13]。由于人的行为活动与社会网络之间的互嵌性，而治理作为和人紧密相关的治理行动，同样也是嵌入于社会结构之中的，基于这一共性，我们将嵌入式理念引入乡村社会治理之中，来分析其对社会治理的有效性。

一、嵌入式治理：比较优势

从当前社会治理理论发展和乡村社会治理需求两方面来看，嵌入式治理模式对西北地区乡村社会治理都是必然措施。首先从农民的利益需求角度来看，农民为在乡村社会中获得合法的公民权利和义务，在乡村社会中农民和基层政府组织之间利益博弈的过程中需要外部力量的嵌入来保持一个良性的互动和沟通，同时农村社会中外部组织力量的嵌入可以提高公众对政治主体、规范和程序的认同，帮助公众以一种更加理性的方式去表达他们的利益诉求；其次从社会治理的方式选择角度来看，社会组织的嵌入可以实现公众与政府间信息的有效传递，同时外部组织嵌入可以帮助基层政府减轻其社会管理的负担，避免基层政府成为公众利益诉求的直接承担者；最后对于乡村社会治理来说，最重要的一点是通过外部社会组织和社会力量嵌入的方式可以达成农村社会治理中的自治局面，对于推动乡村社会治理现代化有着重要作用。

(一) 治理主体构成的多元化优势

在《中共中央关于全面深化改革若干重大问题的决定》相关文件指导下，为实现系统治理、发挥政府主导作用、实现政府主导治理和社会调节的合理社会治理体制结构，从国家治理相关规定来看，治理主体构成应是"党委+政府+社会组织+居民"四大治理主体所构成的创新性社会结构，但由于本书主要研究的是西北地区，故此我们在后面对嵌入式治理主体进行深入分析的过程中，会以西北地区治理主体的实际构成来分析。就西北地区来看，在"合作社"的经济力量嵌入乡村社会治理过程之后，其是由村两委、"合作社"和居民代表不同利益诉求的三大治理主体共同构成乡村社会的治理主体结构[14]。为发挥这种治理结构的最佳优势，同时表现它在农村社会治理过程中强大的扩散效应，我们会对西北地区主体间关系和治理主体的比较优势进行分析。

从西北地区治理的实际情况来看，由于嵌入"合作社"这一外部力量来推动乡村社会治理发展，形成"村两委、合作社、村民"的治理主体结构。首先，我们在不考虑村两委和村民的结构组成上，对"合作社"进行一个深入的分析。西北地区合作社组织的发展如火如荼，在乡村社会治理中以其经济影响力和乡村社会信任感来改变乡村社会治理的秩序，但要将其真正引入乡村社会治理中，就必须考虑农民合作社组织生存空间的复杂性，在乡村社会治理中，合作社组织的存在并不单纯作为合作社，实质上它表现出一种"合作社"的组织形式。故从合作社嵌入的结构性分析和嵌入因素的分析上，我们归纳出"合作社"嵌入乡村社会中所表现出的四种合作社组织结构，分别是：精英统治延伸型，即合作社+经济能人；社企组织合作型，即合作社+企业+农户；自治制度创新型，即合作社+村两委；行政推动型，即合作社+政府行政扶持（县乡村三级政府）。从"合作社+"的结构组成来看，将西北地区农民合作社组织中的成员、社区集体、市场、企业等外部资源都进行了考虑，故此，在接下来的分析中，"合作社+"对这四种合作社构成进行表示。

从村两委、合作社、村民的主体间关系来分析，这三大治理主体之间存在着一种双向互动的线性功能关系。这三大治理主体在其乡村社会事务的处理过程之中表现出两种关系模式：一是横向交流中表现为交流和互动的关系；二是从其纵向的部门层级来看，治理主体表现出独立单位间的资源流。我们从国家《中共中央关于全面深化改革若干重大问题的决定》来看，治理主体间"党委处于领导地位、政府处于主导地位、社会组织处于参与地位、居民处于自治地位"，不过，就西北地区的实际情况，村两委组织在乡村社会治理中发挥其主导作用，这是由于在乡村社会中，村两委以村内正式组织的权威效应来对乡村社会组织中的各要素进行组织和分配；合作社组织处于参与执行地位，从西北农村社会实际情况来看，农民合作社组织集发展生产的经济性和村民自治的社会性于一身，对乡村社会经济发展有着极强的推动作用；村民处于自治地位，这是基于社会治理体制创新中的公民权利本位思想来决定的。

上述的主体结构关系表现了嵌入式治理中多元治理主体构成的科学性和合理性，但从多元治理主体构成的整体来看，首先，这种多元治理模式提倡政府之外社会力量的嵌入，拓宽了社会参与的方式和组织，根据不同治理主体发挥其优势，促进乡村社会的良序运行；其次，从西北地区的治理主体构成来看，这种多元治理体现了我们在西方多中心理论治理基础上发展的本土化治理主体的创新，是结合我国实际情况的最优选择；最后，乡村社会嵌入式治理的多主体更加提升了乡村社会治理的自治程度。

(二) 治理模式运行的系统性优势

嵌入式治理机制进入农村社会治理中，不管是从其治理结构的形成还是其治理主体的多元化，都使得农村社会治理机制将处于一个复杂的治理环境之中，各个治理主体在社会事务的处理中不仅仅要履行好自身的职责。所以为在乡村社会治理中保证嵌入式治理的成效，就必须对嵌入式治理的结构、功能、相互关系等要素进行研究，同时在其嵌入式治理机制中设置引导和制约治理过程中影响治理成效的相关要素(治理主体、治理资源、治理空间等)的各项活动的基本准则和制度，来保证治理运行过程中各环节关联、各主体合作等的协调和高效运行。

嵌入式治理模式通过构建一个互动、协同、有序、高效的运行过程，对推动西北地区乡村社会治理来说是重中之重。所以为了发挥治理主体的协同作用，为保证治理功能的扩散效应，新的嵌入式治理机制通过内核层、管理层、任务层及保障层的综合作用和良性合作来保证嵌入式治理的长效化运行。

二、嵌入式治理：嵌入方式

在乡村社会以嵌入式治理机制来推动治理，从嵌入式理念本身来看，嵌入式通常表现为结构性嵌入、制度嵌入、技术嵌入这三种形式，嵌入式治理在乡村社会的实际操作中需要考虑的是社会组织，以合作社组织为例，政府、市场等在治理的过程中互相嵌入，而不是单纯地将合作社组织引入乡村治理的过程中。只有各个治理主体的合理性嵌入，才能保证乡村社会治理的长效发展。

（一）结构性嵌入

所谓的结构性嵌入，指的是由参与者或行为者们构成的关系网络嵌入由他们所构成的社会结构之中，并受来自于其社会结构的文化、价值观等因素的影响[15]。在这里，我们所研究的嵌入式治理模式的结构性嵌入主要表现为合作社组织与区域内其他社会组织之间的相互联系和由此引出的习俗、价值观等方面的结构性特征的影响。这里我们主要研究政府如何通过制度供给和管理结构的调整来加强与合作社组织之间的紧密联系，并推动合作社组织的发展和政府与社会组织之间网络关系的建立。首先，合作社组织作为嵌入式乡村治理的重要主体组成部分，其生产、成长和发展都需要与周围的制度环境、文化环境、市场环境等有机结合起来，并积极寻找和吸取推动其自身组织发展的社会资源，由于合作社组织的发展定位是一个先天性的资源依赖型的社会组织，所以，如果缺乏政府组织在规则制度上的优势，合作社组织在一个封闭的社会环境中的发展就变得极为艰难，所以，基层政府从维护其政权地位和巩固农村社会稳定的角度出发，对于合作社组织从制度、政策、法规等结构性要素构成上为合作社组织的发展提供赖以生存的基础条件，同时，为合作社组织从外部环境上提供让其发展的制度大环境，从这点来看，政府对合作社组织从宏观层面进行了一次结构性的嵌入，也是政府通过为合作社组织提供外部发展的大环境来加深与合作社组织之间的联系。其次，嵌入式乡村治理模式要求政府与合作社组织在共同管理乡村社会事务的过程中构建相互影响、紧密联系的关系型网络结构。因此，基层政府在治理的过程中对合作社组织等社会型组织进行吸纳和系统性管理，通过完善合作社组织的准入制度、等级管理制度、市场制度等来提升合作社组织在农业规模发展、农业产业化发展等方面的合法性。最后，政府对于合作社组织等社会组织的合理嵌入实质上是社会动态关系网络的建构过程，政府可以通过这个动态网络传递信息、推行政策等，同时，合作社组织也可以通过这个动态网络培育其社会资本，同时加强与其他社会组织的相互协作，这样不但可以将基层政府的社会管理目标内化于社会组织的活动中，同时也可以将合作社组织和村民的政治诉求在动态网络中进行反应来实现政府和社会组织之间的有效沟通[16]。

（二）技术嵌入

技术嵌入是乡村嵌入治理模式的创新动力支撑。对于乡村社会治理来说，在当前治理体系和治理能力现代化的背景要求下，结合当前大数据、互联网等先进信息技术的发展，引起了理论界所谓的"治理方式变革"的大讨论。目前在乡村社会治理的具体实践过程中，各地积极采用电脑互联网、移动互联网等先进技术打造多种功能集成的社会管理中心，大力提升社会治理的信息化水平，这种技术的嵌入对于农村社会大数据治理、精准治理、动态治理的发展都有着积极的推动作用。互联网大背景下的基层政府治理目前正往信息化的高端方向发展。政府在其处理社会事务的过程中，在传统实体手段提供服务和社会管理的基础之上，也积极引入互联网服务手段，依赖大数据支持，政府组织通过构建共享的网络平台来实现政府流程的再造，同时，政府组织方式也日趋平台化；在互联网环境下，基层政府治理转向通过互联网技术来提升政府、市场和社会之间的协同效率。对于农民合作社组织来说，互联网技术的日新月异，对于合作社组织的生产、经营及农业规模化发展、农产品种植、营销等方面都有着重要的影响。引入二维码和互联网跟踪技术，打造高端农业，对于农作物的市场运输和销售采用网络管理来保证农产品的质量，从而推动农村社会农业的规模化、产业化发展。

(三) 制度嵌入

制度嵌入是乡村嵌入治理模式的长效保障。乡村社会治理的创新不仅仅是组织的结构性嵌入和技术的嵌入，同时还要依赖于相关制度的健全和完善。政府和合作社组织之间的制度嵌入具体表现为政府对农村合作社组织的内部管理和约束。在这里，我们所研究的是包括正式制度、非正式制度、组织制度等在嵌入式治理模式中能够多乡村社会治理起约束、沟通、协调的一系列制度。

在乡村社会治理的过程中，正式制度和非正式制度的有机结合是嵌入式治理模式的表现形式，二者在乡村社会治理的过程中发挥其互动、互补的优势作用。正式制度在乡村社会治理中的具体呈现方式仍然是村民自治制度，作为农村社会治理的基本制度，根据目前最新的《村民委员会组织法》的相关规定，对在乡村治理中的村民委员会成员的选举和罢免、村民民主议事制度、民主管理和民主监督制度都进一步完善，健全了村民自治制度。村民自治制度作为村民维护自身合法权利的正式制度，在民主选举、民主决策、民主管理及民主监督的过程中维护着村民的民主权、决议权、知情权等合法权利；但在村民自治制度的实际运行过程中，作为乡村社会治理的正式制度的运行并不是非常顺畅的，客观来说，正式制度在乡村社会的实际运行中并不能够解决乡村社会治理的所有问题，它只能尽可能地在村民权益的基础上实施，但乡村社会本质上是一个熟人社会、血缘关系社会，这种特殊的社会结构组成使得正式制度在乡村社会中的投入并不能消弭乡村社会非正式制度的运行空间。非正式制度在乡村社会治理中主要依靠的是人际关系、风俗习惯、伦理道德等手段来发挥其对乡村社会的约束管理作用，由于村落社会是在国家权力的对应下遵循自身所特有的生活逻辑的民间社会，所以从乡村社会文化的视角来看，非正式制度在乡村治理中是正式制度的"嵌入"前提和运行保障。非正式制度在乡村社会治理的过程中发挥其引导、规范、整合等多方面的积极作用，在乡村社会治理的过程中，非正式制度通过宗族的伦理规范、价值取向、道德等结合正式制度的法律作用对乡村社会进行互补治理，在乡村社会治理的过程中，非正式制度不但对乡村权力的运作关系进行重新塑造，通过正式制度和非正式制度的相互嵌入来表现乡村社会的特征，同时，非正式制度对乡村社会行为主体的选择有着重要的影响作用，通过经济、政治、文化等来解决乡村社会中价值观念、伦理冲突和利益取向的冲突。

嵌入式治理模式则是以合作社组织为主要嵌入对象来对乡村社会治理进行研究，合作社组织作为组织制度嵌入也是嵌入式治理模式的一种嵌入方法，而合作社组织的制度嵌入包括以下几个方面：第一，制度约束，农村社会实质上作为以村为单位的土地集体所有制社会，农民对土地依法享有使用权、收益权、转让权及生产经营处置权；第二，村社文化——非正式制度的约束，以村社文化为主要价值取向的非正式制度对于农村社会治理中的价值观、道德观等的培养有着重要的作用；第三，农民合作社组织制度，对于合作社组织嵌入式治理模式来说，合作社组织制度的嵌入不但是新农村建设和农经绩效的双重目标，同时在合作社组织制度的安排下，对于合作社组织在乡村社会治理中的生产、经营、交换等都有着重要的推动作用，合作社组织制度中的产权制度的嵌入对于合作社组织成员的占有权、使用权、支配权及收益权都有着明显的规定，产权制度的明确对于提高效率、节约交易成本等来讲都是重要的选择途径；最后，合作社组织制度的分配制度的嵌入对于嵌入性组织在经济发展过程中的利益分割和利益分享等问题都有着最大的限定，同时在市场机制条件下，对于嵌入性组织发挥其治理成效都是非常有用的[17]。

三、嵌入式治理：有效模式

从农村社会治理现代化的角度分析，嵌入式治理模式无疑是当前农村社会发展的最有效的治理路径。乡村社会权利的双向性需要社会积极的良性互动；乡村社会内部自主性的发展要求对乡村社会秩序的整合；同时乡村社会秩序的脆弱性要求形成更加系统的村庄内生的组织性力量、权威性认可和凝聚性权力；当前国家权力运行的渗透性要求提升高效而有效的乡村自治力；在对农村社会发展的内在逻辑分析的基础上，嵌入式治理是发展的必然趋势。而对嵌入式治理机制在农村社会治理中需要更进一步分析其治理模式的选择，就必须对治理现代化体制对乡村社会治理的最终目标来进行分析。首先，从地方治理政治目标来看，当前农村社会治理应该发展以社会共治来调整基层的权力结构，提高农村基层组织社会治理的理解力，调整农村基层组织权力结构，培养农村居民社会治理参与能力是当前农村治理的政治目标；从地方治理的经济目标分析，农村社会治理要求增强活力，发展多种经济形式，以增强农村经济活力为重点；从地方治理的文化目标角度分析，农村以转型融合建构新型文化形态为主要特点，在新农村建设下，从地方治理的意识形态的目标来看，当前新农村建设提倡以资源重置塑造现代新型农民，农村治理体系和治理现代化呼唤更多具有现代心理素质背景的新型农民的参与，让新型农民通过自身对社会资源分配和使用的整合来规划自己的生产和生活，发展农村社会生产力，健全和优化农村发展机制，提高农村居民的社会心理，来适应当前农村社会发展的变迁[18]。

根据上述基于当前农村社会发展对农业、农村、农民等的要求和相关目标建设，结合嵌入式治理机制的理论框架设置，嵌入式治理主体以"基层政府、社会组织、农村居民"为主体来实现其治理目标，但基于上述新农村建设和农村治理现代化的相关要求，兼顾农村治理的自主权、基层权力结构、经济形式、文化形态及新型农民的治理要求，对农村社会治理能够引入的社会组织进行分析，能够满足上述制约和发展条件的社会组织只能是农民合作社组织，因为其在农村社会可以承担上述治理目标。基于此，我们认为嵌入式治理机制在未来农村社会发展中的必然趋势是农民合作社组织的嵌入，其治理主体为"村两委+合作社+农民"，换句话说，村社联动治理模式是嵌入式治理理论和治理机制在农村治理中的有效实践，也是未来嵌入式治理机制的必然发展趋势。

我们认为嵌入方式主要表现为合作社社员嵌入的方式、合作社集体组织整体嵌入的方式、市场嵌入的方式、农村社会外部资源嵌入的方式这几种形式，这几种嵌入的方式都是在依靠合作社组织经济功能的基础上进行拓展的，力争通过这种多样的、因地制宜的嵌入方式的选择，来达到合作社组织在乡村社会治理中发挥其市场、经济、服务、社会网络构建的功能，从而重塑农村社会发展的治理形态，推动农村社会的全面系统发展。通过在乡村社会治理中以上述的嵌入方式嵌入合作社组织，在乡村社会发展的过程中可以实现以下治理目的：从农村社会建设的要求来看，通过合作社组织在乡村社会治理中的经济功能和市场功能，可以盘活农村生产要素，以合作社规模化、专业化的发展农业可以增加农民收入，从而推动农业现代化发展；从乡村治理变革的要求来看，合作社组织由于是由农民自发成立的合作组织，其参与农村农业发展和社会事务的动力和主观能动性都会增强，而农民群众对社会事务的有效参与是村庄治理权威重建的有效方式；从乡村治理成效的角度来看，合作社组织的有效参与克服了基层政府组织处理乡村社会事务的局限性，以农民参与的积极性来推动乡村公共事业和经济事务的共同发展，避免在乡村社会治理的过程中在某一领域出现权力真空的现象。

从农村社会在新型发展理念和社会转型的发展趋势的影响下，推动农村社会农业产业化、规模化发展和社会整体的经济发展和全面发展是当前的关键目标，而合作社组织凭借其自身在农业、市场等不同方面的作用，作为农村社会发展中最具潜力和最有效的社会组织。从另一方面来看，当前制约农村社会发展的关键问题是农民组织化程度较低、农村社会内部自我服务能力较差、社会自治功能差、缺乏发展的优势资源等，而合作社组织通过吸纳农民参与的方式将农民组织起来，通过提升农民群众的经济实力和农业产业优势来实现基层社会的服务和自治能力就成为解决问题的关键所在。一方面，通过农村社会和基层政府为合作社组织的发展提供组织保障和资源保障；另一方面，发挥合作社组织在农村社会中的支持和催化作用，而要实现这两种目的的有机整合，就必须推动合作社组织和基层政府的有机联动，以村社协同治理模式来促进社会整体的发展[19]。

第三节　西北农村治理的有效实践：村社联动

一、村社联动治理：基本概况及表现

"村社联动治理"作为当前我国基层农村社会治理和社会公共事务和服务发展的供给侧路径优化，是目前基层农村社会实现从"行政化"迈向"社会化"的重要治理举措，当前的村社联动治理旨在建立一种"项目带动、政府支持、目标考核、持续发展"的治理思路。在具体治理运作中，以农村社会为治理平台，以合作社组织为运行载体，以农村社会发展中的经济能人和社会精英人才为支撑，来建立推动农村社会治理工作的新型治理的管理机制[20]。

"村社联动治理模式"作为我国基层社会治理模式的创新，在农村社会治理中，主要表现为政府的行政主导作用和合作社组织的经济基础作用，以农民群众的利益需求为导向，通过基层政府减负，下放权力给协作治理组织。这种村社联动的治理模式通过"基层政府组织、合作社组织和农民"共同开展农村社会公共活动来提高农民的生活水平和经济发展水平，以此来实现农村基层民主，从而促进农村社会的内生性发展。根据对现有村社联动治理相关资料和社会实践活动的研究，村社联动治理目前可以划分为以下几种类型：内需驱动型，主要依靠合作社组织的经济作用和农村社会农业生产活动来推动农村社会经济的发展；政府主导型，在实际治理中，还是坚持政府通过其行政控制和政策引导、扶持等手段来推动整体社会的发展；项目引领型，在对不同地区进行分析的基础上，结合当地发展的农业产业、社会资源、人才优势等的不同，实施以项目引领的方式来推动农村社会的发展，在农村社会治理中，以农业产业项目优势来推动农业产业转型和推动农村社会发展，以打造优势产业、特色产业为项目发展手段，依靠政府的

政策扶持和合作社组织的市场功能来实现农业产业的专业化、规模化；体制创新型，主要表现为村社联动治理中，多元治理组织之间的融合和合作，深化村社组织之间的体制改革，实现农村社会经济发展以市场为导向，通过体制改革，依靠基层政府的行政体制作用和合作社组织的社会组织体制职能来共同处理乡村事务。这五种模式作为村社联动治理在实际操作中的表现形式，但其本质上都是以推动农村社会组织化、社会化、多元化、项目化及专业化发展为其治理目标。

二、村社联动治理：治理成效

根据上述对村社联动治理的具体模式的介绍，我们可以推测出村社联动治理在农村社会产生的治理成效。村社联动治理是在嵌入式治理的基础上所衍生的具体实践，在嵌入式治理中，尽管是形成一种多元主体协同共治的模式，但仍然以政府为主导，而对于村社联动治理模式来说，各个可能会对治理产生影响的主体是处于平等地位，相互之间有充分的信息交流，共同发挥着村庄治理的利益相关者的作用。

通过实践调查可以看到，西北地区村社联动治理效果显著。主要表现如下：从治理主体产生的效果来看，村社联动治理围绕乡村社会经济发展为中心，聚集多元主体来充分发挥联动治理的作用，村社之间的融合可以在农村社会内获得开展社会治理的持续资源。同时，多主体之间的合作能够形成职能互补、资源信息共享等，从而推动政府治理的进程，对于西北地区农村社会来说，农民合作社组织和基层政府共同发挥其行政职能和经济职能，通过村社之间治理组织的有效融合和合作，两个组织之间实现了政治和经济的职能互补，同时双方可互相共享资源信息，在经济市场发挥的过程中占取竞争优势；从治理主体职能发挥的角度来看，村社联动机制是在之前村社互动机制的基础上进行发展，联动机制在政府公平的规则和社会的公平正义下通过制度或法律来规定各治理主体在各自的职能范围内所发挥的效能，这种治理主体之间的平等是对乡村社会治理体制的改革和创新，根据权责一致的原则，各治理主体各司其职，在厘清治理主体权责关系的基础上推进农村社会治理体制的发展，而治理组织之间由于其行政和职能定位不同，在联动之后，合作社组织在乡村社会农业产业发展中可以获得更多的政府扶持，而基层政府组织凭借合作社组织的经济和市场功能来推动农村社会经济的发展；从各治理主体之间的平等关系分析，村社联动治理机制为合作社组织和村民提供了参与农村社会治理的渠道和进行信息交流的平台，对于合作社来说，联动机制表现了当前国家对合作社的重视程度，更加有利于合作社扩大其组织规模，合理分布其资源，更好更主动地吸纳社会各阶层的参与，丰富基层社会生活，维护社会稳定，对于村民来说，村社联动治理机制首先提高了其公民表达能力、利益诉求能力、决策能力等。村社联动治理机制保证治理主体在乡村社会事务的处理上处于同一地位，这样对于乡村社会事务的处理，两者基于平等的原则对乡村事务的解决也会出于一种客观的态度；从治理主体之间的监督关系来看，保证了村社联动治理机制在运行过程中的法治化和制度化，从而维护治理机制的有效运转和高速运行，保证了乡村社会治理的基层制度化，在村社联动实际运行的过程中，治理组织之间互相监督，不但可以保证避免权力的私自滥用，同时由于监督机制所带来的治理成效会更趋于稳定；除此之外，村社联动治理机制从乡村社会治理经费的筹集、治理专业水平的提高、治理结构的优化层面来看，都有着积极的推动作用。

参 考 文 献

[1] 王浦劬, 李风华. 中国治理模式导言[J]. 湖南师范大学社会科学学报, 2005, 34(5): 43-47.

[2] 王梅琳, 王腾. 当代中国乡村治理: 基于传统治理模式现代转型的视角[J]. 哈尔滨市委党校学报, 2015, 07(4): 77-81.

[3] 李鹰. 行政主导型社会治理模式之逻辑与路径——以行政法之社会治理功能为基点[D]. 武汉: 武汉大学博士学位论文, 2012.

[4] 莫里斯·弗里德曼. 中国东南的宗族组织[M]. 上海: 上海人民出版社, 2000.

[5] 费孝通. 乡土中国[M]. 北京: 中华书局, 2013.

[6] 张英魁, 张长虹. 新时期乡村宗教格局变化的社会影响与政府治理研究[J]. 理论与改革, 2009(10): 31-35.

[7] 王中标. "乡村精英"发挥作用的制约因素及对策[J]. 特区经济, 2007(10): 136-138.

[8] 邓睿. 经济能人治村情境下普通村民政治参与边缘化——一种类差序格局的分析视角[J]. 成都理工大学学报(社会科学版), 2014, 22(5): 17-21.

[9] 王军. 农民专业合作社治理模式研究[J]. 经济论坛, 2012, 12(12): 44-48.

[10] 原贺贺. 农民合作社参与乡村治理模式构建[D]. 南充:西华师范大学硕士学位论文, 2015.

[11] 阎占定. 新型农民合作经济组织参与乡村治理研究[D]. 武汉: 华中农业大学博士学位论文, 2011.

[12] 阎占定. 嵌入新型农民合作经济组织的乡村治理研究[J]. 江南大学学报(社会科学版), 2011, 10(5): 91-96.

[13] 张义祯. 嵌入治理机制: 一个初步的分析框架[J]. 地方治理研究, 2016(4): 46-53.

[14] 曾维和, 贺连辉. 社会治理体制创新: 主体机构及其运行机制[J]. 理论探索, 2015(5): 82-87.

[15] 潘旭明. 组织间的合作关系: 基于嵌入关系的视角[J]. 经济学家, 2008, 2: 96-101.

[16] 徐旭初. 农民专业合作社发展辨析: 一个基于国内文献的讨论[J]. 中国农村观察, 2012, 5: 2-12.

[17] 胡振华, 陈柳钦. 农村合作组织的制度安排: 一个基本框架[J]. 经济界, 2010(2): 57-72.

[18] 王进. 中国农村新型治理体系转型与村社一体化融合发展研究[J]. 经济学家, 2016, 10: 82-88.

[19] 何平. 构建农村社区建设与民建组织发展的联动机制[J]. 福州党校学报, 2011(4): 61-64.

[20] 曹海军. "三社联动"的社区治理与服务创新——基于治理结构与运行机制的探索[J]. 行政论坛, 2017(2): 74-79.

第六章　西北地区村社联动治理绩效研究

第一节　村社联动治理绩效评价指标体系构建

一、指标体系设计的意义和特点

(一)指标体系设计的意义

村社联动治理绩效评价指标体系的设计具有如下意义。

(1)有利于确定村社联动治理绩效评价的角度。村社联动所涵盖的主要内容有村两委、合作社、联动治理。村两委与合作社分别处于两个不同的层次，要使这两个层面结合在一起共同治理农村，这其中所包含的方面甚广：农村的善治、合作社的发展、村民的增收以及精神生活的丰富，这是一个非常深刻的议题。从中国历年的农业统计年鉴来看，其指标项目众多，涵盖范围甚广，但却太过庞杂，广而不精。在进行村社联动治理绩效评价时，要从多角度出发，建立多维度判断标准，进行综合评价[1]。

(2)有助于对村社联动治理中理论与现实的差异以及目前所取得的成绩进行理性直观的展示。评估指标从村社联动治理所涉及的方式、方法、结果以及成效等不同方面综合反映出村社联动治理在不同角度的绩效信息。指标评价体系设计是绩效评价中最基本也是最关键的步骤。在村社联动治理的方式、方法上，其各项指标反映出村社联动治理中所涉及的各个方面，包括人力、土地、财物等方面；在结果上，主要体现在农村居民的生活水平改善以及农村经济总量的提高上；在成效上，相关指标则重点反应治理水平以及能力的提高、农村居民的满意度提高等方面；而总体的评价体系也有利于反映当前的不足，有利于政府对目前村社联动治理有一个清醒的认识，可以促进村社联动治理中各类问题的解决。与此同时，村社联动治理绩效的评价指标体系构建，也为政府制定和实施农业方面的支持政策带来众多好处，使得政府资助项目、农村基础设施建设和农村扶贫有了落脚点，能够有侧重地对不同地区农村经济发展、新型合作社发展、农村基础设施投资、农民增收等多方面给予强有力的支持，实现西北地区农村的良性发展以及新型职业农民的培育。

(3)有利于为后续工作计划提供决策支持，绩效评价的目的不仅在于对当前的判断，也是为未来的决策提供支持，最终达到各种资源配置的优化。村社联动治理是多方面的，要在治理方面达到善治与和谐，在发展方面实现合作社的不断壮大，在资源上实现农村地区人力、土地以及财力的整合，在经济上实现农村居民的增收，在文化方面要培育新型农民。通过完备具体的指标项目构建，可以总结出各个方面的发展情况以及存在问题，通过对下一个发展周期的规划，有重点、有倾向地完善村社联动治理的结构，最终实现农村政治、经济、文化的全面发展。

对村社联动治理的绩效进行评估，主要是对村两委与合作社在治理过程中的相互作用进行分析和研究，目的在于充分发挥村两委的领导作用以及合作社的发展作用，努力实现农村区域政治、经济、文化、生态、环境的共同改善。依靠合作社来整合土地以及进行人力资源发展，有利于农村劳动力的充分利用来发展规模经济，有利于农村基础设施建设的完善，有利于农村居民收入水平和生活水平的提高，有利于农村居民精神文化生活的丰富，有利于农村地区的可持续发展，有利于培育合格的新型农民、村两委班组和优秀的企业家。

(二)绩效评价体系构建的特点

村社联动治理绩效评价体系的构建主要依据村两委和农民合作社各个主体各自的特点来确定。具体来说，在村两委方面，从职能来看，它是失地农民的代表，是土地红利分配方式的决定主体，也是土地股份公司的实际管理者。在合作社方面，从职能来看，它是农村与城镇经济的沟通者，是农村土地资源整合的受益者，也是农村劳动力的吸收者；从职责上来看，自身发展、社员增产增收以及保险等方面都是其十分重要的组成部分。在村社联动治理的过程中，村社是主体，联动是方式、途径，治理是目的。作为土地的实际管理者，村两委也是合作社发展的重要支持力量，提供着最为重要的土地资源。合作社是发展的代表，作为一个组织，合作社以谋求自身发展为核心，在此过程中，带动社员发展致富，并在实现自身发展的同时兼顾与农村生态环境的和谐。这就要求村社联动治理的绩效评价有着两方面的要求，既能够体现村两委本身的职能职责的贯彻程度，也能够代表合作社职能职责的实现程度。

二、指标体系设计的要求

要评价村社联动治理的绩效，首先要对村社联动治理绩效的基本内涵有所了解，本次研究将村社联动治理绩效定义为：以农村地区经济发展和村民生活水平提高、实现村两委善治、丰富农村居民精神文化生活、改善生态环境为目的，以村两委与合作社各自功能的实现程度、治理的有效性、社员及带动农户的满意度为基本衡量指标，对村社联动治理效果的一种综合性衡量。从评价指标设计的角度来讲，村社联动治理的绩效要综合考虑村社联动治理过程中所带来的各个方面的影响，从而设立全面且合理的绩效评价体系，我国的绩效评价体系按照维度的不同可以分为三类[2]，此处仅介绍其中两类。

二维绩效评价体系从行为绩效和产出结果绩效的视角出发，结合组织运行、成员收益、组织建设、组织发展以及社会影响，在五个方面建立综合的指标体系，依靠因子分析的方法构建综合评价模型，通过计算得出绩效综合得分和分项指标得分，之后再对绩效评价值进行综合排名，最后通过对比得出绩效发展水平的评价结果[3]。需要注意的是，在对合作社的绩效进行评价的过程中，时常会有两类指标一同出现的现象，这是由于行为绩效大都是一些能够影响合作社绩效的因素，而产出(结果)绩效则是指合作社在某一方面绩效的实际状况。

三维绩效评价体系大致可以分为五类，第一类是从经济效益、社会效益及组织发展能力三个方面对效益进行综合评价[4]，第二类则在经济效益和社会效益的基础上，还注重了生态维度的效果[5]，第三类是从经营绩效、运行机制和组织发展三个维度分析组织的发展现状，构建三维评价指标体系来研究绩效，并以此为依据得出结论[6]；第四类从经济效益、规模效应以及带动效应出发来考察绩效[7]，第五类则是从组织规模、组织效益及组织影响力三个维度构建运营绩效评价指标体系[8]，在评价过程中，通过层次分析法、统计指标估值法等数理方法来对绩效进行数据量化及评价。

本次研究西北地区村社联动治理绩效所采用的多维度绩效评价体系，是组织绩效评估相关研究与实践不断深化的产物[9]。村社联动治理绩效评价是一种跨组织合作的绩效评价，其涵盖范围更大，适宜采用多维度绩效评价体系。从合作社角度来看，它在村社联动治理中主要扮演农村经济带动者的角色，因此涉及农业增产、村民增收、合作社发展等方面的经济维度就必须加以考虑；合作社作为组织同时也需要为其成员服务，因此提供社员教育培训、供应生产资料等公共服务维度也需要考虑进来；从村两委的角度来看，它是村社联动治理的掌舵者，把握着农村的发展方向，在政治维度下保证村内秩序、处理日常事务等方面都是其工作的焦点，与此同时丰富村民精神文化生活也是其主要任务；从治理的角度来看，治理的对象除却组织、社会、人之外，还包括了环境。综合以上因素，以经济—政治—文化—公共服务—生态为核心的五个维度来综合考察村社联动治理绩效发展水平是较为全面的。

三、指标体系的设置

考虑村社联动治理绩效的内涵、特征以及指标的统计意义、可得性与可比较性，设计出由 2 个方面 3 个层次 30 个指标所构成的评估指标体系，具体如表6-1～表6-4所示[10]。

表 6-1　村社联动治理评价指标

目标层	村社联动治理绩效综合评价				
中间层	经济发展	社会文化	公共服务	政治	生态保护

表 6-2　经济发展及其二级指标

中间层	经济发展(C_1)							
方案层	农用地总面积(U_{11})	农产品年产量(U_{12})	合作社年产值(U_{13})	农机保有量(U_{14})	社员年收入(U_{15})	社员消费结构(U_{16})	社员农产品销售情况(U_{17})	社员储蓄金额(U_{18})
单位	亩	吨	万元	台	万元	—	—	万元

表 6-3　二级指标

中间层	社会文化(C_2)				公共服务(C_3)					
方案层	年教育投资(U_{21})	文化学习频率(U_{22})	购买书籍数目(U_{23})	娱乐活动频率(U_{24})	年农业补贴额度(U_{31})	公共设施建设支出(U_{32})	农业风险防护与处理(U_{33})	农业培训频率(U_{34})	合作医疗普及率(U_{35})	其他保险普及率(U_{36})
单位	万元	—	本	—	万元	万元	—	—	—	—

表 6-4　政治、生态保护及其下属指标

中间层	政治(C_4)					生态保护(C_5)			
方案层	社会治安满意度(U_{41})	村民选举满意度(U_{42})	纠纷处理满意度(U_{43})	集体事物处理能力(U_{44})	对村社干部工作的满意度(U_{45})	垃圾处理方式(U_{51})	是否科学使用化肥农药(U_{52})	雾霾、沙尘天气频率(U_{53})	生态农业发展面积(U_{54})
单位	—	—	—	—	—	—	—	—	亩

第二节　村社联动治理绩效的评价方法选择

一、村社联动治理绩效的评价方法评述

在现阶段农民合作社绩效的定量研究中，国内学者普遍认为农民合作社的绩效评价应当建立科学合理的绩效指标体系来衡量。在完整的多指标绩效评价体系的基础上，选取合适的模型进行指标的量化分析，通过实证研究来解释农民合作社的绩效水平。理论界关于村社联动治理绩效的评价方法主要有五种：比较分析法[11]、DEA 分析法、Bootstrap-DEA 模型评估法[12]、因子分析法[13]、层次分析法。应用方面，有学者在江西省赣州市农民合作社的调研数据分析基础上，通过层次

分析法确定各个度量指标及其权重，对农民专业合作社的绩效水平进行了综合评价[14]。也有学者以吉林省某村的土地入股合作社为研究对象，运用层次分析法构建绩效评价指标体系，找出影响合作社绩效的主要因素，并结合实际情况提出了有针对性的对策建议[15]。

关于农民合作社绩效评价的定量化方法研究成果较多。通过选取各种不用的计量方法对不同区域调查的数据进行统计分析，进而得出农民合作社的绩效评价结果[16]。虽然由于分析研究方法及研究对象选择的差异，得出的结论可能不尽相同，但是基于大量的农民合作社的绩效评价指标体系的建立及实证分析研究的实际案例，有利于促使较完整的、具有公信力的、能够广泛适用的合作社绩效评价指标体系的形成。国内学界一致认为，合作社绩效集中反映在经济效益和社会效益两方面，合作社所承担的责任不仅仅是实现自身的发展、带动农户增产增收的目标，还肩负着一定的社会责任，合作社的发展可以影响社区的发展、农村经济结构及其农业社会生态的平衡。

对于合作社绩效的评价，不同国家的学者根据社会偏好不同采取了不同的评价方法。对于合作社绩效的测量主要是测量其经济效益。在测量经济效益时，常用财务指标分析法，其测量结果具有客观性：建立了一套评价经济效益的财务指标体系，二级指标设置了资产收益率、每股收益率、资产回报率等财务指标，并对合作社的经济效益和规模之间的相关关系进行了详细的测定。合作社作为一个经济组织，既是产前的农资提供者，也是产中培训和产后销售服务的提供者，是纵向一体化的实体。因此，单纯地测量生产阶段的财务绩效，其结果是不确定的，也是不全面的，甚至可能会引起矛盾。因为财务绩效和非财务绩效对于任何企业来说都非常重要，所以两者必须平衡，所以可以从价格、技术、规模和分配效率等多个角度来衡量合作社发展的综合绩效，从而使得其测量结果更加准确，得出真正有用的结论。

国内学者也从各个方面对绩效做出了界定。绩效不单纯是一种货币收入，也是员工个人或者组织对制度、行为、外部环境等组织现状的满意程度，绩效是在一定制度下的行动或行为的努力结果，因此，效率的提高、注重公平、费用的降低、产出的增加、激励水平的提高都是绩效的内容[17]。绩效还可以定义为在一定时期内个人或组织的投入产出情况，投入是指包括时间、人力、物力等在内的各种物质资源，产出则是指在质量和效率方面的任务完成情况。

本研究将村社联动治理的绩效定义为：立足于合作社与农村地区的长远协同发展，以提高合作社组织和村两委绩效为基本目标，以村两委与合作社功能的实现度、村民增收幅度以及村民满意度为基本衡量指标，对村社联动治理效果和功能发挥的一种综合性衡量。

二、层次分析评价方法简介

层次分析评价方法又称 AHP 法，是通过确定准则层、判断层并用数量方法理清层级之间关系的一种计量方法。记准则层元素 C 所支配的下一层次的元素为 U_1，U_2，…，U_n。针对准则 C，决策者比较两个元素 U_i 和 U_j 相对的重要性以及在整体中的重要程度，并按表 6-5 定义的比例标度对重要性程度赋值，形成判断矩阵 $A=(a_{ij})_{n×n}$，其中 a_{ij} 就是元素 U_i 与 U_j 相对于准则 C 的重要性比例标度。

表 6-5　比例标度的含义

比例标度	含义	示意
1	两个元素(a_i，a_j)，前者重要性等于后者	$a_i=a_j$
2	中间值	
3	两个元素(a_i，a_j)，前者重要性大于后者	$a_i>a_j$
4	中间值	
5	两个元素(a_i，a_j)，前者重要性明显大于后者	$a_i>>a_j$
6	中间值	
7	两个元素(a_i，a_j)，前者重要性强烈大于后者	$a_i>>a_j$
8	中间值	
9	两个元素(a_i，a_j)，前者重要性极端高于后者	$a_i>>a_j$

设 $w=(w_1，w_2，…，w_n)^{\mathrm{T}}$ 是 n 阶判断矩阵的排序权重向量，当 A 为一致性判断矩阵时，有

$$A=\begin{bmatrix} 1 & \dfrac{w_1}{w_2} & \cdots & \dfrac{w_1}{w_n} \\ \dfrac{w_2}{w_1} & 1 & \cdots & \dfrac{w_2}{w_n} \\ \vdots & \vdots & & \vdots \\ \dfrac{w_n}{w_1} & \dfrac{w_n}{w_2} & \cdots & 1 \end{bmatrix}=\begin{bmatrix} w_1 \\ w_2 \\ \vdots \\ w_n \end{bmatrix}\begin{bmatrix} \dfrac{1}{w_1} & \dfrac{1}{w_2} & \cdots & \dfrac{1}{w_n} \end{bmatrix}$$

用 $w=(w_1，w_2，…，w_n)^{\mathrm{T}}$ 右乘上式，得到 $Aw=nw$，表明 w 为 A 的特征向量，且特征根为 n。即对于一致的判断矩阵，排序向量 w 就是 A 的特征向量。如果 A 是一致的互反矩阵，有以下性质：$a_{ij}a_{jk}=a_{ik}$。另外，一致的正互反矩阵 A 还具有下述性质：第一，A 的转置 A^{T} 也是一致的；第二，A 的每一行均为任意指定一行的正数倍数，从而 $R(A)=1$；第三，A 的最大特征根 $\lambda_{\max}=n$，其余特征根全为 0；第

四，记 A 的 $\lambda_{\max}$ 对应的特征向量 $w=(w_1, w_2, \cdots, w_n)^{\mathrm{T}}$，$a_{ij}=w_i/w_j$，由上述性质可知，当 A 具有一致性时，$\lambda_{\max}=n$，将 $\lambda_{\max}$ 对应的特征向量归一化（$\sum_{i=1}^{n} w_i = 1$），记为 $w=(w_1, w_2, \cdots, w_n)^{\mathrm{T}}$，$w$ 称为权重向量，它表示 U_1，U_2，$\cdots$，U_n 在 C 中的权重。关于正互反矩阵 A，根据矩阵论的 Perron-Frobenius 定理，有如下结论：

设 n 阶方阵 $A>0$，$\lambda_{\max}$ 是 A 的模最大的特征根，$\lambda_{\max}$ 必为正的特征根，且其对应的特征向量是正向量；A 的任何其他特征根恒有 $|\lambda| \leqslant \lambda_{\max}$；$\lambda_{\max}$ 为 A 的单特征根，因而它所对应的特征向量除差一个常数因子外是唯一的。

如果判断矩阵不具有一致性，则 $\lambda_{\max}>n$，此时的特征向量 w 就不能真实地反映 U_1，U_2，$\cdots$，U_n 在目标中所占比重，定义衡量不一致程度的数量指标

$$CI = \frac{\lambda_{\max} - n}{n-1}$$

对于具有一致性的正互反判断矩阵来说，CI=0。由于客观事物的复杂性和人们认识的多样性，以及认识可能产生的片面性与问题的因素多少和规模大小有关，仅依靠 CI 值作为 A 是否具有满意一致性的标准是不够的。为此，引进了平均随机一致性指标 RI，对于 n=1~11，平均随机一致性指标 RI 的取值如表 6-6 所示。

表 6-6　平均随机一致性指标

n	1	2	3	4	5	6	7	8	9	10	11
RI	0	0	0.58	0.90	1.12	1.24	1.32	1.41	1.45	1.49	1.51

定义 CR 为一致性比例，CR=CI/RI，当 CR ≤ 0.1 时，则称判断矩阵具有满意的一致性，否则就不具有满意一致性。

计算同一层次所有因素对于最高层（总目标）相对重要性的排序权值称为层次总排序，这一过程是由高层次到低层次逐层进行的。最底层（方案层）得到的层次总排序就是 n 个被评价方案的总排序。若上一层次 A 包含 m 个因素 $A_1, A_2, \cdots, A_m$，其层次总排序权值分别为 $a_1, a_2, \cdots, a_m$，下一层次 B 包含 n 个因素 $B_1, B_2, \cdots, B_n$，它们对于因素 A_j 的层次单排序的权值分别为 $b_{1j}, b_{2j}, \cdots, b_{nj}$（当 B_k 与 A_j 无关时，取 b_{kj} 为 0），此时 B 层次的总排序权值由表 6-6 给出。

如果 B 层次某些因素对于 A_j 的一致性指标为 CI_j，相应地平均随机一致性指标为 RI_j，则 B 层次总排序一致性比例为

$$CR = \frac{\sum_{j=1}^{m} a_j CI_j}{\sum_{j=1}^{m} a_j RI_j}$$

AHP 最终得到方案层各决策方案相对于总目标的权重，并给出这一组合权重所依据整个递阶层次结构所有判断的总一致性指标，据此，决策者可以做出决策[18]。

三、模糊数学评价方法简介

模糊综合评价模型首先设与被评价事物相关的因素有 m 个，记作 $U=\{U_1,\ U_2,\ \cdots,\ U_m\}$，称之为因素集；又设所有可能出现的评语有 n 个，记作 $V=\{V_1,\ V_2,\ \cdots,\ V_n\}$，称之为评语集。然后进行单因素评价，先对因素集 U 中的单因素 $U_i(i=1,\ 2,\ \cdots,\ m)$作单因素评价对象，从因素 U_i确定其对评语 $V_j(j=1,\ 2,\ \cdots,\ n)$的隶属度 r_{ij}，从而得出第 i 个因素 U_i的单因素评价集 $r_i=(r_{i1},\ r_{i2},\ \cdots,\ r_{in})$，它作为评语集 V 上的模糊子集，也即给出一个模糊值映射 $f:\ U\rightarrow F(V)$，$U_i\rightarrow f(U_i)$，其中 $f(U_i)=r_i=(r_{i1},\ r_{i2},\ \cdots,\ r_{in})$，它是关于因素 U_i 的评语模糊向量，r_{ij} 为关于因素 U_i具有评语 V_j 的程度。构造综合评判矩阵，把 m 个单因素评价集作为行，即得一个总的评价矩阵 $R=(r_{ij})_{m\times n}$，我们称 R 为综合评判矩阵。

四、求决策集

通过确定因素重要程度模糊集，确定综合评价模型，求出模糊综合评价集。

五、进行综合评判

(1)对因素集合 U 中的诸因素，分别作出对评语集合 V 中诸评语的单因素评判，进而得到　个实际上表示 U 和 V 之间模糊关系的模糊矩阵 R；

(2)对因素集合 U 中的诸因素，确定它们在被评判事物中的重要程度，也即确定诸因素权重 A，保持各因素的权重数之和应等于 1；

(3)作模糊变换 $B=A^\circ R$，作出综合评判。其中"°"表示算子符号，为普通矩阵相乘，R 表示综合评判矩阵，A 为权重集，其中 B 正好表示了被评判事物在评语集合 V 上的综合评判结果。

综合评判矩阵 R 是因素论域 U 到评语论域 V 的一个模糊变换器，那么每当输入一个模糊集 A，通过模糊变换器 R 就可输出一个相应的综合评判结果，即模糊综合评价集 B。

第三节　村社联动治理实证分析过程

一、样本的确定与数据的获取

要科学地对西北地区村社联动治理绩效进行评估，其关键还在于优质的样本选择，而优质的样本则要求兼顾各项因素，除却影响农业活动展开的环境条件必须符合西北地区特点外，合作社的发展情况、治理情况以及该地区的综合发展情况都必须能够代表西北地区的特点。本次调研究分结合了总体综合数据收集和实地重点个案调查，总体历时三个月，调查者分组先后去往三地调研，总体综合数据的收集主要依靠当地农业部门的配合，收集各项综合数据。实地重点个案调查则通过与乡镇政府联系后依照政府安排展开，有代表性的是宁夏和青海。

二、西北地区村社联动治理绩效评估

(一)层次分析法的评估及验证

运用层次分析法首先要确定中间层各元素权重，各中间层指标的相对重要程度分布如表 6-7～表 6-9 所示[19]。

表 6-7　中间层相对重要程度矩阵表

A	经济发展	社会文化	公共服务	政治	生态保护
经济发展	1	3	3	2	5
社会文化	1/3	1	1	1/2	3
公共服务	1/3	1	1	1/2	3
政治	1/2	2	2	1	1
生态保护	1/5	1/3	1/3	1	1
总和	2.37	7.33	7.33	5	13

对每一列进行归一化处理 $B_{ij} = A_{ij} / \sum A_{ij}$，进而可以得出表 6-8 中的数据[20]。

表 6-8　中间层相对重要程度矩阵归一化处理结果

B	经济发展	社会文化	公共服务	政治	生态保护	特征向量
经济发展	0.42	0.41	0.41	0.4	0.38	2.02
社会文化	0.14	0.14	0.14	0.1	0.23	0.75
公共服务	0.14	0.14	0.14	0.1	0.23	0.75
政治	0.22	0.27	0.27	0.2	0.08	1.04
生态保护	0.08	0.04	0.04	0.2	0.08	0.44
总和	1	1	1	1	1	5

对特征向量进行归一化处理 $w_j = B_j / \sum B_j$，结果列入表 6-9 中。

表 6-9　中间层相对重要程度矩阵归一化处理结果

B	特征向量	W	W/%
经济发展	2.02	0.4051	40.51
社会文化	0.75	0.1489	14.89
公共服务	0.75	0.1489	14.89
政治	1.04	0.2067	20.67
生态保护	0.44	0.0904	9.04
总和	5	1	100

进行矩阵一致性检验，构建对比矩阵：

$$A = \begin{bmatrix} 1 & \dfrac{w_1}{w_2} & \cdots & \dfrac{w_1}{w_n} \\ \dfrac{w_2}{w_1} & 1 & \cdots & \dfrac{w_2}{w_n} \\ \vdots & \vdots & & \vdots \\ \dfrac{w_n}{w_1} & \dfrac{w_n}{w_2} & \cdots & 1 \end{bmatrix} = \begin{bmatrix} 1 & 3 & \cdots & 5 \\ \dfrac{1}{3} & 1 & \cdots & 3 \\ \vdots & \vdots & & \vdots \\ \dfrac{1}{5} & \dfrac{1}{3} & \cdots & 1 \end{bmatrix}$$

计算最大特征根 $\lambda_{\max}$，根据公式

$$\lambda_{\max} = \frac{\sum (AW)_i}{nW_i}$$

因此，特征根 $\lambda_{\max}$=5.3534，代入公式

$$\lambda_{\max} = \frac{\lambda_{\max} - n}{n - 1}$$

可以得出 CI=0.08835。由于 n=5，因此 RI=1.12，代入公式 CR=CI/RI，可以得出 CR = 0.0789 ≤ 0.1，因此通过一致性检验。至此，村社联动治理绩效评价指标体系的权重得到了科学合理的分配。

为了方便计算，我们要对调研所采集到的数据进行标准化（对于越大越好的指标，则有 $X_{ij}=X_{ij}/X_{ij(\max)}$；对于越小越好的指标，则有 $X_{ij}=X_{ij(\min)}/X_{ij}$），并在时间轴上进行对比，最终处理结果如表 6-10～表 6-14 所示，其中 A 表示甘肃陇西，B 表示宁夏银川，C 表示陕西榆林，下同。

表 6-10　甘肃陇西、宁夏银川、陕西榆林农村经济发展数据标准化处理结果

经济发展		2012 年	2013 年	2014 年	2015 年
		A/B/C	A/B/C	A/B/C	A/B/C
农用地总面积	0.0502	1/1/1	1/1/1	1/1/1	1/1/1
农产品年产量	0.0972	0.765/0.973/0.974	0.915/0.945/0.979	1/1/1	0.999/0.917/0.904
合作社年产值	0.2349	0.826/0.891/0.901	0.926/0.930/0.917	1/1/1	0.976/0.982/0.980
农机保有量	0.1059	0.70/0.82/0.90	0.85/0.93/0.90	1/1/1	1/1/1
社员年收入	0.2053	0.696/0.724/0.735	0.786/0.811/0.774	0.885/0.921/0.908	1/1/1
社员消费结构	0.0553	0.43/0.51/0.36	0.55/0.57/0.59	0.73/0.79/0.83	0.68/0.78/0.83
社员农产品销售情况	0.1570	0.88/0.86/0.84	0.92/0.86/0.88	0.86/0.88/0.92	0.90/0.84/0.88
社员储蓄金额	0.0941	0.72/0.76/0.63	0.77/0.80/0.75	1/1/0.83	0.95/0.99/1

表 6-11　甘肃陇西、宁夏银川、陕西榆林农村社会文化数据标准化处理结果

社会文化		2012 年	2013 年	2014 年	2015 年
		A/B/C	A/B/C	A/B/C	A/B/C
年教育投资	0.4	0.625/0.630/0.570	0.781/0.655/0.60	0.938/0.845/0.870	1/1/1
文化学习频率	0.2	0.50/0.62/0.42	0.750/0.650/0.622	0.80/0.82/0.70	1/1/1
购买书籍数目	0.2	0.62/0.60/0.59	0.78/0.66/0.63	0.94/0.85/0.89	1/1/1
娱乐活动频率	0.2	0.520/0.624/0.422	0.751/0.652/0.622	0.813/0.822/0.710	1/1/1

表 6-12　甘肃陇西、宁夏银川、陕西榆林农村公共服务数据标准化处理结果

公共服务		2012 年	2013 年	2014 年	2015 年
		A/B/C	A/B/C	A/B/C	A/B/C
年农业补贴额度	0.2295	0.65/0.57/0.72	0.630/0.680/0.722	0.809/0.742/0.790	1/1/1
公共设施建设支出	0.2295	0.622/0.726/0.022	0.706/0.827/0.626	0.842/1/0.903	1/0.902/1
农业风险防护与处理	0.2295	0.662/0.604/0.624	0.642/0.610/0.632	0.668/0.622/0.640	0.702/0.640/0.648
农业培训频率	0.1207	0.82/0.84/0.81	0.81/0.88/0.84	0.820/0.930/0.902	1/1/1
合作医疗普及率	0.1207	0.89/0.92/0.88	0.92/0.93/0.89	0.93/0.93/0.92	0.95/0.98/0.96
其他保险普及率	0.0700	0.65/0.72/0.70	0.68/0.74/0.77	0.69/0.77/0.76	0.70/0.77/0.76

表 6-13　甘肃陇西、宁夏银川、陕西榆林农村政治事务数据标准化处理结果

政治事务		2012 年	2013 年	2014 年	2015 年
		A/B/C	A/B/C	A/B/C	A/B/C
社会治安满意度	0.0988	0.644/0.656/0.664	0.638/0.686/0.670	0.652/0.660/0.668	0.658/0.694/0.698
村民选举满意度	0.1765	0.622/0.618/0.628	0.628/0.618/0.630	0.624/0.626/0.640	0.632/0.650/0.640
纠纷处理满意度	0.0988	0.662/0.604/0.624	0.642/0.610/0.632	0.668/0.622/0.640	0.702/0.640/0.648
集体事物处理能力	0.3130	0.656/0.688/0.644	0.662/0.70/0.652	0.670/0.698/0.662	0.692/0.706/0.670
对村社干部工作的满意度	0.3130	0.752/0.76/0.74	0.770/0.772/0.754	0.774/0.780/0.750	0.774/0.782/0.762

表 6-14　甘肃陇西、宁夏银川、陕西榆林农村生态保护数据标准化处理结果

生态保护		2012 年	2013 年	2014 年	2015 年
		A/B/C	A/B/C	A/B/C	A/B/C
垃圾处理方式	0.2272	0.64/0.66/0.64	0.68/0.66/0.67	0.65/0.66/0.68	0.68/0.69/0.68
是否科学使用化肥农药	0.1225	0.72/0.78/0.79	0.82/0.88/0.85	0.90/0.92/0.91	0.95/0.97/0.96
雾霾、沙尘天气频率	0.4231	0.61/0.55/0.60	0.72/0.70/0.68	0.84/0.86/0.79	1/1/1
生态农业发展面积	0.2272	0.33/0.41/0.38	0.35/0.54/0.53	0.52/0.69/0.70	1/1/1

　　根据时间序列建立各中间层指标的综合评价集 C_i，因此 2012 年经济发展指标 C_1 的评价值为

$$C_1 = \begin{bmatrix} 0.0502 & 0.0972 & \cdots & 0.0941 \end{bmatrix} \begin{bmatrix} 1 & 1 & 1 \\ 0.765 & 0.973 & 0.974 \\ \vdots & \vdots & \vdots \\ 0.72 & 0.76 & 0.63 \end{bmatrix}$$

$$= (0.765 \quad 0.824 \quad 0.814)$$

　　2013 年、2014 年、2015 年计算过程类同。将各样本点各年评价值列表，如表 6-15～表 6-18 所示。

表 6-15　甘肃陇西评估结果汇总表

指标	2012 年	2013 年	2014 年	2015 年
经济发展	0.765	0.855	0.939	0.956
社会文化	0.578	0.769	0.886	1

指标	2012 年	2013 年	2014 年	2015 年
公共服务	0.696	0.71	0.792	0.71
政治	0.678	0.686	0.693	0.705
生态保护	0.567	0.639	0.783	0.921

表 6-16　宁夏银川评估结果汇总表

指标	2012 年	2013 年	2014 年	2015 年
经济发展	0.824	0.867	0.953	0.949
社会文化	0.621	0.654	0.8364	1
公共服务	0.699	0.756	0.821	0.756
政治	0.687	0.698	0.7	0.712
生态保护	0.571	0.676	0.783	0.926

表 6-17　陕西榆林评估结果汇总表

指标	2012 年	2013 年	2014 年	2015 年
经济发展	0.814	0.856	0.943	0.958
社会文化	0.514	0.615	0.808	1
公共服务	0.566	0.717	0.809	0.717
政治	0.671	0.68	0.684	0.694
生态保护	0.582	0.664	0.759	0.922

表 6-18　村社联动治理绩效综合评价值汇总表

地区	2012 年	2013 年	2014 年	2015 年
甘肃陇西	0.691	0.766	0.844	0.871
宁夏银川	0.724	0.767	0.848	0.877
陕西榆林	0.682	0.746	0.833	0.871

　　可以看出，顺着时间轴向下，三个样本地村社联动治理下的各中间层指标评价值虽有一定的波动，但大体上都在随着时间的增加而增大，三个样本地的经济发展、社会文化以及生态保护的指标评价值在 2015 年均达到 0.9 以上，表现相当

优异；接下来就是政治和公共服务方面，虽然与 0.9 相比还有不少的差距，但平均也都能达到 0.7 以上。根据表 6-18 可知，从综合评价集来看，村社联动治理的评价指数也存在一定的波动，但整体趋势稳中上升，在 2015 年均达到 0.8 以上，村社联动治理的绩效相对让人满意。从中间层元素的角度来分析，可以弄清楚村社联动治理绩效具体的发展情况，因此应当从以下五个方面展开分析。

(1)从经济发展指标的分析研究可知,西北地区村社的经济发展都比较令人满意，虽然在 2015 年出现了一定的波动，但总体表现良好。农产品的产量在 2012 年到 2014 年稳步上升，仅在 2015 年出现了少量下滑，这主要是由于作物比例的调整减少了粮食的种植，将这部分用于经济作物的种植，因此这种波动属于正常且良性的。合作社年产值亦在 2014 年达到峰值，至于 2015 年出现轻微下滑，这与农产品市场有关，许多合作社的产品市场较小，仅限本地或者附近地区，随着进入者的增加以及自身产量的增加，市场饱和，这才导致了合作社年产值在 2015 年出现下滑，要实现合作社产值的继续上扬，首先就要扩大市场范围，尽可能给农产品找到更多的市场。农机保有量 2015 年与 2014 年基本持平，均为历年来最高值，农业机械仅适用于地势较为平坦且面积较大的区域，西北地区有相当一部分规模较小的合作社，结合西北地区的地形特点，这就给农机保有量的提升制造了瓶颈，改造地形的投入颇高，因此提高农机保有量仅可以从小规模合作社的合并来实现最大程度的土地资源整合，以此来提高农机适用率，进而促进农机保有量的提高。社员收入除了基本工资外还有合作社分红，合作社年产值的提高增加了分红的数额，因此社员收入稳中上扬。社员消费结构上，从 2012 年到 2014 年，村民在食品上的消费比例下降，在其他消费品上的消费尤其是教育上的支出增多，在 2015 年变化很小，这主要是由于农村地区的消费观念与城市不同，农村居民生活普遍较为节俭，消费项目远少于城市居民，要实现农村居民消费比例的再次优化，首先要继续提高农村居民的收入，再引入更多的消费项目。社员农产品的销售情况在 2014 年达到顶峰，在 2015 年出现了不同比例的下滑，这与合作社年产值的发展情况类似，都是由于农产品的市场饱和造成的，所以解决方法也是一样。农村居民的储蓄金额仅在 2015 年出现下降，在其余年限都保持着增长态势，结合农村居民的收入增长以及储蓄金额的波动，可以看出 2015 年的消费大于收入，这才导致了农村居民储蓄金额的下降，具体说是生产生活的成本增加以及农村居民的投资提高，这种表现半喜半忧，若是生产生活成本的增加占据主要地位，则农村居民生活水平就会出现下降，这是隐患所在，若是农村居民的投资提高占据主要地位，则是好事，这表明农村居民的生活水平不仅没有下滑，反而有相当的提高。

(2)在社会文化方面，西北农村地区的年教育投资在 2015 年达到历年最高，其余各年份也都有不同程度的上涨,这部分投资一方面来源于政府,另一个来源则是合作社,随着合作社的发展壮大,合作社反哺农村地区的教育投资也会增加。在文化学习的组织频率上,从 2012 年开始至 2015 年,文化学习的频率不断提高,这主要是由于越来越多的农村居民进入合作社,社员们集体性更强且时间上更一致,便于组织集体文化学习。在购买书籍数目方面,每年都有提高,但存在的问题是村民并不一定可以找到符合自身兴趣的书籍,这会导致农村居民看书欲望欠佳,使书籍成为一堆摆设,对此每次购买的书单应当广泛征集村民的需求,充分满足其看书的要求,进而提高书籍的利用率。娱乐活动方面,在频率上的稳步增加看似喜人,但在内容上的单一使得娱乐活动缺少吸引力,效果上可能并不理想,农村地区娱乐活动不仅要在频率上稳步提高,也要在质量和创新上有所提高。

(3)在公共服务与补贴方面,在 2015 年也呈现出波动的情况,其余各年均有增长且在 2014 年达到峰值。在年农业补贴额度上,随着农业生产的成本增加,年补贴额度稳步增加,这对于农业生产来说是一种巨大福利,有助于减少合作社的成本,提高利润率,对于促进农村地区农业生产和经济发展都有着重要的意义。公共建设支出方面呈现出上升趋势,但在 2015 年出现下降的情况,这主要是由于公共设施尤其是交通运输设施的建设在 2014 年基本完成,2015 年的投入主要是维护以及少量的设施建设,这就造成了这种波动的出现,往后的几年中,由于维护费用所占的比例越来越大,公共建设支出将会呈现出下降的趋势。农业风险防护与处理方面,鉴于更多的农村居民加入合作社以及合作社相比于个人的资源和规模优势,农村地区风险防护与处理的能力不断提高,这种优势在 2016 年的旱季集中体现,调研过程中甘肃陇西出现长时间干旱,个体居民所种植的玉米基本绝收,而合作社所属的玉米由于蓄水设施的存在,还能达到预期的收益。农业培训方面,随着时间的推移,农村居民越发受益于先进的农业技术服务,农业培训得到更多的重视,培训频率不断上升,但在未来的某段时间内可能会出现持平甚至下降的情况,这主要源于农技开发的周期。在合作医疗方面,其普及率稳步提高,极大地使农村居民受益,经过调研,西北农村地区合疗报销的流程很便捷,得到了农村居民的广泛认可。2012 年到 2014 年是其他保险普及率持续增长的阶段,至 2015 年,由于前期的保险积累以及农村居民更加理性,其他保险普及率出现持平乃至下降的波动。

(4)从政治指标分析,政治指标评价值直接体现村两委的工作是否得到了村民的认可,自 2012 年至 2015 年,政治指标评价值持续提高,村民政治满意度以及村两委的工作能力不断提高。在社会治安方面,村民满意度持续上升,但幅度不大,这主要是由于流动人员较多、村内相关力量不足所导致的,另一点成因则是由于劳动力输出,青壮年外出务工导致家中老弱安全感不强,继续大力发展合作社，有助于不断提高社员收入，进一步吸引外出劳动力返乡，提高村民的安全感。在选举方面，村民满意度不断提高，一是由于对选举制度和流程不断熟悉，二是选出的村两委经过不断锻炼使能力得到提高。纠纷处理、处理集体事务以及对村两委干部的满意度方面也是如此，随着村两委工作的深入，各项能力均得到了提高，村民满意度自然随之提高，但随着新村委的组建，政治指标的评价值将会出现类似周期性的波动。

(5)在生态保护方面，从 2012 年到 2014 年，生态保护指标评价值持续上涨，在 2015 年呈爆发性增长。在垃圾处理方面，西北农村地区经历了随处倾倒、焚烧、填埋以及集中收集处理的阶段，但还没有实现垃圾分类处理，因此在未来发展中还具有相当大的提升空间。在化肥和农药应用上，随着农业技术培训的普及，其科学施肥施药得到了广泛的普及，在绿色、有机、生态农业成为合作社发展的趋势后，施肥施药将会得到更加严格的管控。雾霾、沙尘天气方面，随着时间的推移，其评价值不断上升，证明西北农村地区的环境正在不断改善，但这并不单纯是农村环境的改善，还有城市整体环境的改善。生态农业发展方面，随着合作社的发展，普通农业无法满足利润需求，因此生态农业得到了重视，在 2012 年至2015 年，西北地区生态农业发展面积不断增加。

(二)模糊数学法的评估及验证

模糊综合评价模型包括因素集、评语集、权重集和模糊关系矩阵。

为正确评价村社联动治理的绩效，首先必须筛选出影响评价对象的各种因素，这些因素的集合称为因素集：$U=\{U_1, U_2, \cdots, U_m\}$。

为描述每一因素所处状态的 n 种评价，设定评语集 $V=\{V_1, V_2, \cdots, V_n\}$，将村社联动治理绩效评价的因素评价域分为四个等级，即 $V=\{V_1, V_2, V_3, V_4\}=$ {优秀，良好，合格，不合格}。

评价因素集中的每个因素占有不同的权重，指标权重系数通过 Delphi 方法或者行业专业评审员打分的办法来计算。也即在因素论域 U 上给出一个模糊子集 $A=(a_1, a_2, \cdots, a_m)$，其中 a_i 为因素 $U_i(i=1, 2, \cdots, m)$在总评价中的影响程度大小的度量，也即因素重要程度模糊子集，称 a_i 为因素 u_i 的重要程度系数。

通过单因素评价得出各因素对各等级的隶属度，进一步通过模糊值映射得出模糊关系评判矩阵 R。当权重向量 A 和模糊关系矩阵 R 确定后，通过 R 作模糊线性变换，把 A 变为评语集 V 上的模糊子集 $B=A\cdot R=(b_1, b_2, \cdots, b_j, b_n)$，从而综合进行评定。$B$ 为评语集 V 上的模糊综合评价集，$B_j(j=1, 2, \cdots, n)$为评语 V_j 对综合评判所得模糊评价集 B 的隶属度[21]。

村社联动治理绩效是一个集合体，它由合作社绩效以及村两委绩效耦合而成，而这两者的绩效又分别是由合作社各层面以及村两委各层面的绩效叠加的结果。在运用模糊综合评价法对村社联动治理的绩效进行考核设计时,可以将考核分为村委考核和合作社考核两大部分。村委考核是对村两委及其整体运行和工作完成情况实施考察,以考核结果作为村两委绩效高低评判的依据;合作社考核是对合作社的运行、发展、收益等各方面的现实情况的考核,考核结果与合作社绩效高低评判直接挂钩。

　　针对村社联动治理绩效评价中涉及范围相对较广、角度颇多的特点,想制定一个统一的评估方案来全面评价所有绩效相对很难。因此,在新的评估方案制定中,我们将部门评估设为共性指标评估与个性指标评估,占比为 49∶51。共性指标评估包括人均收入、年产值、年产量等硬性经济指标,是对各专业部门的共性要求;个性指标评估用于评估下设各个具体工作。

　　新的评估方案设计在贯彻定量化评估的基础思路之上,对难以量化的如满意度以及评价等模糊性指标进行模糊评价,尽可能做到专项评估与共性评估得分兼顾综合因素而得出,从而提高评估结果的客观性、有效性以及对真实情况的反应能力。

　　以三个样本地为例,村社联动治理下包含村两委和合作社。在绩效考核中,首先选定两个一级模糊综合评判因素集,即考核对象分别为: U={领导组织 U_1,生产经营 U_2}。

　　在共性指标中,影响因素包括年产值、人均收入、年产量等硬性经济指标,共计 49 分,直接根据全年实际情况得出,各部门相同;个性指标(51分)中,影响因素针对村两委以及合作社每个具体考核部分的特点予以专门评定。在个性指标考核中,我们根据具体部分职责的不同设置四项考核指标,并确定每项考核指标的重要性,进而针对每个部分的特点测定各部门考核绩效系数,如表 6-19 和表 6-20 所示。

表 6-19　个性考核指标

考核部分	一级指标	二级指标	重要性
村两委	领导组织	村委班组建设	14
		党风廉政建设	13
		精神文明建设	9
		日常事务处理	15
合作社	生产经营	市场开发	15
		社员发展	12
		产品保存运输	7
		社员满意度	17

表 6-20　历年共性考核指标及得分

指标	2012 年 A/B/C	2013 年 A/B/C	2014 年 A/B/C	2015 年 A/B/C
年产量	0.765/0.973/0.974	0.915/0.945/0.979	1/1/1	0.999/0.917/0.904
年产值	0.826/0.891/0.901	0.926/0.930/0.917	1/1/1	0.976/0.982/0.980
人均收入	0.696/0.724/0.735	0.786/0.811/0.774	0.885/0.921/0.908	1/1/1
年农业补贴	0.650/0.570/0.720	0.630/0.680/0.722	0.809/0.742/0.790	1/1/1
年公共建设支出	0.622/0.726/0.022	0.706/0.827/0.626	0.842/1/0.903	1/0.902/1
合计	10.841	12.169	13.786	14.660
得分	36	41	46	49

(三)评估结果的对比分析

1. 村两委

首先选定二级模糊综合评判因素集，即 U_1={村委班组建设 U_{11}，党风廉政建设工作 U_{12}，精神文明建设 U_{13}，日常事务处理 U_{14}}。同时确定评语集 V。评语集统一采用优秀、良好、合格与不合格，即 V={优秀 V_1，良好 V_2，合格 V_3，不合格 V_4}，使得被考核部分对各二级要素分四个等级进行评判。对于等级标准的界定如表 6-21 所示。

表 6-21　个性考核指标等级标准

等级	得分	等级标准(参考)
优秀	90 分及以上	认真履行职责，分工明确，各司其职，开拓创新能力强，团队精神和合作意识强。工作有计划，有落实，有检查，有总结，超额完成各项工作任务，效果突出
良好	80~89 分	认真履行职责，分工明确，各司其职，开拓创新能力较强，团队精神和合作意识强。工作有计划，有落实，有检查，有总结，出色完成各项工作任务，效果显著
合格	65~79 分	能够履行部门岗位职责，分工明确，各司其职，具有一定的开拓创新能力，团队精神和合作意识较强。工作有计划，有落实，有检查，有总结，能够完成各项工作任务
不合格	65 分以下	不能履行部门岗位职责，开拓创新能力差，团队精神和合作意识差。工作计划未落实，不能按期完成各项工作任务，或者在工作中出现严重失误

其次，确定权数分配集，权数分配是对诸要素的一种均衡。我们约定 A=(a_1, a_2, …, a_i, …, a_n)，其中 $a_i>0$，且 $\sum a_i=1(1<i<n)$，A 表示权数分配集，a_i 表示对应要素的权数，n 表示对应各要素集的要素个数。

对于$(1<i<n)$区间限定，原则上 i 可以等于 1 也可以等于 n，n 也可以等于 1(极端情况下)。但现实情况是影响西北地区村社联动治理绩效的因素不止一项，因此正常情况下 n 必定大于 1，这也是$(1<i<n)$两端不取等号的原因。

采用专家估测法来确定每一要素的权数，根据各要素对于部分发展的影响重要程度不等而确定。

除共性指标 49 分外，办公室的个性指标总分值为 51 分，其中村委班组建设占 14 分，党风廉政建设工作占 13 分，精神文明建设占 9 分，日常事务处理占 15 分。二级要素权数分配集 A_{u1} 中：U_{11} 的权数 a_{11}=14/51=0.275，U_{12} 的权数 a_{12}=13/51=0.255，U_{13} 的权数 a_{13}=9/51=0.176，U_{14} 的权数 a_{14}=15/51=0.294(为统计方便，均保留三位小数)。由此，办公室各二级要素的权数分配集为 A_{u1}=(0.275，0.255，0.176，0.294)。

第三，建立模糊关系矩阵，U_1 中的 U_{11}、U_{12}、U_{13}、U_{14} 都是评判集($V=\{V_1$，V_2，V_3，$V_4\}$)的映射，每一个被评判要素确定了从 U_1 到 V 的模糊关系矩阵 R_{u1}。

$$R_{u1} = \begin{pmatrix} r_{11} & r_{12} & r_{13} & r_{14} \\ r_{21} & r_{22} & r_{23} & r_{24} \\ r_{31} & r_{32} & r_{33} & r_{34} \\ r_{41} & r_{42} & r_{43} & r_{44} \end{pmatrix} = \left(r_{ij}\right)_{4\times4}, \quad i=1,2,3,4; \quad j=1,2,3,4$$

其中，r_{ij} 是二级要素隶属于评语集 V 中某一评语的程度，也称为隶属度。根据模糊统计测评法，r_{ij} 为评语集中的某一评语所选人数与评判人员数的比值。设定 10 人参与对各部分的考核，也即一级股室测评。我们成立由村两委主任、合作社负责人、村民代表以及专家共十人组成的考核小组，负责对各部分进行综合考核。考核过程中，先由被考核部分的负责人考核小组做各年工作总结，再对参与考核的部分按照优秀、良好、合格、不合格的划分标准，对各二级要素分别进行评判并划分等级，最后对测评结果进行汇总。

2015 年，对于要素 U_{11} 来讲，10 人参与测评组中，5 人评定 U_{11} 为优秀，2 人评定 U_{11} 为良好，2 人评定 U_{11} 为合格，1 人评定 U_{11} 为不合格，则 r_{ij} 分别为：r_{11}=5/10=0.5，r_{12}=2/10=0.2，r_{13}=2/10=0.2，r_{14}=1/10=0.1。同理可得：r_{21}=3/10=0.3，r_{22}=2/10=0.2，r_{23}=3/10=0.3，r_{24}=2/10=0.2，r_{31}=3/10=0.3，r_{32}=4/10=0.4，r_{33}=2/10=0.2，r_{34}=1/10=0.1；r_{41}=4/10=0.4，r_{42}=3/10=0.3，r_{43}=2/10=0.2，r_{44}=1/10=0.1。2014 年、2013 年、2012 年计算类同。从而可得二级要素模糊关系矩阵 R_{u2}。

第四，求决策集，通过上一步所得到的二级要素模糊关系矩阵，根据模糊变换 $B=A°R$，取 "°" 为 $M(·，+)$(表示为加权平均型综合评判，运算顺序为先乘后加；选取此模型算法的意义在于在确定评语集对模糊综合评价集的隶属度时，综合考虑了所有因素的影响)，则得到村两委的绩效考核系数分别是：2015 年 0.89，

2014 年 0.85，2013 年 0.78，2012 年 0.72。

2. 合作社的评价过程

首先，选定二级模糊综合评判因素集，即 U_1={市场开发 U_{21}，社员发展 U_{22}，产品保存运输 U_{23}，社员满意度 U_{24}}。同时确定评语集 V。评语集统一采用优秀、良好、合格与不合格，即 V={优秀 V_1，良好 V_2，合格 V_3，不合格 V_4}，使得被考核部分对各二级要素分四个等级进行评判。对于等级标准的界定，如表 6-22 所示。

其次，确定权数分配集，权数分配是对诸要素的一种均衡。约定 A=(a_1，a_2，…，a_i，…，a_n)，其中 a_i>0，且 $\sum a_i$=1(1<i<n)。

采用专家估测法来确定每一要素的权数，根据各要素对于部分发展的影响重要程度不等而确定。

除共性指标 49 分外，办公室的个性指标总分值为 51 分，其中市场开发占 15 分，社员发展占 12 分，产品保存运输占 7 分，社员满意度占 17 分。相对应的，二级要素权数分配集 A_{u2} 中：U_{21} 的权数 a_{21}=15/51=0.295，U_{22} 的权数 a_{22}=12/51=0.235，U_{23} 的权数 a_{23}=7/51=0.137，U_{24} 的权数 a_{24}=17/51=0.333(为统计方便，均保留三位小数)。由此，办公室各二级要素的权数分配集为 A_{u2}=(0.295，0.235，0.137，0.333)。

第三，建立模糊关系矩阵，U_2 中的 U_{21}、U_{22}、U_{23}、U_{24} 都是评判集(V={V_1，V_2，V_3，V_4})的映射，每一个被评判要素确定了从 U_2 到 V 的模糊关系矩阵 R_{u2}。

$$R_{u2} = \begin{pmatrix} r_{11} & \cdots & r_{14} \\ \vdots & & \vdots \\ r_{41} & \cdots & r_{44} \end{pmatrix} = \left(r_{ij} \right)_{4\times4}$$

其中，r_{ij} 是二级要素隶属于评语集 V 中某一评语的程度，也称为隶属度。根据模糊统计测评法，r_{ij} 为评语集中的某一评语所选人数与评判人员数的比值。设定 10 人参与对各部分的考核，也即一级股室测评。我们成立由村两委主任、合作社负责人、村民代表以及专家共十人组成的考核小组，负责对各部分进行综合考核。考核过程中，先由被考核部分的负责人考核小组做各年工作总结，再对参与考核的部分按照优秀、良好、合格、不合格的划分标准，对各二级要素分别进行评判并划分等级，最后对测评结果进行汇总。

2015 年，对于要素 U_{21} 来讲，10 人参与测评组中，4 人评定 U_{21} 为优秀，3 人评定 U_{21} 为良好，2 人评定 U_{21} 为合格，1 人评定 U_{21} 为不合格，则 r_{ij} 分别为：r_{11}=4/10=0.4，r_{12}=3/10=0.3，r_{13}=2/10=0.2，r_{14}=1/10=0.1。同理可得：r_{21}=3/10=0.3，r_{22}=3/10=0.3，r_{23}=2/10=0.2，r_{24}=2/10=0.2；r_{31}=4/10=0.4，r_{32}=2/10=0.2，r_{33}=3/10=0.3，r_{34}=1/10=0.1；r_{41}=4/10=0.4，r_{42}=1/10=0.1，r_{43}=3/10=0.3，r_{44}=2/10=0.2。2014 年、2013 年、2012 年计算类同。

从而可得二级要素模糊关系矩阵：

$$R_{u2} = \begin{pmatrix} r_{11} & \cdots & r_{14} \\ \vdots & & \vdots \\ r_{41} & \cdots & r_{44} \end{pmatrix}$$

第四，求决策集，通过上一步所得到的二级要素模糊关系矩阵，根据模糊变换 $B=A^\circ R$，取 "°" 为 $M(\cdot, +)$(表示为加权平均型综合评判，运算顺序为先乘后加；选取此模型算法的意义在于在确定评语集对模糊综合评价集的隶属度时，综合考虑了所有因素的影响)，可以计算出 2015 年的值为

$$B_{u2} = A_{u2}R_{u2} = (0.295 \quad 0.235 \quad 0.137 \quad 0.333) \times \begin{pmatrix} 0.4 & 0.3 & 0.2 & 0.1 \\ 0.3 & 0.3 & 0.2 & 0.2 \\ 0.4 & 0.2 & 0.3 & 0.1 \\ 0.4 & 0.1 & 0.3 & 0.2 \end{pmatrix}$$

$$= (0.377 \quad 0.220 \quad 0.247 \quad 0.157)$$

由于个性指标的总分值为 51 分，我们可将评语集进一步量化为 $V=(0.51, 0.41, 0.31, 0.21)$，即优秀为 0.51，良好为 0.41，合格为 0.31，不合格为 0.21，那么 U_1 综合评判为

$B_{u2}V=(0.377，0.220，0.247，0.157)\times(0.51，0.41，0.31，0.21)^{T}=0.39$

共性指标考核系数分值为 0.49，综合考评得分 0.49+0.39=0.88。至此，对村两委的评判完毕，得出 2015 年合作社的绩效考核系数为 0.88。2014 年、2013 年、2012 年计算过程类同，从而得到表 6-22。

表 6-22　综合评价结果汇总

考核部分	2012 年	2013 年	2014 年	2015 年
村两委	0.72	0.78	0.85	0.89
合作社	0.72	0.79	0.87	0.88
合计	1.44	1.57	1.72	1.77

结合表 6-21 对历年三地村社联动治理绩效评价结果可以看出，村社联动治理的整体绩效随着时间的推移不断提高，不仅如此，这种发展并没有造成村两委或者合作社任何一方的发展滞后，两者相辅相成，实现了绩效的共同进步。

通过对比可以发现，虽然采取了不同的评估方法，但得出的结论却是基本一致的，即西北地区实行村社联动治理后，每年的绩效较上一年都有提高。不同之处在于：层次分析法通过多层次的分析，提供了各个层面更加具体的分析结果，可以全面探究西北地区村社联动治理在各方面的发展情况；而模糊数学分析法则

较为简单，虽然可以得出相同的结论，但可以提供的信息量远不如层次分析法。

　　在经济发展的维度上，合作社嵌入农村治理有助于提高西北地区农村居民的收入水平，个案调查中，规模较大的合作社已经能够促进村民的增产增收并实现自身的盈利，社员月收入基本都达到 3500 元，但与之相对的是，规模较小的合作社仍然较为艰难，因此，可以认为中上规模的合作社嵌入农村治理可以收获很好的经济发展效果，村社联动治理需要加强土地流转，为大规模合作社的发展提供条件，以实现经济发展效果的最大化；在社会文化维度上，西北地区村社联动治理使得合作社内的文化活动上升到了村文化活动，村社联动治理中，村民的精神生活得到了一定程度的丰富，但鉴于农村居民受教育程度普遍较低，在公共服务维度上，西北地区村社联动治理为农村居民提供了很大的便利与保障，尤其是实地调研过程中恰逢连续的干旱天气，以个体农户为主的村庄普遍出现减产的现象，而以合作社为主的村庄则能通过社内的蓄水设施实现农作物的保产，通过合力办大事的村社联动治理有着很强的优越性；在政治维度上，西北地区村社联动治理通过合作社聚集村民，使得村民有了更规范、更高效的途径表达自身的意愿，同时村两委也从中受益，更有针对性地为村民进行服务，村民满意度普遍较高；在生态保护维度上，在村社联动治理中，村民得到了更好的教育，普遍开始认识到环境保护的重要性，在生活方面，从减少直接倾倒垃圾以及污水方面都有了很大程度的提高，但由于基础设施的不足，垃圾的处理方式还难以让人满意，在植树造林方面，农村植被恢复情况良好，水土流失情况已经有所好转，在生态农业方面，高利润吸引了各村合作社的目光，或多或少都有所开展，但不足之处在于没有形成品牌。总而言之，西北地区村社联动治理带来的改变大都是积极的，而且，西北地区实行村社联动治理还有很大的发展空间，这是适合西北地区农村发展的道路。

参 考 文 献

[1] 马虹. 基于 AHP 的公共文化服务绩效评价研究[D]. 兰州: 兰州大学硕士学位论文, 2013.

[2] 李敏. 基于农民组织化视角的农民专业合作社绩效研究[D]. 杨凌: 西北农林科技大学博士学位论文, 2015.

[3] 徐旭初. 农民专业合作社绩效评价体系及其验证[J]. 农业技术经济, 2009(4): 11-19.

[4] 王芳, 过建春. 香蕉专业合作社绩效评价研究[J]. 热带生物学报, 2011, 2(2): 178-186.

[5] 王立平, 张娜, 黄志斌. 农民专业合作经济组织绩效评价研究[J]. 农村经济, 2008(3): 124-126.

[6] 张兵, 郁国胜, 孟德锋. 江苏苏北农民专业合作组织绩效评价[J]. 福建农林大学学报, 2008, 11(2): 50-53.

[7] 梅付春, 刘福建, 杨明忠. 信阳市农民专业合作经济组织运行绩效评价[J]. 河南农业科学, 2010(3): 124-127.

[8] 郑少红, 刘淑枝. 农民专业合作社运营绩效评价——以福建省为例[J]. 技术经济, 2012(9): 82-87.

[9] 罗颖玲, 李晓, 杜兴瑞. 农民专业合作社综合绩效评价体系设计[J]. 农村经济, 2014(2): 117-120.

[10] 申志东. 运用层次分析法构建国有企业绩效评价体系[J]. 审计研究, 2013(2): 106-112.

[11] 吴晨. 不同模式的农民专业合作社效率比较分析——基于2012年粤皖两省440个样本农户的调查[J]. 农业经济问题, 2013(3): 79-86.

[12] 黄祖辉, 扶玉枝, 徐旭初. 农民专业合作社的效率及其影响因素分析[J]. 中国农村经济, 2011(7): 4-13.

[13] 张智贝, 李双元. 生态畜牧业合作社绩效评价——基于青海藏区55家生态畜牧业合作社的实证分析[J]. 民族经济研究, 2014(1): 108-113.

[14] 刘洁, 祁春节, 陈新华. 农民专业合作社契约模式选择的影响因素分析——基于江西赣州98家合作社企业的实证研究[J]. 经济经纬, 2012(5): 27-32.

[15] 周敏. 土地入股合作社的综合绩效评价——基于吉林省S村9年时间序列数据[J]. 农村经济, 2013(7): 78-81.

[16] 伊藤顺一, 包宗顺, 苏群. 农民专业合作的经济效果分析——以南京市西瓜合作社为例[J]. 中国农村观察, 2011(5): 2-13.

[17] 赵继新. 中国农民合作经济组织发展研究[D]. 北京: 中国农业大学博士学位论文, 2003.

[18] 朱建军. 层次分析法的若干问题研究及应用[D]. 沈阳: 东北大学博士学位论文, 2005.

[19] 邓雪, 李家铭, 曾浩健, 等. 层次分析法权重计算方法分析及其应用研究[J]. 数学的实践与认识, 2012, 42(7): 93-100.

[20] 顾婧, 任珮嘉, 徐泽水. 基于直觉模糊层次分析的创业投资引导基金绩效评价方法研究[J]. 中国管理科学, 2015, 23(9): 124-131.

[21] 娄锋, 程士国, 樊启. 农民合作社绩效评价及绩效影响因素[J]. 北京理工大学学报, 2016, 18(2): 79-87.

第七章　西北地区村社联动治理机制

由于农村原有治理组织的固有存在,新组织的介入势必会带来治理结构调整、主体功能定位等一系列变化。在农村社会组织场域中,主体利益边界的不同,将直接关系到各方治理主体生存与发展空间的大小。故而,村社之间将会发生怎样的互动,其联动治理农村社会的运行机制将如何进行,又会带来怎样的实践特色,十分值得我们深入探讨。

第一节　村社关系的内涵与类型

农村社会中组织之间的关系,其实也是农村社会主体中人的关系的一种另类表现,所以说,村社关系实质上是农村社会中人与人之间的经济与社会关系的交织。我们都知道,关系的存在是一个中介,也是社会网络中的结点,将人与人联系起来,进而才会产生相互作用的效果。故而,关系是一种资源,会创造价值,带来正向效应;同时,改变农村社会结构,亦会带来难以预料的负面结果。村社关系不只是一个静态的概念,意味着不同利益行动者之间的连接程度、规模、互动状况等,也在一定程度上决定了人们行动或组织行为的逻辑。理解西北地区村社联动治理机制,就需要抓住这一机制的关键所在,厘清治理机制的核心要素——村社关系,通过刻画不同类型的村社互动行为,系统地描述当前西北地区农村经济社会治理的情况,进而深入分析这一农村社会治理机制是如何生成与运作的。

一、村社关系的内涵

"关系"一词使用范围较为广泛,人文社会科学领域内的相关研究已经有了较为丰富的积累。说到关系,可以指个体本身内部,也可指涉及与外部事物、组织、人等之间的关系。不管怎么说,其必然涉及至少两个对象之间的行为逻辑[1]。其实,我们很难对关系的概念做出一个清晰明确的界定。

作为社会系统网络研究领域的一个核心概念,自从被作为一个学术问题展开讨论以来,关系就一直成为学者们关注的焦点。关于这一概念的界定,可谓见仁见智。20 世纪 70 年代,西方著名社会学者格兰诺维特在《弱关系的力量》一书中提出了关系这一概念,但是并未直接对其做出明确的界定。中国学者边燕杰对于格氏关系的理解是:人与人、组织与组织由于交流和接触而存在的一种纽带关系。这种关系区别于社会学研究分析中的变量关系和阶级关系，因为这两种关系带有一定的范围局限性与历史色彩，而我们所指涉的关系则是比较广泛的，一般是指人们通过日常的实践活动进行交流和接触所产生的一种枢纽联系，具有现实性和感知性[2]。格氏认为，联系次数多，情感深厚，亲密度高，互惠交换频繁则为强关系，反之为弱关系。弱关系是格氏开展一系列研究的关键基础。换言之，其一切理论研究都是建立在弱关系假设基础之上的。他提出，弱关系是个体与外部社会之间实现信息传递交流的纽带，在不同群体之间的信息流通中扮演桥梁的作用。相反地，强关系则被边燕杰作为研究的关键要素。在求职行为调查研究中，根植于儒家思想文化的历史背景，在中国这样一个复杂的乡土社会中受血缘和地缘等因素的影响，所形成的社会网络是一个人情关系网[3]。因此，在中国这样一个熟人社会中，通过强关系所建构的人情关系网络这一桥梁，会影响到人们的交往习惯。强弱关系是在两种不同文化基础上形成的，弱关系揭示的是西方个体独立的文化背景下人们交流和接触的情况，强关系反映的是对传统东方思想文化影响下人们行为的一种解释。事实上，边燕杰对于强关系的理解是在格兰诺维特假设的方法基础上进行的，因此，他并不是对弱关系的反驳，而是一种补充。与此同时，我们必须明确的一点是，中西方文化背景的不同，导致人们生活中的行为方式也有差异，所以在使用关系这一概念时更应该注重本土化。也有学者借助于社会网络的视角，结合中国文化特色，运用格氏强—弱关系的分析框架来解释中国农民工在社会流动和求职中所遭遇的偏歧，得出关系信任在农民工求职中的重要作用[4]。很显然，在这一研究中，关系具有本土化的特征。所以，在对关系进行定义时我们不能脱离实际，应将关系放在具体的实践活动中，只有这样才能更明确和更好地理解关系是如何作为传递日常生活互动中信息的桥梁作用的。关系并不是完全静止、一成不变的。它具有自身的属性，即历时性、不对称性和主体间性，以及关系强度必须与向度结合起来[5]。那么，在关系的不断变化中，我们不能静态观之，要着重把握其动态性、多维性、相互联系和相互竞争的特征。在实际具体的事件中，关系是人们连续不断生产和再生产的过程，实质就是实现彼此的利益交换。此外，关系也会在社会发展中产生一些负面作用，其可能在不完全竞争、信息不充分、规则不健全的条件下成为组织获取利益、资源配置手段的工具，在市场经济条件下，市场在资源配置中起决定性的作用，如果将关系作为配置资源的重要手段，那么社会中的资源就会流向具有社会关系的人群，从而造成社会的不公平和贫富差距的两极分化，而且无法实现资源配置的帕累托最优。基于不同学者对强弱关系的论述，我们在探讨组织相互较量的行为类型中也以此出发，从强弱向度来说明实际中村社组织的具体互动方式。当然，在村社组织关系发展中，我们在后文的保障体系章节中也专门对失序的关系行为进行了规范化约束。

综合以上的研究分析，我们知道，对于关系的理解具有多元化的色彩。结合目前的社会文化环境，虽然对于关系概念的界定，东西方具有不同的影响因素和解释，但无论是学习西方还是创新中国的关系概念，我们都应该抓住关系的本质特征，从其利益交换、双方满足程度等价值属性着手，将组织关系与农村社会特点、人们的生活习惯充分结合起来，做到具体分析、多维度动态分析，以及本土化分析研究。1990年以来，随着社会商业环境所发生的巨大变化，与企业相关的先进管理理念得以广泛应用，组织间关系也相继成为学者们关注的焦点。组织间关系(inter-organizational relationships，IORs)是指出现在两个或多个组织之间的相对持久的资源交易、资源流动和资源联结[6]。关于组织间关系的分析存在着六种理论，即交易成本经济学理论、资源依赖理论、战略选择理论、利益相关者理论、组织学习理论、制度环境理论，分别从经济学和行为学视角解释了组织间关系存在的合理性。其中，村社关系作为组织间关系的一种，虽其相处原则不同于企业组织间的交易规则，但是其也存在着组织之间的利益联结与要素流动等问题，具有一定的共通性，所以我们可以综合利用已有的相关知识来综合分析此节的村社关系。

就村社关系来说，依据我们对上述关系和组织间关系的理解，合作社组织可以称为当前农村社会中农民相互联系的新桥梁。自后农业税时代以来，村级组织的功能开始逐渐转变，由行政控制逐渐走向民主自治，由管制型组织转向服务型组织，而且不再承担经济方面征收农业税的职责，这就使得村级治理组织与农民的联系在某种程度上减少，从而呈现更为松散的农村治理格局。这种扁平化的治理局面使得村两委在经济上动员和整合资源等方面的能力下降，导致其农村治理职能的削弱。而合作社在这种环境下的快速发展，不仅志在带动农户经济发展，也为农民反映其自身利益诉求和化解矛盾提供了很好的平台。同时，其秉承民主管理和互帮互助的基本原则，对创新农村社会治理形式起到了一定的积极作用。当然，在合作社嵌入农村治理结构过程中，村两委、村干部等村内正式权威象征者也会对之有相应回应。在邻近的地域范围内与相似的文化背景下，二者经过不断的互动与调适，进而形成不同的村社关系类型。村社关系也会作为一种象征符号关系，以隐性资本形式使得处于关系节点的不同组织受益。同时，在村社互动中，合作社与村级治理组织的紧密关系也会带给它一定的话语地位，增强其在农村政治中的发言能力。诚然，在村社关系调节过程中，村级治理组织也会借助于合作社的经济合作特质，来帮助村集体经济的发展，进而最大限度地激发自我的治理潜力来重获村民对其认同。随着合作社在农村社会治理体系中的参与程度不断加深，村社之间的社会结构也愈发稳固，形成能够稳定发展的联动治理机制，进而促进农村公共秩序重建与公共领域的回归。

二、村社关系类型

治理过程本身不在于控制或统治，而是互动、协商、形成共识。在农村社会治理中，村社之间的联动正是互动与协商的深刻体现。联合行动不仅会避免因过度的竞争所致的内耗成本以及效率低下，也可以帮助构筑组织之间的共意基础。不过，农民合作社与村级组织之间的联动并非一厢情愿的单方行动，而是在持续不断的相互作用中寻求二者互动的"互惠平衡点"，最终形成我们所观察到的农村社会治理实际。当然，这种互动关系的持续作用存在不确定性，加上相互影响的过程中多方利益主体的策略性行为，会进一步引发村社关系演变形态的多样化。诚然，关系的演变会导致利益交换、资源最优化配置、互惠行为，但恶性演变也会使得关系破裂。如果村社关系处理得好，二者之间的联动治理则会进行得非常平顺，反之就会前途乖蹇莫测。村社之间表现出复杂多变的关系，其现实状况比理论设想所展现的内容更加丰富多样，主要表现为以下四种类型。

一是"村强社强"型。一般表现为，农村社会中村级组织办事能力较强，农村社会治理及农村社会发展处于稳定有序状态。同时，在本村内农民合作社的发展也较为独立，合作社带头人自身便可应对农民合作社的发展问题，而不需要过多依赖于村内的权力组织，只需要自身资源就能够实现合作社的生产与销售活动。在这种类型的村社关系中，村集体经济组织发展是相对良好的，一般是处于村级资源外包的状态，能够获得一定的盈利，可以满足本村内一些集体性活动。此种类型的合作社发展也是较为强大的，但是其壮大过程中并不会与村内治理主体有过多的深入交流。其或是依赖于单个私人企业家起家而发展壮大，也或者是依赖于村内人员良好的组织能力实现合作社组织的规模扩大与利润增加。总之，这种村社关系更多地体现为，村级力量与合作社均具备较强的发展自身组织体系的能力，但不具备二者联动发展的意愿，甚至可以说，依靠自身组织力量就已经可以实现自身体系发展的良好态势，进而不需要过多依赖于外界其他组织的资源。我们可以说，两组织之间是平行发展的关系，在强大的资源基础条件上来完成各自的独立活动，缺乏与其他组织进行资源交换的意愿，或是意愿不强。如图 7-1 所示，其中纵横坐标代表合作社与村级组织力量的势力大小，实线表明二者均具有一定的经济基础、社会网络资源等发展资本。而两组织之间几乎呈现平行状态，说明二者之间虽具备一定的联动治理农村社会的前提，但是由于利益纠葛多、互动交流不明显，二者不具备一定的联动意愿或者彼此合作意愿较弱。所以，此种村社互动关系没有引发二者的

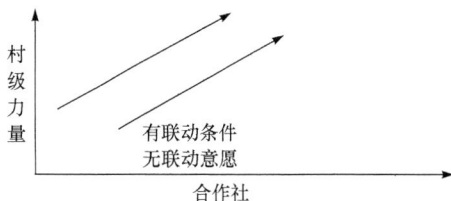

图 7-1　村强社强型

利益联结行为，更遑论发展成为村社联动治理机制。

案例一：G省L市Y镇附近的一个村子，由于地处L市郊区，地理位置较好，村集体组织具备一定的外部资源来发展村内经济，将村内大部分土地承包、转租出去，能够以自我之力来开展大部分农村社会治理活动，同时村民们对村委会组织的认可度也普遍很高。伴随着休闲农业与乡村旅游的蓬勃发展，村内C带头人最先号召身边亲朋一起种植草莓、葡萄、樱桃等水果，以合作社名义创办采摘园，销售反季瓜果，取得了很好收益。随着当地村民们纷纷加入，合作社越办越好，越来越多的村民受惠于此。在地理区位和目标定位的影响下，合作社凭借自身之力便已经成功吸引了市区周边的居民进行农家乐、观光采摘等活动，每年到旺季就会迎来大批顾客。在其经济发展繁荣之时，不需要去过多依靠示范项目或是政府资金，因而其与村委并无很多交集。同时，村委由于村集体经济基础本就雄厚，且村组织经济发展态势稳定，并不低于合作社效益。因此，合作社与村委组织并无太多互动之处，二者之间也很少发生冲突。由于此种发展形态的客观基础是其后续发展走向的决定性因素，显然，合作社与村级治理组织此时的发展已经处平衡态势，在二者已经稳定发展的状态中强行去期望发生合作行为是不现实的。不过，因为地理和发展条件的限制，合作社与村委组织发展实力高低相当、难分彼此的情况，只是在特定条件下才会发生。上述案例虽然在调研中也存在，但是并不多见。退一步来说，在二者互动的关系中总会有一个高低比较的过程，难以界定二者势力大小的境况，不仅在理论上出乎于一般性的常规分析，而且在实践中很难见到。

二是"村弱社强"型。其基本特征是，二者均具备联动治理农村社会的条件与意愿，因为在彼此一方优势与另一方缺点凸显的情况下，二者易于产生共生互动关系，进而出现治理中的交叉点。合作社强则会一定程度上压缩村内权力范围，所以，村内权力会在一定程度上做出妥协或是反抗，那么二者就会在协商中产生共同利益，这也是村两委在时空坐标中发展理性的必然选择。各类发展性资源在两组织的互动中完成分配和使用的过程，同时村级组织力量也会在两者的联动过程中获得一定的利益，迅速成长起来，提升其在村级治理中的合法性权威。特别值得一提的是，此种自组织现象是各个主体在自我完善过程中的一种自组织过程，更是组织在内在机制的驱动下，不断提高自身的复杂度和精细度的过程。它具有自我信息共享、整体协调、自行趋优等特征。不仅可能产生新的互动形态，也会形成新的组织结构，进行形成具有生命力的联动治理机制。如图7-2所示，其中纵、横坐标代表合作社与村级组织力量的势力大小，实线表明二者均具有一定的经济基础、网络资源等组织发展资本。而组织之间呈现螺旋状，说明二者之间既具备一定的联动治理农村社会的前提，也具备一定的联动意愿，在二者的互动中，

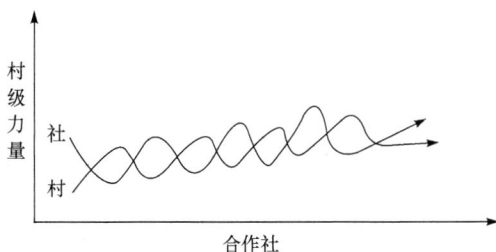

图 7-2 村弱社强型

组织之间呈现互补、彼此支持的态势发展下去，已经发生利益交织行为。

案例二：B 村早期文化积淀深厚，在西北地区 Q 省农村已具备良好口碑。20 世纪末期 H 公司开始成立，起初以核桃的加工和包装运输为主营业务，现已发展成为省级规模最大的核桃产业化重点龙头企业，拥有固定资产 4000 万元，转移农村剩余劳动力近 800 人。随着公司规模不断扩大，H 公司董事长也有着惠及家乡父老、带动村民致富的美好心愿。但公司固有的私营性和盈利性，很难与农户的发展思维对接起来，更谈不上直接融入乡土社会的血缘和亲缘关系之中。故而，H 公司积极响应政策号召，借助合作社的组织优势，推行"农户+合作社+公司"的三位一体机制，严格遵循"政府引导、企业担责、农民自愿、农户受益"的发展原则，以家乡原有基地为原点辐射周边县市。在合作社的组建中，H 公司为吸引农户加入，不仅对加入农户给予种植技术指导，还免费发放树苗，在 2004 年便建立了无公害核桃基地十几万亩，当然这些基地的土地不单有村内撂荒土地，还有村集体土地以及以村委名义流转的农户田地。在物资保障方面，企业以合作社为媒介，向政府申请惠农工程项目，向社员提供了许多免费的种子和肥料来满足农民的生产材料需求。在收益安排上，合作社既结合了公司的激励制，也保持了组织的互助性，实行奖补结合的利益分配形式，对困难户实行保障办法，给予保障金和基本生产资料，对表现优秀的青壮劳力发放奖金或年底分红。这样既保有半公益性质，又激发了组织的生产能力，可谓是因人施法，灵活多变。从角色扮演和资源配置角度观察，我们可以看到 B 村的此种村弱社强类型中，合作社组织的中介作用使得农业产业链外部连接至营销网络——公司，同时使得农业产业链底端直接与农户利益相合。不仅充分调动了村集体的土地资源，也充分发挥了各参与主体的优势，增强了乡村体系的开放性与包容性，使得村两委集体带动不足的缺陷得以弥补。虽然村集体经济羸弱，但是村两委、村干部在助力合作社融入农村社会中，在土地整合、鼓励村民入社、农业培训组织、惠农项目申请方面均发挥了村两委的政治性权威，提升了合作社在村内的合法性地位。

三是"村强社弱"型。一般表现为，村级组织力量强大，村集体经济基础厚实，村干部在村内威信度很高。合作社在组建与发展中，会时不时依靠村级力量来帮助完成一些棘手问题，比如说社员动员、土地整合、扶持项目争取等。出于自身长远发展的诉求，合作社会在村干部或是村集体组织影响下，本着村内利益来壮大自身。村级力量也会为村民着想，以合作社形式来带动村民致富，增强其村级治理效力。因此，在村社联动治理农村社会的过程中，治理主体会表现出很强的自主性，根据自身内在需求进行活动。在此方与彼方的资源禀赋和行动能力对比中，弱势的一方会借助强势一方迅速成长起来，而在弱势者成长的过程中，村民也会跟着富裕起来，这也是强势的村级力量代表者愿意帮助弱势的合作社的一个目的。当然就村级行为代表者自身而言，随着村民的满意度提升，其自身也会获得诸多益处，这也是强弱联合行为出现的一个重要原因。总之，在强弱联动治理机制的形成中，村社之间会在相互扶持中谋取利益最大化，达致双赢。如图 7-3 所示，此图与图 7-2 较为相似，但是由于在此类型中村级力量起初较为强大，因此，村级力量起点高于合作社组织，其后两个组织之间的发展规律则与图 7-2 的都基本一致。

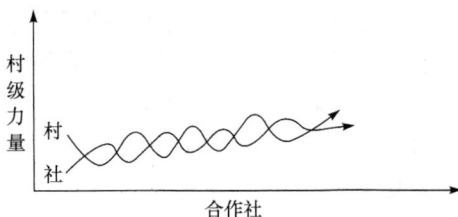

图 7-3　村强社弱型

案例三：D 市 L 县 M 村早在 2000 年前由于大量青壮年劳力外流，土地撂荒十分严重，农村生态环境也不断恶化。为了解决留守妇女和老人耕作效率低下的问题，M 村的村支部书记带头成立了 L 县 M 村农机服务合作社。由于旱作农业技术特别是旱地全膜双垄沟播技术对农机操作熟练和规范要求极高，种植密度、覆膜质量、播种质量等关键技术是否到位，很大程度上取决于农机操作手。他们在实践中根据地形和土壤特性的实际情况，自己动手改装农机具，使其性能更加优良。现该社有社员 60 多户，先后购置拖拉机、播种机等大型农业机械设备近 40 套，农机维修设备十几台，并且还有专门的农机服务维修车 2 辆。虽然村支书为合作社贡献很大，但是自合作社成立以来，其理事长便一直由村内农机能手担任，而不是受控于村干部的指挥。在农业生活活动与村级事务处理中，合作社与村两委、村干部之间的关系界限也很清晰、明朗。随着耕作中问题的出现，合作社寻求村委帮助做好宣传动员工作，同时村委也为合作社积极争取省市旱作农业项目，鼓励村内农户统一种植、规整土地耕作间距，确保农户在土地不流转的情况下，也可享受到农业机械化带来的便利。为了扩大合作社业务范围，村干部与周边村委组织开展联合工作，调查农机服务的收费标准，以村组织名义帮助合作社建立良好声誉，推动合作社有偿代耕服务工作的进行，最后进行社内农机手根据工作量进行年底分红。此举不仅保证了本村农业生产活动的正常进行，提高了农业生产效率，而且也为社员工资的获得提供了保障，使得合作社可以持续发展下去。随着合作社运作的规范化、经营规模越来越大，许多返乡人员也愿意学习农机技术，纷纷加入合作社。调查中，现任合作社理事长 Y 某指出，合作社成立之初几乎完全依赖于村支书与村委力量的帮助，包括许多农机农艺项目资源的争取和农业技术性教育培训的开展，均离不开村两委的支持。但是农机服务对技术要求较高，合作社的领导班子多是由专门的农机能手来担任，以便更好地开展合作社业务工作。在此种类型的村社关系中，村委会的组织发挥了很大的作用。从组建合作社到帮助合作社业务范围扩大，以及指导农业生产分户管理、统一耕作，方便农机下地工作等活动，均有赖于村两委在村民中的治理效力发挥。同时，在空心化地区成立农机服务合作社，有助于节约劳动力成本，推动农业生产高效化，使得在外的青壮年不必在农忙时节专门往返于城乡之间，能够安心在外工作。家里的妇幼老人也不会被闲置下来，土地资源也不会因为劳力短缺而任意荒芜。在 M 村的农机合作社中，村委凭借其强势地位在组建之初为合作社吸引农机能手，争取项目资金、农机补贴等。由于农机业务主要集中在生产领域，与村内自治活动交叉并不显著，因而，两者之间的联动治理的冲突也不明显。此二者能够做到分工明确、互助协作，共同促进农村社会发展。

四是"村弱社弱"型，其主要特征表现为村经济发展薄弱，合作社经营工作停滞不前。具体而言，村弱表现为在农村空心化过程中，农村人口、产业结构等诸多方面发生的变化无法回归到原有的稳定村治结构，使得农业生产活动难以正常进行、农村留守人口的生活与安全难以得到保障，一系列问题接踵而至，使得农村社会治理中产生诸多累积性矛盾。最终结果便是，农村自治力量陷入恶性发展的境地。社弱则表现为，合作社发展力量不足，农户的加入意愿不强，农民合作社在生产和销售方面的能力不够，或是合作社带头人的管理不善等。总之，合作社的发展局面比较困难，难以持续运作下去，最终使得加入合作社的农户也难逃市场经济下强势食利者的盘剥，沦为不规范合作社或空壳子社，当然，这也不是本书所重点考察的能够为农民谋福利的真正合作社。如图 7-4 所示，平行的虚线表示，二者本身发展的客观条件就极为不足，或许联动治理意愿很足，但是却没有能够提供为对方发展所需要的东西，根本无法产生交换互惠行为。其中，虚线说明村社资源条件有限，平行表示二者联动治理失败，无法发生交换行为，没有利益交织点出现。

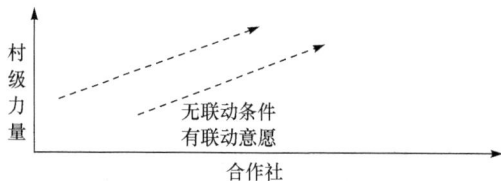

图 7-4　村弱社弱型

案例四：调查中发现，有些处于偏远山区的村子处于农村经济发展落后，村内人员涣散的危机状态。西部 Q 省 X 市的 A 村本是一个依靠附近山区上小片耕地发展起来的小村落，随着近几年人员外流，村内原有住户 130 户，现有约 80 户，而且遗留的多是老年人口或者在读学生，村内内生发展力量已经陷入严重不足的困境。村委干部在积极响应政府政策号召下，2010 年以村集体名义注册了村内唯一一家合作社。但是由于产业发展基础薄弱、村民积极性不高；合作社只是走了注册程序，从未有过真正的运行，完全就是抱着投机心态等着国家政策的扶持。调研至此处时，问及合作社或是村内经济，村民们均是摇头，知之甚少。当地村民们对于发展农村经济是几乎没有任何希望的，要么是依赖家庭外出人员务工收入，要么是依靠耕地收入勉强度日，过着依旧清贫的生活。外出人员也抱怨着在外打工日子是无比心酸，但是为了老人和孩子，还是不得不去东部大城市寻求生计。面对当前的农村发展环境，他们只希望赶紧让自己富起来，却不知道怎么才能让自己真正富裕起来、持久地过上好日子，而不是远离故土、家人，任由农村衰落下去。

三、村社关系总结

一般来说，村党委和村支书在农村事务决策中居于领导核心地位，是国家权力在农村治理中的有效体现，也是国家与农村社会互动的中介。其权力源于自上而下的组织委任，合法性基础主要是上级党委(一般是乡镇党委)组织系统，其行为导向多是向上的，把握农村经济社会运行趋势。而村委会，其全称是村民委员会，其村主任和副主任权力来源于村民选举，合法性基础是村民，其行为目标导向是向下的。从调查的实际情况来看，村委会在村党委领导下，在重大问题的决定中其权力稍逊于村党委，主要扮演着管理具体事务、解决村民自治纠纷、维护社会治安等角色。农民合作社作为民办和民管的自组织，其成立需经过工商行政管理部门认定。虽然其合法性基础来源于社员群体，但是其行为在一定程度上受行政部门影响，其行为目标在理论上是指向社员的，但在现实生活中可能会有所偏离。综合来看，村级治理组织与合作社组织在自身基础与外部环境因素方面均具有交错之处。实际上，在村社关系形成的实际过程中，不管是村社之间外部背景的交叉重叠，抑或是内部结构的社会基础相通，均会促进二者联动治理的现实结构的形成。众所周知，农村社会治理在本质上关涉的是在乡土场域内资源配置的问题，其核心是权力的分配与资源运作的能力问题，也即是农村经济社会治理中各主体的力量较量问题。由于农村社会自 20 世纪 80 年代以来一直实行村民自治制度，虽上面有乡政权威管制，但是在农村社会内还是以自主治理为主导。正是在这一自治体制下，农村社会各主体的身份和地位不似国家行政系统内部具有严格的级别层次，更带有经济、权威、能力、资源、社会关系等多方面因素共同评价的色彩，那么其主体格局也就显得更加多样化与复杂化，究竟何者为大，何方力量最强？在不同的地方和时间段内，这一问题就需要因地因时来作出回答。

　　鉴于上述分析,由于我们将研究的关注点放在合作社以及以村两委组织为代表的村级治理体系上,因此,在进行实际分析的过程中,我们必须将理论推导与地方差异性、地方发展阶段特征等因素结合进来,以更好地对此两类治理主体的权威差异和地位差距进行分析,进而分析村社关系中,谁将是主导者,谁会屈于次要位置。根据上面的案例调查显示与理论推演,我们可以看到,如果农民合作社与村级力量均处于比较羸弱、无法满足村民需求的境况,那么此二者是没有基础去发生联动行为的,因为对方均没有可以吸引他方的条件,所以这种联动是不存在的,也是失败的,或是短暂存在但根本无法长久维持下去。毋庸置疑,如果村级组织本就发展得比较顺利,资源丰富、治理效果良好,而合作社也依附于村内的地理、自然条件或人力资源等组建起来而发展壮大,并且其发展注重社内经济的自我发展,而不需要村级力量为自己出力,那么,二者均比较强大,各方之间均无特别明显的需求。如果我们强制性地让它们联动起来,那么它们是不乐意的,甚至会导致它们本来良好的态势有所改变,带来二者的联合负效应。因此,这种分散式的活动在一定地域内存在并具有一定的地域合理性。鉴于二者并不具备联动治理的意愿,所以二类主体之间是几乎没有互动的。故而,在村社强弱关系不对等的类型中,村社各方会具备一定的联动治理意愿。同时,结合前文中诸多学者对强弱关系的探讨,我们在此对强弱关系类型中村社联动行为做重点说明。在非对称关系中,弱势者会在发展中提供其独有的价值资源来与强势资源代表者进行交换,以求发展自身。同时,强势的一方在获得稀缺性资源后,其收益也会呈现乘数效应。这样村社之间的不断交换与互动就将二者联结起来,形成村社互利的一种关系。在互利过程中,村社也会随着关系演进而发生一定的利益分化,甚至会出现非正和博弈。不过,不管是非正和或是正和的交换行动,其背后均隐含着村社关系这一本质内容,只不过是互动关系的结果发生了些许变动而已。需要特别指出的是,不管是联动治理的条件、联动治理的意愿,还是村社关系强弱、互利程度,这些并非绝对化的概念,不只是建立在相对发展的理性假设之上,更是在农村社会客观实际基础上而进行的比较贴合实际情况的分析与程度大小的界定。

第二节　村社联动治理机制

　　30多年来的市场化改革释放了巨大的物质能量,为今天农村社会治理构筑了雄厚基础。农民合作社作为村民自愿联合的结晶,适逢其时,有望成为提升农民组织化的最适当因素。随着农村经济社会的不断发展,农村组织创新和制度创新是未来趋势所在,但作为一种特殊的治理形式,村社组织联动治理能够成为当前农民的一种选择，必然有不同于其他组织的本质规定性。在系统把握了村社关系的理论意蕴与现实类型之后，本节还需要对村社联动治理机制所呈现的复杂性与动态性进一步地剖析与解释。因此，我们从整体性和综合性的分析视角，结合调查中的实践观察，从村社联动治理的生发条件、动力机制、运作机制来深入理解当前西北地区农民合作社嵌入与村社组织联动治理机制发展的复杂图像，从而形成新的关于农村经济社会治理发展与机制创新的解释性理论。

一、村社联动治理的生发条件

(一)具备资源共享的基础前提

联动治理并不是单一主体的治理，需要多方主体共同参与。当然，组织之间的联动也不是天然而成的，而是建立在一定的条件之上，需要多方因素共同作用。在共同的资源条件下，组织之间的联系会有所加深，进而持续联合下去。同样地，农民合作社与村级治理力量之间的联动治理也不是建筑在无本之木上的。

提及农村社会，始终绕不开土地这一关键变量。农村社会资源本就贫乏，最值钱的唯有那亘古不动的土地。由于特殊要素供给的有限性，土地的经济价值可以说标准不一、难以估计。对于土生土长的中国农民，土地可谓是一个复杂而又永恒的话题。费孝通先生曾在《乡土中国》中对土地与人的关系有过精辟的论述：乡下人土气，吃的长在土上，死后葬于土内，乡土本色十足[7]。所以说，土地的特殊性不仅体现在土地经济价值的无法估量，更体现在由土地而衍生出的"身份符号""生存保障""地缘""乡土情结"等一系列附加价值。农民合作社的组建、发展与土地流转、土地整合等密不可分，但这种特殊要素的配置又离不开村民的配合与村两委的协助工作。显而易见，土地这一特殊资源成了农民合作社、村两委、普通农户三者利益连接的最根本因子。由于农村土地权益归属与农村集体成员、村集体组织、村民是紧密相连的，所以，在合作社组建之前，村两委就与合作社在村内土地资源的处置中具备了联动治理的基础。合作社需要村委帮助协调土地集中和连片问题，村委则需要合作社帮助村内经济发展和创造收入，农户需要将土地价值最大限度激活。在土地的权利转换中，农民合作社、农户、村委组织之间的行为利益便交织在这一共同对象上。当然，我们认为土地重要，不只是关注于土地的本身，而是更多地聚焦于土地所能创造的价值之上。因此，土地及其潜在价值便成了农民合作社与村委联动治理基础中最重要、最本质的资源。

费弗尔和萨兰奇克曾在《组织的外部控制》一书中提出，组织的生存与发展必须从外界获得资源来支持自己发展，组织的生存建立在与其他组织关系的能力基础上，同时组织之间的依赖是相互的[8]。在地理位置上，由于合作社的创建是建立在村建制的基础上，多数合作社的范围是在一个行政村或是附近的几个行政村内,具有一定的地域性。同时,合作社与村两委组织在人员管理上存在交叉,多数甚至全部人既是合作社社员,又是本村村民。不论是对合作社而言,还是对村两委组织来说,二者之间的生存都是在对方组织的作用下进行的。况且,人员本身就是一种资源,具有创造价值和治理社会的能力。合作社的组建、生产、销售等环节,需要社员进行出资购置基础物件、付出劳动、买卖农产品等活动。村级治理中,村民是村级治理的对象,亦是治理的主体。由于合作社社员与村民身份的重叠,在合作社的发展中社员管理准则必须要与村内风气、村民行为相适应,否则就会出现管理上的冲突,更甚者会导致合作社运行失败,或村民矛盾纠纷不断。合作社社员与村民一般是居住在同一个村子里,或者是在相似的环境中生活,他们之间的交流相对顺畅。不管是合作社还是村两委的行为,较易于获得村庄内部的支持与认可,这在一定程度上减少了组织融合之间的障碍。

遍及农村社会内部的各类隐性资源,如社会关系、道德约束、人情伦理等也是村社联动治理发生的关键基础。割不断的亲缘关系、分不开的地缘联系,均会使得相近的组织联合起来。相较于私营形式的企业团体,合作社具备紧密的社会网络,易于凭借相近的关系带来一致的行动力。在调研中,我们看到许多私营企业纷纷冠名合作社,进而进入农村社会。它们虽有强大的基础设施,却没有获得村民支持与认同。因为它们忽略了村民的情感维度,只看到利益,而忘记了真正的合作社是建立在乡村文化基础之上的。所以说,在开展各项农业活动的过程中,往往以共意不足、配合不力告终。村两委组织虽是国家正式权力在农村社会的象征者,但是其组织的类特性仍是源于民间的,其成员组成依赖于农村直接选举,并且村委干部生活于农村社会,与村民们直接频繁接触,与村民联系十分紧密。农村固有的相处规则,常常隐含在自然或超乎自然的世界里,当二组织纷纷植根于乡土社会中时,其便会层层渗入诞生其间的各类团体,发挥隐性作用。作为深层文化的遗传载体,合作社与村级正式权威均具备一定的民意基础,也在某种意义上共享了融于它们自身的农村传统。所以,在共同的文化基础上,传统基因也成了农民合作社与村两委联动治理行为生发的内在根据,无形中解决了参与者的基本交换问题,促进村社联动行为共识的形成。村社联动治理作为一种共同行动,依赖于资源的占有与利用。所以说,我们可以充分利用五千年历史文明的遗产,借助二者的"共生秩序",使它们之间共享的文化基础的作用发挥得淋漓尽致。

(二)满足农村内生发展的基本诉求

在农村社会治理过程中,经济发展的缺席常常会导致治理主体无法应对日益放大的农村问题。所以,在诸多农村问题研究中,生计问题一直是备受关注的关键问题,无论是农民工进城务工还是农民留守家园继续从事农业生产,这些普遍现象背后均与生计密切相关。家庭联产承包责任制使得我国农村发生巨大变化，释放了农村活力，但我们也应该认识到从人民公社到家庭经营，是组织化到小农经济的转换。根据历史发展阶段的规律来看，制度的存在总有一定的时间性，不是一成不变的。当家庭联产承包责任制不能满足当前社会生产力发展时，其弊端也就凸显出来。在逐步走向机械化和技术化的农业生产中，传统的小农式耕作已经成了低效率的代名词。从某种意义上说，为了与农村现代化和生产高效化的内在要求相对接，农业生产经营组织结构也在从分到统，正在发生着第二次历史性飞跃。总的来说，在现代化力量不断影响农村发展的时候，西北地区的农村社会拥有什么样的资源与要素，具备怎样的文化适应能力，决定了其如何来应对当前农村经济衰败与生计结构坍塌的难题。

一般情况下，"无利"的"非农化"和"无产业支持"的"搬迁工程"都是一个有因无果的失败过程，就是因为没有满足农村内生发展的诉求，没有真正抓住农民所思所想。调查中，我们看到许多农村现代化转型失败的事例，S省Y市W县的多项移民搬迁工程最终都没有成功延续下来。在政府力量推动下，由政府与个人共同出资建设新型农村社区，让山上农民下山居住，这本是一件利民工程，能够实现由分散到集中的状态改变，既方便了交通出行，又方便社会管理。然而，看似整齐规划的房屋建设改善了农民原本的生活，但却失掉了原来能够赚钱养家的大片田地。有些地方虽有政府出资建设大棚设施，但在管理经营不善的后续阶段，没有足够的经济来源，很难满足生活需求。因此，最后的结果是农民放弃山下房屋，重新回到山上简陋的但却能带来安全感的居住环境，过回以前单家独户耕作的生活。

农民作为社会弱势群体，在利益复杂化的今天不仅政治参与意识不足，而且参与渠道较少。作为弱势的联合，农民合作组织的建立有利于消解经济基础薄弱所导致的参与困境，让农民自己代表自己，自己为自己发言，为民间社会力量发展注入新力量。在生活中我们经常看到一元钱对于普通农民与亿万富翁的效用差别是很大的，也即是经济学中的边际效用。事实上，在当前物欲横流的利益社会中，本就处于经济弱势的农民相比于其他阶层群体，其要求的并不多。许多农户在访谈中表示，能够一家人在一起，种种地、教育好孩子、照顾好老人，可以生活富足就已经很知足。所以说，在失败的移民搬迁与城镇化中农民生活需要的综合考虑之下，既要发展农村经济，又要保持农村社会生活在传统中进行，同时保证农村社会自治秩序稳定，那么就要求产业发展与农村社会进步统筹进行，也即是，将农业产业经济发展与农村社会发展中农民诉求合二为一，做到经济与社会协调兼顾。

农民合作社作为农民"家门口"的产业经济组织形式，统分特点兼具。第一，满足了农业经济发展的客观性要求，充分发挥了经济功能。不管是从理论界共识还是现实情况来看，在单个人都身处几乎无异的统一水平的弱势时期，使得自己强大起来的最有效办法便是抱团合作、集结起来，以组织形式来寻求一起前进，形成具有凝聚力、合意诉求的合作组织。对于联合的农户和规模流转的土地来说，是一种统的形式，但是对单个种植和养殖的农民而言，仍旧是家庭经营式的农业生产方式，只不过是纳入了合作经济，所以依然保有分的性质。合作社对外是赢利性组织，对内则是集血缘和地缘于一身的联合体。通过对西北的陕甘宁等多省市的调查指标对比可以发现，合作社的目标定位一般集中在如何发展经济方面，比较突出的指标包括合作社在农业生产中的原料采购、提供农业类服务、带动周边农户、帮助销售农产品等领域，相比于单个家庭来做这些事情，其表现出很大的集体优势。同时，在农业生产技术扩散和市场交易成本减少方面，合作社功能发挥也较为显著，其中关于合作社这类指标的评价，有80%以上的村民认为没有出现反作用。由于农民合作社其组织本性便是一种经济性的合作组织，所以在村内经济性事务中，合作社带给村民的影响是比较显著的，当然，这也在某种意义上弥补了村委组织在带领村内经济发展方面动力不足的缺陷。第二，使得农民结成共同发声的利益性组织，提高了农户在整个市场经济体系中的地位，有利于结成利益共同体。农民合作社参与农村社会治理的过程中，其互助性、社会性、经济性对农村社会治理中的诸多不可治理性问题均有相应回应。在西部的农村建设中，合作社对经济发展、社会文化建设、政治参与、公共事务处理等领域内的影响均呈现出负面效应小、正面效果明显的良好态势。即使农民合作社不像村委组织和村干部那般，能够依托国家力量的正式权威发号施令，但是西北调查数据显示，合作社是在农村公共秩序维持、公共物品提供方面依然功能突出，对村内发展有积极意义。调研中某H镇合作社理事长曾经说道，由于自家合作社农业生产需要架电线联通村内电路到农田，自己花了上万元来安装电线以及喷灌设施，当然，在电线与浇灌设施修整齐全后，村内非社员农户也在急需浇地的时候以租赁费的形式享受到水电带来的便利。所以说合作社尤其是示范社在实际运行中，总是会与农民的生产与生活发生一定的交互作用，为农户的生产活动提供便利，让农户享受到组织所带来的效益。与此同时，在合作行为的互动中，农户之间的日常沟通范围也在生产劳动中无形增加，村民之间的情感也在彼此交流中加强，助推了村风文明回归。第三，在农户联合行为过程中，农民合作社也为农村社会自治活动注入了新鲜血液。其实，合作社参与农村社会治理的案例具有一个突出的共性，即合作社成员或领导者与村委干部、村内宗族力量交叉重复的现象较为普遍，达五成以上。详细剖析这些案例，我们可以得出，有的村干部或宗族大户是基于个人社会网络资源充足、家庭经济基础雄厚等条件，凭借一己之力来领办农民合作社，而随着其经济发展需要，开始将合作社的业务范围扩展到村内政治性话语权的获取，来更好地吸引农户入社或客户来源。还有一些是在政府政策方针的影响下，村干部或村两委组织以合作社名义来促进村内经济发展，帮助农户增加收入。在当前村级治理羸弱、农村人才流失严重的境况下，国家也号召非体制精英分子和党员干部带头发展经济，或是鼓励将村内优秀人员吸纳进党组织。此种行为或许是出于村内资源分配以及整个农村社会发展的系统考量，不过，这也顺势助推了村内经济性能人与政治精英的同一化。故而在满足农村社会成员发展需求的条件下，合作社与村两委组织在人员上的交叉重叠不仅是对国家政策的回应，也是普通农户无力发展情景下最有效的路径。此种利益交织和身份交错表面上看虽然具有一定的局限性，但是置身当前整个农村发展的客观基础来深入思考，这也是对普通农户有利的，同时也是西部农村社会治理可持续发展的一个重要条件。

(三)拥有重要的联动机制牵头人

由于农村习俗文化、社会传统、人际交往原则较为特殊，从古至今宗族、家族以及其他权势人物对农村政治民主一直以来影响巨大。如今，人们利益观的变迁虽然一定程度上改变了宗亲家族的影响力，但是在新思想的发酵中，新的行事准则、新的势力依然在引领农村社会的普通人们前进。换言之，改变的只是领头人的身份、地位以及领头人的判定原则，不变的是农村社会大多数人们的行动力离不开带头人引导的事实。在调查中，我们也可以发现农民自发组建的合作社组织占比很低，大多是由村内能人、村组织或者是政府部门、企业团体带动。尽管政府或企业也介入了农民合作之中，但是在与其打交道的过程中，并不是所有合作社成员都会与其进行直接沟通，而是村内的"风云人物"，也即是大家公认的领头人进行诸多事务的处理。所以，不论在哪种发展形式中，领头人的作用都不能被忽略。对此，马克思和恩格斯很早就明确指出，能人的领导是社会性活动的必要条件。恩格斯在《论权威》一文中明确指出，不论是工业关系还是农业关系中，联合活动、相互依赖正在取代单个人的独立活动，展现出旺盛生命力。联合就是组织起来，而没有权威可以组织起来吗？……权威、服从，这两者都是我们所必需的[9]。只有在权威的影响下社会活动的开展才会体现出组织性、秩序化。关于能人带动问题，也有学者对此有过专门论述，一个部落或一个团体内总有一个权威存在，在能人权威下组织可以更好地运行。比如说年幼者知道听从家长的话，家长知道怎样做出权威的行为。一个社会中的人与人之间的关系得以维系，从而社会才会正常运行[10]。当然，农村社会也不例外。

西北地区主要以石油和煤炭资源型产业发展为基点，农村分工简单，很少有类似于东部农村的商业化、农业产业化基地或大型农业经营组织，这也是工、农、商多产业融合失败的表现，更是西北农业发展一直分散化、落后的根本原因。在习惯了分散化状态以后，农民个体之间的合作便不再像人民公社时期那样顺理成章，虽有一定的联合意愿，但真正行动起来却是越来越困难。因此，一定要有人带领着、引导着。事实上，农村社会就像一个结构高度稳定的生命有机体，表面上看丰富多彩，但是骨子里依然透露着固有的基因，我们可以从权力更替、体制变迁的历史中，抽象出许多可以循环复制的规律。尽管血缘、宗族仍然在农村权力配置中发挥难以言明的作用，但是文化程度、理性计算能力、交往沟通能力都越来越成为"权威"的来源，为村民所看重。数据调查结果也显示，75%以上的合作社理事长不是村内普通村民，而是村干部、在外经商回乡创业者或是村内有威望的人家，又或是村内有种养技术的专业大户。这难道是一种巧合吗？当然不是，这是根据社会调查现象而得出的实际结果。根据农村社会发展经验，在乡土气息浓厚的农村社会，各治理主体一定要深谙人际关系或人情观念，并且因势利导地利用此种资源，否则其他的资源就很难充分发挥作用。同时，精英理论也告诉我们，精英的特质是不容置疑的，其在整个小团体中的作用也是不容忽视的。一个农村领导人普遍具有优秀的掌控能力、组织成员的信赖、资源调动的指挥权，只有这样，才可以有效领导组织成员进行行动来实现团体目标。正如学者吴毅所言，体制内外的精英为村民自治提供了民间动力，已经逐步构成农村治理中的主体力量，他们的壮大是村庄社会力量增强的重要体现，村民自治的前途也许正依赖于此[11]。

　　牵头人的存在，更利于加强群众自愿的心理，能够在很大程度上促进农村社会中普通农户之间的合作。牵头人握有优于一般农民的经济社会资源，好比农村社会的黏合剂，感召力较强，而且在行事风格、个人作风上容易为圈内人接受，在小范围的村庄内部具有独特的人格魅力与卡里斯玛型领袖气质。普通农民虽是农村社会成员的主要构成部分，具有一定的合作意愿，但并不强烈。我们可以说，普通农户的行为态度是模糊的，其行为在合作与分散中处于中立状态。尤其是在西北偏远的地区，村民自治机制尚不完善、农民自我表达意识不强，更需要有人相带才能不断崛起。作为嵌入乡土社会中的农民合作社，其成长不仅是组织内头人效应持续发酵的过程，同时亦是村庄能人运用自身优势、动用各种手段来吸收各类资源的结果。换言之，这种关系实际上是带头人与普通农户、地方政府与带头人之间的一种特殊庇护关系，而带头人处于上下、内外的节点上。一方面带头人利用自身资源和内部动员，吸引村内的普通农民加入合作社；另一方面，带头人通过关系游说、争取项目，迎合政府施政的政绩原则，承接了地方经济发展的重担，进而获取了大量外部支持，为农民合作社发展创造了条件[12]。显而易见，作为农村合作经济组织形式，合作社的发展离不开村庄带头人的资本优势；同时，作为村级治理组织，村委工作的开展更离不开村子内精英人员的支持。在重要带头人的联结下，农民合作社与村两委联动治理机制才会形成一个稳固的、具体的交汇点，进而由此交汇点衍生出二者之间的网络关系。

二、村社联动治理的动力机制

任何可复制、具备持续性的治理机制都要有动力导向，才会成功运转下去，而不至于半路夭折。事实上，组织本身就是这一治理机制动力取向的重要维度，也即是达到农村社会治理制度化规范和现代化价值目标的主要媒介。综合西北地区农民合作社与村级治理组织力量的联动行为，我们可以看到，不管是能人示范带动、村干部引领发展、农村社会宗族派系推动的典型案例，亦或是带有自发因素的村社合作个案，都置身在西北地区当前的发展阶段与社会空间秩序之中，在同一时点与空间秩序的共同影响下展开相应活动。我们可以毫不夸张地说，动力机制的相关分析，是农民合作社组织嵌入农村社会治理，与村两委、村干部、村内宗族力量等互动关系研究中决不可忽视的本源性问题。

(一)结构动因：时空背景下客观的原生力

转型期中现代因子正在不断注入农村社会，推进着一场结构性变革。在这一充满着不确定性的历史节点上，西北地区农村正在对急遽变迁的社会结构作出应有的理性回应。在这一失衡的治理结构中不难发现，农民合作社嵌入农村社会治理与村级力量形成的联动治理机制有其深刻的实践需求和发展背景。从现实情况来看，在村级资源薄弱的情景中，合作社与村委、村干部等治理主体的联动，使得多元化的社会力量分化了原本单一的政治权威基础，打破了村级自治格局，在农村社会治理中获得了合法性地位，具备一定的话语权。在村域经济发展滞后、农村治理失序的泥淖中，村社联动治理的出现，对自治主体来说，节省了治理的成本；对村民来说，减少了市场交易和风险成本。不可不谓之是当前社会组织之间的有力互动，是一种在时间轴上具有可持续性、社会空间轴上具备村际适用性的农村区域治理新形态。

1. 发展时序的基本诉求：农民生计与农村可持续发展

城镇化进程中西北地区大量农民外出谋生与农民专业合作社急速发展的时间轨迹相吻合并非一种或然现象，此种组织形态不仅是现代化进程中农村发展的阶段性必然产物，也是农民由分至合的生动体现，具有充分的历史正当性。长期以来，农民生计问题一直是关乎农村社会发展的至关重要的一环。在现代性因素的不断渗入中，城镇化之外弱势群体的红利该如何获得，农民理性驱使下用脚投票的现象不断发生。在这一转型的动态化历史情境下,农村发展无疑受到巨大的冲击,仿佛这个时代的精华并没有给予那些生产一线的农民们。与此同时,农村社会资源、社会结构进入再整合的发展阶段,留守于乡野田间的农民自主行动便自然而然地变为抱团互助、互惠互利,农民合作社也应势而生。此种经验不仅是对农村社会结构调整与农村现实适应性规律的反映,也是对原有发展状态的延续与超越。于是,农村日益发展的时代性诉求与农村社会结构急需调整的双向压力,促成了农民合作社嵌入农村社会治理的演进过程。西北地区农村的凋敝、人员流动大潮的势不可挡,绝不是无法验明的孤证,而是欠发达地区农村的普遍现象,也是研究中亟待关注的真实境况,更是农民理性行为的一种隐喻。相比于全国农村整体的经济发展,当地村民仍然处于小康不足的生活水平,如何破解农民生计困局,实现农村持续发展依然是首要任务。不如说,正是当下农村发展难以持续、农村社会治理难题不穷的客观诉求,赋予了农民合作社经济属性与自治特征。毋庸置疑,也正是在这种时空背景下,不以人的意志为改变的结构性因素,从根本上促成农民合作社与村级治理力量联系起来,共同解决时代所赋予的使命。

2. 空间场域的演进:治理秩序与农村组织格局变迁

合作社嵌入农村社会治理的过程,事实上也是其组织安排内嵌于农村社会空间维度的进程。然而,农村社会空间中组织之间互动的场所并不能够简单地等同于数学或物理中的空间概念,而是具有社会学意义的关系场所,也即是布迪厄所说的场域,其间充斥着意识形态,以及对观念和实践影响的事例[13]。伴随流出人口的逐渐增加和农村社会结构的不断变化,现代性力量催生的结果是:村两委组织的自治权威不断式微,自身发育和凝聚能力不断下降,以至于缺少建设资源与农民主体为支撑的村民自治根本就无从谈起。在诸多难题的理性回应中,农民群体从社会空间秩序转换的结构性困境中,以组织化之势来谋取自我的发展之路。我们折返到事物发展前进的起点可以看到,由问题出现到解决的过程,一切动力均源于对不合理问题的回应。同样地,农村社会秩序的重建也正是来源于农民合作社与村两委组织和村干部之间的理性互动,即是:以当前农村社会空间秩序的不平衡性为内源力,由农村社会结构失序的困境催发出秩序回归的动力。当然,农村社会的核心结构也是与农村社会的权力结构紧密联系的。现实经验表明,村委力量与合作社联合不仅能够弥合长期以来村域经济发展的脱序地带,而且也在与合作社协作中重塑了自身权威,促进了村庄权力的再整合。在农村公共秩序重建中,合作社的组织化、经济发展优先化的本质特征,与村两委职能矮化相互对应,两类主体在农村社会组织格局形态变迁中彼此支持、转换功能,进而对新公共秩序的形成作出有力回应。

(二)相互依赖：转型情景中自主的趋向力

诸多现实中观察到的现象显示：农民合作社基于村两委的政治优势、社会资源、自治权力等条件，与村两委进行联合治理；反过来，村两委以及干部依赖于农民合作社的经济实力、农业生产技术、组织化力量，才会与之进行联合。合作社与村委治理组织相交，于双方而言，两者各有比较优势，从而形成己方对他方的资源依赖。恰是此种依赖，将发展条件的"限制"性转化为"帮助"性，助推二者双赢结果的发生。从这一理路出发，资源相互依赖和比较优势的相互吸引，为农民合作与村级治理力量联动治理提供了内在驱动。在这一动力引导下，在农村社会治理中组织之间发生积极反应，为了自身发展不由自主地趋向彼此，以奠定促进自身发展的坚实基础。

1. 依赖性使然：资源掌控权

在农村社会治理中，村级组织力量不但承接了政府在基层的功能，也扮演着村民自治维持者的角色。其既是国家在农村社会网络中的代理人，执行基层政权交办的事务，又是法定的群众性自治组织，代表村民行使自治权力，行政性、自治性二元属性并具。因此，在农村场域中，不论是从官方认定还是从村民认同视角来说，村两委组织及其成员都是村级资源的配置者与掌控者，被基层政权组织与普通民众委以信任。当然，农村现实中村委主体也是如此进行各类活动的。资源，尤其是关键的战略发展资源，是一个组织核心竞争优势的主要来源。农民合作社作为一个以经济发展为主要目标的合作性组织，从土地资源到人力资源、资金资源等均与村级治理力量密不可分。基于对现实利益的考量，与村两委、村干部等主体联合行动，便是其获取发展所需资源不可或缺的途径。而今村级组织经济发展功能弱化，如果没有弱化，其早已动用手中资源强大本村经济，带领农民致富。恰逢其时，合作社的经济性弥补了其长期以来的缺陷。垂涎于合作社的市场能力、经营能力、资本运作能力等，其也愿意向合作社靠拢，汲取其优势资源，以重获声望。同时，合作社的出现也提升了农户的组织化程度，增强了农民之间的互动交流，有利于村委组织实施统一规划，开展村级活动。因此，在资源相互依赖的吸引下，彼此有所求，二者的发展目标也变得高度耦合。它们好比处于同一磁场的南北极，其间的磁场引力使得它们愿意联动起来。在它们彼此靠近的过程中，二者之间的势能之差逐步减少，进而转化、释放出巨大的动能来推动整个农村社会环境的变化。这种变化折射到现实中来，便是农村经济的持续发展、乡土团结的再建、治理秩序的重造。同时，村社联动治理行为在这一引力的导向下，也会在网络互动与协作共治中做出适应性调适，将资源的共享和流动效率达到最大，使得各组织利益得以不断增加。

2. 适应性回答: 市场压力倒逼

新时期下农民合作社之所以能在农村基层社会出现方兴未艾的大好形势,不仅在于其对市场经济发展的有效回应,也在于其能够适应现时历史境域下农村社会的发展形态。在农村市场的不断升级中,合作社组织作为新时期下个体与市场对接的中介,其不仅有效规避了单家独户进行市场活动的交易成本,而且也增加了农民在交易中的话语权与谈判地位,加速农村市场从外界商品输入的单向流动,转向带动农民走出去的双向交换。随着个体经济在市场化作用下,其愈发追求竞争制高点来增强自身商品价值,片面"等、靠、要"的思维已经与时代不相适应。人们越来越多地依靠市场与社会来获得资源和机会,而不是被动地求助于国家的分配和村级组织的传递,所以村委与人们之间的交集不似从前繁多,二者发展理念也变得越来越相对独立。人们依赖以经济驱动获得生存和发展,在经济动机驱使下,农户自然而然地愿意与能够提升其市场风险应对能力的组织连在一起。因此,在农民利益寄托的转向中,村级治理力量的权威越加弱化,合作社的优势开始显现出来。此外,在村域经济长期萎靡不振的局势中,村委组织担负着的激发农村活力、建设美丽乡村的政治性任务也难以完成。因而,在经济发展驱动与市场压力不时倒逼下,村级力量不得不与合作社联系起来,培养自身开拓市场的能力,扮演好村民代理人的角色,帮助村民致富,重塑其治理威信。于是,村委组织与合作社的相互建构行为便在各种力量交互中逐渐形成。这不但是村委组织通过理性行动来改变自身存在效力的一种能动反应,更是在市场经济时代下促进原有功能解体、培育自身新职能,以便与当前时期发展需要相契合的必然选择。显而易见,在农村场域中,由于合作社自身组织优势凸显,所以随着合作社与村级治理主体的融合加深,二者愈发表现为一种协商式秩序下的农村治理行动,为村庄社会结构调整提供了先导。

(三)社会底蕴: 历史基因未了的延续力

揆诸现实,在现代社会中,分工的深入也会加剧合作的紧密。随着农村治理主体中社会组织不断增加,其联合趋向不言自明。在农村社会"持久性变革"的主基调之外,也有不容忽视的"周期式变动"的副线[14]。然而,这种"周期式变动"的动力,并不是那种一瞬间便会爆发的,而是持续存在下去的隐性力量,以一种细水长流的姿态来发挥作用。农民合作社与村委组织作为当前社会治理中最为显眼的存在,在同一片土地和同一群体的发展背景下,二者之间的关系行为也毫无例外地被历史的延续力和社会凝聚力影响着,由分工趋向于互动、合作。从更深层次来说,在任何的历史社会或当前社会中,我们都必须承认,隐藏于社会基础内部的历史基因在悄悄推动着社会组织之间的合作,延续以前的社会文化基础，并改造着现有的结构。

1. 历史底气：传统根基仍然坚实

解码村社联动治理行为的内在逻辑，不难发现，历史的遗留财富亦是促成这一行为的隐秘力量。历史的基因虽有断裂，但是其中的文化根源和积极元素却在不断延续着，指导着人们继续进行生产和生活行为。追本溯源，我们发现，默认的规则很容易便会钝化为社会发展的实际基础，产生路径依赖效应。尽管在农村社会中，一个新组织的出现存在适应性的一面，但是由于根植于农村历史发展的土壤，其很大程度上又会依赖于惯性力量。新中国成立之初，在"三级所有、队为基础"的人民公社制期间，农村社会集生产和管理于一体的方式，虽于今天有诸多不合时宜之处，但是其经验价值对当前西北地区困境的化解仍有一定的借鉴意义。甚至在某些生活领域，村民会觉得人民公社时的管理比现在好，比如兴建农田水利、植树造林、维护农村生态环境等集体性行为。从历史比较视角看，当前西北地区人财物大量外流、经济发展底子薄的现实，与新中国成立初期农村的一盘散沙危局进行对比，相似之处颇多。在如今凋敝的村庄里，村民比任何时候都希望可以如在公社时期般享受到集体的益处，同时村委组织也有着将农业生产与社会事务扛起的意愿，但是其已经被各种事务包围是不争的事实。不过，农民合作社在社会结构中与其他治理主体的根本区别，不仅在于其透现出每个组织成员的全部信息，更在于其是单个成员在其社会网络中各种信息的叠加，将农村经济、政治、社会及生产管理汇聚于一体。在农业生产遭遇前所未有大变局、农村社会内生秩序混乱的背景下，根据历史经验的启示，村民自治亟需将生产、经济、自治等综合化发展，并走向集中化。在村委组织捉襟见肘的困境中，合作社便理所应当地承接了诸多村民自治主体难以完成的任务。事实上，从农村社会由散到统、由统到分，再由分到合的发展经历看，在当前分散化、空心化的西北地区，农民群体正是在以自身实践来探求原有道路中集体化、组织化的历史价值，进而来实现自组织治理[15]。

2. 社会基础：乡土属性依旧不泯

在现代化的不断洗礼下，农村社会在结构转型与变迁中逐渐呈现出较为碎片化的社会生态。高效化作业下大型机械对于农耕劳动的替代，使得农忙时节喊邻居、叫亲朋帮忙的次数越来越不似从前那么频繁。随着农药、化肥等现代生产要素的渗透，整个社会的生产方式发生了完全有别于传统农业社会的转变，原有的生产和生活合作机制逐渐淡出乡村视野。不过，农业加工、销售一体化的兴起，新型农民合作组织的建立，使得人们在生产环节的交流延长至加工链环节。这不仅扩展了生产可能性边界，更是强化村庄内部的合作机制，增进农民之间的交流，有助于多维社会资本的积累。一般来说，不论是新生组织还是旧有治理力量，其根源均是由乡土社会中的人聚合而成。农民合作社自建立之时，就确立了其民管、民办原则，不仅源于农村社会，又将发展目标定位至农民群体，所以其乡土属性尚存。村两委、村干部等治理主体本就由普通村民选举而来，其乡土特征可谓是与生俱来。在乡村社会中的人们虽离散又相合的处事规则指引下，合作社与村两委组织便自然而然地共享一套文化符号。那么，在特定的价值观念与行为规范的框架内，村社组织结合的基础性力量便自发而来。加之农村社会的自然条件和空间格局的固有特征，以及熟人社会的传统基因和人际交往圈的客观存在，利益模糊化的习惯均未消失殆尽。乡村社会的交际圈往往在利益交织、反复博弈的过程中，伴随着互惠行为的发生而得以均衡。在经济属性与组织特质的二元并存下，合作社也逐渐嬗变为村级治理中的核心利益主体，与原有村级力量在乡土文化力量的潜移默化中形成联动治理机制，来尽力满足村民需求，进而达到普遍满意式的优先性排序。农村社会组织的发展命运，不仅仅取决于裹挟着其不断转向现代化世界的力量，更依赖于农村社会所附带的乡土属性。

(四)个体需求：特定时点上农户全面发展的行动力

在分析了时空结构变化、资源相互依赖的多种动力来源之后，我们应该清楚地知道，作为社会发展中最重要的因素——人，人的变化应该是农村组织发展的最根本动力。马克思、恩格斯曾对人的生产活动与全面自由发展发表过独到见解，"人们不只是影响自然界，也会互相影响，以一定的方式共同活动和互相交换其活动，同时……人只有在共同体中才会活动全面发展其才能的手"[16]。联合起来的组织能够更有效地保障和实现人的全面发展，反过来，在稳定性和长期性的合作行为与合作关系中，个人自由的空间能够得以拓展，个人实现"实质性自由"的"可行能力"也会有所提升。在人的发展中，组织之间的联合治理效益会逐步满足人们对资源共享性的需求，弥补个体劳动的低效率缺陷。那么，在特定时点上人们的发展诉求就理所当然地成了驱动组织发展的重要动力。

1. 内在追求：农民个人希冀前进的自致力

个体行为都是受意志支配的，在人们的意念中又包含着一定的价值取向，引导着人们的行为选择与具体活动。马克思主义哲学对人与社会价值的研究中，曾对人的存在与价值创造进行过深刻论述。在人的内心深处，追求自我价值与社会价值的统一是人之所以存在的意义所在。所以，每个个体包括普通的农户，他们的情感取向都是希望能够实现自己的人生价值，也即是一种自致能力、实现自我发展的能力。当然，现实生活中，这种自致力更多体现为自身的努力之上。努力是每个人在社会生活中进行行动的一个重要因素，标示出了人们自由选择的范围，甚至可以说，努力的意义无论怎样强调都不为过。耐人寻味的是，在长期的农村社会研究中，我们一贯地认为，农户是小农经济思维，而忽略了其自我发展的那种动力，甚至将其只限于满足自给自足，完全忘记了其也是社会发展中的"正常人"。我们或许都以为普通农户没有过大的追求，而只是将其简单地定位在小农理性的传统追求上。其实，在小农经济作用下，农户也是会追求向上发展的，只不过是这种追求程度相较于社会中的高层群体可能会显得微不足道。但即使再微不足道的追求，也是在个人内心深处的自我发展之力的驱动下来完成的。我们都清楚一个道理：没有哪个人愿意去追求自甘堕落的生活，或者是生活得不尽人意。在和谐社会建构的大背景中，互助协作的价值取向同时也是农村社会善治的方向。所以，在深层次分析农民群体的个人心理境界时，我们也能够从访谈中发现，他们希望自家经济发展繁荣，也愿意在分散、自我弱小的情况中，通过农民合作社与村委组织力量的帮助来扩大自身财力。那么，从人的和谐发展层次来说，农户追求的自由发展目标与村社联动治理目标的一致，也在无形中促进了村社联动治理方式的形成。

2. 相互比较：自我与他人之间的落差力

社会转型期的特殊不仅体现为治理制度的一次大转型，而更重要的是在这个过程中组织结构和群体利益不断发生重组。纵然有着社会大环境下机遇与挑战的各不相同，但是终归存在不同的人群有着先赋资源与自制能力的差异。换句话说，在农村社会中先赋资源一般是土地、家族继承等。由于土地这些资源具有一定的恒定性，在社会利益分化前农民彼此之间的先赋差异并不是很大。但是自制能力是不一样的，它与个人的机遇、社会关系、发展潜力等有着密切联系，变动性很大。人与人之间的能力差异常常会导致自致结果不同，也就是我们通常看到的社会身份、地位等的差别。在审视自我与他人之间差距的时候，老百姓很容易会去拿自己和乡里乡亲比较，看到别人生活得比自己好，别人的儿女比自家儿女厉害，一种不公平感便油然而生。甚至，低层的人可能会对高层的人产生羡慕、嫉妒心理，不过，这种心理也是激发其上进的一种力量。我们经常听到老百姓对于自己那么努力生活的回答是：人活一世，一定要争口气。在农村社会，"气"也是个人去追赶、超越别人最通俗的说法，也是人们为自己的生活去奋斗的最直接心理描述。故而，"气"也是一种力量，是具体情境具体个人生活的动力。在自己与他人的对比中，个人的发展诉求愈发强烈，甚至表现为个人与他人之间的不和谐与冲突，但这种"矛盾"又推动着自我与他人的共同发展，为组织发展带来力量。无论是普通农户还是专业大户，在这种公平与效率的意识矛盾中，会以自身力量来行动，去尽力打破旧有资源格局，来实现自身前进、向上运动。在当前外部惠农资源不断下放、内部积极发展心态的两重影响下，他们既有从国家政策中获取政策性帮助的考虑，也有改善生存环境的动力。因此，这种单个人的行为能力也是推动当前农村社会治理发展的一种极为重要的内在力量。

(五)多维并进下的合力机制

从组织发展的客观规律来看，动机机制起着根本性的作用，影响着组织后续工作的开展。无论是结构动因还是资源依赖，抑或是历史基因、个人需求，都是当前农村社会治理转型语境中的关键基点。西北地区本就区位缺陷明显，其农村社会更是充斥着传统乡土性与现代性、单户与集体、个人发展与客观环境之间的多重张力。综合以上的各种力量来源我们可以发现，在实际生活中，各种动力在不同社会空间场域中均有存在。特别值得说明的是，作为动力机制的"引擎"系统，农户的自身发展力量是不容小觑的，具有很强的能动性。各种不同的村社联动力量顺应时宜地构建起一个完整的发展体系，相互交织而又综合发挥各自效应，盖因其不同情境中不同类型力量较量的结果有别。事实上，村社联动治理机制的运作也必须在其所处社会可接受范围内，否则其结果往往只是最初设想的异化。现今农村社会中空心、失序的尴尬现实已经发生，所以在农业生产活动中，留守农民聚合起来，以实现共同发展，这是对客观困境的适时回答。在农村治理中，成为一个带动村域发展而又做好村民治理工作的村委组织、村干部，不仅是对上级政府的积极响应，也是实现农村治理现代化的现实要求。

三、村社联动治理的运作机制

(一)村社联动治理机制的要素构成

结构这一概念最早出现在自然科学中，可以表示事物的空间形式和数量关系，也可指有机体的内部组织构造和相互作用的方式。根据结构功能理论的观点，结构是组织系统内部要素的利益联结的内在形式，反映着其外在功能的表现；反观之，组织功能是对结构的具象化，能够使我们透过功能展现去审视背后根源。可以说任何组织的运行都离不开组织之间的组合排列方式，及其外在功能显现出来的特征。此二者相互对照，构成村社联动治理农村社会的内在基础与外在表现，是村社联动治理机制运作的关键。村社联动治理形态各有不同，但是其形态各异的内在根据却是一致的。我们可以通过其外在表现得出不同类型的村社模式，透过表象来探析本源，深入分析这一机制真正的运作方式和要素之间的联结原理，进而得出村社联动治理机制运行的一般规律。

1. 治理结构

在农村社会发展的演进史中，治理主体形式各样，逐渐趋向多元化。不同的治理主体所承载的价值不同，退而言之，同一治理主体在不同情境下的行为也较之前有所不同。当前西北地区农村治理中，面对村域经济发展与人们需求之间的矛盾不断凸显，农村社会治理主体也在转型推进中进行不断调整，致力于农村社会经济水平提升、农村人员回归、村治走向祥和图景。从上一章节中各类有效治理模式的论述中，我们可以看到农民合作社、村两委组织、村内精英、普通农户、宗族派系等共同组成了治理主体的核心部分，主导着整个农村社会的发展。其中村两委组织是国家力量的微观反映，也是国家掌控社会力量的一种权威体现，包括村党支部与村民自治委员会。其中，党委受乡镇党组织的领导，协助乡镇在社会基层任务的完成；村民委员会是村内自治性团体，主要负责村内冲突协调、事件处理等村务。当然，此二组织的行为人与普通村民并不是完全一体的，而是熟人社会中特有的一种委托——代理关系。村庄精英和宗族力量主要是借助一定的经济性、政治性、合法性权威在村内进行各类活动。普通农户则是村内的大多数份子，发展自身经济，追求养家糊口，单个家庭在村内影响力一般。农民合作社作为一种新崛起元素，主要功能是联合农户发展经济，增进集体力量。新时期下各种治理力量复杂交织，尤其是农民合作社的出现，实现了分散小农的集体化、有序化，使得基层治理结构发生了深刻变化。西北地区在农民合作社带动下，逐渐呈现为一家一户联合起来共同发展经济，而又保持家庭种养的生产方式的一种规模经营发展态势。在整体统一、个体理性发展的此种方式中，农户通过自组织进行村内经济性、政治性、社会性活动，从被动接受村级治理体系的领导走向能动式的参与社会治理，日益变身为真正意义上的主人翁。伴随着合作社发展的热火朝天，农村经济社会中的经济结构与社会势力也在相机而变，社会治理结构也处于不断调整中，以求更能应对当前西北地域内社会治理的失衡状态。治理结构作为整个社会经济发展、公共秩序等的固有根源，并非是毫无条理地改动，其也是根据社会发展阶段的客观要求与主体诉求而适宜变换。实际上，根本不存在一个固定不变、适宜于多样态的主体行为的治理结构，也没有完全沿袭旧规的治理结构可以贯穿整个农村社会发展的历史。

　　2. 主体功能

　　组织之间排列组合方式的不同，必然导致性质和功能的差异。根据 SSP、SCP 范式分析以及结构功能主义的观点，如果一种治理结构不能解释此结构下的主体功能行为，那么它就不具备真正的意义。不管现实中组织之间的联动治理行为看上去是多么杂乱无章，但其都具有一定的结构层次。西北地区的调查实践表明合作社与村两委、村干部等治理组织的互动类型多样，但是其组织构成却没有很大区别。一般来说，我们可以很容易地看到组织功能异化所引发的诸多问题，但是却很难观察出其背后结构的变迁。根据我们的思维进路，从现象到问题，再到本质探析，大体按照由客体需求→主体功能变化→结构调整→满足客体目标的路径。质言之，结构状态决定着外在功能的特征，功能变化又依赖于其内在力量调整。

图7-5列出了村社联动治理机制的结构功能。在村社联动治理机制中，合作社的功能决定了如何组织农户生产、加工、销售、发展经济。村级组织力量的职能定位重点是农村社会的整体发展、公共事务决策、村内公共资源配置等，当然，发展农村经济也是其规划的一部分，更是其责任所在。首先，在经济发展方面，从近几十年西北地区社会发展实践来看，作为整个村庄事务治理者中的权威，村级组织仅仅是将经济建设缩减为其职责范围中的微小部分，并未当作极为关键的内容来关注。然而，农民合作社作为一个经济性实体，其无疑将经济发展作为自身组建的根本目标，反观之，这也是对村级组织处于捉襟见肘窘境的一种及时应和。毋庸置疑，在农村社会治理方面，合作社功能并非单一的，其多重属性已是公认的事实。在助力农民从田间地头到钱财赚到手的过程中，其同时也显示出集体公共性、社会互助性功能。根据实际经验总结可知，合作社在规模经营的生产环节中，由于对其水电路的需求，在大型水利灌溉设施建设、农村电路整改、道路建设中会积极投资；在统一加工和销售流程中，由于品牌建设、市场影响力扩大需要，其会规范农户生产，做好农技、农药、化肥、种子等服务性工作，同时也会在某种程度上提高村民维权意识、增强风险应对能力。在公共事务处理方面，由于社员与村民的身份重复叠加，且合作社党支部与村党支部的地位同等，在关涉到社员与非社员农户之间的利益冲突时，村两委组织、村干部与合作社的立场、势力大小，无形中影响着村民自治的公允性。在西北地区，此种联动治理机制中组织功能的划分所带来的治理效果不仅满足村民心愿，也帮助村级治理组织找回自治权威，跳出治理能力不断式微的泥潭，实现经济与社会的一道发展。

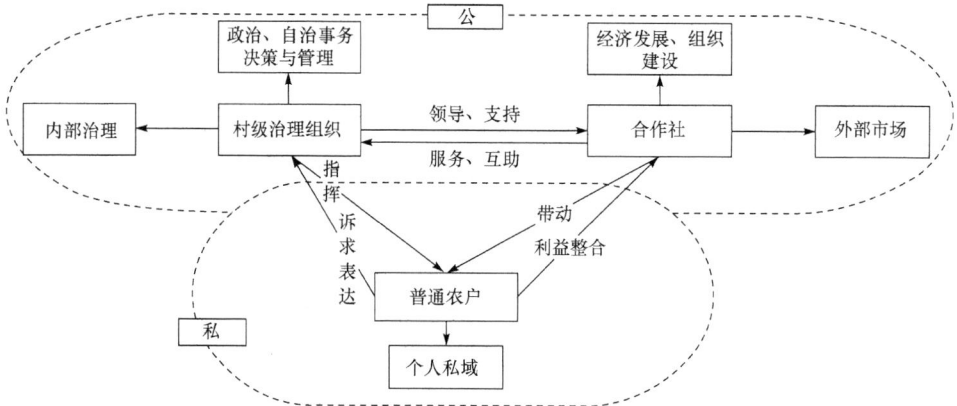

图7-5 村社联动治理机制的结构功能图

总而言之，村两委组织、村干部、合作社、普通农户在不断的互动中，既存在着资源和利益的交换，也有公私领域的交涉。村党支部和村支书直接领导整个村级事务，村委会和村主任主管村民自主治理工作，合作社主要发展经济、带动农户。不过，合作社也会在经济发展过程中，因规模性资源的获取与村级治理组织发生互动，当然，村两委、村干部等治理力量也会在农户组织化和村域经济发展中与合作社彼此作用。值得一提的是，普通农户在参与农村社会治理中与村级治理力量代表者形成利益交织格局，在合作社的组织集结中与合作社组织形成网络关系。故而，在普通农户、合作社、村级治理力量的农村社会治理机制中，可谓利益联结、公私交互。根据对西北地区的调查，我们经过反复思考，淡化了一些无关因素，选取了村级治理组织与合作社、普通农户等关键因子，勾画出村社联动治理机制的结构功能图，将此治理主体的关系以及主要职能均标注出来，同时也特别将组织的公共性与个人的私域化经由村级治理组织、合作社组织而交织在一起的境况也展现出来。

(二)村社联动治理机制的运作方式

1. 资源交换共享

现代农村社会是一个复杂的开放、流动系统，不可避免地与外部环境有着相互联系和交流，通过进行物质、能量、信息的更新来维持自身的运行。但是这种交流是不对等的，或者说不是完全意义上的双赢。虽然农村社会有所进步，而且在某些评价体系中其发展进步还是较为明显的，但是在流动中农村社会不可避免地流失了大量人才、土地等资源，这些都是难以收回的，与之相伴的是，农村经济和社会领域的结构性矛盾也逐渐凸显出来。在资源有限的条件下，如何激活现有农村资源、助推农村社会治理体系的完善，是所有农村人员都关注的话题。伴随着市场力量在农村场域的不断释放，争取经济发展权、公共权力和公共资源的使用权，已经成了主掌村治发言权的关键。合作社作为一个权利性组织，自其组建之时就注定了会与村级治理组织体系进行资源要素的重组。鉴于合作社与村级治理组织的社会基础具有一定的共通性，在社会自主性多维萌发的背景下，肇始于资源依赖、共享的村社联动治理机制，在村社的频繁往来中，俨然已经上升为一种符合当前农村社会的伦理制度安排的自治秩序。

当前西北地区中合作社组织的组织性、经济合作性是企业组织、家庭农场等主体难以模仿和替代的，具有一定的稀缺优势。反之，村级治理组织和村干部对于整个农村社会的管控权力表现出很大的价值性。资源异质性使得组织之间不得不进行交换行为，以求在某种程度上克服自身组织行为的固有缺陷。对于供给方来说，交换行为的发生在于其能够提供，并且同意交换出去；对于需求者来说，则是希望得到其稀缺的要素，而且愿意拿出自身禀赋资源去与对方进行交换。在供需过程中，二者看似损失了自身资源，但其实是获取了更大的潜在发展能力，扩展了自身行动的边界。因为，凭借相对丰裕的资源换取相对稀缺的要素，实则是对自身资源结构调整的一种理性行为，能够有效减缓完全专有化的刚性，集中各类要素的优势，进而提升整体的综合水平。不管是合作社社员还是村级治理组织中的村干部，亦或是普通农户都希望能够在自己的小团体中享受到资源流动的效益，也希望能够得到更多的发展机遇，进而增加涉足其他领域的几率。从土地规整、资金积累、原料购买、产品销售再到权力交换、人员管理等具体事件，我们可以看到，在先赋资源与获得资源的结构调整中，合作社与村级治理组织、村干部正是因为实现了资源之间的交换与共享，才促使村社联动治理机制运作中组织之间行为达至一种均衡和稳定的状态。

2. 合作伙伴关系

新时期下，农村社会也愈发呈现出高度不确定性特征，暴露出许多自身无法克服的问题，农村社会治理现代化推进工作亦陷入泥淖之中。在商业利润和工业生产收益的引诱下，进城务工是农民获取财富的快捷手段。在快与慢、贫与富的差距对比中，农业收入微薄的劣势更加显著，农村产业的经济发展动力显得极为渺小。同时，在村级建设萎靡不振的背景下，普通农民在村集体经济发展中处于"悬浮旁观"的角色，在集体事务中也陷入了行动能力不足的困境。在农村发展窘迫的处境中，具备合作经济属性的农民合作社顺势弥补了社会组织化和经济合作化的缺位。对于集体经济弱化、发展动力不足的村委会来说，合作社能够带动农户发展经济，帮助实现村民富裕，具有一定的号召力，因此是一种无法拒绝的选择。同时，对于合作社而言，与村级治理权威者形成伙伴关系，有助于其融入农村社会，增强村民认可度。历史表明，合作发展俨然已成为现代社会中应对风险的核心理念，也是当前实现农村社会治理的价值取向。合作社与村级治理主体在功能发挥上具有一定的互补效应，此方不足时能够期望他方给予支持，承担更多责任。事实上，在村社联动治理机制中，良好的合作关系能够使得一方对另一方的行为预期有合理把控，减弱公共治理空间的无序性和信息不对称性，帮助网络形态中合作秩序的达成。

经济活动属于合作性行为的一种，其本身依赖于社会组织化进程，并且会跟随组织关系的改变而做出相应变动[17]。根据西北多地农民合作社与村级治理主体的互动实践观察，经济发展过程中组织要素流动与团体协作所带来的合作效应，无疑是与留守田间的农户生存理性相契合的。然而，合作伙伴关系的形成并非一件轻而易举的事情，需要村社治理主体不断的互动、磨合。在经济发展权利与村级权威主体的治理权力的交涉中，合作社与村级治理组织、村干部在面对经济发展机遇时均有主动迎合之势，但又在资金注入、资源整合、村民意见统一等方面，各有比较优势与劣势之处。那么，为了避免单一主体陷入组织个体理性的盘算之中而丧失后续发展资源，两组织会主动开展多维合作与相互增权，利益联结与合作共赢的互动格局便顺势而成。随着彼此权力空间的不断让渡，合作社也开始占据相应的结构性位置，打破了原有村民自治实践中村两委和村干部治理整个农村社会的制度共识，优化了原有村治体系，凸显出多元共治的民主性。同时，合作伙伴式关系的建立，使得合作社与村级治理体系在农业生产和资源配置中更愿意为了共同利益最大化，而统筹农村经济社会的整体发展安排，进而村社联动治理机制也运作起来。显然，在碎片化和空心化的农村社会中，不同组织之间建立起来的合作伙伴关系已经成了应对西北地区历史发展中阶段性难题的一种积极回答。

3. 协商民主对话

在家庭联产承包责任制之后，人民公社迅速解体，集体的作用日渐式微，与"公共性"相关的公共品、公共服务、公共事务失去了强有力的责任主体，大多数问题局限在私人化的小范围内解决。然而，随着农村个体不断外流，农村社会的私人领域与公共空间均在不断走向衰落。最近几年的实践证明，合作社在农村社会发展中极为迅速。加之"经济发展"在欠发达地区越来越占据主流话语地位，合作社与村级治理力量的利益整合触及面也在相互作用中不断延伸。虽然在农村社会治理中仍是村两委和村干部为协商权威，但是合作社的潜在能力在应对当前西北地区困境中不断凸显，渐进地改变了原有治理结构。在村社联动治理机制中，二组织之间的交流与互动显然是协商民主形式的一种。在协商对话中，合作社与村级治理组织、村干部在资源流动中，通过碰撞和交流，使得组织之间的原有意向不断转换，最终建立起新的认识，形成一致意见。在村治模式改良的事例中，也有许多发展经验显示合作社在经济领域地位的不断上升，使得其易于进入村治社会体系内，成为村内公共事务决策的重要一员。同时，其在组织农民生产的过程，也隐性地影响了农民的社会生活，提升了农户表达诉求的能力，扩展了农村社会的公共空间，有助于公共理性的形成。作为解决治理问题的一种重要工具，在农村社会的协商更多的是利益的协商，在利益协调中协商民主将均衡视为一个不断博弈的合作过程，强调多元利益的共容与共生，表现出特有的利益整合柔性特征[18]。

经济领域与社会治理结构的变化，使得农村社会逐渐走向多元异质化。在非均质的社会中，单打独斗、你多我少的零和博弈，已然不是组织寻求利益最大的最佳行为方式。由单一到多元合作共赢，这不仅是合作伙伴关系的建立，也是对协商民主理性的契合。在土地规模达成、农户行为调节过程中，对合作社而言，村级治理主体的自治权威犹如一把密钥，能够有效化解普通村民"不配合、不理解、不信任"的难题。在对复杂多元化的回应中，农民合作社与村级治理组织和村干部的利益紧紧缠绕在一起，运用协商对话的方式，可以避免不必要的矛盾，使得组织发展视野不再如从前般狭隘。客观而言，在村社联动治理机制中，组织之间的协商民主源于其相处的合理性，并不在于协商自身的价值，而在于它为组织重复博弈、理性决策提供了方向，能够在一定程度上实现平等对话，使远离平衡状态的社会从无序重回有序。同时，在合作社与村级治理组织联动治理中，协商对话是在利益协调关系中自然而然形成的，其能纾缓组织利益冲突，吸纳更多农户的意见，减少合作社与村级治理信息不通达的现象，提升整个农村社会治理体系的开放度与包容度，规避利益藩篱固化的陷阱。

四、村社联动治理机制的运作过程

任何机制都必须通过运作才能实现其目标，使静态的组织联结变成实际的利益组合。所谓村社联动治理，既不是单纯的村级组织治理，也不是单纯的合作社治理问题，而是一个怎样协调二者之间利益诉求、实现农村社会治理良好效果、避免顾此失彼的问题。根据前文证明，可以看到村社联动治理的机制，十分值得在村集体经济薄弱的西北地区引进和推广。所以，关于农民合作社与村两委联动治理机制的运作过程，我们将给予详细的表述与分析，进一步说明这一具备可操作性、具有新意的村社联动治理机制的理论框架。在此，我们以两个组织联动治理的生命轨迹为主线，说明在不同的阶段村社主体角色扮演的转换。在横向上，将组织之间在不同时间点的互动特征给予细致说明；在纵向上，以组织发展的时间轴为这一治理机制的发展脉络，对每一阶段的规律做以全面整合，进而得出村社联动治理机制运行的内在机理与一般规则。

(一)生长期：资源支持，内力集聚

由于村两委、村干部等原有治理主体自 20 世纪农村改革至今已经主政近 40 年，因此，村社联动治理机制形成的孕育期一般是合作社组织刚刚组建起来的时刻。在当前西北地区农村经济萧条不堪的社会背景下，合作社成立之初，蕴含着农民摆脱现状、急于致富的发展激情，因此，其快速成长意愿十分强烈。同时，作为一个凝聚了乡土文化的草根性组织，农村社会的行事规则早已根深蒂固地植入了其组织系统的内核，在农村场域中具有自我发展的内生力量。在政府部门惠农政策以及村级治理主体的大力支持下，农村经济资源变得活跃起来。村两委组织、村干部身为村内公认的权威治理主体，则以正式组织的权力来动员农户积极入社，并协助合作社进行农村土地流转、支农项目争取等事务，为合作社发展与

壮大提供条件。在诸多环节的相处中，村级治理主体乐意于将村域经济的困顿状态进行改善，其也希望能够以合作社的组织形式来获得上级更多资源的注入。当然，合作社源于村民经济发展诉求，希冀在无法涉足的领域得到村内政治势力的援助。在资源支持与发展内力集聚的情形下，村社组织会将联动治理的意愿转化为具体行动，将村内经济力量与政治力量集结起来，共同应对当前农村经济发展窘境。那么，在动力机制不断刺激与在各类发展要素支持的双重作用下，村社联动治理机制开始进入启动阶段，并在起始期以强劲势头顺利过渡到下一阶段。

(二)发展期：互为依托，彼此促进

随着联动治理行为的发生，在资源共享中，村社组织要素流动速度在不断加快，组织收益不断增加，农村社会整体发展也呈现出良好态势。在资源的异质性与稀有性作用下，一方组织会依据其自身拥有的资源优势来吸引另一方向自己靠拢，同时在靠拢过程中，依赖性也理所当然地在双方的行动中形成。在交流整合中，组织之间也会相互取长补短，进而使得经济产出与行为能力不断增加。就合作社而言，理性活动的认知目的使其不断为了自身组织利益而揽取资源，培植村民对自身组织的认同感，进而稳固在村中的合法性地位。村级治理组织、村干部也会借用治理权力对新组织的发展给予支持，以弥补其萌芽发展阶段的势单力薄。与此同时，村级治理组织亦会以合作社经济发展之名，来增强其在村内的治理效力，并将其作为治理效果指标的一项，向上级行政部门争取资源注入，进一步实现整个农村经济发展。由于发展初期资源条件的限制、组织发端的基础薄弱，二者在发展时期的联动治理也是较为紧密的。根据调研实践观察，不难洞悉其间所隐含的联动力量，也在发展炽热期十分强大。当然，伴随合作社参与农村社会事务的增加，其也开始实质性地介入社会治理中来，与村级治理组织的相互依赖程度不断加深。同时，村级治理组织也因合作社的经济性功能而重获威望，在分散化的农村社会中显示出一定的治理能力。

(三)成熟期：冲突显现，秩序形成

从微观层面观察，资源相互依赖中的非对称性结构是普遍存在的，并不局限于完全均衡的互相依仗，表现出很大的敏感性与脆弱性。在村社联动治理机制的驱动下，村庄内部架构和行动策略的不断嬗变也悄然进行着，村社组织各自开始追求在二者之间寻找一个利益平衡点。经过很长一段时间的相处，合作社和村级治理组织均收获了一定的联合效益，各自的势力也在联动治理行为中变得强盛起来。合作社在壮大中逐渐获得农村的政治决策权，引发不同的政治行动，带来不同的政治经济效应。村级治理主体在经济势力的影响下，可能尝到村域经济有所起色带来的甜头，但也会在治理权力的损失中感受到危机，不愿意去做出妥协。随着合作社在经济方面优势的凸显，可能会使得其领导成员成为村内干部，或是在村内公共决策中极力维护合作社地位。同样地，原有治理主体对经济发展权话语效力的部分失去，会在某种程度上削弱其行事的威信度。基于边际原理与行为理性，此时双方利益也开始出现分水岭，逐渐不愿意让渡农村社会发展的空间，一方的行动往往招致另一方利益主体的反对，合作也开始变得难以维系。但是，在两主体的不断争权与职能交叉中，顾忌到合作关系的稳健存在，此方为了不至于完全丧失从彼方获得的稀缺性资本，也会寻求如何进行规范化发展，那么契约文本便在矛盾中应势而生。

(四)分化期：持续发展，规范运转

到此发展时期，村社联动治理机制也慢慢显现出稳态性，村社主体之间也开始表现为契约化的组织行为安排与分权式联动治理特征。经历了前期的起步、发展、成熟中组织要素的重新组合，利益配置的调整等一系列过程，合作社与村级治理组织的规章制度也开始变得完善。熟人社会的交往中，每一个生命个体在主体性实践中，在追求经济理性的同时都会去追求一定的社会价值。在政治势力与经济势力之间，村社主体各有分工，彼此明确，对社会发展与经济富足各有定位，重建乡土社会基础似乎找到了着力点。如图 7-6 所示，在村党委领导下，村民自治组织主持社会事务，合作社协助经济发展的稳定机制下，各主体之间职责明晰。同时，在农村社会文化的独特魅力中，村社规范也会从非正规走向正规的分权式、规则化，趋于和谐发展。伴随着两主体发展进程中的合作行为范围的扩大，此联动治理行动也会逐渐外化为社会空间秩序，进而促使农村社会在治理结构与主体功能一致的态势中进行，引领农村自治现代化体系的建立。循此思路，我们也可以进一步理解不同嵌入式治理类型存在样式的内在根据，进而可以诠释村社联动治理机制的未来命运和现实特征。当然，为避免现实效果与理论逻辑的背离，在此特别说明，不论进行到哪一个时期，村社联动治理机制都可能无法有效应对前期难题，而陷入进退维谷的地步，停滞下来或者直接走向生命终结，导致合作社这一经济合作性组织嵌入失败，最终退出农村社会的历史舞台，恢复为原有的村级组织治理体系。鉴于实际中此现象较多地出现在摩擦频繁的发展期之后，我们在图 7-6 中也以虚线形式进行了专门标注，以此说明这一联动治理机制可能会出现失效。

总而言之，不论是社会事物还是组织系统，都有一个萌芽发展的过程。如果在萌芽期村社组织联动治理的资源交换与联动意愿就是完全具备的，那么，在后续发展时期的行进过程中，村社组织联动治理的效应也会是巨大的，联动状态下二组织各自的成长也会十分迅速，组织之间相互的投入与产出也会是一个正和，呈现出经济学上的规模经济效果。当然，随着二组织联动治理的不断行进，在成熟期也会出现不可控因素，引发许多突发事件，而无法以之前的相处规则来进行解决。那么，此阶段就需要村社组织之间反应灵敏、有序配合来共同应对组织之间的冲突，从矛盾到相互妥协、达成共识，最后进入分化稳定期。事实上，在不同的发展阶段，村社组织的联动治理都有可能因为出现一些无法避免的影响因素而中断整个联动治理的运作过程，为了分析的方便，我们假设二组织之间的联动治理是连续下去，并最终实现稳定状态。值得说明的一点是，在实际调查中，我们所观察到的这些成功的村社联动治理形式，无一不是经过了层层阶段的发展困难，最后实现了村社联动治理的良好效应。更严谨地说，在一些调查地区，村社联动治理才刚刚开始，我们调查到的时候，其正处于一般运行过程中的某一阶段。当然，不管是已经处于成熟期、分化期，亦或是刚进入萌芽初生期，都会经历组织发展历程的一般规律。

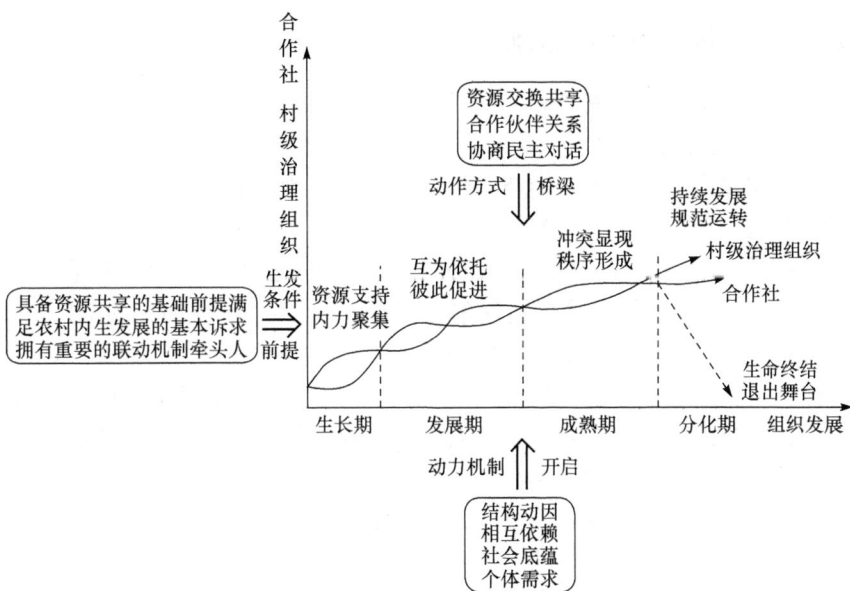

图 7-6　村社联动治理机制运作图

第三节　村社联动治理机制的实践特色

中国农村社会的研究者，多是扎根于乡土之中或置身田野之间来获得农村发展经验的理论认识。虽然中国农村相比于西方意义上的"现代"仍然是不够格的，但正是这种不够"现代"激发了农民理性的扩张，一次又一次创造出令人瞩目的改革奇迹。不论是小岗村悄悄进行的包产到户，还是乡镇企业的异军突起，我们时常感受到不同时段、不同地域的农村发展经验中所展现出的农民智慧。结合西北地区当前发展特点与地域特殊性，在系统分析了村社联动治理机制之后，我们可以进一步考察村社联动治理的实践特色，深入探析这一联动治理机制在实际中的具体形态与共性特征，以促进这一治理机制在现实发展中被更多地应用。在不同的时空语境下，西北地区农业产业的结构性弱势、农村治理陷入困顿状态，无疑会使得农业发展和农村治理秩序均呈现一盘散沙之状。揆诸当下农村社会发展的经验现实，我们不得不承认，合作社与村委组织、村干部等治理力量的联动治理效应，对农业产业持续、农村社会公共性重建产生了一定的积极作用。从分散到集中，合作社将普通农户集结起来，并与村级权威在村域经济发展中合作起来。伴随着组织之间互动频频，在农村社会的公权力与村民活动的私领域之间，合作社承载着"中间组织"角色期待，与村级治理力量一道应对形色各异的公共性需求，将治理公权力的发挥与农民生活的私域有效对接起来。

一、遵循客观规律，内生持续力强

城镇化进程中东西部差异愈加明显，尤其是东西部农村的发展更是呈现出巨大的差距，东部农村在工业化、乡镇企业带动中成为具有现代城市文明的城中村，而西部农村却在人口外流中走向空心化。在农业税费取消的近十多年的发展中，从资源汲取型到资源输入型，农村内部公共事务筹集资金也逐步下降。我们在部分地区看到村社联动治理的实践反倒是提升了农村治理状况，感觉甚是惊奇。其实不然，这种良性发展结果是有其存在的合理性的。从农村城镇化的结果来观察，西北地区农村人口外流不一定会是恶性发展。从人类发展的角度来看，城镇化或城乡一体化的目的在于改善民生，提高人们生活水平。如果西北地区青年劳动力转移以后，农村区域发展中剩余农村人口在土地规整、合作组织健全的情况下实现规模经营，能够维持农村社会的正常生产与生活，甚至是提高了农业生产效率、改善了当前生活，那么，我们可以说，在城镇化中，西北地区农村社会是有可能做到利益未减损，反而是受益的。这就需要对农村现有资源进行整合，提升留村人员的务农效益。因而，在剩余与流出农民的利益增加中，最关键的一环就是使农业在市场中能够占据一席之地，成为具备竞争力的产业，使农民合作化、规模化的生产组织作用得到发挥，建立起农产品品牌。

在现代性与商业经济的刺激下，农民传统的生存道义理念已经发生改变。不论是卷入城镇化浪潮的农民工还是留守一线生产的农户家庭，他们已经从只满足温饱的状态转向追求更高品质的生活。因此，新时期下农民的行为逻辑已经从生存迈向发展，其重心也从谋生转为自我提升。农民合作社与村两委联动治理农村社会这一形式，在适应农民现代行为逻辑的考虑下，从西北地区经济落后的现状出发，更加凸显了以经济发展、组织生产、带动致富为治理理念的特点。落到实践，主要表现为农业发展基础设施、农产品市场体系中的物流中心建设以及金融支农、互联网支农等一系列以经济建设为主导的农村经济发展的软硬件发展。

亚当·斯密在对"看不见的手"原理进行解释时指出，个人在追逐自身利益的同时，无意识地或者"顺便地"促进了社会整体利益的提升，虽然他们自己也不知道曾如何去促进社会整体发展，但他们却在各尽其能的个体追求中做到了增进整体利益[19]。事实上，组织发展也是遵从同样的道理，农民合作社与村两委在联动中也夹杂了自身组织的利益，但是二者带来的效应却是反映在整个农村社会治理中，作用在大多数甚至是全部农民身上，而且他们自身组织的成员也是农民。推进农村社会治理机制创新本就是一项系统性的工程，尤其是农村持续发展方面。谁能够解决小农经济发展中农业弱质性问题，让农民真正富裕起来，谁就是成功的。如果违背了经济和社会发展规律的赶超式前进，注定是依赖于外力的推动，貌似具有远大前途，但实际则不具备可持续性。农民合作社在发达国家已有上百年的历史，其早已从单纯的农业生产、加工领域扩展到供销合作社、农村电力合作社、信贷联合会、农民联合会等多种组织形式。这是农民组织有序化的深层次发展，也是对我国西部农村发展方向的有益启示。所以，在合作社与村两委组织共同促进分散农户组织起来的过程中，农民在"组织起来"与"被组织起来"中的团体化意识都在不断加强，组织化能力也在不断提升。我们都知道，行为经济学中有一个经典的智猪博弈模型，其中说到大猪去按铃是最好的决策。因为如果小猪按铃，其所得收益将全部被大猪占据，而小猪最优行为是选择等待；对于大猪来说，其如果选择等待，则什么也得不到，而按铃则只是损失部分，还能得到收益。所以组织与村民个人之间，就好比大猪与小猪的博弈。有大猪来选择按铃总好过没有大猪的存在，类似地，合作社的存在对于偏远的西部地区来说，有合作社的存在则好过没有一个组织性的经济组织存在。另外，农民合作社因其天然基因和存在的逻辑，而可能成为解决当前西北地区农村经济社会治理问题的缓冲带，同时其社会性嵌入机制决定了其有能力成为农民利益的聚合体，来满足其公共需求，是农村社会组织发展的新方向。总之，在市场因素影响下，新型农村治理中的村两委更多地将事务放在如何发展经济上，同时其与合作社之间的联动也是主要围绕经济发展这一中心来展开的。西北地区村社联动理性发展的数据与案例也在真真切切地向我们传递一个信号，村社联动治理机制的实践是符合农民行为理性的选择，遵循当前农村发展客观规律，内生持续力强。

案例五：D 县 B 镇恒圣农民专业合作社成立于 2011 年，位于县城北 80 里处的金鸡湾村，注册资金 1300 万，合作社自成立以来，一直坚持民管、民受益原则，本着"以试验示范为目的，以服务三农为宗旨，以推动农村发展为己任"的理念，以马铃薯为主抓产业，从实体经营和服务管理方面做重点工作，来增强合作社运行特色。由于其马铃薯生产资料的统购、统销，鲜薯产品的收购、贮藏、销售等服务工作到位，以及在生产技术咨询上聘请专人指导，加上马铃薯原种的特殊性，分散购买原种的不便，所以普通种植户纷纷愿意入社。现在其社员已达 200 多人，建设马铃薯良种繁育基地达 2500 多亩，饲草基地 1000 多亩。同时合作社已有 50000 平方米的微型薯生产网棚，3000 平方米的种薯库和物资库，并配备了大型喷灌设施及 18 台套进口马铃薯农业生产机械设备。

该社固定资产已将近 1900 万元，全年累计培训农民 12 场次，发放马铃薯早晚疫病综合防治技术资料 10000 余份，辐射带动周边地区农民发展现代农业，助推了 D 县县域经济的快速发展。由于该社农产品的运输配送等均由合作社与外商统一协商，大货车经常往返于生产基地与乡镇中心，然而从金鸡湾村到 B 镇的公路上并未有硬化道路。2013 年由合作社出资 6 万多元，铺设了一条简易的石子路，专门用于村子与乡镇、县城的顺畅联通。虽然这是合作社用于运输的社道，但是附近的村民也感受到了便利，对合作社的认同度和口碑也与日俱增。随着合作社声誉提升，村级组织也更多地鼓励村内成员进行马铃薯技术的学习、加入合作社，并且愿意与合作社共同争取项目，建设村内的水利设施，既惠及合作社发展，也为附近村民田地的灌溉条件改善带来了希望。这样，合作社依靠其互助性和组织性的特征，慢慢进入农村社会治理中，持续不断地改善农村经济发展状况。

二、整合农村资源，统分现有力量

在空心化趋势中，"人"的外流使得农村自然环境和人文气息都在不断地走下坡路。在走访中，我们也可以看到农村在打工经济与农业兼职的双份收入来源的过程中，村民们自家楼房越盖越高、房屋设计越发接近城镇，但农村道路却依然陈旧，农村环境没有得到改善，反而由于垃圾堆积、河道污染而更加恶化。单纯依靠村两委组织进行农村治理的方式，已经与这个时代不相适应了，特别是西北偏僻地区的村级组织在税费取消之后与农村人口大量外流的过程中，已经不再具备昔日的权威，而是处于"悬浮型"的窘境。加上村治包容性与开放性的增强，村两委主政也不必然是村民自治的唯一形式。现代社会中利益团体的力量远大于"原子化"个体的力量，具有一定的组织优势。通过组织的形式可以将分散的、模糊的甚至是带有个人情绪色彩的意见转化为一致的、明确的组织建议，更方便信息的集中化处理与利益诉求的集结性表达。在信息公开的前提下，农民合作社与村两委在影响自身利益的公共性问题上进行商谈与辩论，不仅能够改变传统意义上村级正式组织"话语垄断"的地位，也能够减少和避免利益冲突，保障公共事务在决策中就已经实现正当性，而不至于在真正落到实践中才发现两者之间的矛盾。但是在组织化力量的影响下，合作社与村两委的联动治理机制中将原先与个体无关的一些集体性事务又重新组织了起来。因为农民组织起来共同生产、组织销售的过程中，拥有大型的水利设施、优良的公路都会促进集体经济的增加，同时也会促进农户个体增收致富。在 S 省 Y 市的调研中，我们观察到农村道路和河道管理对于单个小农户来说或许无关紧要，但对农民发展规模化经济来说，却是关乎自身利益的公共事务。比如说 Y 市 D 村在集雨窖的修建中，原先单个小农只是在自家田地附近随意挖掘几个简单的土窖，但在集体组织后集雨窖的建设就不只是简单的土窖，而会增加地膜覆盖，农户之间也会交流怎样提高集雨技术，减少雨量损失，甚至在缺水时期会统一规划用水，使得缺水农户也能安心种植，进而实现分散事务的集中化处理。

作为理性的行动者都明白：自身行动的成功与否不只是由自身决定，还要取决于其他行动者的行为，需要各主体之间进行利益协调与行为一致。从农村各治理主体的利益平衡来看，现行的政治体制将国家资源的下放和农村公共建设的任务主要放在了村党委身上。然而，在村民参与村内公共事务和重大事项决策时，自身利益得失是被摆在首位的，所以在遭遇不当的国家政策时，他们会变相地迎合或直接抵制。在村级组织管理缺乏正式制度约束的情况下，农村社会中各治理主体的利益协调就成了现实问题。农民合作社以组织的形式接收国家农业政策补贴、拥有工商行政管理部门的合法性注册做保障，同时又具备农民自发组建的社会基础，可谓是当前普通农民来制衡村级组织力量的最有利载体。新型组织的出现，可以有效限制村级组织的利益扩张与膨胀，促进村级治理主体之间的竞争，使得资源流动性加强，而不至于一直处于固化状态。在协商民主理论中，对话协商是其实现治理绩效的一个具体手段，有助于村民真正地表达自己的观点，形成共识。不同利益群体因为相互之间的资源而结合到一起，就共同关注的问题进行讨论与交流，商议解决措施。通过对西部地区诸多示范合作社的调查，我们可以看到村两委在与合作社的交流与互动中，不是一种居高临下的姿态，更不是一种命令的心态，而是表现为：村两委在合作经济发展基础上对合作社的大力支持，同时对合作社党支部以及合作社理事长的态度与认知，相较于普通村民而言更加平等。在联动治理过程中，农民合作社与村两委之间并不存在上下级的领导关系，二者之间的联动是建立在资源共享、协商对话、相互合作的基础之上的，是以一种伙伴关系来治理农村社会。这是自愿行为的结果，而非外力的强迫，明显表现出治理过程的互动性与协商性。

案例六： S 市 S 镇 C 村的益民养殖专业合作社整合当地农村资源，与村委联合治理，作出典型示范。当地农户多以散养鸡、土鸡蛋为赚钱营生，但是由于养殖是以小家小户为主，鸡和鸡蛋在数量上难以形成规模，品质也不易得到认证，在鸡蛋的销售中一直处于弱势、被动地接受收购价，难以与市场进行平等对话。C 某曾担任过本村村支书，对整个村子的情况可谓是了然于胸，同时其也是以养鸡为家庭发展的主业，特别理解养殖户的心酸与无奈。在当地双强双带方针号召下，其于 2008 年注册并成立了益民养殖专业合作社，在整个村庄内发展笼养鸡这一支柱产业。在养鸡生产环节中，该合作社施行"分户饲养"，并对各养殖户从鸡苗购进、饲料购买、防疫工作、包装设计、销售品牌均进行统一规范，称作"五统一分"的养殖方式。目前该合作社社员数已有 200 余户，并且以 S 镇为中心辐射范围达到周边四五个县区的 2000 多个养殖家庭，养殖规模已经近 50 万只，带动效果十分显著。在市场营销中，该合作社注册了"佳上好"禽蛋品牌与"康佳"饲料，并且在周边地区建立了部分固定销售点，形成了极富地域特色的市场品牌。在收益分配中，益民合作社实行奖惩结合的激励制度，并且结合禽蛋市场的价格浮动规律，创新了收益分配形式，将农户与合作社收益紧密结合，设定保护价、固定股与可流动股，其中固定股不可随意变更，以做到风险共担；可流动股能够随时撤回，以保证原始资金的安全。目前该合作社社员户均养殖 3000 只左右，大户可达 10000 只，户均收入十万元以上，经济社会效益显著。同时，该合作社也会拿出部分资金用于集体建设、每年抽取固定比例用作公益金。这不仅让家户经济发展起来，也在一定程度上激发了村集体经济活力。在其与村委力量互动方面，我们通过调查了解到其合作社办公地点在 S 镇的一个废弃粮站内，此用地是村委申请的乡镇公共性办公地点。此外，在被评为示范社的过程中，C 某也借助了在担任村支书时期所形成的社会网络，才得以获得惠农项目的好处，顺利拿到许多补贴。

随着该合作社的经济实力强大，其合作社内部也成立了党支部，吸纳了很多附近村子村干部，这更是增强了其在周边村的权威。在农村社会治理中，益民合作社借助村两委的政治权威，获得乡镇的公共用地以及当地部门的公共政策扶持。反过来，村两委也依赖合作社的公共基金来壮大集体经济实力，引导农村建设。二者的对话方式已经趋向于平等交流和协商共赢之势。事实证明，以发展经济为主导的 S 镇，在村社联动治理中，合作社与村两委之间已经从经济优势和政治资源中寻找到其利益博弈的共识点，二者在互相支持中也能够各自找准定位，形成明确的功能划分，从而实现了经济与社会的良好发展。前文的调查结果中也显示出合作社在农村社会发展中活力十足，对庭院经济与村集体积极影响达致五成以上。

三、超越传统村治，注入新活力

随着现代性因素的逐日渗透，农村社会治理主体的认定不再囿于基层政权权威的判定、传统宗族派系、士绅力量的划分标准，而是变得更加自主。农村环境的复杂多变演绎出农民的多元利益诉求，农民合作社在参与农村资源整合、农村结构调整的进程中，与村两委、传统宗族力量、村庄精英等多种元素相互作用，顺其自然地便参与至农村社会治理中来，成为治理农村社会的一份子。随着合作社功能发挥的不断扩大，其社内成员身份与村内村民身份多有交叉，无形之中村民矛盾的化解与社员纠纷的处理便勾连在一起。调研问卷的结果显示，社员在遇到矛盾或困难时，会积极主动寻求同社社员或者合作社领导人员的支持与帮助，尤其是发展良好的示范社，这一调查结果更为明显。在合作社与村委组织共同处理一桩纠纷时，不同的问责方式、不同的立场很容易就会带来两种处理结果，甚至多主体之间的差异会带来处理的无效，最终导致自治权威不断弱化。因此，权利边界的模糊、多主体分工的不明确，均会使得原有的治理环境变得更加复杂。众所周知，生态系统中物种的多样性会增强系统的自我调节能力，易于回复至稳态。同样的，农村社会治理系统也是一个具备自我协调能力的体系，治理主体的复杂多样，均会使得农村社会生态平衡在不断调整中达至更合理的结构和更高效的功能。同时，治理主体的增加给村民带来更多的自主选择权，不至于局限在单一主体的指挥下，无形中扩展了治理公共性和透明性的内在涵义。易言之，在合作社与村两委、村干部等多重力量的博弈中，农村社会也在多元中满足了多样化需求，逐步达成经济和社会共同发展的美好愿景，开启了重塑乡土社会整合模式的契机。村社联动治理机制中，参与的农民享受的公共物品和公共服务是难以用数据直接衡量的。其中，公共物品的改善除了生活条件和生产方式方面，还带来了共享资源的喜悦感与归属感；公共服务更是如此，除了提供便捷与方便之外，还在潜移默化中使得农民参与集体事务能力得以提升，以及与周围村民公共交流的机会增多，促进农民的全面发展。

　　农村社会的特殊性不仅在于其农业产业的特殊性，更多的是在正式规则与非正式规则之间的较量，农村社会治理的基础在不断随着文化、社会网络、资本等改变。我们经常见到，在一些封闭性较强的村子里，邻里互助、乡风淳朴，但却没有人知道法规为何物。或许，这也是农村社会之所以成为人文社科领域研究的重点对象的原因所在。村两委与合作社组织可以说在名义上均是一种正式组织，前者是乡镇一级的延伸，后者在工商部门有登记备案。但是植根于农村社会这一特殊磁场内，村内成员和合作社社员均易于形成非正式组织团体，两个组织的关系变得愈加错综复杂。在正式与非正式之间的较量中，村两委与合作社实则更具非正式组织色彩，只有在对上级乡镇或是外资项目等时才会更多地表现出正式组织性质。而且，在更多的情况下，它们更多地是以一种非正式组织存在于乡土社会中。因此，此种正式与非正式的行为交织也构成了二者联动治理结构的一个关键基础。但是在二者联动的过程中，根据不同情况的特点，村级组织的相处规则就不可避免地要做到应运而生、随时而变。甚至有的地方为了更好地界定村级治理的正式组织，稳固村两委权威地位，对合作社组织进行更为具体正式的规定，将其纳入村委组织进行农村治理的一个下属性组织，以分党支部的形式来对其实现管理，以便更好地进行农村社会治理。事实上，这一治理行动的创新，可以说不仅是对组织交叉难题的具体化解，更是对农村社会治理体系的优化，是农民对客观问题的能动反映，更是劳动群众创新精神的体现，超越了传统村治，使得农村社会治理秩序具体化，具备强有力的可操作性。

案例七：甘肃省 D 市 L 县 Y 镇 J 村位于 L 县城南部，距离县城中心约 40 公里，由于其地理位置偏僻，交通不便，直到前两年村内才通上硬化道路。其村党支部书记 W 某在担任本村支书前，本是 Y 镇政府临时聘任的一名乡镇工作人员，具备很好的公文写作能力与社会交际能力。在乡镇政府工作的十几年里，其积累了大量的人脉资源，W 结交了许多社会各行业的成功人士，具备很强的管理思维与创业意识。在 W 带领下，J 村以村两委名义组建了主营西红柿、豆角、茄子等蔬菜的金龙合作社，随后在金龙合作社的发展带动下，J 村又出现了以食用菌、辣椒、马铃薯为主的三家合作社。他们的种植种类均不相同，客户也有所不同，如今，随着合作社与龙头企业的合力发展，J 村已经发展为现代农业示范区。其中，此农业示范区包括周边 4 镇 13 村，涉及人口约 3.5 万人，规划总面积 180 平方公里，拥有耕地面积 10 万亩。已完成投资 8 亿元，建成日光温室 260 座，网棚 50 座，钢架塑料大棚 117 座，各类标准化养殖场 90 个，草产品加工配送中心 2 家。

在致力于调整农业产业结构的过程中，L 县现代农业示范区以合作社为依托，在以党员为领头雁的发展理念指导下，安排周边百余户农民就业，带动效果十分显著。由于其园区内农活并不算繁重，大多是留守老人与妇女来工作，所以实现了外出务工人员与家庭留守人员工作的两不误，一定程度上增加了农户的收入。2016 年夏季甘肃省处于大旱时节，普通农户种植的玉米都面临着绝收的困境，所以，Y 镇的合作社与村委联动治理的形式，更是使得当地农户有了生活保障，而不至于在靠天吃饭的困境中走投无路。在合作社与村内党支部的问题处理中，W 作为 J 村的村支书，随着合作社的发展壮大，其根据村内矛盾处理纠纷的经验总结，向乡镇申请建立了 J 村总党支部来管理合作社党支部与村党支部，将合作社与村民之间的矛盾进行内部化管理，统一了村内问题解决的标准，使得村内组织治理之道变得具体化。在对 W 的深度访谈中，我们看到他书桌上摆放着很多关于甘肃农业、管理思维、如何学好管理、营销学方面的书籍，可以看出其虽已经是50 岁的中年人，但仍追求新知识来为自己充电，致力于以合作社助推精准扶贫的工作，争取让贫困户感受到农业产业的发展潜力。他说，希望农民都能变成产业工人，做一个新型职业农民、有头脑的农民，而不是一个只会种自家三分地的传统农民。

　　通过对西北地区多省份调查总结，本章对合作社与初级治理组织力量之间的联动行为进行透彻分析，从村社关系内涵及类型到村社联动治理的生发条件，再到村社联动治理机制的形成，可以说，合作社在农村社会治理的发展也是步步深入。伴随着多中心治理格局的形成，农村社会的"善治"追求多组织之间的联动治理，需要合作治理理念的注入，以获得治理效能最大化。这也意味着村民自治意蕴有了变化，意味着一种新的组织创新方式，意味着自主有序的治理已经不同于以前村两委、村干部主导下的单一权威治理。在农村发展中，各社会主体都有自己的利益要求，在进行利益协调中会充分利用各自的资源优势，来吸引对方帮助自己发展。如果农村社会组织系统内部的各个子系统之间互不协调、彼此不联合，就难以发挥出组织应有的功能，只会导致系统内耗增加，使得整个农村社会陷入一种相互争夺、紊乱无序的恶性状态。不过，农民合作社与村级治理组织联动治理机制的运作能否实现良好效果，不但取决于两个组织的自身情况，还会受到整个农村经济社会客观基础的制约。面对西北农村社会的大背景，结合地区差距，我们通过对相关各类案例的系统总结，进而构建出这一具有普适性的联动治理机制，以找寻出可指导当地实践的一般规律。质言之，理解西北地区的农村社会治理、解决现有难题，实际上就是把握其地域复杂性的过程，然后在发展阶段和发展空间的差异中，将一般性与差异性综合起来，以便将研究成果转化为实践效果。

参 考 文 献

[1] 刘林青，梅诗晔. 管理学中的关系研究: 基于 SSCI 数据库的文献综述[J]. 管理学报，2016(4): 613-614.

[2] 姚俊. "东西方差异"抑或"元概念"争执——关系概念再思考[J]. 学海，2007(2): 137-141.

[3] Y J BIAN. Bring strong ties back in:indirect ties, network bridges, and job searches in China[J]. American Sociological Review, 1997, 62(3): 366-385.

[4] 翟学伟. 社会流动与关系信任——也论关系强度与农民工的求职策略[J]. 社会学研究，2003(1): 1-11.

[5] 李继宏. 强弱之外——关系概念的再思考[J]. 社会学研究，2003(3): 42-50.

[6] 邵兵家. 组织间关系形成的动因分析[J]. 中国科技论坛，2005(2): 1-5.

[7] 费孝通. 乡土中国[M]. 上海: 上海人民出版社，2007: 9.

[8] 马迎贤. 组织间关系: 资源依赖视角的研究综述[J]. 管理评论，2005(2): 55-62.

[9] 马克思，恩格斯. 马克思恩格斯选集(第 3 卷)[M]. 北京: 人民出版社，1995: 226.

[10] 周雪光. 组织社会学十讲[M]. 北京: 社会科学文献出版社，2003: 80.

[11] 吴毅. 村治中的政治人——一个村庄村民公共参与和公共意识的分析[J]. 战略与管理，1998(1): 96-102.

[12] 尹广文, 崔月琴. 能人效应与关系动员: 农民专业合作组织的生成机制和运作逻辑[J]. 南京农业大学学报(社会科学版), 2016(2): 36-43, 153.

[13] 王进, 赵秋情. 合作社嵌入乡村社会治理的模式及其动力研究[J]. 理论导刊, 2016(6): 63-66.

[14] 徐勇. 历史延续下的中国道路[J]. 武汉大学学报(人文科学版), 2016(4): 5-8.

[15] 吴毅. 村治变迁中的权威与秩序: 20 世纪川东双村的表达[M]. 北京: 中国社会科学出版社, 2002: 4.

[16] 马克思, 恩格斯. 马克思恩格斯选集(第 1 卷)[M]. 北京: 人民出版社, 2012: 199.

[17] 张静. 燕京社会学派因何独特? [J]. 社会学研究, 2017(1): 24-30.

[18] 郎友兴. 村落共同体: 农民道义与中国乡村协商民主[J]. 浙江社会科学, 2016(9): 20-25, 156.

[19] 亚当·斯密. 国富论(下)[M]. 南京: 译林出版社, 2014: 24.

第八章 村社联动治理机制运行的保障体系构建

构建村社联动治理保障体系的关键点在于落实治理主体，明确各个组织(政府、合作社组织、行业其他组织、市场等)之间的责任，落实治理主体的主导地位、合作社组织的主体地位、政府在乡村社会治理中的监管地位、其他社会组织的协同治理地位，构建一个包含组织、技术、制度、人才、资金的"五位一体"治理体系，确保村社联动治理模式的治理成效。

第一节 组 织 保 障

一、保障内容及对象

村社联动治理机制以农户的根本利益为最根本落脚点和出发点，故此想要发挥联动治理机制的治理成效，就必须坚持人民利益。而村社治理模式是一种整合多种治理手段和治理策略的综合多元主体治理模式，所以在治理的具体运行和操作中涉及乡村社会事务的方方面面，同时还要顾及不同治理主体由于其职能定位差异所采取的不同治理手段。村社联动治理是以"经济功能+管理功能"为主要治理目标来将合作社组织和村两委组织进行充分合理的结合，形成"村两委+合作社+农户"的模式，治理农村公共事务和发展经济。

从宏观角度来看，乡村社会治理的终极目标就是实现乡村社会经济发展、社会和谐、人民安居乐业的最终目标，以此来推动社会主义新农村建设。这一点我们在对乡村治理绩效的评价中难以界定，但这点通常可以由治理绩效微观层面的量化表现出来，对此，我们主要对乡村社会治理成效进行微观量化研究。从微观层面来看，乡村社会治理成效主要反映在经济、政治和社会变化这三个大方面，而这三个方面要具体实现就离不开组织的职能表现。从经济发展状况来看，村社联动治理需要在乡村集体资源的分配、合作社组织资产投入、人均可支配收入、物质可支配收入、物质消费支出等不同的方面来进行优化和发展，而上述指标的具体情况能够反映乡村治理中经济发展的具体状况，因为村社联动治理的经济发展状况是乡村治理的重要内容，也是乡村社会治理的基础，同时，合作社组织嵌入乡村社会治理的主要原因也是基于合作社自身的经济地位和市场影响力。从政治发展状况来看，分析村社联动治理绩效的评价内容，就可发现民主选举、村两委组织人员构成、公民参与和知情权等都属于村社联动治理需要保障和优化的对象，因为村民对乡村社会中各项社会事务的知情权、决策权以及对村两委组织的干部满意程度都关系着村社联动治理的治理成效。从社会发展状况来看，村社联动治理在乡村公共服务建设方面也需要有所建树，包括乡村公共事业的繁荣发展、社会秩序的维护、社会保障和公共产品供给机制上的完善、社会内部的矛盾解决等，这是村社联动治理机制需要达到的治理绩效目标，同时也是村社联动治理保障机制的保障对象[1]。

而对于村社联动治理模式来说，将合作社嵌入乡村社会治理是治理现代化发展的关键要素，从村社联动治理主体构成要素来看，保障村社联动治理的治理成效，就应该对合作社组织、农户及村两委组织之间的互动和融合关系进行优化，合作社和村两委组织在各自的职能定位上对乡村社会治理成效的产生都有着重要的推动作用，但在村社联动治理中，如何将二者有机结合起来以减少组织在处理乡村事务和执行政策的摩擦和矛盾，也是我们建立村社联动治理保障机制的关键所在。

二、保障措施

从上述对于村社联动治理保障起因的分析来看，我们可以发现在村社联动治理中，最能影响治理成效的还是治理组织。治理组织在村社联动治理保障体系中，如何在组织保障层面进行村社组织共同体的组织结构、任务分工、管理职能分工、工作流程组织及组织管理人员等不同方面设定保障措施来保证村社联动治理的成效。而村社联动治理模式从其本质上来看，是一个复杂的、系统的社会治理过程，在实际治理的运行过程中，村社联动治理模式需要基层政府、合作社组织、农民三者之间的鼎力合作，在村社联动治理的过程中，整合合作社组织立足农村农业发展的专业化知识、基层政府行政手段约束和政策执行的能力以及农民群众的有效参与力量，来推动各个治理组织之间、各种社会力量之间的良性互动，从而推动基层社会治理能力现代化发展。

加强对村社联动治理的组织保障体系建设，是确保村社联动治理制度化、规范化发展的关键，同时也是确保村社联动治理成效的重要手段。对此，为保障治理成效，我们在考虑不同社会力量和不同治理组织自身职能定位的基础上，对村社联动治理的组织保障层面实行以下措施：第一，从治理组织的组织结构优化的角度来看，应该进行组织领导再强化，对于村社联动组织，在分析不同治理组织结构的基础上，结合西北地区乡村治理的治理目标，成立与村社联动组织相对应的村社治理工作领导小组，分别由治理组织根据其本身的组织结构和组织定位，在村社联动治理中分管不同的社会事务部门，同时设置相应的监督机构对村社领导工作小组进行监督，在结构上保证合作社组织和基层政府作为联动治理领导小组的不同分支的完整性和功能性；第二，在经济发展领域，多依赖合作社组织的经济管理功能，而在政治和公共事务建设方面，可以依靠基层政府组织的行政权威，同时，在某些问题的解决上，坚持二者融合合作的基本原则，经济和政治职能并用。故此在村社联动治理中，由于两委组织在联动治理机制中，需要发挥其村级党组织的领导核心作用，通过对其各组织职能进行界定和明确，理顺各个组织之间的关系，对支委与村委以及其他组织部门之间的关系，转变村两委组织从原来村级事务的直接管理者到新型治理机制中聚民心的主心骨的协同管理者，而农民合作社组织的自身资源主要包括物质资源、人力资源及社会资源，物质资源为合作社组织的农业生产和经营活动上提供各项物质支撑，同时通过物质资源(自然资源)的实际情况来调整农业生产战略，以保证合作社组织的经济作用，最后通过二者职能和作用的有机整合，来达到村社联动治理的目的。第三，从村社联动治理的工作流程组织的角度来看，优化村社联动组织的工作流程。由于村社治理中的治理组织在各自的职能范围之内都有自己的工作流程，进行联动之后，初期由于彼此之间职能和定位上的特性，难以对社会事务进行公共治理，对此，在村社联动组织坚持提升农民利益和推动乡村社会经济发展的大的共同目标的影响下，对治理组织的业务流程进行重整，在对他们固有的工作流程进行分析的基础上，结合当前的治理目标重新设计业务流程，以便对于村社联动治理绩效可以进行衡量，而工作流程的优化，不论是对不同治理组织之间流程的整合还是改进，如常见的减少工作环节、改变工作顺序等手段，都是要基于围绕最终的优化对象要达到的目标进行，故此，在流程优化的过程中，考虑到村社联动治理最终的目标取向。第四，从治理组织内部项目管理班子人员的配置问题来看，进行人员优化再配置。合作社组织和基层政府组织在对其内部人员进行管理的基础上，在进行组织联动之后，人员需要进行重新的再配置，根据村社联动治理的最终目标和任务需求正确选择、合理适用、科学考评和培训人才，在村社治理当中，以合适的人员去完成村社治理规定的各项任务，促进组织结构功能的有效发挥，也促进了个人才能的充分发挥。同时，在人员配置方面，由于治理组织之间的根本属性的差异，在联动初期，建立适当的监督机制，可以采用互相监督的方式来保证村社组织人员的有效工作。

第二节　村社联动治理机制运行的保障体系组成

一、资金保障：村社联动治理的经济基础

资金作为社会资本的物质投入手段，在乡村社会村社联动治理中为社会发展

和社会要素的优化提供物资支撑，是乡村社会经济发展的本钱和发展国民经济的物质手段。我们在讨论村社联动治理模式时，可能会产生的资金来源主要由以下几种形式来表现，为乡村社会经济发展提供资本手段，而对这些资金投入渠道和使用进行监管是保障资金在乡村治理过程中发挥成效的重要手段。

(一)资金来源

第一种是财政投入。村社联动治理过程中，基层乡镇政府为农村社会发展提供专项资金支撑，对此，为保障治理成效，首先对于政府资金的管理就必须严格对待，在乡村事务的处理中规范财政资金专项管理，提高财政资金的使用效益，保证农村社会治理中的各项资金及时足额地落实到乡村社会治理的各个层面，对未列入乡镇财政预算的专项资金，也要进行监督检查和跟踪问效与问责机制；第二，加强对专项资金管理遵循政策公开、计算依据公开、补贴标准公开等原则，确保政府财政性资金发放政策公开、透明以及农民群众的知情权，保证补助资金及时、安全、敏捷地发放到位；第三，基层乡镇政府在乡村社会治理中项目的管理，对涉及相关项目的申报的真实性和可行性进行实地查看，并对财政管理部门和相关业务进行报告和管理，夯实项目资金管理工作基础。

第二种是合作社资金的投入，合作社资金的来源渠道主要有以下几个方面：第一，地方基层政府的财政专项资金扶持，对此类资金应该进行严格的监管措施，同时保证资金使用情况的清晰；第二，来自于地方金融机构对于合作社发展所提供的金融贷款业务要保证贷款渠道的合法性以及资金的合理利用，这是加强乡村社会治理的手段之一；第三，合作社组织内部成员的资金筹集，为满足成员生产和生活资金需求，但不得对外吸收储蓄和放贷，合作社组织保证资金的使用、流入及与市场的合作交流是保障村社联动治理的重要推动要素之一。

第三种是外来资金的投入使用，治理指的是村社联动治理中涉及的其他资金，例如乡镇自筹资金、农民集资、市场资金流入等手段，对于此类资金通常没有一个正式的机构或组织去直接管理，也没有对此类资金进行社会监督，这就导致在乡村社会治理的过程中建设资金匮乏，同时由于监管力度有限，导致侵吞民生资金、蚕食农民利益的现象发生，对此，为保障村社联动治理的成效，对这部分资金应该进行有力的监管，来保证专款专用，同时，也可以将资金找专人进行投资管理，来扩展乡村社会发展资金的投资渠道和未来增益。

(二)资金保障措施

对于西北农村地区合作社与村两委合作治理农村这一联动模式而言，需要政府、社会和其他非政府组织大量的资金投入与人财物的支持，这是构成联动治理的基础，在上面我们已经分析了三种不同的资金流入途径，对此，对各项资金实施管理是保障资金合理使用、流入、流出等的必要措施。

从基层政府的角度来看，保证基层各项财政资金的合理运行是扩大基层政府财政权力的条件之一。基层政府资金来源主要有两个方面，包括自有收入和外来收入，自有收入指的是政府的税收、收费和其他收入，外来收入指的是上级政府的转移支付和借款。基层政府为保证其资金的合理使用，需要做到：第一，要扩大基层财政必要的财权，基层财政部门拥有一定的税收自主权，通过选择特定税种和税率来提高地方可支配财力，缓解基层财政运行的压力，在营改增以后，地方税源重新划分将非常重要。同时还要构建为基层财政提供保障的财政转移支付制度，因为规范、明晰的财政转移支付体系是中央政府调节各地区经济平衡发展的有效手段，因此，对于基层政府来说，在合理界定基层政府职能的基础上，建立直接保障基层财政的转移支付制度是保障地方财政平衡发展的重要措施；第二，要做到合理划分基层政府的财权和事权，构建为基层财政提供保障的公共支出基本框架，合理的公共财政支出框架对于基层政府满足公众需要、提高整体社会福利水平等来说是必需条件；第三，需要健全地方人民代表大会对于基层财政的监督，来确保基层财政支出的适当性，要建立民主理财的财政机制，让基层政府甚至群众通过民主的方式来决定政府公共品的提供，以确保基层财政的支出都是与人民群众的需求对口，同时还要强化基层财政对预算支出的监督管理，基层政府组织在资金使用的监督管理方面，财政部门应当建立健全基层财政、财务监督等来确保基层财政支出的规范化、制度化，防止基层财政腐败现象的发生。

对于合作社资金来说，当前农民合作社的资金来源主要是农村各金融体系下的金融机构，包括信用社、小额贷款公司等。尽管合作社组织在发展初期大多为合作社成员提供技术指导、信息咨询等一些投资风险小的项目，并不会产生大的资金往来，但随着合作社组织的发展逐渐步入正轨，合作社组织的职能范围也有所扩大，包括种植、养殖、生产、加工、销售等一系列过程，合作社组织的资金需求也随之增大并产生更大需求的资金流动往来。

二、制度保障：村社联动治理的行动准则

实践证明，如果没有强有力的政策、措施、制度和机制等手段的支撑，村社联动治理这一新型治理理念就很难在实际工作中得到落实和发展，为了保证村社联动治理的落实不落空，完善相关措施和制度就成为重中之重。同时，制度和政策作为权威化的政治体系，从制度或法律上对村社联动治理运行进行约束和优化更能保证治理的最终成效和良好有序的运行。

(一)制度来源

农村基层政府制度来源基于两个方面：正式制度和非正式制度。正式制度又称为外在制度。指的是一些具有明文规定且某种程度上具有行政强制性的一些规定，通常由国家权力机关或某种组织颁布，是一些在社会中由于人们长期交往所形成的一些认可的、恪守的社会风俗、行为准则、道德伦理等。对于西北地区村社联动治理来说，其制度来源同样基于这两个层面，农村社会正式制度的最显著表现方式是村民自治制度，是当前农村社会最基本的治理制度。而对于村社联动治理来说，合作社组织的正式制度基于农民合作社组织制度、合作社管理制度、合作社社员监督制度、合作社财务管理制度等，而其非正式制度更是表现出复杂多样的形式，农村社会本就是关系复杂的人情社会，西北地区和其他地区一样，农村社会大多基于宗族和血缘关系而建立，对此，其非正式制度可以表现为宗族内部的制度、道德伦理制度、社会风俗等不同方面。

(二)制度保障措施

加强对村社联动治理模式的制度保障作用，就要求在村社联动治理中做到以下几个方面：第一，从制度的顶层设计层面出发，村社联动治理涉及政府、合作社、村两委等多个合作的组织或部门，由于各部门之间沟通方式或利益难以协调，就导致联动治理达不到预期的效果，甚至会出现本应共同监管实际却无人监管的局面，故此，在现有体制下，在当前村社联动治理相关的法律法规还不是十分健全，联动治理部门共同监管机制还不完善的前提下，从顶层管理来看，从各部门各自选取代表不同利益阶层的主要领导者组成领导小组共同执行相关事务，这可能是目前实施村社联动治理最有效的保障措施；第二，从制度体系的实际操作层面来看，根据村社联动治理中不同组织机构职能、性质、工作范围等情况的差异性，在实际操作中制定详细、切实可行的实施方案，把目标和任务量化到每一个具体的单位，确立责任人，建立严格的任务考核制度和责任追究制度，用制度来管人管事，此外，通过选取不同治理主体中的人员建立村社联动治理的会议联席机制，多下乡深入基层听取基层治理人员的工作汇报和农民群众的利益诉求和工作建议，决策型领导多下基层实地调研，方能保证村社联动治理工作顺利有序地进行。

村社联动治理模式中，对于乡村社会实施制度化的管理，要做到以下几点：第一，完善村社联动治理机制，要严格遵守乡村民主秩序，扩大直接选举范围，加强基层民主建设，要让农民群众在乡村社会选举中积极行使选举权和被选举权，同时通过人民群众的社会监督来保障乡村选举的公开透明，除此之外，充分发挥农民组织的作用，扩大群众的政治参与。第二，要保障在村社联动治理中乡村治理主体的法治化,这里的乡村治理主体不仅仅包括村级自治组织和乡级基层政府,同时还包括合作社组织等社会组织的法治化建设,让乡村治理主体在法治层面充分享受法定权利和行使权力,要细化农民群众的政治权利,用法律规定农民的政治权力并细化来明确具体地保证农民的政治参与行为,还要强化乡级政府的法治化运转,以法律保障基层政府的地位和权力,以法律引导和规范基层政府的运转。

　　上述的制度保障侧重于基层政府的法治化建设,而对于农民合作社组织来说,加强其制度建设需要做到:第一,要完善社员权的取得与丧失制度,首先要拓展对农民成员身份认定的范围,确保农民在村社联动治理中成为主要受益对象,通过《农民专业合作社法》为处于弱势地位的农民提供组织依靠和制度保障,其次增加社员权转让、继承等的相关规定,对于农民合作社的成员出社、退社等情况以法律制度进行管理约束;第二,要完善社员出资制度,对于农民合作社组织来说,由于其享有的财政支撑等是有限的,所以成员出资是合作社财产积累的重要手段之一,对此,要在合作社实施乡村治理的过程中保证社员出资的形式法定化、要求法定化;第三,要增设社员权利救济制度,以权利救济制度确保社员在其实体权利受到内部冲突无法实现时而享有的法定权利;第四,要调整合作社组织的盈余分配制度,规定在盈余分配范围内统筹兼顾社员利益及各项社会权益;第五,要完善政府扶持制度,不但要完善各级政府及其行政区域范围内的扶持和指导等,还要完善财政、金融、税收等与农民合作社和农村社会发展相配套的法律制度;第六,要完善合作社内部审计监督制度,给农民合作社组织提供审计服务[2]。

三、人才保障:村社联动治理的驱动力

　　在前面我们讨论了制度保障机制对于乡村社会治理的推动作用,而人才保障机制和制度保障机制同样重要,在乡村社会治理中,不论是富人治村、能人治村等治理方式,还是村社联动治理,人才在治理中均通过发挥治理主体的主观能动性来为乡村社会治理提供动力。而在目前乡村治理现代化的大背景下,发展农业现代化的核心动力源于乡村科技人才,构建乡村社会治理的人才保障机制,有利于推动地方经济的持续健康发展,同时,新型农业科技人才是农业社会进步的主导力量。

　　(一)人才来源

　　我们研究村社联动治理机制,就会发现当前农村社会治理中人才流失的问题极为严重,大量人口外流给乡村社会治理带来不利影响。农村人口的大量外流导致流出地农业劳动人口减少,严重影响流出地农业的正常生产,由于流出人口大

多为青壮年,导致留守人口结构不利于农业生产的发展;人口的流出,尤其是素质较高的中青年农民进城务工,使得农村基层组织出现断层和缺额现象,"村两委"组织形同虚设,基层组织中人员结构不合理,最终导致村两委组织治理功能逐渐消失,同时,也会导致外出人员的部分政治权利流失,如选举权和被选举权;乡村社会人才的大量外流导致乡村人口架构发生大量转变并产生一系列问题,如留守儿童问题和空巢老人问题,同时导致乡村社会计划生育政策执行难度的加大[3]。

而对于农村人才培养和引进来说,对于农村基层人才的人力资源管理是尤为重要的。农村基层政府的人员来源主要基于村民选举产生,目前,对于村社联动治理模式来说,农村社会人员的基本来源主要基于以下几个方面:第一,基层政府人员通过考核、选举等产生;第二,通过政府和企业建立相应的人才培养平台,打造专业人才培养基地,通过请专家教授等来为村民进行专业培训以增强人民的知识素养和专业技能;第三,除内部培养人才之外,政府还可以通过加强对重点产业扶持,鼓励合作社组织培养和吸收专业人才;第四,还可以通过外部引进,从国外直接引进和建立留学人员创业基地等吸收和引进人才。

(二)人才保障措施

对此,要解决以上问题来促进乡村社会发展和治理模式的运行,构建人才保障机制就成为乡村社会发展的必然趋势,具体主要表现为以下几个方面:第一,合理引导农村人才回流,政府通过政策扶持结合乡村发展优势,用优越的条件和收入吸引外出人员回乡自主创业,合理利用乡村社会资源,同时,鼓励能人和社会精英参与社会治理,依靠他们强大的关系网,凭借他们自身的资源来引导和带领村民共同前进;第二,对人才采用综合培养模式,满足经济社会发展的不同需求,不但要提升中高层农业人才的技术创新水平,同时还要加强基层农技推广人员的技术应用能力,打造多层次的农业科技人才队伍;第三,采用高端人才引进机制和人才激励机制,外来优秀农业人才的引进不但促进了地区间农业技术的交流,更是对高层次科技人才的培养,内部激励机制的使用可以提升人才的积极性,通过激励机制满足农业科技人才的需求来提升其对当地农业产业发展的忠诚度[4]。

农民合作社组织想要在村社联动治理的过程中发挥其治理主体的作用,对于内部人才建设是非常关键的。对于合作社人才队伍建设,需要把握以下几点:第一,要健全合作社人才开发管理机制,不但要构建有效的人才培养机制,构建农民合作社人才教育体系和培训体系,同时还要完善高素质的人才引进机制,不断激励优秀人才返乡,同时大力引进管理技术型,尤其是农技型人才和经济能人等参与到合作社发展的过程中,对人才市场进行完善。除此之外,还要建立优秀的人才激励机制，从政治激励、精神激励、物质激励等不同的层面来构建人才机制，以便实现对人力资源的合理利用；第二，要完善合作社人才建设的保障机制，从资金、政策、法律监督等方面来实施对合作社内部人员的监督和制约；第三，要营造良好的舆论氛围，积极利用社会各项媒体资源，在合作社及社会中传达正确的人才培育观念，从而推动农村社会人力资源的发展及社会经济发展[5]。

四、技术保障：村社联动治理的保障工具

技术保障机制的主要来源是互联网时代智慧型治理的必然要素之一，借助现代智能技术的支持变革治理主体之间的关系和创新农业治理方式，其技术保障措施表现为以下几点：第一，从农业生产体系看，构建现代农业生产体系，就是要用现代物质装备武装农业，用现代科学技术服务农业，用现代生产方式改造农业，转变农业要素投入方式，推进农业发展从拼资源、拼消耗转到依靠科技创新和提高劳动者素质上来，在农业资源利用率、土地产出率和劳动生产率上增强农业综合生产能力和抗风险能力，从根本上改变农业发展依靠人力畜力、靠天吃饭的局面；第二，从农业生产经营体系来看，村社联动治理采用"互联网+"平台的模式，推进传统农业向现代化农业转型升级的局面，在乡村治理中，采用互联网信息技术打造农村电商平台、农产品安全追溯平台、农业技术云平台来作为产销一体化的互联网网络平台，共同着力打造产销对接、产品安全、信息支撑的现代农业升级版，同时随着这种O2O的新型产销模式的推出，农业经营体系就由过去的产销脱节转向无缝对接，电商平台销售模式代替传统销售模式，同时采用二维码编码技术来追溯农产品的基本信息、产地环境、生产记录、质量检测、物流记录等信息，来保证农业经营体系现代化；第三，从农业生产服务体系来看，农业社会化服务体系在农业生产发展中的重要性是非常明显的，农业社会化服务体系的主要任务是把农业科技成果转化为生产力，在物化劳动中进行再处理、再创造、再增值，农业服务体系作为技术开发领域的操作内容，不仅仅是对农产品的引进，以及实验和示范新的农业技术和农具，而是把农业科技成果和农业生产紧密地结合起来普及和推广，做好产前、产中和产后一系列的配套服务，通过大力推广农业新技术来实现农业现代化[6]；第四，除在农业生产的过程中引入信息技术手段来作为技术支撑，在村社联动治理运行的各个阶段都以信息技术为支撑，治理过程的网络化、透明化以及对治理过程的监督都需要信息技术作为辅助手段，这样才能更好地保证乡村社会治理。

上面我们从组织、资金、政策、人才、技术五个不同方面分别构建保障机制和运行机制的优化，来保证乡村社会治理的良序运行和长效发展，形成"五位一体"的联动保障机制。

第三节　构建"五位一体"保障体系

村社联动治理保障体系主要是从组织、资金、制度机制构建、人力资源管理以及技术或信息平台这五个方面来讲的。第一，组织保障以一个整体的系统向着同一个目标奋进，在合作社治理模式中法定组织机构及非法定组织机构在运行机制和约束机制的双重约束下，发挥组织的生产和运行作用；村社联动治理通过其必要的组织保障措施，可以充分发挥村两委组织和合作社组织的保障作用和领导作用，可以充分发挥村社组织在乡村治理中社会事务处理、人才开发、社会经济发展等方面的主导力量，同时依靠村社联动治理的组织保障体系，才使得村社联动治理能够更好地发挥成效，因为一个健全的和强有力的组织机构和组织保障是村社联动治理的重要保障；第二，资金作为经济社会发展的基础要素，任何组织或模式的生存和发展都离不开强有力的物质保障，经济硬实力加速经济市场化改革并协调其与其他组织之间的相互关系，推动"市场+政府"之间乡村社会治理的步伐。众所周知，资金是组织运转和村社联动治理机制中各个治理组织的龙头管理，因为财务管理和资金管理是组织运行的基础，资金保障措施对于一个组织形式的团体来说，其重要性不言而喻。故此，村社联动治理的资金保障体系可以有效地保证治理组织的合理运营和生存，同时，对于村社联动治理的组织管理制度是一种完善，以此来保证村社治理的长效运行；第三，制度保障，健全的制度在治理模式中表现为科学决策、规范运行、强化监督、严格纠错等措施，村社联动治理的制度保障措施可以保证在治理过程中，对村社联动中的治理主体、治理工具等发挥其约束功能、激励功能、信息功能及制度的经济功能，村社联动治理的制度保障措施通过其约束功能可以降低村社联动过程中的不确定性，遏制机会主义，从而保障村社联动治理的运行秩序，同时，制度保障通过其激励功能来对不同组织中人们的行为选择形成激励，而信息功能可以更好地通过管理和制度本身为村社联动治理中的经济治理主体提供大量的有效信息，而最后回归到村社联动治理制度保障的经济功能，通过有效的制度保障和约束，可以有效地降低成本，提高合作收益，促进合作，优化组织间的合作等；第四，人才保障，人才往往是衡量地域综合实力的重要指标，人才作为关键的智力资源，发挥其主观能动性，正因人才是村社联动治理中发挥主观能动作用的关键因素，因此对于人才的绩效薪酬、职业生涯、合理管理等都是村社联动治理中人才保障管理需要注意的问题，因为对于村社联动治理来说，人才保障的发挥是村社联动治理生产力发展的必然结果；第五，技术保障，国务院发展纲要提出开放数据共享，推动资源整合，提升治理能力。技术变革作为政府治理变革的最深刻动因，政府转型时期的治理变革和大数据智能化政府管理为乡村治理模式长效发展提供技术保障。"互联网+政府"通过大数据和智能化打造智能服务型政府来创新政府管理模式是推动治理现代化的影响因素之一。大数据和互联网通过改变政府体制来对政府的结构、职能等提供技术支撑。在村社联动治理技术保障中引入大数据和互联网等技术工具，不但可以保证村社联动治理中治理组织之间信息的有效沟通、快速传达，同时，通过信息技术在农村治理中农业生产、供销等方面的有效利用，可以提升农业生产效率，从而更好地构建农业产销一体化平台，以此来推动农村经济社会发展。

除上述五种要素之外，保障体系内部还包括不同的保障机制，例如激励机制、收入机制、人员培养机制等，对保障体系的整体运行都有着重要的推动作用。而这"五位一体"治理机制想要发挥作用，可以从以下几点来履行职责。

一、以政策促保障

对于村社治理保障体系，我们从前文对其在村社联动治理过程中所做的贡献已经有了清晰的认识，包括治理结构的稳定、治理作用的长效、绩效水平的发挥等，但为保障其作用的发挥，从政府政策角度来看，对于保障体系进行一个系统化的要求更能促进村社联动治理。对此，从政策来看，第一，要求村社联动治理保障体系保持活力，继续对村社联动治理模式的良好运行提供力量所在；第二，应用好的政策，营造良好的保障体系运行机制，在保障体系的发挥中，运用好的政策吸引人、机制留住人，瞄准培养对象、制定培养计划、发挥治理保障的作用；第三，要发挥技术引领作用，再用互联网技术在治理的过程中，以技术来优化保障体系的实施；第四，承担社会责任，发挥组织、资金、人才、政策、技术的作用[7]。

二、以人员促保障

对于村社联动治理体系的良好运转，必须以配备人员构建良好的综合治理队伍来促进保障运转机制。对此，以选配保障领导班子、配齐人员、提高能力素质作为保障体系运转的重中之重，建立和完善保障体系运转机制，确保保障体系有序健康的运转。在实际工作中，对于人员的建设需要做到以下几点：第一，要积极拓宽治理保障人员的选任渠道，采取多种渠道选好、配强治理人员，真正把有管理才能、年富力强、文化程度高的保障机构人员引入，以其综合素养推动保障体系的公平、透明运行；第二，要定期召开村社联动治理保障会议，学习贯彻乡村社会治理的相关政策和要求，研究解决村社联动治理过程中的重大事务，为更多人参与治理保障、进行民主监督创造条件，逐步建立健全民主监督的运转机制；

第三，要整合社会力量，开展一体化管理、网络化管理，提升工作效能，形成一体化运转机制，促进村社联动治理保障体系的健康有序的运转。

三、以机制促保障

对于村社联动治理保障体系的有序运转，以切实履行惩防机制为核心，要确保政策的畅通无阻，要切实做到保持治理相关政策的畅通无阻，深刻领会新形势下党中央对乡村社会治理各项政策的安排和总体发展要求，同时保证治理主体队伍的廉洁和透明，巩固保障体系实施的基础，同时，密切联系群众，保证村社联动治理主体发挥职能的底线。对于保障体系内部系统内发生的各项不合法、不合理的事务处理坚持定期通报制度，剖析原因，寻找制度执行和工作程序中存在的问题和保障体系管理中存在的漏洞，及时对保障体系内部提出修改完善规章制度的具体意见，实现保障体系内部业务流程化、管理规范化，同时，在保障体系内部进一步加强拓宽监督信息渠道和监督管理工作；要加强制约和监督，严格规范权力运行。以保障体系巩固和提升"村社联动治理"的治理成果，努力实现规范与效率的有机统一；最后，要加强保障职能的队伍建设，提高管理人员的履职能力。在治理保障体系内部，各管理人员积极履行职能，充分发挥保障管理人员监督检查和组织协调的作用[8]。

四、以科学促保障

用科学的运转方式来对村社联动治理的成效进行加强和巩固，主要聚焦于进一步提高办事效率、提高解决问题的质量、最大程度地发挥治理保障体系的作用，对此，在保障体系内部，要求以落实科学发展观的高度认真贯彻每一个政策，对待每一个工作，以正确的大局观念和高度的政治责任感处理每一项事务，实实在在解决村社联动治理过程中的每项事务。在村社联动治理的过程中，以科学、合理、数字化的标准体系和运作方式对乡村社会治理活动的开展进行规范和约束，对于村社联动治理的多元参与主体来说，建立科学合理的制度和规范才能确保乡村社会治理进程按照既定的发展轨道有序的发展，事实上，这种村社联动治理的科学性在具体的实施过程中表现为以下几点：第一，在村社联动治理保障体系中实现治理主体职能的转变。村社联动治理保障体系是以一个系统性的方式存在着，在村社联动治理的具体运转过程中，与外部系统和内部系统协调、有序地运转，这种科学的保障要求其处理好系统内部的关系及系统外部的协调关系；第二，对于乡村社会治理来说，基层政府等组织作为国家治理权力的具体表现，其权力的运行需要在公众的监督下运行，从科学合理的角度来看，这就保证了公民参与社会事务、表达其公民权利的科学渠道；第三，保证村社联动治理政策在治理过程中的强有力执行。要提升村社联动治理保障体系的治理能力和工作效率，需要乡村社会治理的运行轨迹和活动安排都要按照科学、高效的标准和规范来设计，通过制度的约束、加上科学合理的实施标准和手段来确保治理保障体系的灵活性、积极性和主动性[9]。

通过从以下四个方面加深对保障体系运行的分析，以立法、管理、实施、监督等一系列相互关联的活动过程来进行探究，这种方式是面向村社联动治理中的全体社会成员实施的整个过程。对于任何事物来说，其发展、变化和运行都要遵循一定的规律或原则，村社联动治理保障体系的运行也不例外，对其原则的论述从科学管理的角度来讲，保障体系的运行必须坚持整体性原则，层次性原则，稳定性原则，协调性原则及网络性、有序性原则。第一，各要素之间相辅相成、相互配合，作为村社联动治理保障体系运行这个整体的特定部分而存在，同时，这些要素也只能在村社联动治理保障体系这个整体之中才能发挥其作用，并合力确保村社联动治理作用的发挥。第二，层次性原则通过保障体系内部制度到实施、政府到民间等不同的运行层次，依据是每一层次特定的任务和运行范围。第三，稳定性原则主要是对村社联动治理保障体系要求其具有机构稳定性，只有实现对村社联动治理保障体系运行的稳定，才能更好地确保村社联动治理保障体系得到维护。第四，村社联动治理保障体系的各部分应当相互协调，村社联动治理保障体系的运行是由许多环节组成的，也是要通过相互协调共同发挥作用。

参 考 文 献

[1] 阎占定. 新型农民合作经济组织参与乡村治理的影响分析[J]. 河南师范大学学报(哲学社会科学版), 2011(3): 60-64.

[2] 周同. 社会主义新农村背景下乡村治理制度化研究——基于江苏省仪征市新城镇的调查[D]. 南京: 南京师范大学硕士学位论文, 2013.

[3] 万建. 我国专业农民合作社法律制度完善研究[D]. 重庆: 西南大学硕士学位论文, 2011.

[4] 迟维意. 构建辽宁农业新农村建设支撑能力体系的科技人才保障机制研究[J]. 高等农业教育, 2013(3): 3-6.

[5] 郭祥林, 管春敏. 农业现代化视角下的科技人才保障机制探讨——以扬州市为例[J]. 辽宁农业科学, 2014(6): 59-62.

[6] 宋晶. 郑州市农民专业合作社人才队伍建设研究[D]. 保定: 河北农业大学硕士学位论文, 2014.

[7] 韩庆文. 许瑞生副省长在广东省建筑设计研究院调研时提出: 用政策营造良好的运转机制[N]. 广东建设报, 2012-11-30.

[8] 罗高社. 切实履行职责建立惩防体系运转机制[J]. 湖南烟草, 2012(1): 40-41.

[9] 陈亚利. 乡村社会治理科学化研究[D]. 开封: 河南大学硕士学位论文, 2013.

第九章　西北地区合作社嵌入农村治理研究的展望

第一节　合作社嵌入农村治理的未来形态

一、合作社嵌入农村社会治理的再审视

(一)嵌入方式

合作社嵌入农村治理从其嵌入式的理念来看，通常表现为结构性、制度和技术这三种嵌入方式，但为了实现理论与实际治理的契合，还需要考虑到社会组织，尤其是以合作社组织为中心，政府、市场等要素间的互相嵌入，把握各治理主体的合理性嵌入。西北落后地区尤其需要这种嵌入式的治理方式，通过对西北农村地区的调研，可以看到，这种生发于基层、丛林式的合作社的发展，在一定程度上已经具备了嵌入的条件，能够实现互动、良性的发展。

在调研过程中，我们发现西北农村，尤其是经济落后区域，其合作社参与农村治理的嵌入性不强，合作社治理的作用难以发挥，需要加强结构嵌入的层次。构建西北地区合作社嵌入农村治理的结构嵌入，在宏观层面上，基于合作社组织对各类资源的先天性依赖，其生产、成长和发展都受到包括制度、文化、市场等环境因素的制约，基层政府从维护其政权地位和巩固农村社会稳定的角度出发，对于合作社组织从制度、政策、法规等结构性要素构成上为合作社组织的发展提供赖以生存的基础条件；在中间层面上，合作社嵌入农村治理要求政府与合作社组织在共同管理乡村社会事务的过程中构建相互影响、紧密联系的关系型网络结构，包括基层政府在治理的过程中对合作社组织等社会型组织进行吸纳和系统性管理；在微观层面上，政府对合作社等社会组织的嵌入是社会动态关系网络的建构过程，政府通过关系网络传递信息、推行政策。

技术嵌入的核心是通过先进的数据收集、处理、传递技术，大幅度提高合作社嵌入农村治理效率，具体来看，就是在治理中综合运用大数据、互联网等先进信息技术，引导农村治理的技术变革，打造多功能集成型的社会管理中心，大力提升社会治理的信息化水平，实现农村治理的大数据化、精准化和动态化发展。在对甘肃定西的调研中发现，农村治理更多的是生产技术上的引入，经营管理技术的引进较少，农村治理现代化水平与发达地区相距甚远，技术嵌入存在偏差。制度嵌入是指政府对合作社组织的内部管理和约束，包括正式、非正式、组织制

度等一系列制度。在对甘肃定西的调研中，农村地区正式制度的嵌入程度明显不足，以至于合作社嵌入农村治理的过程中，发挥作用更多的是非正式制度，这也是西北农村地区的普遍现象。西北地区真正实现合作社嵌入农村治理一定要重视正式制度的嵌入，也需要非正式制度继续发挥作用。正式制度的约束力源自于农村社会实质上作为以村为单位的土地集体所有制社会，农民对土地依法享有使用权、收益权、转让权及生产经营处置权，是农村治理的正式保障；非正式制度的约束是包括以村社文化为主要价值取向的非正式制度对于农村社会治理中的价值观、道德观等的培养有着重要的作用；合作社组织制度的约束即是新农村建设和农经绩效的目标，也承担着对合作社生产、经营和交换活动的推动作用，同时产权制度的嵌入对于合作社组织成员的占有权、使用权、支配权及收益权都有着明显的规定，产权的明确性对于提高效率、节约交易成本等来说都是重要的途径选择，分配制度的嵌入对于嵌入性组织在经济发展过程中的利益分割和分享等问题都有着最大的限定。

(二)嵌入层次

1. 时间上的纵向嵌入

组织嵌入内含三个层次，可以将其具体描述为将个体组织加入整体从而扩大整个体系的过程，第一层次的嵌入是组织之间关系[1]，第二层次的嵌入是组织与社会制度间的关系，第三层次的嵌入是组织通过社会制度与其他组织发生的间接关系[2]。西北地区合作社嵌入农村治理的组织嵌入在表层表现为合作社与其他组织间或个体的直接关系，具体表现在交易关系上，包括合作社从其他组织收购生产资料、工具，企业从合作社收购农产品等。在中层则体现为合作社内部制度与社会制度的相互嵌入，一方面是两种制度的各司其职，合作社制度促进合作社自身生产、经营、参与市场竞争，社会制度理顺社会关系、推动社会运行、影响利益分配；另一方面则是两种制度的相互交融构成促进农村发展的共同目标。具体来看，农村土地制度决定了土地虽然由合作社使用，但农民依旧对土地依法享有使用权、收益权、转让权及生产经营处置权，这就影响着合作社产权制度与分配制度的安排，也决定着合作社组织的根本性质。在深层表现为合作社组织与其他组织或个体的间接关系，具体表现为在农村多主体民主协商自治的制度安排下，合作社与村两委作为农村治理主体相互合作、相互影响、相互监督的行为上，也表现在合作社根据农村土地制度向个体农户寻求土地流转上。

社会嵌入基于个体行为受到社会关系和社会结构的影响，而这种社会关系是一种基于信任、文化、声誉等因素的持续性社会关系，社会嵌入的主体是个体行为，客体是社会关系，方式是作用机制[3]。调研发现，不论是陕西北部区域、甘肃定西，还是宁夏银川，农村治理中合作社的嵌入往往是表层的，嵌入深度不足使得合作社嵌入农村治理名不副实。西北地区合作社嵌入农村治理最为重要的一层就是让合作社的社会关系的角度完全嵌入农村社会，使合作社行为成为农村社会的影响因素，对农村政治、经济、社会、文化等方面的发展造成正面的影响。对社会嵌入进行解构，可以将其划分为认知嵌入、文化嵌入和政治嵌入三个层面[4]。认知嵌入是指行为主体在进行理性预算时受到原有思想意识的限制[5]，合作社嵌入农村治理的认知嵌入包含两个层面：第一是农村居民将自身定位为合作社的成员，构成合作社内部的集体行为；第二则是合作社将自身定位为农村治理主体，影响合作社参与农村治理的行为。

2. 空间上的横向嵌入

空间上的横向嵌入主要是技术、业务和融资嵌入等。在政府治理中，技术嵌入一般是运用大数据、互联网等先进技术，变革治理技术，打造高效便捷的政府沟通与服务平台，大力提升政府治理的现代化程度。西北地区合作社嵌入农村治理的技术嵌入，不仅仅是单纯的引入先进的技术，提高农村治理主体的服务能力，而且根据西北地区经济较为落后、合作社急需发展的现实状况，还增加了属于合作社的层面，具体来看，合作社作为农村治理主体将自身先进的管理技术运用到农村治理当中，实现农村治理的现代化。

西北地区合作社嵌入农村治理的主体主要有村两委、合作社、村民、其他经济发展组织、其他自治组织、农村服务组织，在结构上形成了一个以合作社为核心、以其他组织为枝叶的架构，在交易中实现合作社的收购业务与村民从事农业生产相联系，合作社出售业务与其他经济组织的收购活动相交织，与村民形成收购的关系或者进一步发展成社员，与其他经济发展组织形成贸易伙伴关系，形成农村贸易体系，在服务的基础上实现合作社生产业务与农村服务组织对接，合作社的培训业务与农户相结合，形成农村农业生产的服务体系，在治理中，合作社逐渐转移至农村治理的核心位置，连接村两委与其他组织，围绕农村经济发展的核心目标展开多维度治理，形成农村治理的多元体系。

融资嵌入在合作社嵌入农村治理中，其主体是出资方，客体是合作社。第一种是村民自主筹集，农村居民通过资金或土地的方式入股合作社，为合作社发展提供资源，合作社组建之初的资金大部分都来源于这种方式，但随着合作社发展，农村居民有限的资金提供能力就会导致资金短缺的现象；第二种是来源于外部的金融信贷，但受限于当前狭窄的渠道，合作社通过信贷实现的融资嵌入规模受限，可以一定程度缓解合作社融资的困难，但依旧无法成为融资嵌入的主要途径。

(三)嵌入内容

1. 经济方面

合作社作为农村经济发展组织的属性决定了其参与市场竞争的必然性，为了提高合作社在市场中的竞争能力，企业尤其是涉农企业的嵌入成为现实。甘肃定西的合作社还处于直接贩卖农产品阶段，"企业+合作社"的嵌入缺乏结构保障，发展"企业+合作社"的嵌入，政府需要大力扶持涉农企业，帮助分析研究市场，提供项目发展资金和优质服务，提高涉农企业购销、加工农产品的能力，同时鼓励农民组建专业合作社，促进社企联合，通过企业收购和企业订单来带动农业结构调整和助农增收[6]。另外，不论是合作社还是农村，其发展都离不开资金支持，融资嵌入也就成为必不可少的重要内容。合作社发展势必会朝向规模扩大化的方向，大幅度的资金需求就成为西北地区合作社难以逾越的障碍[7]，严重限制了合作社的发展[8]，究其原因，在资金来源的层面，政府扶持资金受限于庞大的合作社基数，力度与效果有限，合作社自主融资也受限于狭窄的融资渠道，融资嵌入在很大程度上仍然依靠村民自发筹措，资金缺乏常态化[9]。合作社发展也需要政策的指导与规范，各种政策的嵌入必不可少。在金融政策嵌入层面，合作社发展对资金的需要不仅仅是"量"，要实现合作社的良性发展，要从"质"的层面改善合作社金融条件，直接的融资是一个方面，对于制度的需求则是另一方面，政府兼顾资金给予者与政策给予者的地位，促进合作社金融创新，实现农村金融的良性发展。

2. 社会方面

合作社参与农村社会事务不仅仅是其作为农村治理主体的责任和义务，也是合作社村民自治组织属性的天然延伸。合作参与社会事务的第一步仍然是组织层面的嵌入。农村社区是社区概念在农村地区的延伸，人口密度低、聚居规模较小、经济活动以农业为主，血缘关系浓厚和人际关系密切是农村社区的主要特征。农村社区+合作社的组织嵌入中，村民具有三重身份，即独立的个体、社区成员、合作社社员，以村民的身份变换为联系，农村社区与合作社互相嵌入、互相联系，将农村社会事务转化为社区内部事务与合作社内部事务。农村治理中，村民委员会成员在村内通过民主选举产生，村民个人或自治组织参与农村决策，进行民主管理和民主监督，保障村民依法享有的选举权、监督权、民主权、决议权、知情权等合法权利，而西北地区农村居民受限于其综合素质，对村民自治的正式制度理解能力有限，需要各治理主体对村民进行讲解；而且农村社会当中存在非正式制度，农村社会很大程度上受到家庭、血缘关系、人际关系、风俗习惯的影响，非正式制度在农村社会治理中主要依靠其扎根于农村文化的影响力，发挥其对农村社会的约束管理作用。

3. 服务方面

合作社与农村服务组织在业务上形成联合,以"农村服务组织+合作社"的形式服务于村民,首先是服务对象的界定,在合作社嵌入农村治理的前提下,部分村民通过土地、资金入股加入合作社成为社员;合作社对内部社员的服务包括社员培训,为社员指导生产技术,提供内部服务、保险、福利,还包括举办各种活动、讲座,丰富社员生活;对外部契约农户的服务包括委托服务组织提供培训、以优惠价格提供生产资料、产品质量监控、产品收购等。

4. 政治方面

合作社作为农村治理主体参与农村政治,就不可避免地要与村两委相互嵌入。西北地区"村委会+合作社"的嵌入一方面利用村委会对农村发展方向的敏感性和迫切性,通过村委会牵头成立合作社,明确农业生产的方向[10];另一方面,针对西北地区合作社经营管理人才缺乏的现状,通过村委会+合作社的嵌入,实现对村委会人力资源优势的充分利用,提高合作经营管理的能力,促进合作社发展,最后,将村委会嵌入合作社当中,引导村民参与合作社,将农村事务内部化为合作社事务,并在民主协商的框架下解决。合作社嵌入农村治理中,合作社是以村民自治组织的身份与村两委的业务进行对接,是组织与组织间的合作关系,因此,在农村事务决策的时候,协调多元治理主体需要民主协商机制的嵌入。民主协商采用的治理手段包括公开的讨论、对话与选举,追求的最终目标是公共利益,民主协商的方式是将协商、选举和代表制结合起来,通过选举形成农村民主协商的治理主体,通过代表聚集不同治理主体的偏好,通过协商促进共识的达成,目的在于协调农村治理主体的利益分配,从而在最终决策层面达成共识[11],根据协商机制承载的功能,可以将其划分为决策协商机制、听证协商机制、咨询协商机制、协调协商机制、评议协商机制[12]。

二、合作社嵌入农村社会治理的未来形态

(一)契约农户+合作社+经济发展组织的外部经济链

我们将从契约农户到合作社,再到经济发展组织参与市场竞争的整个过程定义为合作社外部经济链。在对宁夏银川的调研中可以发现,与合作社相对接的经济发展组织主要是从事农产品交易的超市以及从事农产品深加工的企业,合作社外部经济链也就划分为契约农户+合作社+涉农企业以及契约农户+合作社+超市。契约农户+合作社+企业是在保持原有承包关系的基础上,村集体、农户、企业通过股权嵌入合作社,实现规模经营,提高生产效益,增加农民收入[13];从必要性来看,对于个体农户来说,个人与企业间力量悬殊,个体农户缺乏谈判的能力,在与企业的直接交易中处于弱势地位,难以保障自身利益,需要合作社在两者间

缓冲；对企业来说，以众多个体农户作为交易伙伴会带来巨大的交易成本，不利于组织的生产运作，所以就需要合作社作为生产原料的聚集者，通过与合作社交易大规模获取生产原料以降低成本。从交易路径来看，个体农户与合作社签订契约，合作社按照约定价格收购合格农产品，并将这部分产品与自身产出集中出售给企业，经过加工后进入市场。从结果来看，外部经济链中的每一个参与者都获得了足够的经济利益，个体农户的合格产品以合适的价格被收购，个体经济需求得到满足，合作社集中的农产品由企业收购，扩大了合作社的交易规模，集体经济利益得到保障。"契约农户+合作社+超市"的经济链中超市通过提供的技术支持和信息服务实现对合作社的组织嵌入与技术嵌入，能够有效提高合作社的生产效率和效益，获得高品质的农产品，也能够实现超市与合作社的信息共享，降低了农产品的销售难度，实现了整条经济链的利益最大化。面对合作社和农户的经济利益，超市的加入为农业生产提供了规范化生产流程和严格的收购标准，能够有效提高农业生产的标准化程度，实现农产品质量的飞跃；面对超市的经济利益，与合作社的合作能够有效减少农产品交易的中间环节，可以降低超市的物流成本和市场交易成本，实现超市利润空间的扩大[14]。

(二)社员+合作社的内部利益链

在西北地区，合作社一般是通过村民以土地资金入股成为内部成员的方式组建，社员个体利益与合作社联系在一起，形成两者间的利益链，共荣共损、休戚相关。合作社内部，社员集体融资是合作社购买资料、引进技术、运转和生产的重要资金来源；社员个体也是直接的劳动者，通过生产和管理行为成为合作社发展基础；合作社是社员集体所有的组织，合作社的利益就是社员的利益，合作社的发展最终也是社员的发展。从社员到合作社的供给链，社员工作为合作社的发展积累各方面的资源，首先，社员集中资源，为合作社提供基础保障。首先社员作为合作社的股东，是合作社实际上的拥有者，依法享有从合作社发展中获利的权利，合作社通过交易获得的利润一部分作为合作社扩大再生产的资本，另一部分按照社员所占的股权以分红的形式返还社员；其次，社员作为合作社的内部成员，依法享受合作社组织内部包括奖金、保险、医疗、教育培训在内的各种福利；最后，合作社在社员集体所有的前提下，合作社有义务为每个社员提供公平的环境和机会，实现社员共同发展、共同富裕。在社员+合作社的内部利益链条中，社员的个人利益、社员集体利益与合作社发展需求相结合，构成合作社内部运转的动力来源。

(三)企业+合作社+农村三位一体的发展链

从西北地区合作社嵌入农村治理发展的需求上看，企业比超市更具优势，根据对陕北地区与甘肃定西的调研，当地直接的农产品市场需求有限，本区域超市的收购规模有限，而外地超市由于运输、储藏的成本和损耗，收购意愿较低；企业的产品面向的市场范围更大，产品受众也多于超市，此外企业可以将加工的流程转移至农产品产地，降低运输成本，从而实现农村发展在整体上的较高收益，因此企业+合作社+农村才是未来西北地区合作社嵌入农村治理发展链的合理组成。从根源上看，农村发展的基础是农业生产，合作社作为农业生产组织的本质也是农业生产，企业尤其是涉农企业的生产基础是农业产品，相似的基础决定了三者在发展上的三位一体、协同共进。从发展链的运行看，农村通过土地流转为合作社提供土地，通过融资为合作社提供资金，为合作社进行农业生产提供条件；合作社处于发展链的中间位置，也是整个发展链的实际发起点，集中自身资源从事农业生产，为企业生产提供物质基础。从共同发展上看，农村通过向合作社提供各项资源，进而从合作社获得红利，提高村民收入与生活水平，完善农村基础设施建设，实现农村发展；合作社向企业提供生产材料，获得充足资金，更新管理与生产技术，扩大生产规模和提高产品附加值和服务质量，实现合作社的发展。

第二节　合作社嵌入农村治理的发展趋势与未来影响

一、发展趋势

(一)合作社嵌入模式复合化

西北地区相较于我国其他地区更需要合作社嵌入农村治理，这就使得复合化的合作社嵌入非常重要。发展层面，股份制嵌入合作社是在合作社体制的基础上引入股份制因素，发行真正的股票，加大信用社资产的股金成分，并按照股份分配利益并承担风险[15]；龙头企业+专业合作社模式通过政府大力扶持涉农企业帮助涉农企业分析研究市场，争取项目发展资金和提供优质服务，提高涉农企业购销、加工农产品的能力，同时鼓励农民组建专业合作社，促进社企联合，通过企业收购和企业订单来带动农业结构调整和助农增收[16]；党支部+合作社模式通过在合作社中成立党支部，充分发挥党员的先锋模范作用，影响群众的行为，改善合作社内部风气，形成合作团队，引导社员团结一致，快速发现和解决问题[17]。治理层面，合作社嵌入农村治理提供了能人领办、社企合一、村社协作以及政府扶持四种合作社嵌入模式。能人领办型是以农村精英阶层带动普通农民成立合作社参与农村治理；企业带动型又称社企合一的嵌入模式，通过农民专业合作社与企业的对接实现农村治理中市场在村一级的资源整合，造就一个开放性的系统，充分发挥多主体参与农村治理的优势；村社协作型嵌入模式在合作社发展的初始阶段通过村两委等村内权威性组织来动员农村组织生产要素，协助解决农业生产所需土地、劳动力、资金等方面的问题，促使农村快速发展。

(二)治理主体多元化与合作社中心化

农村治理主体的演变按照是否有合作社的参与可以划分为两个层次与若干阶段。第一个层次的农村治理以人民公社和村两委为主体。首先是以人民公社为单一主体的阶段，在农业税取消前，人民公社作为农村治理的单一主体来组织村民并处理农村中的各类事务。其次是伴随着人民公社的解体，村两委取代人民公社承担农村各项事务的阶段，但村两委却存在后劲不足和矛盾常态化的问题，以至于不能及时有效地进行民主管理、民主决策以及民主监督，农村治理主体的职能严重弱化，难以承担农村治理主体的重大责任，这时的农村治理仍然以村两委为主体，但村民自治在农村治理中开始发展、落实，以此来理顺村两委之间的关系。越来越繁复的农村事务以及合作社的快速发展，刺激农村治理主体进入第二个层次。第一个阶段中，合作社作为村民自治组织的功能愈发显著，并开始在某些方面替代村两委的职能，合作社嵌入农村治理成为现实，但合作社仍处于帮助村两委查漏补缺的辅助地位，当前西北地区合作社嵌入农村治理大都停留在这一阶段；随着合作社在农村治理中的不断深入，合作社从查漏补缺的辅助地位逐渐转变为与村两委平行，村两委与合作社在各自的领域内展开协作，一同促进农村发展，这是合作社嵌入农村治理的第二个阶段；最后是以合作社中心化为标志的治理阶段，随着经济发展成为农村地区的主要目标，合作社以其多属性共存的特点成为连接多元治理主体的轴，合作社成为农村治理主体的核心，村两委与其他治理主体与合作社展开协作，辅助合作社实现农村社会的有效治理，共同促进农村发展。合作社嵌入农村治理主体的多元化，实质上可以看成是多组织及相关制度嵌入合作社形成新治理主体的过程，合作社在其中处于核心地位，作为中枢连接其他治理主体，在实现西北地区农村发展前提下，这种合作社在多元治理主体中的中心化趋势成为必然，嵌入的是村两委、村民自治组织、营利组织、公益组织、能人富人以及村民个体[18]。

(三)治理机制协商民主化

现代化的新农村是西北地区未来农村的发展方向，合作社嵌入农村的治理机制的构建就需要从多个角度满足新农村建设的要求。当前西北地区农村治理中，相当一部分村民倾向于规避，这就要求农村治理机制在政治层面要大力推进村民的现代性的培育，构建新农村建设的思想基础，农民现代性的培育包括自我认知、效能感、角色体认以及政治信任四个方面[19]。经过实际的调研，落后地区有更多的村民倾向于规避农村事务是由于现实中权威的存在以及缺少能够代表并表达农民利益的组织，农民在农村治理中一直处于弱势地位，要将合作社嵌入农村治理的核心位置，大力发展和完善村民自治组织。经济层面，合作社与农村新型经济组织的合作是实现农村多元主体协同治理，实现农村地区善治和繁荣的必要条件[20]。民主层面，公民社会是新农村建设的组织基础，实现合作社嵌入农村的有效治理必须依靠广大农民，形成合作社、农民以及社会组织共同参与，推动农村团体自治[21, 22]。西北地区合作社嵌入农村的治理机制要坚持村民自治、多主体互动、合作共赢，民主协商也就成为合作社嵌入农村治理机制的最佳选择。

(四)治理结构的民主化与去权威化

旧的治理结构是包含"县政乡治"与当前"乡政村治"在内的治理结构。"县政乡治"是依靠乡镇政府统管的治理结构，随着农村地区的发展，已经难以满足农村地区的政治需要；"乡政村治"的治理结构通过调动国家与社会的积极性，发动多方力量在其治理框架内解决问题。合作社嵌入农村治理的治理结构应该满足以下几条：首先要明确村民自治作为合作社嵌入农村治理基础制度的地位不动摇；其次要明确合作社嵌入农村治理的治理主体是以合作社为中心，以合作社多重属性为接口，连接各种类型组织的多元构成，通过村民自治的属性连接其他自治组织，通过经济发展属性连接企业，通过农业生产属性联系村民，通过政治属性联系村两委，通过服务属性联系农村服务组织，这些组织与处于中心的合作社共同构成合作社嵌入农村治理的治理主体；最后要明确合作社嵌入农村治理的民主协商的治理机制，通过协商民主来实现多元治理主体达成决策共识。合作社嵌入农村治理的治理结构要满足村民自治和民主协商，就要民主化、去权威化，权威组织不再是治理中心，应转向辅助的位置，权威组织的存在对民主协商达成决策共识有着极高的杠杆率。

(五)治理方式社区化

治理方式的存在总是以地区与社会关系为背景和基础的，因此农村治理方式的选择不仅要吻合社会主义政治文明的方向，还要符合农村社会发展实际要求。合作社社区化的治理方式相比村委会治理方式拥有天然的优势，首先，将分散居住的村民集中到一起生活，便于进行沟通和管理；其次，随着村民生活距离的拉近，村民间的交流增多，社员带动作用更加显著，同时也为村民自治组织的发展创建了有利条件；再次将村内事务转化为社区内事务，与村民的日常生活更为接近，通过合作社和其他自治组织的引导，可以提高村民参与社区事务的积极性；

最后，将村委会转变为社区委员会，拉近与村民的距离。合作社嵌入农村的社区治理方式是在农村社区的框架下，通过合作社与农村社区的互动，引导村民积极参与社区管理，培养农村居民的主体意识，整合资源，建立社区内的互助合作的社区服务体系，实现社区居民的自我管理和自我服务，塑造社区整合问题的能力，解决农民主体性增强与村委会治理方式不适应所造成的矛盾，让农村地区享受到现代化的文明成果[23]。

(六)农村社会组织行为规范化

在实际的调研中，甘肃定西、陕西北部地区以及宁夏银川都或多或少地出现合作社缺乏规范的现象，由于组织行为规范化是组织发展的重要条件，合作社行为的规范化在未来的发展中就成为必然。合作社的多重属性导致了合作社行为的多重属性，合作社行为的规范要从多个层面入手，首先是对合作社作为农业生产组织进行农业生产行为的规范化，通过签订土地租赁合同获得生产用地。其次是对合作社作为经济发展组织从收购到出售的交易行为规范，对内部社员需签订规范化的股权合同与雇佣合同。合作社参与农村治理的行为必须处理好党、合作社、农村自治组织、农村发展组织、农村服务组织以及村民间的多重关系，必须坚持透明、民主自治、全面兼顾的原则[24, 25]。

(七)嵌入治理法制化

合作社嵌入农村治理一定要按照法律规定展开，法治农村是未来农村社会治理的必然选择。合作社嵌入农村治理的法制化首先表现在法律规定合作社作为农村治理主体的性质、权利和义务，从农村治理的需求出发，将合作社定义为农业生产组织、经济发展组织、村民自治组织、农村服务组织、非营利组织，进而明确其从事农业生产的权利、参与市场竞争的权利、自我管理的权利以及参与农村治理的权利，以及服务于社员、农村发展的义务。合作社嵌入农村治理的法制化也体现在法律包括农村发展规划、农村产业调整、农业投入、农业保险、农村职业教育等在内的生产领域。法制化还表现在为以村民自治为核心的农村民主政治建设设定民主的目标，首先，法律全面规定民主选举制度的完善路径，明确村民的法律地位和权利义务，确立海选制度，以及对选举违法行为的处罚条例，充分保障村民的选举权益；其次，法律规定民主决策制度的相关内容，明确规定村民会议、村民代表会议和村委会等自治决策机构的职权范围与等级划分，规定民主决策的合法程序规则，规定民主决策的代表制度，防止村民自治中不法干预的发生；再次，法律明确规定民主管理制度的相关内容，明确规定管理机构、程序、手段，创新管理模式在构建和运转中的问题，充实村民自治的手段；最后，法律明确规定民主监督的相关制度机制，包括内部监督制度、外部监督制度、选举和罢免机制等，为村民自治构建组织层面的责任机制[26]。

(八)治理绩效复杂化

绩效最初被认为是一种行为或结果，随着理论研究的深入，绩效的含义逐渐摒弃单一的内涵，现代观点认为绩效是动态的，基于组织的有效活动，从过程、产品和服务中得到输出结果，可以用来进行现状评估，也可以与目标、标准、过去结果以及其他组织纵横对比。从绩效的角度看待合作社嵌入农村治理就要将行为、过程和结果综合起来。从行为主体来看，西北地区实现合作社嵌入农村治理需要将多种组织一同带入农村治理主体当中，将农村治理的行为划分为合作社行为、村两委行为、农民个体行为、经济组织行为、服务组织行为、自治组织行为的综合体，因此西北地区合作社嵌入农村治理的绩效是多组织绩效。从治理过程来看，西北地区合作社嵌入农村治理要求各类组织与合作社发生直接关系，并通过合作社与其他组织发生间接关系的过程，合作社嵌入农村治理的绩效不单纯是组织个体绩效的叠加，而且是多组织联合绩效。从治理结果来看，随着西北农村地区的发展和村民综合素质的提高，合作社嵌入农村治理在政治层面追求村民自主治理、治理主体民主协商。合作社嵌入农村使得西北地区农村治理绩效含义更加丰富，绩效评价也就更加复杂，但正是复杂化的绩效，才是合作社嵌入农村治理、推动农村全面发展的动力。

二、未来影响

(一)农业生产投资规模化

西北地区的农业还处于资源分散、生产分散的阶段，还未能实现规模化，而合作社嵌入农村治理会促使农业在不同层面上实现规模化。首先，村民作为主要投资者，他们的综合素质导致其缺乏对农业的投资意识；其次，分析村民的投资心理，由于自身经营的土地面积小，与现代化的农业生产存在天然的矛盾，资金的投入产出比低，难以引起村民对农业投资的积极性；再次，研究村民的融资渠道，西北农村地区的经济水平普遍较低，村民普遍缺乏融资所需的信用能力，无法实现农业投资；最后，由于以上种种原因，农村内部融资难以满足合作社推进农业生产规模化，必须引入外部投资主体，由于合作社的本质是非营利组织，外部投资的引入有可能引起合作社性质的异化，存在较大的风险。实现农业投资规模化首先要整合农村资源，将分散的土地和资金集中起来供给合作社前期发展；其次要集中农村力量，提高融资能力，为合作社生产规模化提供大量的资金；最后要适当引入外部投资，确保合作社进一步扩大生产规模的资金支持[27]。

(二)一村一产业

西北农村地区制约农业产业经营的因素主要来自于土地及其经营者,一村多产业的现状限制了农业效益的提高,在很大程度上制约了农业产业经营的扩大。实现农业产业经营规模化,必须将分散在各产业的土地、资金等资源集中起来,通过协商选择合适的产业经营方向,通过规模化提高风险抵御能力,实现一村一产业;合作社之间合并的趋势越加明显,村内合作社的发展更倾向于一村一社,将农业产业规模化与合作社规模化结合起来,实现农业产业的整体经营。

(三)合作社发展的跨村联合化

合作社规模受到农村可用土地面积的影响,从一村一产业发展至一村一社,合作社规模在村内发展至最大化,单个合作社规模的继续扩大陷入瓶颈,合作社联合社就成为唯一可行的途径。合作社之间通过某种约定或协议,形成事实上的合作关系,结成跨区域的合作社联合社,可以在多方面满足合作社的发展。合作社结成联合社需要多重驱动力共同推动,首先是合作社参与市场竞争的驱动,一村一社中,单个合作社在规模上已经最大化,但面对激烈的市场竞争仍然存在不足,在生产资料采购、产品销售、物流资源整合、品牌形象推广、市场驾驭能力等方面都没有优势,难以占据市场地位,通过合作社联合社的构建,不仅仅是规模上的扩大,联合社内部通过资源共享、信息共享、供应链整合等多种方式,形成利益共同体,整体竞争能力得到提高,在市场竞争中实现规模效益;其次是规避风险的本能驱动,单一合作社参与市场竞争,其自身实力难以应对市场波动,尤其是在一村一社成为现实后,市场供求的不确定性对合作社产品销售有着巨大影响,合作社联合社通过内部的联合与协作,通过资源整合、优势互补、信息共享,能够在生产、库存、物流、资金、技术等方面有效降低市场不确定性,提升抗风险能力,增强合作社的生存能力[28]。

(四)农村社会的善治

善治不同于治理,它是社会各个层次治理所追求的最终目标[29],从政治学意义上讲,治理是公共权威为实现公共利益而进行的管理活动和管理过程,其治理主体从组织性质看,可以是政府组织,其本质特征就在于政府与公民社会的共同管理,是两者间新型关系,也是最佳状态[30]。

合作社嵌入为农村善治提供复合主体的前提。善治的主体必须是复合的,复合性首先表现在善治主体必须是多个组织的集合;非政府组织组成的公民社会实际上是善治的主要力量,农村地区的公民社会是包括合作社、其他自治组织等在内的农村力量的集合。善治主体的复合性还体现在组成善治主体的不同成分,具体来看就是指各善治主体间差异性的组织属性。合作社嵌入农村治理通过合作社的中心化促使多元组织进入农村治理主体当中，通过合作社多重属性与不同类型的主体实现对接，造就了农村的多元治理主体，为农村善治提供了主体保障。

合作社嵌入农村治理为善治提供决策保障。善治在农村决策中体现为，决策时充分吸纳村民意见，拓展村民参与决策的途径，保证参与的效果。首先，合作社嵌入为农村治理引入多元化的治理主体和途径，通过多种方式表达大多数村民的意愿，其次，民主协商作为合作社嵌入农村治理决策的机制，通过代表制实现村民意愿在农村决策中的表达，通过协商综合考虑村民的利益要求，最终达成共识，最后，具体决策过程中的话语权和主导权看似集中于处于农村治理主体中心的合作社，但合作社作为村民自治组织更多的作用是协调其他主体的利益。

合作社嵌入农村治理为善治提供执行保障。农村治理中要实现公共利益最大化的善治目标，根本途径是合作社、村民、其他组织共同参与到决策的执行过程中。首先，农村自治主体参与决策执行过程的前提就是能够掌握与执行有关的信息资源。合作社嵌入农村治理在决策制定阶段就已经实现了村民的利益综合，且由于村民与治理主体距离的接近性，村民对于农村决策的了解程度和接受程度都相对较高，其次，合作社嵌入的农村自治主体在其决策的执行过程中基本上是全程透明化的，最后，合作社嵌入农村治理的决策执行是由多元治理主体共同执行，治理主体间相互监督，可以有效杜绝追求自身利益而不顾公共利益的异化行为，构建了善治的执行基础。

参　考　文　献

[1] 黄中伟, 王宇露. 关于经济行为的社会嵌入理论研究述评[J]. 外国经济与管理, 2007(12): 1-8.

[2] BENGT J, MARCELA R P, GOSTA K. The institutional embeddedness of local inter-firm networks: a leverage for business creation[J]. Entrepreneurship & Regional Development, 2002(4): 20-45.

[3] GRANOVETTER M, SWEDBERG R. The sociology of economic life[M]. Boulder: Westview, 1992: 117-133.

[4] UZZI B. Social structure and competition in interfirm networks: The paradox of embeddedness[J]. Administrative Science Quarterly, 1997 (1): 35-67.

[5] Dacin M T, Ventresca M J, Beal B D. The embeddedness of organizations: Dialogue and directions[J]. Journal of Management, 1999 (3): 317-356.

[6] 韦彩玲. 土地流转"龙头企业+合作社+农民"模式的潜在问题及对策研究[J]. 甘肃社会科学, 2012(6): 236-239.

[7] 王礼力. 农村合作经济理论与组织变迁研究[D]. 杨凌: 西北农林科技大学博士学位论文, 2003.

[8] 马丁丑, 刘发跃, 杨林娟, 等. 欠发达地区农民专业合作社信贷融资与成长发育的实证分析: 基于对甘肃省示范性农民专业合作社的调查[J]. 中国农村经济, 2011(7): 34-41.

[9] 应瑞瑶. 中国农业合作社立法若干理论问题研究[J]. 农业经济问题, 2002(7): 2-7.

[10] 胡彦辉. 经验: 党组织+带头人+产业+合作社=农村经济发展[N]. 红河日报, 2014-01-18.

[11] 季丽新, 张晓东. 我国农村民主协商治理机制的实际运行及优化路径分析——以山东、山西、广东省三个村庄的个案考察为基础[J]. 中国行政管理, 2014(09): 50-54.

[12] 季丽新. 中国特色农村民主协商治理机制创新的典型案例分析[J]. 中国行政管理, 2016(11): 51-57.

[13] 韦彩玲. 土地流转"龙头企业+合作社+农民"模式的潜在问题及对策研究[J]. 甘肃社会科学, 2012(6): 236-239.

[14] 施晟, 卫龙宝, 伍骏骞. "农超对接"进程中农产品供应链的合作绩效与剩余分配——基于"农户+合作社+超市"模式的分析[J]. 中国农村观察, 2012(4): 14-28.

[15] 李修东, 铁金山, 刘祥. 农村信用合作社模式构想[J]. 山区开发, 1992(10): 365-366.

[16] 韦彩玲. 土地流转"龙头企业+合作社+农民"模式的潜在问题及对策研究[J]. 甘肃社会科学, 2012(6): 236-239.

[17] 杨青松. 党支部与合作社如何实现对接共振——记山东省昌乐县庵上湖村"党支部+合作社"模式[J]. 中国农民合作社, 2015(5): 42-43.

[18] 陈本凤, 陈艳梅. 中国西部新农村治理模式调查报告[J]. 重庆工商大学学报, 2010, 27(1): 72-81.

[19] 戴玉琴. 农民现代性的构建:社会主义新农村建设的政治学路径分析[J]. 湖北社会科学, 2007(2): 56-59.

[20] 乔湘流. 把握农村"新型合作"改革契机加快农村政治发展[J]. 理论学刊, 2008(9): 87-88.

[21] 田明孝. 公民社会与浙江农村的治理创新[J]. 浙江学刊, 2005(3): 136-140.

[22] 王飞. 治理与善治: 新时期农村治理机制的实践创新[J]. 经济与社会发展, 2009(12): 74-76.

[23] 李小伟. 由政府主导到政府引导: 农村社区建设的路径选择[J]. 社会科学家, 2010(9): 60-63.

[24] 唐洪潜, 杜受祜, 郭晓明. 关于制定农业合作社法两个问题的看法[J]. 农村经济, 1992(7): 4-6.

[25] 张彦惠. 制定《供销合作社法》的若干问题[J]. 湖北供销与科技, 1998(8): 12-15.

[26] 薛刚凌, 王湘军. 新农村建设与法治保障研究[J]. 国家行政学院学报, 2009(1): 45-48.

[27] 韩巍. 新时期我国农业投资规模与结构研究[D]. 北京: 中国农业科学院博士学位论文, 2010.

[28] 王海龙, 吴怀琴. 农民合作社联合社的发展模式及思考[J]. 经济纵横, 2015(11): 93-96.

[29] 周安平. "善治"是个什么概念——与俞可平先生商榷[J]. 浙江社会科学, 2015(9): 38-44.

[30] 俞可平. 论国家治理的现代化[M]. 北京: 社会科学文献出版社, 2014: 9-33.

第十章 村社联动治理机制研究的展望

村社联动治理机制的研究是立足于现实且着手于应用的研究。我们一再强调西北地区农村的特殊性，就是希望在这一特殊的历史境遇下找寻一种可以催生农村经济社会发展的新型治理机制，这也是习近平总书记提出的"两个一百年"总体战略目标的必然要求和现实体现。通过这种可能广泛实践的新构想、新实践，我们希望借助于治理机制的创新，为西北农村的现实和未来发展提供一种可供借鉴的村治实践方式，为全国推广而不断实践，为实现习近平总书记和党中央提出的"五大发展理念""两个一百年""四个全面"贡献自己的微薄之力；希望系统性地梳理和审视村社联动治理机制的结构特征、运行原则以及发展环境，根据村社组织之间的双主体互动、第三方主体参与的村社互动治理机制的具体样态的展望，我们始终认为，在经济、社会、人、生态环境协同发展的价值取向中，吸纳农村社会组织化的经济发展力量，进而增强农村社会治理机制的包容性和开发性，有助于治理议题永葆生机活力。可以说，村社联动治理机制创新性地将农业生产、社会治理、公共秩序融为一体，为当前西北地区走出现实困境找到一种可供选择的出路，也为农村社会生活创造一种全新的、变革式的理想模式。

第一节 村社联动治理机制研究的再审视

经历萌芽发展期和成熟分化期，西北地区的村社联动发展实践已经初具特色，具备一定的借鉴意义。根据对西北地区村社联动治理行为的深入分析，我们再次审视其农村社会治理的大环境和村社联动治理机制的运行过程，由内及外地全面观察这一机制的特质，可以发现在不同的发展时序中，其治理机制的结构特征、运行原则、发展背景具有一定的稳定性和共性，能够从宏观层面上让我们再一次认识到村社联动治理机制的内在机理及各类要素的相互联系。

一、村社联动治理机制的结构特征

(一)多主体互动

当前西北地区农村社会治理过程中，有村两委组织、普通农户、经济能人，以及新乡贤等多种治理主体，当然，还有我们本书所重点论述的合作社组织。尽管不同地区、不同时段内农村社会治理的具体发展路径和治理内容各有不同，但我们不得不承认一个隐含的发展趋势：多主体互动和多元共治优势显著。显然，农民合作社嵌入与村社组织联动治理行为也是多主体互动治理研究共识的一种具体表现。虽然在具体的社会实践中，多元治理行为并未为自身划定明确的界限，但是其多元格局的形成、发展过程打破了一元治理的窠臼，削弱了传统行政组织介入社会底层的力量，无疑为农村社会自治机制创新提供了具体发展脉络。在农户发展自身经济的行为过程中，农民合作社作为利益结合体，为村域经济发展和社会治理活动开展提供了组织载体，加强了农民自我组织的能力，为社会治理机制创新提供了现实路径。在农民行为活动中，生产、养殖、加工、销售都在合作社组织中变得有序化，同时村民间的沟通频率也与日俱增，家户之间的信任、合作也在交流增加中变得多起来了。尤其是那些留守妇女和老人，在从事一些除草、浇水、施肥等不太繁重的体力劳动时，边工作边聊天、结伴同行，无形中就将农业生产劳动上升到家庭生活的合作互动，进而结成非正式团体，一起应对公私领域的问题。

从西北多省份的调查结果中可看出，在合作社与村级治理组织联动治理农村社会的过程中，合作社对村两委的治理挑战是存在的，且仍在继续进行下去。在合作组织化趋势引导下，合作社作为一个社会治理组织，发挥着其社会组织的整合功能，使得村民在互动沟通中寻求利益共同点，趋向于有序化、整体化、统一化，有助于公民权利的实现与需要的满足。合作社的参与，对村两委组织的社会治理活动而言，既是一种压力，也是一种动力。身为社会性组织，合作社集结了一定的民意诉求和经济发展需求，能够在一定程度上显示出自己的力量，进而与村级治理组织的权威治理形成博弈之态。那么，在多主体的较量中，农户的非正式集结和合作社在经济方面的优势，均会驱使村两委为了更好地履行治理之责任而积极行动，发展壮大自身，争取民意，稳固自己的治理地位。同时，在合作社的中介作用下，农户的小家小户利益一跃而为组织需求，农民权利与村两委权力的对抗变得更加平等。比如，一家一户打井难以开展，但是几家、几十家甚至几百家要打井灌溉，村两委就不得不屈从于农民权利，而向上级政府传达民间心声。由此可见，村社联动治理机制在农户、村两委、农民合作社各方力量的互动中，显示出巨大的多元竞争活力，保持着多主体共治的趋向。

(二)联动式治理

自 20 世纪后期村民自治法颁布以来，村两委的自治地位就一直是牢固不变的。其包括村党委与村民自治委员会两部分，管理着农村社会大大小小的各类事务，既承接国家力量，又是自治结合体，是农村社会治理中最具发言权的正式组织。作为农户发展经济力量的自我集结，合作社组织经过工商行政管理部门的认定，在农业局或农业经营管理中心的指导下，其组织带动农村经济发展的社会地位是确定无疑的。同时，在农村社会发展过程中其经济身份的正式化，也在一定意义上带来其社会治理身份的半正式化，使其在农村社会治理中的行为更具合法性。在社会性与政治性力量不断交汇的过程中，村社联动治理机制呈现出村社组织的联动特性。也即是，合作社的合法性地位会使得村两委组织在开展自身活动的时候，去考虑合作社会做出怎样的行为；反之，村两委的正式性和社会性，也会致使合作社在生产、经营行为中去揣度村两委的行为预期。如此一来，村社组织在各自的反应中相应地采取行动，一方做出行为，就会连带地作用于另一方，两方彼此跟进，进而表现出联动治理的样式。

根据理论资料查阅与实地调研总结，我们可以看到村社联动治理机制在具体的联动式治理实践中所呈现出的独有特点。首先，从村社联动治理机制运行中的资源配置方面来分析，不论是人力资源中村民的同一、地域范围的相近，还是村民生产劳动能力的搭配、土地资源的整合，合作社组织均要依赖于村两委组织在村内的统一规划，特别是土地牵涉到村民和全村的核心利益，更离不开村两委和村干部的治理效力。在村两委的具体行动中，合作社才能获取一定的人员与土地供给，而不至于没有组织组建的基础。反之，合作社的发展壮大也在一定程度上为村两委组织的自身运行、治理绩效、政治发展提供了经济资源，提升了认可度、满意度。其次，从村级治理体系中权力调度方面来看，权力作为一个重要的概念，具有一定的二重性，包括转换能力和支配能力，其中转换是指主体本身所具有的自主性，支配则表现为主体间的关系[1]。村两委组织可谓是村级权力的支配者，但是其自身的转换能力却在30多年的实践中未得到充分体现，更没有显现出对当前社会问题解决的强有力回应。在资源的支配与开发利用中，很明显村两委与村级治理组织各有优劣。所以，二者在权力的支配与转换中，会在利益诉求中做出适当的改变，彼此让渡一定的权力空间以便实现资源流动、利用的有效化，形成一种联动关系。最后，从公共问题应对视角观察，面对西北地区的经济发展滞后、人员严重外流、公共性的缺失等困境，农民合作社与村集体的出发点都是大力发展农业生产，促成村域经济发展，吸引农民工返乡创业，以组织带动农民组织化、集中化。可谓是，村社组织在应对经济发展和社会秩序等公共性问题时，会呈现出一种意见一致、联合行动的统一态度，并且在农村社会公共事务中都趋向于借助组织化的力量来开展具体活动。

(三)分权式合作

权责如同孪生姐妹，在社会治理中彼此对应、相辅相成。村两委组织拥有农村社会公共事务处理和社会建设安排的权力，也担负着维护社会安定、保障公共秩序井然运行的责任。相应地，农民合作社组织享有带动、组织农户生产和发展，以及惠农项目资源使用的权力，同时也承担着实现经济效益、社会效益、带动作用的责任。按照村社组织的固有属性，村两委的主要职责在于整个农村社会的建设、村民自治活动开展等，虽掌管着村集体经济但却未尽其责。而合作社作为专门搞活农村经济、发挥规模组织优势的经济性组织，其重点在于农业生产活动，却又附带组织性、社会性。依据理论推演而言，合作社与村级治理组织的功能交叉与范围重叠是难以避免的，具体到西北农村地区的社会实践也是如此。由于资源掌控有限、资源稀缺性以及组织权力向度的差异，在村社联动治理机制形成的内在逻辑中，村社利益联结中无时无刻不充斥着交换互惠、资源共享的具体行为。在彼此的交换中，权力与资源界限也在流动中变得模糊起来，相应地，责任的承担也跟随权力和利益的变动而发生改变。不过，根据村社组织联动治理中其内部规则的不断调节，村社组织的联动治理行为趋向一种分权式合作，也即是将不可避免的重叠区，根据其组织的能力大小与治理侧重点来进行功能分离和适当合作的界定。

事实上，权责不等易于出现组织之间界限模糊、越权错位等行为，而规范化则会带来各司其职、各居其位的一种配置得当的状态。故而，分权并不意味着分离，而是为了更好的合作与分享。根据村社组织联动治理行为的具体表现，我们可以看到其组织功能划分中呈现分的状态。由于合作社的目标定位于组织农户进行农业活动、规模经营等，所以在联合行为调节中，其功能主要限定在农业生产资源、生产技术、农民培训、农产品加工、农产品品牌规划等关乎农业的领域。就村两委而言，其作为村支部、村委会的联合组织，既是上级政府认定的农村社会当家人，又是村民自治活动的主事人。其主要的权责在于农村公共物品供给、公共秩序维系、村风建设等。可见，二者的权责各有侧重。当然，其间组织目标也呈现合的趋势。在合作社规划农业生产活动的过程中会影响到村民行为、村两委活动开展，同时也对农村经济发展带来一定的作用。在村两委进行治理活动时，其也会影响到社员行为、社员党支部活动等。具体来说，在合作社的生产活动中离不开村两委的支持，在村两委的治理事务中也难以忽略合作社的经济、组织化优势。二者在进行各自事务期间有赖于对方的支持，都希望可以带动村域经济发展，解决共同面对的问题，具有一定的目标趋同性。

二、村社联动治理机制的运行原则

根据前面章节对村社联动治理机制中村社联动治理结构、组织功能、运行过程的分析，我们可以看到合作社与村级治理组织联动过程中，二者一直秉持动态发展的原则，具备经济发展的生机活力，根据时宜而变，积极回应农村社会治理难题。同时，二者身为社会性组织，又具备为其对象服务的本质功能，理应发挥出组织应有的价值。因此，从实然与应然两个视角来分析，村社联动治理机制在实践运行中具备资源流动性与共享性原则，并且其也应该遵循发展时序性与务本性的原则。只有这样，村社组织联动治理机制的运行才会更加顺利，治理成效也将日益彰显出来。

(一)保持资源流动性与共享性

1. 适时调整，动态平衡

西北地区的经济发展背景并不是一成不变的，从早期的传统封闭性市场经济体系，到如今的商业化程度大大提高、流动性不断加快的集市贸易、批发市场、专业市场体系。从供给到需求满足，农村市场的动态变化无不催生农业生产和农产品加工的快速发展。同时，在城乡发展不平衡的刺激下，农村社会也开始不断地调整自身治理结构，增强自身的开放性，积极吸纳能够促进农村经济发展的社会组织团体，以求缩小与城市的距离。作为一个合作、规模、经济性组织，合作社的嵌入一定程度上满足了当前西北地区农民经济发展的心理意愿，同时，在农村社会治理结构中，其也不断地展现出自身的调节功能，以应对农民生产、生活中出现的问题。在村社组织联动治理过程中，村社组织从其联动开始之初就表现出很强的合作需求。但是在合作稳定的关系中，两组织之间亦会在不同的联动治理时段采取不同的治理策略，进而影响到联动治理机制的结构密度、中心性。在一个资源有限的农村社会网络中，村社组织的联动在动态调整中不断变化，其成员也会适时转换组织功能以赢取自身稀缺资源。在村社联动之初，拥有丰富资源的那方组织一般会处于村社治理机制的中心，主导着村社资源的分配，影响对方的行为。当然，在村社联动治理机制不断演变发展的过程中，村社治理机制的中心也会跟随组织发展程度相应变化，而不是固守原处。在农村土地、人力、经济资本、社会网络资源的流动中，村社组织的联动治理机制也会对外展现出开放性、流动性，积极吸纳优势资源的注入，来改善其治理机制的运行，比如说，对互联网技术、融资渠道的广泛关注。通过对不同资源要素的配置，村社组织在发展资源的流动中，也与时俱进地做出改变。就合作社来说，其渴求得到村两委特有的社会治理权；同样地，村两委组织也希望能够拥有合作社的资金、经营管理等经济发展权，然而这些都会根据其发展能力差异有所改变。那么，在二者的联动治理中，村社组织之间也会结合其自身需求来适时变化，不断调整治理机制的中心，进而在合作状态中秉持着动态平衡的发展原则。

2. 共同治理，相互制约

多主体治理相较于单一主体的最明显优势，即在于多主体下治理更强调平等、互动、协商，超越了原有治理体系的对抗格局，预示着社会组织将在社会发展中发挥更大作用[2]。所以说，在多元主体参与下，社会主体活力被充分调动起来，社会治理结构也在不同组织之间的合力效应中有所调整、趋向多元格局。根据西北的调查结果可以看到，在现实实践中，村社组织力量纷纷集中于经济资源和社会资源的关系网络中进行互动行为。其间，二者在经济实力与政治、社会实力的较量，会根据对方的实力而形成不同的互动类型，组织间也会表现出一种相互制衡之势。实际上，在二者的联动中，合作社对村两委的权威挑战，也不时地展现出协商、平等的交流状态。在一些合作社联社、合作社内部成立的党支部，就可以直接说明这种协商、制衡之态势。借助于合作社党支部成员的强大基础，合作社组织也可以在一定意义上对村党支部行为做出具体反应，甚至会在村内与村支部、村支书的治理策略进行正面抗衡，对村两委原先的权威治理进行监督，防止村民自治权力被滥用。结合村社联动治理机制的形成过程，我们也可以看到，村社组织在功能上是相互依存的利益相关方，经过多重合作、摩擦与磨合，二者在资源依附和关系庇护中的博弈互动中，表现为以己方力量来制约对方的行为空间，进而能够在联动治理中处于合作竞争发展的稳定局势。在社会治理中，合作社组织具备一定的经济发展、农民组织化优势，而村两委身为整个农村社会治理中的发言人，拥有绝对权威，但却又有经济发展方面的不足。既然二者在联动之中彼此有所需求，那么在联动治理中就会在一定范围内受制于对方的优势，而弥补自身组织的缺陷。显然，在村社联动治理机制中，村两委与合作社表现出彼此依赖而又相互制约的运行特征。

(二)遵循发展时序性与务本性

1. 顺应需求，量力而行

纵观社会组织的发展规律，我们可以看到组织的出现、发展、成长也需要一定的历程，其功能也在不同发展阶段有所变化。村两委组织作为农民的自治活动的集合体，承担着社会治理工作。然而，在现代力量与传统力量的交织中，纵观西北地区农村社会当前的社会发展情况可见，经过30多年的发展，不论是在社会治理秩序维护，还是农村经济发展带动方面，其组织功能在社会治理中并未得以全面发挥。合作社作为组织农业经济发展的重要载体，与村两委组织的社会治理力量自然而然地联系到了一起。从村社联动治理行为的出现来看，合作社与村级治理组织的联动，是基于西北地区农业生产规模化不足、现代化缺乏以及农业劳力外流的社会背景而形成的。在此阶段，二者致力于农村经济发展基础的建设，以期改善农民生活状态，提升农业生产竞争力，吸引农民工返乡工作。从村社联动治理机制的运行过程来看，在村社联动治理机制运作的不同阶段，农民合作社与村级治理组织的联动具有一定的差异。在村社组织联合初期，合作社的嵌入有赖于村级治理组织帮助其拉拢人力、整合农村土地，建立一定的合法性基础。同时，村两委也期盼合作社与之联合可以弥补其组织能力与带动能力不足的弊端。在村社组织联合发展期，合作社具备了一定的社会性权力，在农村公共事务决策、农民利益诉求表达方面，占有一席地位。同时，此时村内经济发展情况有所改善，农民在组织化生产中得到实惠，也乐于参与社会治理活动，认可村两委对村内经济发展的做出的支持。在村社联动治理机制稳定发展后期，合作社与村级治理组织互动进入正规化，在规范契约指导下开始其各自职能的发挥。从其不同发展阶段可以看出，村社联动治理机制的良好运作，应当遵从在不同发展时序中组织功能发挥的有的放矢原则，顺应农户需求，适宜调整自己在治理机制中的角色。

2. 坚守本质，注重服务

不管是什么样的新生事物，其出现都是在一定的时代发展背景下本着一定的目标定位。村两委作为村内的当家人，其出现于 20 世纪农村改革中的浪潮里，是农民自治需求的应然产物，也是服务于农民自我治理活动的重要主体。合作社作为近期来发展势头十足的经济合作性组织，其组建本着自愿、自助的原则服务于农业生产活动。在生产领域中，农民合作社将农户组织起来，共同进行统一的种植、养殖活动，降低了单个农户应对农业风险的成本。在市场经济、农产品贸易过程中，合作社组织以其小农户联结之势，提升农产品市场竞争力，来拓宽市场范围，增强应对市场不确定性风险的能力。在社会发展领域中，农民合作社组织将农户利益诉求统一起来，协调平衡成员之间的利益，以民间组织力量的形式来增大其在政治活动中的影响力，激活其内在的社会治理潜能。从生产到经济买卖，再到社会治理，其间的主体均是农户。假设农户的合理诉求未实现，那么其合作社组织也会难以运行下去，丧失其组建的本质，而不是真正意义上的合作社组织。就村两委来说，其治理对象是整个农村社会的家庭与个人。根据当前西北地区村两委治理权威式微的现状来看，社会治理对象，特别是社会发展中的中流砥柱在不断流向大城市，治理主客体都处于一种不稳定状态。加之，村两委组织，作为农民心中的底层领导者，其没有很好地服务于农民的经济发展诉求、带动农业生产现代化，在村民心中缺失了一定的认同感。根据在西北地区的调研观察，我们可以看到，伴随着农民合作社与村级治理组织的联合，经济发展服务组织与社会治理服务的联系也在农民的需求中不断加深。其中农民合作社作为经济属性与社会治理属性并存的组织，其触角及影响已经渗透至农村社会治理领域。村两委组织也在支持农民经济发展、统筹农业生产、助力农地流转、支持合作规模发展中提高了其服务能力，更加贴近农民内心对致富的追求。故而，在村社联动治理机制中，村社组织均应该遵循着其组织本质，注重服务于其组织客体，才能实现组织生存发展的意义。

三、村社联动治理机制的发展环境

(一)外部环境

1. 经济发展背景

西北地区深居我国内陆，气候干旱且地理地貌复杂，荒漠广布。由于其自然劣势明显，农业发展一直是深受限制，较为落后。自 20 世纪 80 年代以来，大多人员选择外出务工来获取更多非农收入，以满足生活所求。在自然条件与主观理性的双重作用下，西北地区经济发展更是举步维艰，不仅客观环境限制了种养产业的发展，而且农业经营主体也日益不重视农业生产，使得这一产业发展更是陷入了弱质陷阱。村两委组织自从改革开放后被正式确立以来，为农民社会活动开展提供了很大的自主空间，充分调动了农民的自我行动能力，激发了农民的自我发展潜力。然而，面对当前农村社会人口流失严重、经济发展萎靡不前的困境，其已经显得疲惫不堪。在诸多难题不断的境况下，农民自发寻求致富之路，组建农业合作经济组织，积极响应国家政策号召，大力发展规模经营农业、集约经营农业，向现代农业转型。2017 年中央一号文件提出，加强农民合作社规范化建设，积极发展生产、供销、信用"三位一体"综合合作……积极发展适度规模经营，扶持培育农机作业、农田灌溉等经营服务性组织……以规模化种养为基地，建设现代农业产业园区[3]。在国家惠民支持与农户自主发展力量并重下，虽然西北地区经济发展局限较多，但是其发展活力旺盛。农民凭借自身力量积极组建合作经营组织来扩大自身的影响力，并在农村场域内与村两委组织进行多维度的合作互动。根据调研数据也可看到，近些年来地方政府对于农民合作社的扶持力度较大、惠农资源不断下放。农民合作化、组织化、产业化发展意愿较高，期盼农产品在市场经济中地位的提高，能够在竞争中与其他主体平等对话。综上所述，西北地区经济发展背景复杂，国家力量与社会发展力量、自然地理环境与现代化力量繁复交织，综合影响西北地区农村经济社会。在社会转型时期，其既面临着客观自然环境约束、农民生计理性、农村社会治理危机的巨大挑战，又恰逢现代化农业发展、农民合作组织规模经营崛起、农民工返乡创业政策引导、农村社会治理能力建设的时代机遇。

2. 社会文化基础

西北地区农村交通相当闭塞，传统文化气息浓郁，亲缘、地缘联系紧密。在自然环境与技术条件局限下，传统社会生活范围较小、社会分化较为简单，呈现出以亲属关系为社会结构基础的一种普遍状态[4]。近代以来，在现代化、工业化与都市文明冲击下，其已经从新中国成立后的传统型农业社会，转向一种乡土变迁的中间社会，具有很大流动性、多变性。其间的大部分农民流向于中东部发达地区，生活于城市，工作于城市，但又根植于农村故土，已经不是原先只是活动于附近村域范围内的简单农民。故而，在如此一个非静态的社会发展时期，西北地区的农村社会文化基础也在流动中有所改变。传统权威中人们普遍关注点在于周边地域范围内的大户家族、长老品德等。大家往往习惯于以德高望重者为社会价值导向，愿意让其担任村内干部，来主导社会治理活动。在现代经济发展思维理路中，人们从前以亲属关系、家族身份、非正式团体为主的经济活动，逐步转向由市场来决定经济发展方向，开始更多去思考如何在市场中获得立足之地，而不是追求如何成为一地之内的名门望族，来获取在农村社会的生活地位。在人们权威导向、价值取向的不断变化中，村级治理组织的行为背景也不似从前，其经济发展能力成为评判其绩效的一个重要标准。在经济发展日益成为人们主流话语内容的同时，村内社会风气、公共秩序建设也在人员流变中开始失去原有平衡，缺乏原有的熟人社会间认同高度统一性、公共理性一致性。纵然社会变化不断，但乡土性的礼俗规范、宗族人情文化在农村社会的生命力不容忽视，它是农村治理可资利用的优秀资源，对人际交往、关系建构有着典型的规范作用[5]。在各种力量的交互作用下，村两委与合作社基于这一经济性、乡土性的文化土壤展开了联动治理行为，既迎合了当前西北地区农民的经济发展需求，也兼顾了社会公共秩序、治理规则的约束力量。

(二)内部环境

1. 组织行为原则

在村社联动治理机制中，合作社与村两委是其间的两个重要变量，在资源方面保持着共享与合作联系，在权力空间中又存在着博弈竞争关系。经过外部经济环境与各种影响因素的不断作用，二组织自身行为也呈现出一定的特点。在经济发展方面，由于合作社缘起于农民合作进行生产活动，具有很强的经济发展意愿。所以，合作社呈现出很大的组织规模特征，其从生产活动的开展到销售工作的进行，将农户以团体合作形式吸纳进来，使得生产、销售变得有序化、一体化。而村两委，由于其一直以来疏于对村集体经济与村民经济发展诉求的管理，在村域经济发展中显现出功能不足的劣势。在农民进行规模经营期间，其则扮演着支持、协助合作社进行生产经营的资源获取、项目审批等角色，以农民合作经济为中心，呈现出辅助性特点。在社会治理领域内，村两委是社会治理的权威发言人，合作社虽然具有提升农民组织化的能力，能够在公共事务决策中发挥一定效力，但仍只是社会自治中的非正式组织，从属于村党委领导的核心地位。当然，就各自组织内部的行为原则来说，合作社组织作为一个民办、民管的经济经营组织，其内部有一套明确的合作社管理运行章程，也有着自身组织的治理结构、人员构成、生产运营标准等独立的规则体系。村两委作为官方界定的社会治理组织，其包括党支部与村民自治委员会。在整个农村社会治理活动中，一直是严格遵循着党组织对村民自治的领导核心地位，村委会负责执行村规民约、维护公共安全、做好人民调解、建设文化事业、发展公共福利、组织村办经济等工作。综合村社联动治理机制的结构特征与运行原则，我们可以看到村两委与合作社在进行社会活动时，在村民利益诉求要求下，二者侧重于其组织行为职责内的任务，协助其他组织的功能发挥，不仅遵循着各自组织内部的行为规则，同时也在组织间的相处中不断寻求互动的平衡点，在不同领域内保持分权合作、互为中心的联动治理原则。

2. 农户个体意愿

有关农户行为经济学的分析，学界一直存有经济理性与非经济理性的争论，前者以舒尔茨"理性小农"论断为代表，后者以斯科特的"生存小农"提法为代表。不管是哪类小农，其都说明农户经济行为背后对其生存发展的追求是呈现一定理性特征的，只是追求层次有所差异。结合当前转型背景，农户经济行为表现出从生存理性到经济理性的转变趋势[6]。在急遽的社会变迁中，留守于生产活动的普通农户表现出无助与迷茫，特别是在西北地区有限的资源条件下，其家庭生计更显极大的无奈，农户兼业化现象严重。虽然土地种植收入在半工半农家庭收入结构中比重很小，甚至留守在家的妇女老人种地时有遭遇天灾而颗粒无收，但是农户也不愿意放弃土地。这说明，他们不仅将保有经济发展理性，同时具备风险意识，将土地视为其生存保障。根据调研情况，我们也能看到，在合作社的迅速发展中，有些农户虽然已经加入合作社却依旧有着风险隐患的担忧，对合作社、村两委的组织安排充满不信任；抑或是有些农户具备合作意愿，但是仍不愿意加入合作社，惧怕合作规模经营带来的失败；甚至是很多农民工在返乡创业的巨大政策优惠下，依旧不愿回乡组织农业生产，担心其经济效益不如兼业化收入。虽然当前村社联动治理机制在经济发展与社会公共秩序、村风文明重建方面已有所实践效果，但是综合考虑不同地区农户的经济理性与生存意识的多方意愿差异，结合西北地区农户的心理诉求，我们可以看到村社联动治理机制对于社会化服务体系的建构仍不够全面。当然，这也不只是普通个体农户的意愿与担忧，也是已入社社员农户在合作经济发展中的心声。再一次审视村社联动治理机制，我们更应在农业规模收入、社会治理效益和风险保障方面做好工作，将农户的个体意愿纳入现代化农业发展的重点考虑范围内，侧重低投入、高科技、延长产业链等具体措施来增加农业经营收益，满足农户经济理性需求；也要充分利用乡土土壤背后蕴藏的情感力量，滋养农户的安心种养意识；同时，要将农业收益与农户生活保障联系起来，建立起风险共担的社会化服务体系，让其在现代农业经营体系中感到安全与意愿的满足。

第二节　村社联动治理机制的基本样态

西北地区村社联动治理机制已经基本形成，其中涌现出诸多可借鉴的样本经验。合作社在西北地区农村的兴起以及其参与到农村社会治理的过程，不仅拓展了其规模经济发展功能之外的其他作用，而且创新了农村社会治理实践的运行方式。具体表现为，农民合作社以新的发展理念和治理方式参与到农村社会治理，以其经济上的强大整合功能，影响着农村的经济发展方式和社会发展方向，并与国家基层力量的代表——村两委组织一道形成多元治理格局，最终形成一种经济性组织与社会治理组织联动治理农村社会的新型治理机制。长期以来，在乡镇基层政府力量影响下，村两委在农村社会治理中，一贯把政治作为治理的前提和基础，并且将经济发展作为其政治任务的一部分。显然，这种将国家强制力量与社会自治力量错误定位的行事逻辑是经不起反复推敲的，与农民发展诉求相背离。在西北地区经济发展压力倒逼下，农民合作社以规模之势将农户组织起来，激发了民间组织的潜在能力，与村级正式治理组织功能、农民利益需求很好地对接起来。毋庸置疑，合作社在乡村治理中的存在轨迹和作用方式都有其自身发展的明显特征，不仅改变了农业发展一盘散沙的现状，也影响着当前农村社会治理的出发点。合作社尤其是近期发展起来的合作联社，其较村两委的规模更大、组织化程度更高，加之其本身是以经济发展作为主要使命，故而在利益整合上能带动、吸引更多的村民，进而将其合作社组织的能量辐射到农村经济发展的各个环节。虽然合作社建立初衷聚焦于经济效益，但是其规模化的生产链条和统一的社会化服务，对农户生产方式和社会行为也产生了巨大的预计之外的影响。由此可见，其从生产领域到社会生活领域的主体同一性，引导其从社会治理中的一般参与角色，继而转变为社会公共事务发展中的主要角色。实际调查结果显示，在民主化的竞选和村务公开方面，其正在以新的身份参与到政治选举、农村公共产品供给、贫困户脱贫等方面。总的来说，村社联动治理机制对农村的影响在社会生活的各个方面有广泛的作用，它是当前西北地区农村经济发展的火车头，牵引农业转型发展，并改变了治理主体的构成，重塑了乡村治理的力量组成，在民主方面产生前所未有的影响，无形中促进整个农村的全面发展，给人们带来广泛的收益。

有鉴于村社联动治理机制的当前发展态势，根据其治理主体的行为理性和目标理性，我们结合实地调研的情况，将村社组织之间持续互动运作下去，作为一种重要的发展方式，并按照其治理主体在社会治理领域中的效力发挥、资金运转能力、村民认可度等指标，将其分为以村两委为基础的村社合作共治型治理、以合作社为主导的村社功能互补型治理两种具体的治理样态。当然，伴随着合作社、村级治理组织互动中组织固有缺陷的难以克服，在未来发展形势中也离不开第三方主体的参与。在此，我们以西北地区调查中经济与社会问题频发的实际情况为出发点，从经济与社会两个角度，针对治理中村社经济发展能力的矮化、村社组织合作治理界限的模糊化，同时提出经济能人与村社耦合型治理、新乡贤与村社组织协作型治理两种具体样态，以此来应对经济发展动力不足、社会治理失序等或将出现的难题。

一、村社双主体互动样态

前面章节所论述的村社联动治理机制，其实质是将村级治理组织与合作社看作农村发展中较为重要的社会治理主体，以合作社与村两委之间的强弱关系与互动规律来说明村社联动治理机制的一般运作过程。在村社联动治理的实践中，我们可以看到西北地区社会治理呈现出村级治理组织与合作社分工协作、联合治理的良好态势。在多元主体共治下，村社合作共治是指两大主体的合作共治：一是代表国家力量的村两委，一是代表合作经济组织及其成员的合作社。鉴于西北地区经济发展与社会治理不平衡现象的普遍存在，在实际治理过程中任何一方都有可能是主导者。当然，最终谁会是治理主体中的核心，要看二者力量博弈的最后结果。现就以前文的理论推演与现实实践为依据，从合作社、村两委这两大主体的博弈趋向、势力强弱，来说明村社联动治理机制的未来发展样态。

(一)以村两委为基础的村社功能互补型治理机制

长期以来，村庄政治格局一直以传统自治力量村两委组织为核心，这就造成了治理主体比较单一的历史状况。农村的治理一贯处于基层政府掌控的政治动员之中，行政组织主导着村庄的发展和兴衰。在这种情形下，村两委组织，作为政府政策在农村内部的贯彻执行者，几乎是社会治理中的唯一主体，垄断了农村的绝大部分资源，包括政治性、社会性等各类资本，支配着整个农村经济社会的运行。这种行政性力量独大的农村社会治理格局，使得一切非政府授权的社会组织被排除在农村之外，导致市场和社会的自主发展力量难以壮大，进而难以共同参与农村公共事务。但是，政治性任务的难以完成与农村社会治理中人才的不断流失，使得村两委的单一主政格局不断被打破。在合作社与村级治理组织的联动发展中，合作社的组织功能会在一定程度上弥合村级治理组织不能达成的政治性任务劣势,帮助农村社会人员由分散走向集中。在这种传统村治力量强大,合作社发展起步较弱的情况下,村社联动治理的实践活动会体现出很多的官方色彩。从调查数据也可看出,这种治理机制一般是村两委为了其经济性事务的职能发挥失败,而积极组建的扶持村域经济发展的合作社组织,是村级治理组织下的一个功能性组织。不过,根据村社一般规律的总结,村社联动治理发展到一定水平时,客观上要求其组织之间的合作分工更加清晰化。

在以村党组织为核心领导、村民自治委员会为群众自治主体的社会治理框架中,无论是宗族派系力量的崛起,还是合作社组织助力农业产业化、规模化,亦或是其他团体的介入,村级治理组织的地位都是不可撼动的。因此,在以村两委组织为基础的联动治理机制中,其显示出以下几方面特征:①在经济资源调动中,村级治理组织权威度较高,拥有着农村社会资源的配置权,并且会在合作社惠农项目申请中扮演着决定性角色,影响合作社农业经营项目的审批。或者是,村级治理组织能够凭借其与上级政府的网络关系来决定合作社的示范与否及示范等级。与此同时,其也会间接地对合作社的经济发展规划有着一定的影响作用,例如村内土地的使用、合作社办公地的审批。②在社会治理过程中,村级治理组织统管农村社会事务的方方面面。村内的党务政务均由村两委组织来发号施令,尽管有些地方合作社内成立了党支部,吸纳了村内的部分党员,但是在这种合作治理机制下,村级治理组织的党支部占据有利地位、掌握着事务话语权。当合作社与村内未入社的农户有矛盾冲突时候,合作社在村民委员会面前是没有特权的,其与单个农户家庭的地位是几乎平等的。③在村民认可度方面,村两委在整个农村社会治理中,不论是指挥经济发展还是处理农村社会纠纷、维护社会治安、治理农村社会环境方面,都具有较高的村民满意度。合作社的发展依赖于村两委的权威,其社员吸纳、农产品品牌建设、宣传动员活动,都会在一定程度上凭借村两委的正式地位来实现。④在社会声誉方面。在此种治理机制中,村两委的组织能力和资源支配能力远远超于合作社组织,在合作社组织与其形成联合之势之前,其在周边地区的村子内已经具备一定的口碑。所以,在对外市场中,其良好声誉一般会为合作社获取订单和顾客资源提供一定的保障,助力于合作社的农产品出售。总之,无论是从社会发展整体来看,还是从某一特定方面来看,村级治理组织的权威度都明显地在合作社之上,其虽与合作社形成共治格局,但又是这一治理格局中的关键发言人。

作为村社治联动治理机制研究的一种趋势——以村两委为基础的合作共型治理,其最突出的治理优势莫过于合作社组织的经济性功能对村级治理组织经济发展带动不足的弥补,其能够在某种意义上将村民的切身利益与村集体诉求进行一定程度的整合,进而形成村社功能互补的发展趋向。毫无疑问,在现实的社会生活中，普通农民不可避免地要与村两委、村干部打交道。不论是私人领域的矛盾冲突还是公共领域的政治决策、公共物品供给等，其都会与村两委组织的利益交织连接起来。所以，在农村社会治理中村两委的主体地位依然稳固。然而，由于西北地区发展的条件有限，近几十年来，村两委组织一直未能做好村集体经济发展、带领村民致富的工作。就目前的村社联动治理机制发展来看，合作社在农业产业的规模经营方面的优势，不仅减轻了村级治理组织发展农村经济的政治压力，而且催发了留守于农田的农户走向集约化生产的动力。反过来，村两委为合作社经济功能发挥提供了大量资源条件，帮助其成长起来。合作社借助这些广泛的社会资源，在村域范围内发挥着极为重要的治理作用，以其强大经济带动能力为村庄基础设施建设提供了资金支持。然而，我们并不能因此忽略村两委在农村公共事务管理中的重要作用，村两委依然是农村社会治理的基础，有些问题是合作社无法解决的，有些事情单靠合作社的力量是不可能办到的。在具体实践中，相互之间功能互补的特点也在二者联动治理的过程中不断体现出来，合作社的经济发展属性决定了村两委帮助做产业决策、土地流转、村民参与生产等协调工作；同时，合作社的经济发展也为村级治理组织权威提升增加了砝码。所以，以村两委为基础的村社功能互补型治理机制，在村级治理组织的权威领导下，能够把农村政治工作的发展与合作社经济发展作用结合起来，从而对全村的政治经济事务做到长远目标与短期目标的结合，使合作社可以与村集体实现资源共享，进行优势互补，一个对政治事务进行周密安排，一个对经济发展进行分步骤的实施运作，从而共同实现农村社会的进步。

(二)以合作社为主导的村社合作共治型治理机制

从新中国成立初到改革开放，西北大多地区均是依靠一些重工业、煤炭石油等资源型产业来完成其城市建设的。虽然其依靠固有的资源获得了经济发展的进步，但是在城镇化建设中，农业发展的不景气、农村人口急遽外流、农村市场的萧条，使得西北地区农村成为我国整个农村社会发展体系中一个难以忽视的短板。尤其是农业方面，由于地理条件限制和劳务人员的减少，农业生产技术和农业资源投入一直是滞后不前，农村社会生活中人心涣散的局势恶化不断加剧。新时期下，鉴于城乡发展的两极化结果、农业现代化发展背景的形成，西北地区农业生产亟待转型、农民生产方式也应时代之变急需转换。农民合作社的组建不仅改善了农户生产孤掌难鸣的分散状况，也使得产业结构不平衡、人口空间集聚度低的发展困境有所缓解。

在合作社的迅速崛起中，其以经济发展优势占据了一定的社会权力空间，调度农村社会资源。在与村两委组织联动治理农村社会的实践中，合作社凭借其资源优势和经济实力，逐渐在村社联动治理机制中处于相对独立的状态，并且在经济发展中处于主导地位，形成一种村社合作共治的格局。根据西北地区调查实践来看，以合作社为主导的村社合作共治型治理机制，明显不同于以村两委为基础的村社功能互补型治理机制，具有以下几方面的显著特征：第一，在农村经济资源调动方面，合作社由于其组建资金充足、社会网络广泛，能够依靠自身的社会资本去争取到国家政策对其的资源支持项目，获得一定的贷款优惠或农业生产资料、农技培训等农业建设性资本。并且，在农村社会基础设施建设中，其由于规模经济发展的硬件需求，会很大部分地出资建设农田水利、公路、电线等准公共性物品，进而主导着附近村落范围的大量公共资源的配置与使用，形成一种资源配置集约化、公共物品建设统一化的农村资源开发趋势。第二，在农村社会治理过程中，尽管村级治理组织是整个农村社会发展的正式管理者，拥有发号施令的权力，但是在此种治理机制中，村级组织经济基础薄弱，村两委虽有权却发展能力有限，而不具备高度的社会治理权限。同时，在合作社不断壮大的过程中，其会与其他地方的合作社形成联社，或是建立专门的合作社党支部，吸引更多优秀人才的加入，从一定程度上压制村级治理组织的权威。在社会治理事务中，村级治理组织甚至会惧怕合作社的权威，而给予其更多特权。在纠纷处理中，其会以组织规模来对单个农户权益施压，形成多数人与少数人利益争夺的局面。第三，在村民认同评价方面，合作社的崛起影响着整个农村社会发展的走向，村内农户在经济利益驱动下，要么是纷纷入社，要么会以"搭便车"形式被带动，从而借助合作社的品牌优势，来进行农业生产资料购置、农产品出售行为。在经济发展中，合作社效益带来的村民满意度也会逐渐攀升。第四，在社会声誉方面，此种治理机制中，合作社的组织建设能力、资源支配能力远远超于村级治理组织，具备一定的信誉。由于多年来社会发展积弊不断，村级治理组织的认可度也不断下降。不论是在社会治理行为，还是在对外的市场活动中，村级治组织的影响效力均有待提高。合作社在农业经营、农产品加工、销售、农产品品牌建设方面具备一定的专业性与规模优势，有力推进了农村经济的发展。综上所述，合作社在经济方面的突出优势，为其涉足农村社会其他领域提供了基础，一定程度上改变了农村社会治理的结构。

从西北地区农村经济的落后和追赶超越的发展历程来看，以合作社为主导的村社合作共治型治理机制，是当前欠发达地区农村社会发展的最有利选择。以合作社为主导的村社合作共治型治理机制，最大的特色在于组织经济发展功能的发挥。具体来说，就目前来看，合作社对于农村社会经济发展的作用是不可忽视的，其较私营企业组织具备一定的血缘、地缘联结基础，社员之间同化度高，利益关系紧密；同时，与家庭农场经营等新型主体相比，其又具备一定的规模优势，能够更好应对大市场风险。在前面多次肯定了合作社在经济发展上的带动作用，在这里再次点明，也是为了着重说明其组织的本质属性，强调其在村域经济中的突出贡献。其次，合作社以其雄厚的经济实力对村级治理组织主政的传统治理方式提出了挑战。西北地区农村经济发展状况的统计数据显示，其与中东部地区相比处于落后的尴尬境地，虽然具备大量土地资源但却没有实现农业产业的发展。合作社组织在经济上的优势与深入社会治理领域的实践，一定意义上打破了村两委治理农村社会的传统行事逻辑。新社会力量的介入，使得村两委组织不得不扪心自问：身为社会治理中的权威者，其与新组织的差别何在，其哪里做的不如新组织呢？当然，这一时代发展的挑战，也会让其从深层次反思自身几十年来的工作效果、未来工作安排的重点所在，进而实现其组织功能转变。最后，合作社组织以民间社会力量的身份参与到农村社会治理体系中，为多主体共治体系实现博弈平衡增添了新活力。合作社的非正式身份，相较于村两委之于村民生活的官方性、权威性，能更好地贴近当前农村社会发展需求、接近村民心理防范区，进而融合进农民的生产、生活之中。毋庸置疑，合作社因"亲民性"也获得了较为广泛的社会资源，这种社会资源不仅包括了有形的人力资源和土地资源，还包括了无形的社会公信力和村民的普遍认同。在村民的信任中，其对村级治理组织行为具有一定的制衡作用。比如说，合作社组织能够以社员组织或农户名义，监督村两委的村务公开事项、土地资产的处置结果、公共设施建设情况，并能够以民间组织身份代表和其利益相关的村民，与村两委代表的行政力量进行较量，为村民争取该得的权益。值得说明的是，虽然合作社具备一定的社会组织合法性，但是在国家与社会二元力量互动中，村两委的正式治理者身份是不会被改变的。退一步讲，从国家社会互动的内在逻辑来看，此种治理机制的形成，也是为了更好地优化社会治理体系、实现社会治理现代化、加固村级治理组织权威地位。

二、第三方主体参与的村社互动样态

在村社联动治理机制的发展中，村社组织不断合作完成经济发展和社会治理任务。但是，从其二者联动的根源来看，村社的利益联结依赖于其二者之间对彼此的需求上。虽然利益需求会引导着二主体相互吸引并加深联系，但是村社组织之间的联动并不是一个存在于真空中的社会治理机制，其不仅会受内部治理结构调整的影响，也会受到外部诸多因素的作用。在村社联动发展到一定程度，或是出现某一方组织功能发挥不足、外部资源供给匮乏的不良效果时，村社联动治理机制的未来发展就会进入瓶颈期，不得不依靠于其他主体的介入来更好地实现联动治理机制的运转。

(一)经济能人与村社组织耦合型治理机制

传统农村中乡绅是社会治理中的精英,计划经济时代村域精英是掌握着资源配置权力的基层负责人,市场经济背景下,创新能力强的农民也在逐渐成长为村域精英群体的一部分,决定着村域经济转型发展方向[7]。在当前农村的社会发展中,一些人凭借其超凡的能力、智慧或者学识而在农村获得了较高的认可度和权威,这些人往往有着广泛、深厚的社会关系,因而拥有的资源要比一般农民多得多。根据中西部调研分析,农村能人在村域经济发展中的作用不可忽视,其先试先行的开拓精神、效仿学习的魄力,使其在农村社会发展中的扮演着领头人角色[8]。由于村社组织的庞大,其在面对新事物时候缺乏尝试精神,同时在政府惠农政策扶持下其组织发展动力并不是单纯的,夹杂着获取国家资金的私心,很容易在联合治理中陷入自我发展动力不足的困局中。经济能人作为农村社会发展的重要个体,能够激发村社联合的动力,引导村社联动治理机制的良好运作,发挥牵引机作用。从经济能人的本质特征可以看到,他们之所以具有引导带领村庄发展的作用,主要是源于其在本地广泛的社会文化认同,以及和村民间形成的利益关联。其次是,能人的存在往往具有分散性,组织化程度低,行为灵活。他们能够在各自的村民小组中,在满足自身利益的基础上由己及人地带动村民小组其他成员的经济发展。再者,在社会治理的方式上,他们对村民的影响往往来自隐性的示范效应,通过能人的勤劳致富,村民会模仿或因此被激发出其致富的灵感。最后,在对整个农村自治行为的参与上,他们通过身边的村民自下而上的表达愿望和利益诉求,往往是直接的建言献策和施加压力,谋取以他们为代表的村民利益最大化。

鉴于经济能人在资源整合方面的强大能力、经营思维的新颖独特,其以个体的灵活、敏捷、多变之优势,更易在农村经济发展的未知领域创造出意料之喜,引领村民改变传统思维和带领同村人们致富。故而,在村社联动治理机制的经济发展动力不足的情况下,其与经济能人结成利益联盟,形成经济能人与村社耦合型治理机制,有利于增强组织发展力量、牢固利益联结纽带。根据各主体的功能定位与发展诉求,三方主体的互动机制会表现出以下特点:一是村社组织联动治理机制发展定位方面。面对外界环境的未知与组织内部的矛盾,村社组织的利益联结很容易便会出现分裂。在经济能人的介入过程中,由于能人的资源调动能力强大、市场开拓意识较强,其会为村社联动治理机制的经济发展注入新血液。在合作社组织发展中,其会为社员农户带来新的技术和种养知识,帮助合作社组织瞄准产品未来发展趋势,做好经营规划。在村两委的组织建设中,其会增强村委干部的创新意识,助力村级治理组织经济功能转型。二是在村社组织社会治理结构调整方面,由于合作社组织兼具一定的社会属性,其与村级治理组织的作用领域存在诸多交叉之处。在交叉之中很容易就会出现利益联结失败的结果,经济能人与其二者的互动，会在一定程度上帮助不同组织转移行为注意力。其会与合作社联合，增强合作社在经济发展方面的进取能力，将合作社的重心转到经营管理上来；同时，在与村两委的互动中，其会发挥经济能人"能"的作用，侧重与村两委在资源获取的社会网络方面结成联盟，更多地刺激村两委的政治性能力。此外，在经济能人的协作下，能人对农户的带动作用会在一定程度上对合作社的带动发起挑战，同时能人效应也会对村级治理组织的权威有所影响。那么，在三者的耦合互动中会出现一种制衡局势，有助于多主体之间的交流合作朝着纵向延伸。三是在三方主体关系互动方面。村两委组织主要扮演着社会治理的角色，合作社组织承担着组织农户生产、集中发展的任务。经济能人则发挥着组织不具有的个体优势，激发合作社组织在市场经济中的潜力，引领合作社组织的新发展。在合作社组织发展方面，经济能人能够通过其先进的学识，把具有现代公司治理的观念灌输到组织中。同时，经济能人的出现也会在一定程度上增加村社组织的联系，使得村两委愿意为经济发展提供资源，持续与合作社组织联合下去。

由于西北地区农村的生产力落后状况依存，当前农民的更多精力仍是聚焦于如何发家致富。这一经济能人与村社组织耦合型治理机制，不仅为村社组织联动治理行为提供牵引力，加固二者之间的联结根基，而且满足了农民持续不断发展经济的意愿。西北地区人才流失本就严重，普通农户习惯了旧有的生产发展方式，偏重于墨守成规，一般处于被动的发展状态。即使身处村社组织联动治理机制中，普通农户也多是跟随组织决策进行一系列生产活动，不具备较强的冒险精神，需要一个能人领袖帮助其探明前路并做好规划。经济能人能够通过发挥正能量和示范作用，以个体身份影响身边村民，进而促进村民民主和自我发展意识觉醒，发挥村民自治中农民的主体作用，充分调动村集体的自然资源和农村发展的社会资本，有效地将西北地区农村潜在的活力挖掘出来，让农村发展焕发新的生命力。同时，经济能人与村社组织联动治理机制的结合，一方面，经济能人凭借自己的灵活头脑、风险意识、敏锐的嗅觉，能够帮助组织在面对市场的经济行为风险时，及时进行方向调整，最大限度地减少组织损失；另一方面，在经济发展动力不足的境况下，村社组织联动意愿也会削减。经济能人的介入也会为村社组织联动治理机制带来新的经济增长点，激发村社组织联动治理的意愿，缓冲二者的利益纠纷。通常情况下，农村精英结构反映着整个农村社会的权力结构。作为农村精英中的特殊份子，经济能人居于承上启下的中介地位，不仅是村庄内外部权力互动的交叉点，也是"上中下"三层中的夹心层，制约上层的集权行为，又连接下层的利益诉求[9]。在经济能人与村社组织的耦合互动基础上，将上下层的利益进行汇总、整合，再充分利用村民自治的基础上的民主协商治理氛围，进而发挥经济能人的引领作用、社会网络优势，那么，不但可以让以国家力量为代表的村两委能够不遗余力地处理上级交代的任务和迫切需要解决的事情，又会将以民间力量为代表的合作经济组织以及农村能人的发展潜力不断得以释放，促进农村社会经济快速发展。

(二)新乡贤与村社组织协作型治理机制

自古以来，中国农村经济发展封闭性较强，农村社会深受儒家文化熏陶，人治色彩浓厚。传统乡绅作为农耕文明的产物，多是贤达之士或饱学之才，凭借自身的道德底蕴、名声威望，维系着农村社会治理的基本秩序。他们年轻时离家经商、入仕为官，待到功成名就后衣锦还乡，以榜样的力量教化本土青年人积极向上，进而引领农村社会发展。时至今日，乡绅已然没落，但是见贤思齐、崇德向善的乡贤文化并未消失，依然不遗余力地滋润着乡村社会的精神土壤。在乡贤文化的指引下，德能兼备的农村贤人成为许多地方社会治理的领头雁，备受政府和群众的赞许。具体而言，新乡贤群体、乡贤理事会与农村社会保持着天然联系，具备"乡土底色"，而其懿德嘉行又符合"贤"的评判准则。基于精神内涵的一致性与社会文化发展的内在关联性，新乡贤群体组织在不断承袭古代传统精华。但是，现代社会发展中资源配置的市场主导性、生活气息的快捷化、政治民主的公开透明性以及社会治理的多主体化，已经不应允当代乡贤因循守旧，而是将自我身份主导的社会秩序置身于现代民主框架之内，协助既有规则条文推动村民自治[10]。纵然古今差异存在，但是新旧接替既是历史适应规律的体现，更是一种发展与超越式的进步。从历史演进过程来看，传统乡绅治村到现代新乡贤、乡贤理事会参与农村社会治理，均彰显出德才兼备群体对农村社会发展的重要作用[11]。伴随着村社联动治理机制的不断推进，其内部组织之间的互动界限也变得难以言明，合作社经济方面的强势势必带来其政治地位的上升，同样地村委会权力的让渡也使其丧失了部分资源处置权。在经济、政治、社会多重领域的互动中，村社组织之间的行为在规范化调整中也会遭遇瓶颈期，而难以适应农村社会的乡土规则。新乡贤组织和乡贤理事会作为社会治理中道德约束力量的代表，尤其是在当前农村社会风气日益败坏的背景下，其对规范社会组织行为有着不可替代的重要作用。故而，在熟人社会中，新乡贤理事会组织与以市场经济为导向的合作社组织、以农村善治为目标的村两委组织相互协作是将道德文明与经济发展社会治理融于一体的新型发展形态。根据此三类组织的本质特点，新乡贤与村社组织协作型治理机制在农村社会中会呈现出以下的显著特征：一是在村社组织治理结构调整方面。合作社与村级治理组织虽然基于彼此利益诉求进行了联动治理行为，形成了促进农村社会发展的联动治理机制。但是二者的所需所求毕竟存有差异，合作社组织更多地是以市场经济规律为其行为指导，而村两委组织代表着村民利益、村干部利益，社会公共性与私人性交织，其行为准则源于乡土社会中熟人相处之道。由此可见，二者在治理结构调整中会出现准则不对等的冲突。在面对结构冲突时，就需要内含的文化根基来帮助其进行归位，调节组织之间行为准则冲突，回归传统文明。乡贤群体拥有当地人们的普遍认同，满足特定文化环境观念下村民的期待，是本土文化观念体系的凝缩，不可不可谓之是社会治理结构调整中的缓冲剂[12]。二是在社会治理场域中组织互动关系定位方面。三方主体产生根源不同，组织功能定位也各有侧重。村级治理组织是国家正式规定的社会治理的权威者，代表行政组织力量，行使对基层社会的管控与指挥权力。合作社组织是现代化与市场化力量合力催生出的，志在集中农户力量、带动农民经济发展的一类合作、经济性组织。乡贤群体组织则是源于乡贤文化助力农村伦理道德回归，引导农村社会文化建设的重要力量。三个主体在社会治理中各有其侧重，特别是乡贤组织，其与村社组织的协作共治是将社会建设融入经济发展、政治文明的一种积极行为，不仅能够有效调节经济、政治力量博弈中的冲突，也会为村社组织联动治理机制发展方向树立价值风向标。三是在伦理道德与村风文明建设方面。农村社会文化传统性与现代性兼具，多种道教力量复杂交织，共同影响着当地村民的价值观、具体行为。乡贤文化作为传统文化沉淀的结果，源于过去治理智慧和实地经验的积极总结，对某一地域范围内的村民生活、习惯、言行具有模塑作用，极富标本价值和应用意义[13]。乡贤理事会群体凭借组织内部的老党员、老模范、教师等精英人员的魅力，开展村内公益事业建设、协作村民自治工作，延展了自治空间。比如，很多地方的乡贤组织以公益、互助、服务为宗旨，依照明确的章程行事，承担着村内公共环境、道路维护等任务，引领村内社会风气建设。

在城乡建设、东西部发展差异中，西北地区农村人员流失严重，不仅农业产业底子薄，经济发展难题重重，而且村内社会文明建设已经衰败不堪，社会秩序亟待整治。乡贤理事会组织作为当下农村社会治理中一种自发组织，其诞生不仅具有一定的历史渊源，也是对现代社会治理中村民需求的满足。乡贤文化源于乡土社会，包含着传统文化的优秀基因，历经千年而经久不息。在西北地区的农村社会这片土壤上，传统文化更是积淀深厚，适宜于源于乡土的人士在此生长和壮大。作为一种文化形态，乡贤治村具备一定的道德教化价值，能够帮助村内社会活动有序进行。在合作社与村级治理组织内部互动不畅的同时，新乡贤组织的干预不仅会在一定程度上降低组织之间互动的阻力，弥合组织分歧，化解组织之间冲突，而且会以潜移默化的治理方式影响农村社会人员的行为，在现代契约精神与传统伦理之间寻找到最佳结合点，助推村社组织互动契约的本土化执行。在乡贤组织与合作社、村级治理组织彼此作用的过程中，合作社与村级治理组织的联合行动受到乡贤组织力量的约束，在一定程度上，二者会在符合当地伦理道德价值观内的领域开展活动，进而形成一种在乡贤文化框架下的合作社与村级治理组织联动治理的新机制，也即是新乡贤与村社组织协作治理农村的一种新形态。此种新机制最大的优势便在于在村社联动治理机制中融入了当地的伦理价值，使得村社组织在遇到不可调和的矛盾冲突时候，能够找寻第三方组织——新乡贤帮助其缓解利益争执，从而使得村社组织的联动行为能够更好进行下去。同时，农村社会是一个以村庄为基本界限的熟人社会，在长久的相处过程中，村民们很容易对生活在本土社会的贤人志士萌发出亲近感，对其行为认同度较高。合作社与村级治理组织在乡贤组织的协助下，会收获更多村民认可，节省联动治理成长，减少社会治理摩擦。因此，在新乡贤与村社组织协作型治理机制中，合作社组织可以在当地文化价值观引领下进行市场经济行为，村级治理组织也能够在老党员模范和老干部的威信下更顺利地进行村民自治活动，以防陷入左右为难的窘境，进而在农村社会治理体系中实现经济发展、政治建设、公共秩序确立"三位一体"的有机融合。

第三节　村社联动治理机制的价值取向与未来影响

西北地区农村社会中村社联动治理机制的形成，可谓是应时代之需求与村民之意愿的一种适应性回应。在不同的学科话语体系下，"价值"的含义各有不同。从哲学意义来看，价值是客体属性的反映，是主客体之间互动联系的本质体现。农村社会人员作为农村社会治理中的客体与治理主体，其需求莫过于生活的和谐，也即是人与自然、人与社会、人与自我之间的一种和谐。纵观村社联动治理机制的价值定位与未来发展，我们可以根据其机制运作的具体行为与终极目标追求，将其价值定位分为行为理性层次的经济、社会发展的统一，与目标理性层次的人与自然生产、人与社会的终极和谐。

一、村社联动治理机制的价值取向

西北地区以其特殊的历史和地理环境构成了其社会发展、地区治理的特定现实状况，基于近年来国家合作社助力产业发展的政策扶持下，西北地区实施合作社发展规模经济、合作社助力精准扶贫逐见成效的现状下，"去贫困要出路"成为西北农村社会经济发展的首要目标。村社联动治理机制研究也正是在这样的国情、地情、民情背景下而被我们深入挖掘的，我们希望通过对西北地区合作社嵌入与村社联动治理机制的观察与思考，进一步深化相关方面的研究。从其当前的行为定位与未来目标达成层次，来进一步分析这一治理机制背后的内在价值维度与合法性基础。

(一)行为理性

如今西北地区的农村社会发展，早已不同于往昔传统农耕文明时代的自给自足，在现代化大潮中，其显然已经化身为落后的代名词。作为一个理性经济人，农民普遍追求生计理性，渴求进入大城市从事高效快捷的非农工作，获取相对高额的工资。然而，在生存发展的不断追求中，最终剩余在农村社会的往往是在客观条件限制下无法外出的人群。显然，这一类人成了弱势农民群体中的弱势者。在出路探求意愿与现代化、机械化的多重力量的反复交织下，农业生产合作开始成为他们的理性选择。人们希冀联合起来，通过合作经营、规模经营将农业生产产业链延长的权利保留在自己手中，以此提高农产品附加值，共同应对大市场风险。根据西北地区调查可以看到，农民合作致富的意愿很是强烈，每个人都希望可以摆脱当前的生活困境，希冀家庭劳力回家经营产业，过上富足安稳的日子。当然，在农村经济发展合作社的发展也受到学术界诸多学者的质疑。在此我们不过多地去论述合作社的出现到底是不是真正有效带动了农村经济，而是根据现有经济现象推出其背后的实质内容，揭示当前西北地区的农民行为理性。纵观空壳子社的出现，实则不是农民合作意愿的失败，而是合作意愿未被有效连接起来的失败。退而言之，如果没有人们的合作发展意愿和行为理性，空壳子社也不会出现。所以，我们对待空壳子社大量出现的原因，也应该依照西北地区的真实情况去做出理智判断，而不是片面地归结于合作社的兴起是错误的，或是盲目去说合作社根本不是真正的带动农民经济发展的组织。事实上，合作社的出现并没有错误，它符合人们经济发展诉求，而错误的是在一些地区农民合作行动缺乏成熟条件及有效的组织者来实现真正意义的联合。当然，不管是示范社的良好发展还是空假合作社的大量存在，均说明了农民发展经济、合作生产的需求十分显著。所以说，合作社作为当前农村社会治理主体的一种理性选择，不仅表现出规模经济的组织优势，更是体现出人们行为背后的价值理性。

从农业税费取消到现今的各类扶贫资源的下放，村级治理组织的管控型角色也在不断转向服务型角色。村两委干部从原有的高权威方式行事，在逐渐变为低权威、高服务形式来与村民相处。然而，权威的些许失去加之大量青壮劳力的外流，村级治理组织的工作越来越难以开展。在基层政府指导下，没有了先前的诸多行政性任务指标，他们在现代村风文明衰败中也不敢妄自行事，甚至有的村干部只剩下明哲保身、懒政思维。陕甘多地行政村的干部反映，在社会治理中，他们很难去积极探索社会自治新形式、新思路，原先政府部门有明文下达的政令须得完成，如今从向上交资源变成了上面往下拨给资源，他们只管做好一些服务性工作，而不会主动去没事找事似的，非要以村内名义做一些公共性事情。例如，修路、架电线，这些不只是完全依靠政府投入，还需要村民适当地按照比例进行缴费，由乡镇、村级共同出资才会使得公共项目得到审批。但是，在村内人员外出现象严重、道德风气下滑的农村社会中，这类公共事务已经难以完成，稍有不慎还会招致不满。"多一事不如少一事"的行为逻辑，已经成了西北地区农村社会发展的一个恶性循环。在国家政策变换、人员流失、村风破败的多重影响下，农村社会与基础设施健全、文明发展良好的城镇相较，未免显得相形见绌。反思农村社会治理的怪状，这些无不源于公共理性价值的缺失。所谓公共理性，好比一种合力存在于公共领域之中，其实质是指个体实践理性集合而成为社会理性，或是个人私利对集体利益的让渡，也即是个体对公共的成就[14]。然而，这种公私之间的相互成就，已经在日益原子化的农村社会治理中遭遇滑铁卢。人们单个个体的特定意志和思想在自由化、异质化的农村社会中盲目凸显，在现实中经常会出现一些专门摧残群众公共理性建构的"钉子户""上访户"。他们往往不顾公共利益，只讲求自身私利，去故意违背游戏规则，以赖皮行事逻辑制造超乎常规范围的社会事件。不论是公共秩序的形式化，还是村级公共权力行使的弱化，这些都表明在现代化背景下，个体理性日渐占据上风，促进公共利益实现的公共理性，在单个治理主体行为的冲击下变得消失殆尽。因此，在当前的农村社会治理急需公共理性精神的回归，进而实现社会合作与公共利益的达成。

事实上，每一种基本的价值理性都与一连串的具体价值息息相关。在合作社的组建、发展、壮大过程中，其与村级治理组织之间的联动行为，无不体现出当前农村社会治理主体对经济与社会统一的追求。就个体行为理性来说，合作社的嵌入为农民扩大农业生产规模、提升品牌建设能力增加了砝码，契合当前农民发展诉求。就社会公共利益而言，虽然公共理性反对个人理性的凌驾，但是在现实生活中，完全的公共理性其实是几乎不存在的。根据阿罗不可能定理，人们的社会公共利益并非个体利益的直接加总或高低排序而形成。有鉴于此，公共意志的形成是有其自身特殊性的，需要一定的公权力、强制性规范作支撑，进而在公共事务中发挥出主导作用，保持共同利益的平衡。村级治理组织由于其对农村经济发展带动的能力不足，导致其在农村社会中的公共权威也难以回复。不过在追求经济与发展理性统一的过程中，村级治理组织与合作社也在相互依赖的基础上展开联动行为。合作社嵌入农村社会治理中并凭借自身的经济发展属性，在农村社会发展中逐渐占据一席地位。与此同时，村级治理组织也借助于对合作社的扶持和权力让渡，增加一定的经济发展领导效力，提升其在村民心中的威信度。从发展经济到社会治理，在经济与社会的联合中村社组织在具体合作实践中实现各自利益的增加。合作社因获取一定的社会治理话语权，而增强了合法性基础，经营管理更加得心应手。反之，村级治理组织因为对合作社的引领与指导，对上级来说，是完成了带动经济发展的政治任务，对下则是满足了村民的致富意愿，进一步稳固了其在社会治理中的根柢。从经济发展效益与社会治理权力交换过程的背后，我们也可窥探到村社这一联动治理机制运作的具体行为理性。伴随着农村经济的规模化发展，农村社会治理中合作精神见长，农村社会中公共领域扩大，个体的小农经营思维、单家独户生产逻辑、私人利益的绝对最大化行事作风都有所转换。在这种状态下，人们自然而然地也感受到村社组织联动带来的经济实惠与社会治理的改善。

(二)目标理性

人们的所有活动都是一个主客体满足的问题，无论是集体还是个人，价值定位都是一个极为重要的问题。作为一个集体行动，其间不只是包含着微观个体的行为价值，也包括整个社会组织集体目标理性的价值。那么，集体活动中价值取向的问题就变得更加复杂。按照从目标到行为的逻辑，集体行动往往是依据"价值群"中的最本质价值来引导和规范组织的具体行为，并以此目标理性价值从宏观层面来统摄多元的微观行为价值，进而将具体价值上升为价值共识。合作社和村级治理组织作为农村社会中的生产合作性组织与社会治理组织，其二者之间的联动不仅包含着人与自然生产的互动，也包括人与社会、自我关系的调节。从其机制运作中具体的经济与社会统一的行为理性来看，其实质是社会统筹发展中人与自然、人与人之间的和谐度实现的一种折射。在经济发展与社会治理力量的互动中，村社组织将农户的生产方式从小家独户转换为家户基础上的规模生产，如果成功地实现这一目标理性价值，那么合作社就会运行良好，反之，则会陷入空壳子社、假合作社的发展困境。同时，在村民与社员的身份交叉重叠中，农民与自身所处的社会关系也增添了一层涵义，他们要重新审视利益整合、社会秩序、发展规则，做到在村社多重力量交汇中生产有序、生活和谐、内心宁静。反之，如果人与人、人与自我的调节没有达成，那么社会关系和公共秩序也会有所变化，难以真正实现这一层的目标理性价值，就需要不断调整，直至达到目标与行为的价值取向一致。

作为一种人们自觉的实践活动，生产为人们创造了一定的物质生活条件。在农业社会中，人们在农产品获得基础上，有了可以食用的谷物、牛羊等吃的东西；同时，在桑田间获取丝麻等原料，有了可以遮体的衣物；通过修建房屋，有了稳定的住所；伐木造车船，有了简单的出行工具……在自身的生产劳动中，人们满足了自己的吃穿住行等基本生活需求。另一方面，在生产与实践中，人们在改造自然的过程中发展了自己的能力，不断赋予自身多项技能，得到自我价值的提升。然而，作为一种日常的、广泛进行的生产劳动行为，中国农村的农耕生产方式与治安防卫、防灾救济节日庆祝等大规模活动，或是与其他国家地区相比，在规模上明显极不发达，在组织上也是过于简单[15]。长期以来，正是在这种简单的生产实践中，农耕文明一直发展缓慢，农业生产效率处于低水平层次，农产品也缺乏一定的市场竞争力，相应地，农民的身份地位也不被社会所重视。人与自然的互动伴随着社会发展也在不断趋向深层次。自 20 世纪七八十年代以来，在城镇力量的牵引下，西北地区农村社会大量农业劳力转换至非农行业，导致农村社会结构发生急遽变迁，致使农村家庭的生产样态也要相应地发生改变。加之现代化和机械化力量的不断注入，传统的农业生产已远不能满足人们对生产高效率的追求。在社会因素与生产追求的共同作用下，原有的人与自然生产实践的价值统一被打破，开始寻求新的目标理性平衡点，逐渐转向规模化、集约化、高效化的现代农业。有鉴于此，在家庭经营基础上，家户经济联合为合作社组织形式，既使得经营规模扩大，也兼顾了农户家庭生产功能。因此，合作社组织的崛起，从其具体行为实践来看，是经济发展推动的体现。但从更深层来分析，合作社嵌入农村社会中，则是将关注点集中在效率的提高，是人们主观能动性发挥的与时俱进，也是人与自然的统一。同时，在传统农业向现代农业转型中，人们的改造自然的素质也在合作经营中得到更深层次的提升，逐步实现自我价值。

其实，在追求人与社会、人与自我的和谐统一的过程中，人们总是会在不断的实现当中去更新升级，去追寻自我精神的满足，达到人与社会及自我的和谐。这一目标理性价值本身便具有一定的内在性，也即是，根本不需要与其他参照物相比较，人们就发自内心的认为其是可欲求的，或者说其本身就是值得人们追求的。据此而论，在人与人、社会进行结构调适的过程中，人们总是会将个体的微观理性与社会理性统一起来，在社会的不断发展中将个人与社会利益相融，进而追求个体与社会发展的一致性，也即是系统地将目标理性与行为理性有效平衡起来。毫无疑问，几千年的农耕生产也使得中华文化传统具有浓厚的乡土气息，这也是从生产活动上升至社会属性的过程。同时，在这种乡土气息中人情关系、社会秩序就显得更为重要。虽然一家一户式经营已经成为生产经营的主要方式，但是个体经营存在于村落共同体的生活空间内，需要与他人互动，共同面对农业生产的脆弱性以及自我经营能力不足的劣势。在社会关系影响下，人与人之间在传统生产中的换工和搭套都夹杂着一定的感情要素，而不是追求绝对等价、等量的交换[15]。同样地，在合作社组织的生产活动中，其间的人际网络和社会规则都需要一个有力的社会性组织帮助其协调，以便更好地进行经济活动。不论是社员农户还是非社员农户，在同一地域范围都具备同质的乡土气息，从属于村级治理组织的社会管理。同时，在村域经济发展基础上，村级治理组织也能更顺畅地行使其社会治理权，维系公共秩序。在人与自然的生产实践到人与人之间的关系调整过程中，村社组织之间也表现出经济力量与社会力量的一种结合。在转型期农村社会结构与社会组织功能的调整中，生产实践与农民思想均发生了史无前例的巨大变化。所以说，合作社与村级治理组织的联动，不只是将农业生产活动、农民生活方式、农村社会秩序三者有机统一起来，更是从这一治理行为的目标定位上，追求人与社会结构、人与自我思维的一种融洽。

二、村社联动治理机制的未来影响

根据西北地区合作社的发展实践来看，从农业到农村社会，村社组织将生产实践与社会治理有机地联系起来，并形成了良好的发展态势。综合前面对村社联动治理机制的未来样态及其价值定位的分析，我们可以看到治理之意在其中体现的可谓是淋漓尽致。所以说，其也是一个开放的治理机制，积极吸纳其他组织力量的融入，力求在不断的发展中去否定之否定自我机制，使其内部组织功能保持一种永续激活的状态。

(一)促进农村社会转型，走向治理的现代化

随着现代化进程的加速推进，传统农村正在日益向现代农村转型，其社会治理以多元、开放、服务、合作治理为特征，表现出社会治理的现代化趋势[16]。就西北地区而言，不管是合作社的嵌入还是其与村级治理组织的联动行为，我们的研究主题都始终围绕着社会治理，所以，我们绝不能脱离治理的框架和内涵，也不能偏离研究村社联动的最终目标，即实现农村的善治，使农村社会治理体系建设走向现代化。在实际运行中，治理机制是一个系统连贯的运行体系。这个体系在正视事物各个部分存在的前提下，协调各个部分之间的关系，以更好地发挥组织作用，使其持续运行下去。由此可见，在社会治理现代化进程中，村社组织在社会治理实践中的具体行为，也表现出一系列现代化特征：多种社会组织对社会事务的广泛参与构成了治理的主体；以民主和协调为中心代之以控制的一系列活动的过程而不是结果构成了治理的内涵；治理不是一个提前制定的整套规则，也不是一个确定的正式制度，而是一个充满变化的持续的互动平衡，其间的互动和协调构成了治理的基本形式。

考虑到西北地区的自然生态和政治生态的特殊性，我们希望立足于这种特殊的社会情境，来分析村社联动治理未来发展趋势及其产生的影响。结合治理的理论框架与西北实践观察，村社组织的治理活动包括了社员农户、非社员农户、合作社领导、村级治理组织、村干部等在内的多类主体。从村社组织联动的宏观层面看，其联动治理机制对整个农村社会的影响，主要是促进农村社会善治形成。也即是，在这一社会治理过程中村社组织是如何妥善处理农村各种公私问题、提供农村公共服务、促进乡村经济发展、提升农民福祉与公共利益的。具体来说，

村社组织的联动治理行为对社会治理现代化的影响主要有以下几点，一是多元主体的合作和农村社会自治实践的创新。合作社与村级治理组织在经济发展、社会治理、农村政治决策中的一连串联动行为，是对传统中以政府行政力量为单一的权威来源的挑战。在多元主体互动中，合作社为农村社会经济前进提供了一条新出路，帮助村民从分散走向团结互助。与此同时，合作社与村级治理组织的联动治理行为，一定程度上分解了村两委的主政权威，增添了社会力量。二是增进村民收益和福祉，提升现代管理技术水平。传统小农理性经营的思维显然已不能满足机械化生产的需要，为现代化生产所鄙夷。在合作规模经营中，合作社为村民带来现代农业种养技术、组织经营管理技巧，为农村经济发展带来了一定的规模效益。在现代化技术的指导下，农业生产与农村社会管理都表现出一定的现代性、高效率、规范化，从整体上提高了农村社会治理能力。三是现代化背景下的市场化和民主化导向，以及善治过程的动态变化。合作社与村两委的联动，不仅对外连接着市场经济，对内联系着普通农户，而且将二者的利益融为一体。同时，二者的联动将行政组织在农村社会的委托人——村两委、经济发展力量、普通家庭力量结合起来，体现出多主体共同治理的善治色彩。在经济与社会共同发展过程中，三种力量在公私领域的交汇夹杂着多重利益，使得社会治理越来越走向协商对话、平等交流的发展趋势。

从微观层面来看，农业生产、农民、农村资源均表现出现代性转型特征。首先，在生产中，传统农耕文明在面对前所未有的高新技术时显得不知所措，开始表现为低效、滞后。合作规模经营为农业生产带来了现代化力量，提升了农业生产的高效、集约化，同时，新兴的生态生产技术、养殖技术也为农产品的绿色、安全等质量保障增加了砝码，符合人们对现代生活质量的要求。其次，在行业转换中，农民现代化思维的逐步生成。在传统封闭的社会背景下，西北许多偏远地区的农民都是以成本价将农产品直接买卖给中间商，而最终只是得到微薄收入。但是在现代农业规模经营倡导下，农民通过规范生产、合作销售、统一品牌，能够与市场直接进行对话，减少了商贩的层层剥皮行为，延长了产业链。在与市场、合作社的交流中，农民原有的生产、生活观念逐渐转向现代化，变得更加开放、自由，敢于追求自己的权益。此外，在合作组织化背景下，其更多地参与到生产决策、政治选举的过程中，也在一定程度上锻炼了自己的能力，开阔了视野。最后，在农村发展资源开发中，村社组织联动治理机制使得农村资源更具共享性、流动性。村社组织在联动过程中，由于经济与社会、政治资源对二者来说是各有所需，所以二者更倾向于将多种治理主体所拥有的资源进行重新规划配置实现协调化，以达到成本最小化。不仅如此，多元主体的参与还可以强化治理力量发挥多主体积极性、创造性，对农村资源进行有效合理配置，取得让大多数村民满意

的效果。

(二)重建公共秩序，助力村风的文明化

传统农村社会建立在定居式的农耕文明之上，人员流动性较小，是一个"超稳定"的社会结构体系。尤其是西北地区的农村，封闭性较中东部地区更强，社会结构稳定性更高。在其间生活的农民，同质化程度高，多是依照祖祖辈辈延传下来的"熟人社会"相处规则来进行邻里之间的沟通交流。此时的公共秩序经过几千年的文化经验总结，已经形成一种约定俗成的非正式规约，落实到人们的行为中也是一种井然有序的状态。因此，在传统的村落里村风良好，其实是源于相同基础上的长久积累起来的文化共识，以及血缘、地缘范围内大家彼此熟悉的高度认可。然而，在30多年的现代化洗礼中，原有的社会生态平衡突然一下被打破，便难以再回复至从前。在传统与现代、农村与城市多重力量的交汇中，农村社会治理结构也变得愈加复杂，原子化、半熟人特色凸显，人们的相处之道在不只是源于老祖宗流传的那一套，而是增加了许多应对现代化力量的生存规则。相应地，村风文明不如以前，人们的认知不再只是基于同质化基础，而是道德标准不一，认同各有差异。再者，在城乡流动不断加快的背景下，村民的身份体系也因社会流动速度的加快而弱化，呈现出对农村生产、生活认同度下降的趋势。总之，在转型时期，社会结构呈现多元化、利益格局突出异质性、组织体系走向分散化，价值观念也在不断分化。这些都说明，农村社会在急速变化中透射出极大的不稳定性特征。与此同时，村民集体行动不再是以往按照血缘和人情的亲疏远近来作出，而是沿着利益交织和利益最大化作出，或者说人们的逻辑不再是固于家族的核心观念，而是本着经济理性和功利性的价值观念去参与能改善生活的一切行动。在这种逻辑演变的情况下，如何实现公共秩序重建及村风文明回归，是一个极为复杂的问题。

纵观合作社组织与村级治理组织联动治理机制的发展特点，其将合作互助、集体精神再次明确提出，融入农村社会之中，有助于村庄精神文明建设工作的进行。综合村两委和合作社的联动治理情况，其未来影响有以下几个方面：一是增进村民间交流互动。在现代化力量的不断冲击下，农村社会半熟人化、陌生化现象严重，村民之间的信任度也大不如前。合作社的组建、村两委的动员，会将本村及附近村子的农户都吸纳进来，增强组织的多元性与异质性。同时，在合作生产、加工、销售环节，农户之间的交流范围有所扩大，彼此之间的联系更加紧密、互动频率有所增加。如此一来，村民之间在村社组织的带动下，从生产到社会生活都有着割不断的联系，改变了关门闭户的零沟通情况，使得农村社会熟悉度不断回复。二是组织自觉性的感染。农民合作社组建基于人们的自愿联合、互助意

愿,自由性很强。在农民合作社中社员的行为约束一般来源于其对规模经济的追求和农村社会道德的力量,没有太多强制性的明文规定。所以,在合作社与村级治理组织的联动中,合作社的自觉性、互助性质,很容易通过村级治理组织的治理权威,浸润至整个农村社会中。借助地缘优势、风俗习惯,组织的自觉、自愿行为,能够帮助维系村规民约的执行效力,监督组织成员之间的行为,减少"搭便车"、不信任的现象,一定程度上节约社会治理的成本。三是促进公共秩序的形成与公共理性的回归。在合作交流中,合作社与村级治理组织随着联动程度的不断加深,其二者在经济、社会、政治的功能定位也变得清晰起来。二者根据各自收益所得,在经济发展、社会治理中行使不同的权能,有助于社会发展走向正规化、组织分工明确化。同时,在合作社与村级治理组织的联合行动与彼此沟通中,其更清楚对方的意愿,根据组织相互之间的预期进行博弈,能够减少一定的摩擦损失,易于将不同意志转化为共同意志,促进农村治理中社会事务意见的统一和公共理性的回归。

(三)培育合作精神,提升农民的组织化

小农经济几千年的历史,不仅带来农村社会的自给自足、安稳生活的祥和图景,也造就了中国农民的小农经营思维,形成了家庭经营的独特生产方式。然而,农民的数量加总并未发生多种多样的实质关系。他们的生产、生活方式来源于与自然的交换,而不是和社会的交换,所以,这使得他们不是相互交换,而是彼此分离[17]。在小农经济引领下,其很难通过平等协商的合作去共同解决问题[18]。那么中国农民真的是善分不善合吗?自20世纪中期以来,从农民生产合作化运动到家庭联产承包责任制的确立,可谓是"分分合合"不断,其背后的逻辑并非农民的天生喜欢分或合,而是其"饥饿逻辑"与"过好日子的追求"。可见,农民的分与合不在于天生注定,而是因为合或分所带来的好处能否满足农民的生活逻辑。当今,农民要求合作,建立合作经济组织,也非出于擅长与不擅长,而是只有合作,才能维护其权益,带其上好日子[19]。在西北地区农村更是如此,其第一二三产业结构布局多有不合理之处,农业一直深受自然条件限制,发展缓慢,农民生计理性在"饥饿逻辑"面前更是表现明显。在工商业利益的引诱下,农户家庭的大量劳力流向城镇从事非农产业工作,而留下老人妇女儿童进行简单的农田耕作,维持农业生产的不完全中断。虽有外出务工收入能满足家庭的花销,但是农业的生产经营、农民可持续收入的未来走向,却是一个危机四伏的难题。那么,在这一关乎人们生存发展的问题上,农业生产、农民生活该如何呢?西北地区多地的实践给出了答案,合作化的浪潮、合作经营带来的实惠、合作意愿的强烈,都说明了这是"好日子逻辑"背后的结果。同时,西北农村多地示范社、一村一品调研情况也表明，在合作经营中的机械化生产、组织经营、规模优势、品牌效力，给农民带来了更多的便捷与好处。

在合作社嵌入与村社组织联动治理过程中，合作、互助的精神不断蔓延，扩大至整个村庄范围内，使得分散的农户组织起来，积极参与生产活动。一是维护农民权益，提升农民在市场竞争中的地位。具体到单个农民的时候，其具有盲目性、从众性，难以对自己的权益发声。在面对自家农产品低价收入、高价出售的现状，其表现出无能为力的困惑。但是，正是个体的从众在集结为合作组织的时候，就会从一朵小浪变成强大的海潮，敢于为自己的利益去争取，进而影响到整个农业产业链的运行。在合作社与村两委的联动中，农民合作社更多了一份正式权威做保障，在市场竞争中其依托于国家惠农政策的支持，影响力愈发超过单个家庭农户。二是组织规模经营，营造合作学习氛围。一般情况下，单家独户状态下的家庭经营，往往使得帮工、互助局限于亲戚朋友的小范围内，不具备持续性。在合作社中，其社员不只是亲友范围，而是包括了各类人群，尤其是在村级治理组织的联合推进下，其吸纳社员的能力更是增强。在不同社员的交流中，农业技术、化肥施用、农田规划、田间管理等知识都具备一定的共享性，给予人们更多学习的机会，能够有效地促进规模效应的持续产生。三是促进合作的正式化，增强村民的契约观念。在城镇化建设中，几千年的农村社会结构稳态骤然失衡，农民处于突然袭来的现代性力量中，不知所从。由于生产活动的统一化、社会治理的组织化，村社联动治理机制的发展为农民的生计、社会发展带来很大的安全感。合作社中的合作虽是自由的，但是其合作与朋友、亲戚间的口头行为相比，仍是较为正式的，具备一定的道德与规则的约束。在村两委的影响下，村民在加入合作社时，能更好地兼顾到自己在村内的社会效益，而愿意在经济收入之外履行一定的社员责任。因此，在农民合作社的现代化管理中村民的组织化、契约化、规范化思维，也会逐渐扩展到村内的一般性社会行为中来，从而无形中提升了自己的合作意识与规则认知能力。

通过对西北地区的实践观察，本章从其未来样态的发展类型、价值取向及其未来影响出发，从整体上对村社联动治理机制研究做以预测与展望。面对西北地区农村发展的诸多困难，我们深知发源于乡间小路的村社联动治理机制不同于工业通衢的城镇化发展方式，其难以如私营企业般对市场经济做出敏捷反应，难以如同行政组织般具备发号施令的强大权力。但是植根农村社会自治、社会组织的背景，村社组织联动治理不在于高额利润的获得、强制势力的施加，而是肩负着维护"道德、平等、互助、服务、善治"等多重使命，是当前农村经济和社会发展的重要路径。虽然困难重重，但其发展依然保持着经济与社会统一的行为价值取向，以及将生产实践、社会治理、人的进步融于一体的目标价值。我们希望充分发挥这一机制的治理价值，进而提升农村经济发展活力，成功实现西北地区农村现代化治理。

参 考 文 献

[1] 郭忠华. 转换与支配: 吉登斯权力思想的诠释[J]. 学海, 2004(3): 48-54.

[2] 于江, 魏崇辉. 多元主体协同治理: 国家治理现代化之逻辑理路[J]. 求实, 2015(4): 63-69.

[3] 中共中央, 国务院. 关于深入推进供给侧结构性改革, 加快培育农业农村发展新动能的若干意见[N]. 人民日报, 2016-12-31.

[4] 阎明. "差序格局"探源[J]. 社会学研究, 2016(5): 189-214.

[5] 冷向明, 范田超. 流动中的乡村: 社会基础变迁与有效治理实现[J]. 求实, 2016(1): 90-96.

[6] 钟涨宝, 李飞. 动员效力与经济理性: 农户参与新农保的行为逻辑研究[J]. 社会学研究, 2012(3): 139-156.

[7] 王景新. 村域经济转型发展态势与中国经验[J]. 中国农村经济, 2011(12): 4-13.

[8] 符钢战, 韦振煜, 黄荣贵. 农村能人与农村发展[J]. 中国农村经济, 2007(3): 38-47.

[9] 金太军. 村庄治理中三重权力互动的政治社会学分析[J]. 战略与管理, 2002(2): 105-104.

[10] 白现军, 张长立. 乡贤群体与现代乡村治理的政治逻辑与机制构建[J]. 南京社会科学, 2016(11): 82-87.

[11] 裴斌. "乡贤治村"与村民自治的发展走向[J]. 甘肃社会科学, 2016(2): 163-167.

[12] 李晓斐. 当代乡贤: 地方精英抑或民间权威[J]. 华南农业大学学报(社会科学版), 2016(4): 135-140.

[13] 刘淑兰. 乡村治理中乡贤文化的时代价值及其实现路径[J]. 理论月刊, 2016(2): 78-83.

[14] 梅景辉. "公共理性"的现代性反思与建构[J]. 江海学刊, 2015(5): 75-81.

[15] 张思. 近代华北农村的农家生产条件、农耕结合、村落共同体[J]. 中国农史, 2003(3): 84-95.

[16] 张艳国, 尤琳. 农村基层治理能力现代化的构成要件及其实现路径[J]. 当代世界社会主义问题, 2014(2): 54-66.

[17] 马克思, 恩格斯. 马克思恩格斯选集(第1卷)[M]. 北京: 人民出版社, 1995: 677-678.

[18] 曹锦清. 黄河边的中国[M]. 上海: 上海文艺出版社, 2000: 122-131.

[19] 徐勇. 如何认识当今的农民、农民合作与农民组织[J]. 华中师范大学学报(人文社会科学版), 2007(1): 1-3.